# 혼자
# 공부하는
# 컴퓨터구조
# +운영체제

# 혼자 공부하는 컴퓨터 구조+운영체제

1:1 과외하듯 배우는 컴퓨터 공학 전공 지식 자습서

**초판 1쇄 발행** 2022년 8월 16일
**초판 5쇄 발행** 2025년 1월 3일

**지은이** 강민철 / **펴낸이** 전태호
**펴낸곳** 한빛미디어(주) / **주소** 서울시 서대문구 연희로2길 62 한빛미디어(주) IT출판1부
**전화** 02-325-5544 / **팩스** 02-336-7124
**등록** 1999년 6월 24일 제25100-2017-000058호
**ISBN** 979-11-6224-309-1 94000 / 979-11-6224-194-3(세트)

**총괄** 배윤미 / **책임편집** 박민아 / **기획** 강승훈 / **편집** 오은교, 김선우, 윤진호, 장하은 / **진행** 박새미
**디자인** 박정화 / **일러스트** 이진숙 / **전산편집** 강민철
**영업** 김형진, 장경환, 조유미 / **마케팅** 박상용, 한종진, 이행은, 김선아, 고광일, 성화정, 김한솔 / **제작** 박성우, 김정우

이 책에 대한 의견이나 오탈자 및 잘못된 내용은 출판사 홈페이지나 아래 이메일로 알려주십시오.
파본은 구매처에서 교환하실 수 있습니다. 책값은 뒤표지에 표시되어 있습니다.

한빛미디어 홈페이지 www.hanbit.co.kr / 이메일 ask@hanbit.co.kr
학습 사이트 hongong.hanbit.co.kr / 학습 자료실 github.com/kangtegong/self-learning-cs

지금 하지 않으면 할 수 없는 일이 있습니다.
책으로 펴내고 싶은 아이디어나 원고를 메일(writer@hanbit.co.kr)로 보내주세요.
한빛미디어(주)는 여러분의 소중한 경험과 지식을 기다리고 있습니다.

# 혼자 공부하는 컴퓨터구조 + 운영체제

강민철 지음

## ★ ★ 혼자 공부하는 시리즈 소개

**누구나 혼자 할 수 있습니다!** 야심 찬 시작이 작심삼일이 되지 않도록 돕기 위해서 〈혼자 공부하는〉 시리즈를 만들었습니다. 낯선 용어와 친해져서 책장을 술술 넘기며 이해하는 것, 그래서 완독의 기쁨을 경험하고 다음 단계를 스스로 선택할 수 있게 되는 것이 목표입니다.
**지금 시작하세요.** 〈혼자 공부하는〉 사람들이 '때론 혼자, 때론 같이' 하며 힘이 되겠습니다.

**H** 한빛미디어
Hanbit Media, Inc.

# 첫 독자가 전하는 말

'어떻게 하면 컴퓨터 구조와 운영체제를 배우기 시작한 학습자가 더 쉽고 빠르게 익힐 수 있을까'라는 고민에서 시작한 이 책은 독자 42명의 실제 학습 결과를 기반으로 만들어졌습니다. 독자의 의견을 적극적으로 반영하여 한 단계 더 업그레이드한 컴퓨터 구조와 운영체제 입문서를 지금 만나보세요.

이 책의 장점은 제목만 들어도 딱딱하고 지루할 것 같은 내용을 누구나 읽기 쉽게 서술했다는 점입니다. 글로만 이해하기 모호하고 어렵고 지루한 컴퓨터 구조와 운영체제를 **일상 소재를 활용한 비유와 다채로운 그림, 심지어 따라하기로 설명하고 있는 책은 처음입니다.** 어려워 포기했을 독자들의 마음을 이해하고 배려한 저자의 세심함이 글 하나하나, 그림 하나하나에서 느껴졌습니다. 컴퓨터 구조와 운영체제라는 주제에 쉽게 발을 들이기 어려웠던 독자들에게 흥미를 부여하고 공부 자극을 높이기에 충분한 기본서입니다.

_ 베타리더 김재욱 님

전공자를 위한 책은 아무래도 부담스럽고, 입문자용 책을 보자니 너무 겉핥기라 큰 도움이 되지 않았어요. 이렇게 애매한 상황에 『혼자 공부하는 컴퓨터 구조+운영체제』는 **재미와 깊이를 모두 잡은 훌륭한 입문서입니다.** 쉬운 내용부터 깊이 있는 내용까지 친절하게 단계별로 설명하고, 깔끔하고 직관적인 그림이 컴퓨터 공학 전공 지식을 머릿속에 그려 주는 느낌이었어요.

_베타리더 서정아 님

많은 취준생이 들어가고 싶어 하는 IT 기업은 면접 때 컴퓨터 공학 지식을 빠짐없이 물어 봅니다. 기술 면접 때 컴퓨터 구조와 운영체제에 관한 질문에 한 마디도 대답하지 못해 망신당했던 적이 있는데, 이 책을 읽고 나니 누군가가 이런 책을 추천해 주었다면 어땠을까 하는 생각이 듭니다. **컴퓨터 공학 전공 지식이 생소한 비전공자라도, 공부를 하긴 했지만 정확하게 이해가 되지 않았던 전공자라도** 이 책을 만난 건 행운입니다.

_베타리더 윤창식 님

큰 그림을 시작으로 점점 디테일해지는 흐름은 흩어져 있었던 전공 지식을 하나로 합쳐 주었습니다. 또한 내가 작성한 코드가 컴퓨터 내부에서 어떻게 작동하는지를 이해하는 데도 큰 도움이 되었습니다. 읽는 내내 **적절한 예시와 이해하기 쉬운 그림** 덕분에 러닝 메이트가 옆에 있는 느낌이었습니다. 컴퓨터 구조와 운영체제 수업을 듣는데 **개념 이해가 잘 안 되는 전공자나 컴퓨터 공학 전공 공부가 처음인 비전공자**에게 이 책을 추천하고 싶습니다.

_베타리더 최정혜 님

학부 수업과 전공책만으로 컴퓨터 구조와 운영체제를 학습했던 때를 떠올려 보면 각 장에서 설명하는 내용이 무엇인지 이해하기 어렵거나 개별 용어를 이해하더라도 전체 그림을 구상하지 못했던 경우가 많았습니다. 하지만 이 책은 용어 및 개념의 쉬운 설명과 더불어 전체 구조를 그림과 예시로 잘 표현함으로써 **개별 용어를 유기적으로 엮어 전체 구조를 이해할 수 있도록** 도와줍니다. 전공 수준의 내용을 이해하기 위한 발판으로써 이 책을 활용하는 것을 적극 추천합니다.

_베타리더 권예환 님

『혼자 공부하는 컴퓨터 구조+운영체제』 책이 만들어지기까지
권예환, 김경수, 김성겸, 김재란, 김재욱, 김태홍, 박가영, 박보람, 박수빈, 박주영, 백지오,
서정아, 설민욱, 설유민, 심소희, 안다혜, 양선아, 왕소정, 우성환, 윤성수, 윤이찬미, 윤창식,
이건우, 이동훈, 이석곤, 이유정, 이재환, 이준원, 이한빈, 이호경, 임서정, 전영식, 정규호,
정희윤, 조민경, 조선민, 주기훈, 주진필, 천이수, 최정혜, 최형택, 한혁
42명의 독자가 함께 수고해 주셨습니다. 감사합니다.

# "개발자 혹은 개발자 지망생에게 필요한 전공 지식도"

**Q** 『혼자 공부하는 컴퓨터 구조+운영체제』는 어떤 책인가요?

**A** 『혼자 공부하는 컴퓨터 구조+운영체제』는 전공 지식의 문턱을 넘기 위한 전공 서적 요약서입니다. 시중에 있는 가능한 모든 컴퓨터 구조, 운영체제 전공서를 읽고, 개발자 혹은 개발자 지망생에게 필요한 내용들을 선별한 뒤 교수님과 고연차 개발자분들의 조언 및 검수를 담아 집필하였습니다.

좋은 개발자는 컴퓨터를 분석의 대상으로 바라볼 뿐, 두려움의 대상으로 바라보지 않습니다. 그래서 컴퓨터에 대한 막연한 두려움은 "근간에 대한 이해 부족"이라고 생각합니다. 프로그래밍 문법을 학습하여 소스 코드를 작성할 줄 안다고 해도 컴퓨터의 근간을 이해하지 못 한다면 내 코드가 실제로 어떻게 작동하는지 모르기에 두려움이 생길 수밖에 없습니다.

컴퓨터 구조와 운영체제는 컴퓨터의 근간에 대한 이야기입니다. 이 책에 수많은 전공서가 공통으로 강조하는, 개발자 혹은 개발자 지망생들에게 꼭 필요한 근간을 모두 담고자 노력했습니다.

**Q** 수많은 용어와 개념 때문에 포기하거나 시작도 못했을 학습자에게 최적의 방법을 소개해 주세요.

**A** 본 책은 방대한 내용을 압축한 책인 만큼 용어 암기에 치중하기보다 편한 마음으로 읽어 주세요. 마치 시험 공부하듯 암기하려 하면 금방 지치고 흥미를 잃을 수 있습니다. 처음에는 그저 재미있는 이야기를 읽듯 편하게 읽어 주세요. 쉬운 설명과 친근한 예시, 단계적 그림 및 따라하기, 재미있는 삽화를 보다 보면 자동으로 기억에 남으리라 생각됩니다.

그리고 강의를 활용해 주세요. 강의는 책의 좋은 보조 수단일 뿐만 아니라 좋은 심화 학습 수단이기도 합니다. 동영상 강의를 통해 특정 컴퓨터 부품이나 운영체제를 작동시키는 소스 코드를 직접 보여드릴 것입니다. 강의와 함께 책을 읽는다면 책의 내용을 더 깊이 학습하고 오래 기억할 수 있으리라 믿습니다. 특히 책의 내용을 이해하는 데 어려움이 있는 독자라면 강의와 함께 읽는 것을 추천합니다.

# "〈혼자 공부하는〉 시리즈로 충분합니다."

**Q** 독자로부터 가장 많이 받는 질문이 뭔가요? 그 질문에 대답해 주세요.

**A** 선행 지식 관련한 질문이 많았습니다. 선행 지식 없이 읽을 수 있도록 쉽게 집필하려고 노력했습니다만, 프로그래밍 언어(C, C++, Python, Java 등) 하나 정도는 알고 있는 것이 이 책을 깊이 이해하는 데 도움이 될 거라 생각합니다.

다음으로 많이 받았던 질문은 책의 관점에 대한 질문입니다. 이 책은 전공 서적의 일반적인 관점으로 쓰인 책입니다. 가령 컴퓨터 구조편에서 학습할 CPU를 예로 들면, 세상에는 다양한 CPU가 있고 각기 다른 설계를 가지고 있습니다. 그래서 그 모든 CPU 설계와 작동법을 다룰 수 없으며, 처음 시작하는 단계에서는 그 모든 것을 알 필요도 없습니다. 이 책에서 다루는 운영체제도 마찬가지입니다. 세상에는 다양한 운영체제가 있고 세세한 내용 또한 각기 다릅니다. 그 모든 내용과 예외적인 상황까지 모두 다룰 수 없으며, 그것을 다루지 않는 것이 초심자들에게는 더 도움이 된다고 생각했습니다. 그렇기에 이 책은 대부분의 전공 서적이 공통으로 강조하는 내용을 기반으로 일반적이며 대중적인 관점을 유지합니다.

**Q** 독자 여러분께 당부하고 싶은 말이 있다면?

**A** 탈고를 하고 나니 버린 원고가 책에 실린 최종 원고의 네다섯 배 정도 되더군요. 그만큼 핵심을 최대한 압축하기 위해 애썼고, 그러면서도 부족한 내용은 없도록 많이 고민했습니다. 〈note〉, 〈여기서 잠깐〉, 〈좀 더 알아보기〉 등 모든 구성 요소에도 꼭 필요한 내용들을 담았으니 빠짐없이 읽어 주시면 감사하겠습니다.

**Q** 마지막으로 하고 싶은 말이 있다면?

**A** 부족하지만 오랜 기간 공을 들여 집필한 책입니다. 이 책이 더욱 빛날 수 있게 만들어 주신 한빛미디어의 전정아 부장님과 강승훈 편집자님께 진심으로 존경과 감사를 전해 드리고, 저를 개발자로 성장하게 해 주신 김홍규, 이상준, Ondrej Famera님께도 존경과 감사의 인사 드립니다. 마지막으로 가장 지혜로운 아버지, 가장 따뜻하신 어머니, 가장 믿음직스러운 형에게도 감사의 말씀을 전합니다.

이 책은 통상적으로 디지털 논리를 이해하고, 컴퓨터 언어를 잘 다루는 상태에서 아주 심각한 깊이로 컴퓨터의 작동 원리를 설명하는 서적들과는 달리, 이해하기 쉬운 그림과 함께 CPU, 메모리, 보조기억장치, 입출력장치 그리고 스케줄러, 가상 메모리, 파일 시스템 등 운영체제의 각 기능이 작동하는 원리를 매우 친절하게 설명하고 있습니다. 소프트웨어 개발자로 성장하려는 사람이라면 일독할 것을 강력하게 추천하는 바입니다.

_ 이민석(현 국민대학교 소프트웨어학부 교수, 전 이노베이션 아카데미 학장)

프로그래밍에 입문하기 전이거나 한 단계 성장하고 싶은 프로그래머, 혹은 컴퓨터에 관심이 많은 분에게 이 책을 추천합니다. 컴퓨터 구조라는 어려운 주제를 초보자도 쉽게 이해할 수 있도록 기본 개념부터 최대한 풀어 설명하고 있어 비전공자도 이해하는 데 큰 어려움이 없을 것입니다.

클라우드 환경에서 명령어 몇 줄로 애플리케이션 코드를 생성하는 요즘에 컴퓨터 구조에 대해 궁금해 하는 개발자나 시스템 엔지니어가 얼마나 있을까요? 그러나 기초는 변하지 않는 법입니다. 내가 작성한 프로그램이 어떻게 작동하는지 생각할 수 있는 개발자와 시스템 엔지니어라면 그렇지 않은 사람과는 문제 해결과 최적화를 위한 접근 방법부터 다릅니다. 지금 당장 책의 내용을 다 이해할 필요는 없습니다. 어렵고 이해가 안 되는 부분은 건너뛰어도 됩니다. 문제가 생겨 원인을 분석할 때, 여러 최적화 방안을 고민할 때 컴퓨터 구조까지 생각하는 날이 온다면 그때서야 이 책의 진가를 확인하게 될 것입니다.

_ 이상준(클라우드브릭 CTO)

A very nice walkthrough of all essential topics in computer science.

_ 온드레이 파메라Ondrej Famera (리눅스 컨설턴트)

요즘 컴퓨터 공학과 관련된 많은 책들은 프로그래밍에만 집중하고 있어서, 컴퓨터의 기본적인 작동 원리와 구조에 대한 독자의 이해도가 떨어질 수도 있겠다고 걱정해 왔습니다. 그런 관점에서 컴퓨터 기본 구조에 대한 개론서가 필요하지만, 기존에 나온 책은 대부분 학문적으로 깊게 파고들다 보니 이해하기 쉽지 않습니다. 이 책은 컴퓨터 구조에 대해 아주 기본적인 내용부터 CPU와 하드웨어 작동 원리의 깊숙한 곳까지 비교적 쉽게 설명하고 있습니다. IT 엔지니어링을 목표로 하고 있는 엔지니어라면 꼭 한 번쯤 읽어 보고 기본기를 쌓는 데 도움이 되었으면 좋겠습니다.

**_ 조대협(구글 클라우드 엔지니어)**

컴퓨터 구조와 운영체제는 비전공자는 물론 전공자에게도 쉽지 않은 분야입니다. 전공 수업을 통해 배우더라도 내용과 용어가 많다 보니 이해하기도 어려울 뿐더러 공부하고 나서도 까먹게 되는 경우가 일상다반사입니다. 이 책은 기존 어려운 전공 서적과 다르게 다양한 개념을 그림과 함께 쉬운 표현으로 설명하여 머릿속에 큰 그림을 그려 줍니다. 그렇기에 이 책은 처음 공부하는 학습자에게는 좋은 길라잡이가, 이미 공부해 본 학습자에게는 좋은 개념 정리서가 되어 줄 거라 생각합니다. 학부 시절로 돌아간다면 전공 수업보다 이 책으로 컴퓨터 구조 공부를 시작하고 싶네요. :)

**_ 안수빈(서울대학교 대학원)**

비전공자로 개발을 시작하며 트렌디한 기술에만 관심을 가졌던 적이 있습니다. 운영체제며, 컴퓨터 구조는 백엔드 개발자에게 중요하지 않다고 말하면서 소홀히 했던 부끄러운 과거죠. 그저 그런 개발자에게는 운영체제와 컴퓨터 구조가 중요하지 않겠지만, 실력 있는 개발자에게는 필수라 생각합니다. 이 책은 컴퓨터 구조와 운영체제에 대해 가장 쉽게 설명하고 있습니다. 책에 녹아 있는 저자의 지식과 경험이 입문자부터 전공생, 주니어 개발자들에게 많은 도움이 될 것입니다.

**_ 강민성(배달의민족 개발자)**

# 『혼자 공부하는 컴퓨터 구조+운영체제』 7단계 길잡이

01-1 컴퓨터 구조

핵심 키워드

문제 해결    성능/용량/비용

본격적으로 컴퓨터 구조
구조를 반드시 알아

비트는 0과 1을 표현
할 수 있는 가장 작은
정보 단위입니다.

. 비트는 전구
, 두 가지 상태를 표현할 수 있

(왼쪽)과 같이 두 개의 전구가 (꺼짐,
표현할 수 있는 것처럼 2비트

**도해**

본문 내용을 시각적으로 전달하
기 위한 단계적 그림과 삽화가
이해는 물론 재미를 더해 줍니다.

**시작하기 전에**

해당 절에서 배울 주제 및
주요 개념을 짚어 줍니다.

Start  1  2  3  4

**핵심 키워드**

해당 절에서 중점적으로
볼 내용을 확인합니다.

**말풍선**

지나치기 쉬운 내용 혹은
꼭 기억해 두어야 할 내용
을 짚어 줍니다.

**시작하기 전에**

컴퓨터 구조라고 하면 어떤 이미지가 떠오르나요?
같은 이미지일까요?

언뜻 생각해 보면 이런 이미지는 프로그램 개발과는
터의 구성 요소와 작동 원리를 몰라도 프로그래밍
는 데 전혀 지장이 없었기 때문입니다.

하지만 **컴퓨터 구조**는 실력 있는 개발자가 되
터 구조를 이해하면 얻을 수 있는

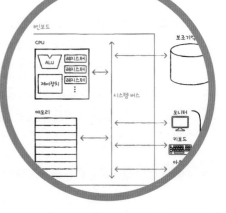

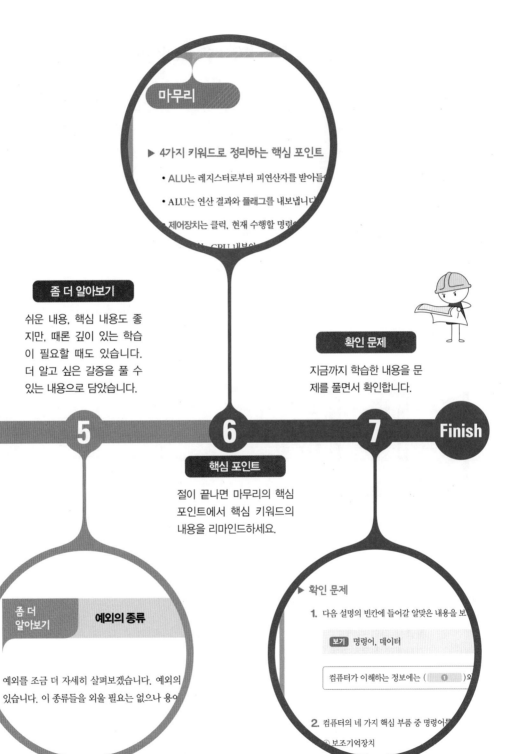

**마무리**

▶ 4가지 키워드로 정리하는 핵심 포인트

• ALU는 레지스터로부터 피연산자를 받아들

• ALU는 연산 결과와 플래그를 내보냅니다

• 제어장치는 클럭, 현재 수행할 명령

CPU 내부의

**좀 더 알아보기**

쉬운 내용, 핵심 내용도 좋지만, 때론 깊이 있는 학습이 필요할 때도 있습니다. 더 알고 싶은 갈증을 풀 수 있는 내용으로 담았습니다.

**확인 문제**

지금까지 학습한 내용을 문제를 풀면서 확인합니다.

5      6      7      **Finish**

**핵심 포인트**

절이 끝나면 마무리의 핵심 포인트에서 핵심 키워드의 내용을 리마인드하세요.

**좀 더 알아보기**     **예외의 종류**

예외를 조금 더 자세히 살펴보겠습니다. 예외의 있습니다. 이 종류들을 외울 필요는 없으나 용어

▶ 확인 문제

1. 다음 설명의 빈칸에 들어갈 알맞은 내용을 보

보기 명령어, 데이터

컴퓨터가 이해하는 정보에는 ( ① )와

2. 컴퓨터의 네 가지 핵심 부품 중 명령어를

ⓐ 보조기억장치

# 『혼자 공부하는 컴퓨터 구조+운영체제』 100% 활용하기

때론 혼자, 때론 같이 공부하기!

학습을 시작하기 전부터 책 한 권을 완독할 때까지, 곁에서 든든한 러닝 메이트 Learning Mate 가 되어 드리겠습니다.

## 본격적으로 학습을 시작하기 전에

### 선행 학습

이 책은 전공 지식의 문턱을 넘기 위한 입문서입니다. 방대한 내용인 만큼 모든 내용을 처음 대하는 느낌으로 다루기에는 한계가 있습니다. 프로그래밍 언어(C, C++, Python, Java 등)를 하나쯤 "배워봤다" 정도면 재미있게 읽을 수 있습니다.

### 추가 학습 자료

책에서 다루지는 못했지만 이것만 알면 실무에서 유용하겠다 싶은 내용은 깃허브에 제공하니 참고하세요.

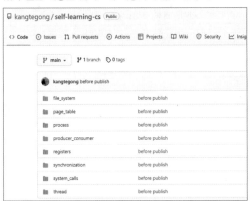

https://github.com/kangtegong/self-learning-cs

## 학습 사이트 100% 활용하기

 동영상 강의 보기,
저자에게 질문하기를 한번에!

사이트 바로가기

Q hongong.hanbit.co.kr    go

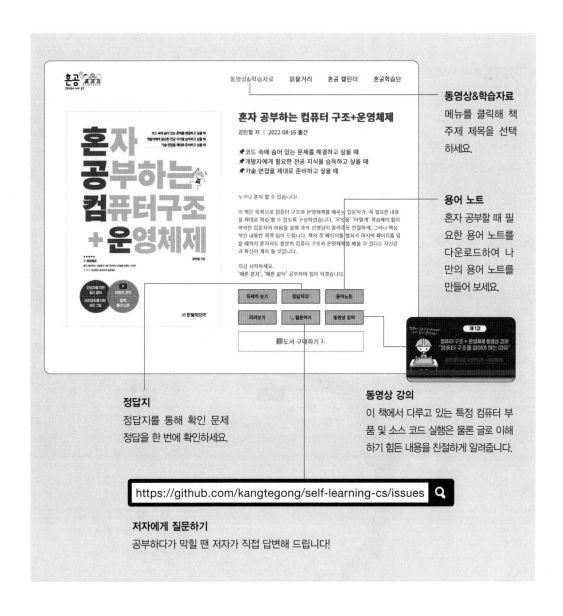

**동영상&학습자료**
메뉴를 클릭해 책 주제 제목을 선택하세요.

**용어 노트**
혼자 공부할 때 필요한 용어 노트를 다운로드하여 나만의 용어 노트를 만들어 보세요.

**정답지**
정답지를 통해 확인 문제 정답을 한 번에 확인하세요.

**동영상 강의**
이 책에서 다루고 있는 특정 컴퓨터 부품 및 소스 코드 실행은 물론 글로 이해하기 힘든 내용을 친절하게 알려줍니다.

https://github.com/kangtegong/self-learning-cs/issues

**저자에게 질문하기**
공부하다가 막힐 땐 저자가 직접 답변해 드립니다!

# 때론 혼자, 때론 같이! '혼공 학습단'과 함께 하세요.

한빛미디어에서는 '혼공 학습단'을 모집합니다.
**혼공 학습자들과 함께 학습 일정표에 따라 공부하며 완주의 기쁨을 느껴보세요.**

✉ 한빛미디어 홈페이지에서 '메일 수신'에 동의하면 학습단 모집 일정을 안내받으실 수 있습니다.

## 01~03장

컴퓨터 구조를 알아야 하는 이유 및 컴퓨터 구조에 대한 큰 그림, 그리고 컴퓨터를 어떻게 작동시키는지를 알아봅니다.

### 일러두기

**컴퓨터 구조편** 01~08장

컴퓨터 내부의 구조와 작동법을 이해하고 컴퓨터가 어떻게 명령어를 처리하는지를 학습합니다. 이를 통해 프로그래밍을 근본적으로 이해하는 것은 물론 문제 해결 능력을 함양할 수 있습니다.

**운영체제편** 09~15장

운영체제가 왜 존재하는지 그 필요성과 우리가 전원 버튼을 누르는 순간부터 로그인 화면이 뜰 때까지 어떤 과정을 거치는지를 알아봅니다.

난이도 ●●●●●

컴퓨터 구조편

**Start**

**01** 컴퓨터 구조 시작하기
●○○○○

컴퓨터 구조를 알아야 하는 이유

멀티프로세스와
멀티스레드의 개념

프로세스와
스레드의 개념

**05** 프로세스와 스레드 이해하기
●●○○○

중요  중요

CPU 스케줄링 기법 학습하기 **06**
●●○○○

## 09~10장

운영체제란 무엇인지, 프로세스와 스레드란 무엇인지, 멀티프로세스와 멀티스레드는 어떤 차이가 있는지를 이해합니다.

**07** 프로세스와 스레드 관리 기법 학습하기
●●●●○

프로세스 동기화

교착 상태

## 11~13장

CPU 스케줄링이란 무엇이며, 동시에 프로그램(프로세스)을 실행할 때 반드시 고려해야 할 동기화와 해결해야 하는 문제인 교착 상태에 대해 다룹니다.

04~08장

컴퓨터의 네 가지 핵심 부품, CPU, 메모리, 보조기억장치, 입출력장치에 대해 하나씩 살펴봅니다.

컴퓨터 구조의
큰 그림 그리기

유용

컴퓨터를 움직이는
명령어

02

0과 1로 데이터를
표현하는 방법

중요

컴퓨터가 이해하는
정보 알아보기

컴퓨터의 4가지
핵심 부품 학습하기

03

운영체제편

CPU

중요

04

메모리

운영체제 시작하기

입출력장치

보조기억장치

14~15장

운영체제의 메모리 관리 기법인 가상 메모리 관리에 대해 학습하고, 파일 시스템에 대해 학습합니다.

중요

08

Goal

가상 메모리와
파일 시스템 학습하기

가상 메모리 관리

파일 시스템

**목차**

---

**Chapter 01  컴퓨터 구조 시작하기**

**01-1  컴퓨터 구조를 알아야 하는 이유** 030

문제 해결 031
성능, 용량, 비용 033
2가지 키워드로 정리하는 핵심 포인트 035
확인 문제 035

**01-2  컴퓨터 구조의 큰 그림** 036

컴퓨터가 이해하는 정보 037
컴퓨터의 4가지 핵심 부품 038
7가지 키워드로 정리하는 핵심 포인트 050
확인 문제 050

---

**Chapter 02  데이터**

**02-1  0과 1로 숫자를 표현하는 방법** 054

정보 단위 055
이진법 057
십육진법 060
5가지 키워드로 정리하는 핵심 포인트 064
확인 문제 064

## 02-2 0과 1로 문자를 표현하는 방법 066

문자 집합과 인코딩 067

아스키 코드 068

EUC-KR 069

유니코드와 UTF-8 071

4가지 키워드로 정리하는 핵심 포인트 075

확인 문제 075

## Chapter 03 명령어

## 03-1 소스 코드와 명령어 078

고급 언어와 저급 언어 079

컴파일 언어와 인터프리터 언어 083

좀 더 알아보기 목적 파일 vs 실행 파일 087

6가지 키워드로 정리하는 핵심 포인트 089

확인 문제 089

## 03-2 명령어의 구조 090

연산 코드와 오퍼랜드 091

주소 지정 방식 095

좀 더 알아보기 스택과 큐 100

4가지 키워드로 정리하는 핵심 포인트 101

확인 문제 101

**목차**

**Chapter 04** **CPU의 작동 원리**

**04-1** **ALU와 제어장치** 104

ALU 105

제어장치 107

4가지 키워드로 정리하는 핵심 포인트 110

확인 문제 110

**04-2** **레지스터** 112

반드시 알아야 할 레지스터 113

특정 레지스터를 이용한 주소 지정 방식(1): 스택 주소 지정 방식 118

특정 레지스터를 이용한 주소 지정 방식(2): 변위 주소 지정 방식 120

좀 더 알아보기 ┃ 상용화된 CPU 속 레지스터 및 주소 지정 방식 123

8가지 키워드로 정리하는 핵심 포인트 124

확인 문제 124

**04-3** **명령어 사이클과 인터럽트** 126

명령어 사이클 127

인터럽트 128

좀 더 알아보기 ┃ 예외의 종류 138

5가지 키워드로 정리하는 핵심 포인트 140

확인 문제 140

# Chapter 05 CPU 성능 향상 기법

## 05-1 빠른 CPU를 위한 설계 기법 144

클럭 145

코어와 멀티코어 146

스레드와 멀티스레드 148

5가지 키워드로 정리하는 핵심 포인트 154

확인 문제 154

## 05-2 명령어 병렬 처리 기법 156

명령어 파이프라인 157

슈퍼스칼라 160

비순차적 명령어 처리 161

3가지 키워드로 정리하는 핵심 포인트 165

확인 문제 165

## 05-3 CISC와 RISC 166

명령어 집합 167

CISC 170

RISC 172

3가지 키워드로 정리하는 핵심 포인트 175

확인 문제 175

**목차**

**Chapter 06** 메모리와 캐시 메모리

**06-1** **RAM의 특징과 종류** 178

RAM의 특징 **179**
RAM의 용량과 성능 **179**
RAM의 종류 **181**
6가지 키워드로 정리하는 핵심 포인트 **184**
확인 문제 **184**

**06-2** **메모리의 주소 공간** 186

물리 주소와 논리 주소 **187**
메모리 보호 기법 **190**
5가지 키워드로 정리하는 핵심 포인트 **194**
확인 문제 **194**

**06-3** **캐시 메모리** 196

저장 장치 계층 구조 **197**
캐시 메모리 **198**
참조 지역성 원리 **201**
4가지 키워드로 정리하는 핵심 포인트 **205**
확인 문제 **205**

## Chapter 07 보조기억장치

### 07-1 다양한 보조기억장치 208

하드 디스크 209
플래시 메모리 214
6가지 키워드로 정리하는 핵심 포인트 219
확인 문제 219

### 07-2 RAID의 정의와 종류 220

RAID의 정의 221
RAID의 종류 221
6가지 키워드로 정리하는 핵심 포인트 228
확인 문제 228

## Chapter 08 입출력장치

### 08-1 장치 컨트롤러와 장치 드라이버 232

장치 컨트롤러 233
장치 드라이버 236
2가지 키워드로 정리하는 핵심 포인트 238
확인 문제 238

## 08-2 다양한 입출력 방법 240

프로그램 입출력 241

인터럽트 기반 입출력 244

DMA 입출력 248

6가지 키워드로 정리하는 핵심 포인트 255

확인 문제 255

## Chapter 09 운영체제 시작하기

## 09-1 운영체제를 알아야 하는 이유 260

운영체제란 261

운영체제를 알아야 하는 이유 265

2가지 키워드로 정리하는 핵심 포인트 267

확인 문제 267

## 09-2 운영체제의 큰 그림 268

운영체제의 심장, 커널 269

이중 모드와 시스템 호출 271

운영체제의 핵심 서비스 275

좀 더 알아보기   가상 머신과 이중 모드의 발전 278

좀 더 알아보기   시스템 호출의 종류 280

4가지 키워드로 정리하는 핵심 포인트 281

확인 문제 281

**Chapter 10** 프로세스와 스레드

**10-1** 프로세스 개요 284

프로세스 직접 확인하기 285

프로세스 제어 블록 286

문맥 교환 290

프로세스의 메모리 영역 292

4가지 키워드로 정리하는 핵심 포인트 295

확인 문제 295

**10-2** 프로세스 상태와 계층 구조 296

프로세스 상태 297

프로세스 계층 구조 298

프로세스 생성 기법 301

4가지 키워드로 정리하는 핵심 포인트 304

확인 문제 304

**10-3** 스레드 306

프로세스와 스레드 307

멀티프로세스와 멀티스레드 309

3가지 키워드로 정리하는 핵심 포인트 313

확인 문제 313

목차

**Chapter 11** **CPU 스케줄링**

**11-1** **CPU 스케줄링 개요** 316

프로세스 우선순위 317

스케줄링 큐 320

선점형과 비선점형 스케줄링 323

7가지 키워드로 정리하는 핵심 포인트 326

확인 문제 326

**11-2** **CPU 스케줄링 알고리즘** 328

스케줄링 알고리즘의 종류 329

5가지 키워드로 정리하는 핵심 포인트 337

확인 문제 337

**Chapter 12** **프로세스 동기화**

**12-1** **동기화란** 340

동기화의 의미 341

생산자와 소비자 문제 344

공유 자원과 임계 구역 345

4가지 키워드로 정리하는 핵심 포인트 349

확인 문제 349

## 12-2 동기화 기법 350

뮤텍스 락 351
세마포 353
모니터 358
3가지 키워드로 정리하는 핵심 포인트 363
확인 문제 363


## Chapter 13 교착 상태


## 13-1 교착 상태란 366

식사하는 철학자 문제 367
자원 할당 그래프 369
교착 상태 발생 조건 372
4가지 키워드로 정리하는 핵심 포인트 374
확인 문제 374


## 13-2 교착 상태 해결 방법 376

교착 상태 예방 377
교착 상태 회피 380
교착 상태 검출 후 회복 384
3가지 키워드로 정리하는 핵심 포인트 386
확인 문제 386

**목차**

## Chapter 14 가상 메모리

### 14-1 연속 메모리 할당 390

스와핑 391

메모리 할당 393

외부 단편화 395

5가지 키워드로 정리하는 핵심 포인트 400

확인 문제 400

### 14-2 페이징을 통한 가상 메모리 관리 402

페이징이란 403

페이지 테이블 405

페이징에서의 주소 변환 410

페이지 테이블 엔트리 412

좀 더 알아보기  페이징의 이점 – 쓰기 시 복사 417

좀 더 알아보기  계층적 페이징 419

4가지 키워드로 정리하는 핵심 포인트 422

확인 문제 422

### 14-3 페이지 교체와 프레임 할당 424

요구 페이징 425

페이지 교체 알고리즘 426

스래싱과 프레임 할당 431

4가지 키워드로 정리하는 핵심 포인트 437

확인 문제 437

# Chapter **15** 파일 시스템

## **15-1** 파일과 디렉터리 440

파일 **441**

디렉터리 **443**

`좀 더 알아보기` 상대 경로를 나타내는 또 다른 방법 **448**

7가지 키워드로 정리하는 핵심 포인트 **450**

확인 문제 **450**

## **15-2** 파일 시스템 452

파티셔닝과 포매팅 **453**

파일 할당 방법 **456**

파일 시스템 살펴보기 **461**

`좀 더 알아보기` 저널링 파일 시스템 **475**

`좀 더 알아보기` 마운트 **476**

7가지 키워드로 정리하는 핵심 포인트 **478**

확인 문제 **478**

정답 및 해설 **481**

찾아보기 **495**

# 01

우리는 프로그래밍을 배우려고 마음먹으면 일단 프로그래밍 언어 책부터 찾아보곤 합니다. 하지만 프로그래밍 언어의 문법만 안다고 해서 실력 있는 개발자가 되기는 어렵습니다. 컴퓨터 구조를 알아야 프로그래밍을 근본적으로 이해하고 다양한 문제를 쉽게 해결할 수 있습니다. 이번 장에서는 앞으로 우리가 배울 컴퓨터 구조의 큰 그림을 함께 그려 보겠습니다.

# 컴퓨터 구조 시작하기

**학습목표**

- 컴퓨터 구조를 왜 알아야 하는지 이해합니다.
- 컴퓨터 구조의 큰 그림을 그려 봅니다.

# 01-1 컴퓨터 구조를 알아야 하는 이유

핵심 키워드

문제 해결   성능/용량/비용

본격적으로 컴퓨터 구조를 학습하기에 앞서 실력 있는 개발자가 되려면 왜 컴퓨터 구조를 반드시 알아야 하는지 알아보겠습니다.

## 시작하기 전에

컴퓨터 구조라고 하면 어떤 이미지가 떠오르나요? 알 수 없는 컴퓨터 부품과 케이블, 복잡한 회로와 같은 이미지일까요?

언뜻 생각해 보면 이런 이미지는 프로그램 개발과는 큰 관련이 없어 보입니다. 왜냐하면 지금껏 컴퓨터의 구성 요소와 작동 원리를 몰라도 프로그래밍 언어의 문법만 알면 프로그램을 개발하고 실행하는 데 전혀 지장이 없었기 때문입니다.

하지만 **컴퓨터 구조**는 실력 있는 개발자가 되려면 반드시 알아야 할 기본 지식입니다. 이번 절에서는 컴퓨터 구조를 이해하면 얻을 수 있는 여러 이점에 대해 살펴보겠습니다.

개발자는 코드만 잘 짜면 되는 거 아닌가?

# 문제 해결

프로그래밍 강의나 책에 나오는 코드를 똑같이 따라 작성했는데도 코드가 제대로 작동하지 않는다면 여러분은 어떻게 하실 건가요? 같은 코드를 작성했는데도 어떤 컴퓨터에서는 코드가 제대로 작동하고, 어떤 컴퓨터에서는 제대로 작동하지 않는 상황이 의외로 빈번하게 발생합니다. 필자도 여러 명의 수강생을 대상으로 프로그램 개발 수업을 진행하다 보면 분명 똑같은 코드로 실습하고 있음에도 신기하리만치 한두 명에게서 코드가 제대로 작동하지 않는다는 질문을 받곤 합니다.

이런 상황은 실무에서도 종종 발생합니다. 개발할 때는 문제 없이 작동했던 코드가 실제 사용자들에게 선보이는 자리에서는 작동하지 않는 상황이 비일비재합니다. 이 경우는 분명 코드상의 문법적인 오류만이 원인은 아닐 겁니다. 문제 해결의 실마리를 도저히 찾을 수 없는 사람은 발만 동동 구르겠죠. 당연합니다. 프로그래밍 언어의 문법만 알고 있는 사람에게 컴퓨터란 코드를 입력하면 어찌어찌 알아서 결과물을 툭 내놓는 '미지의 대상'일 테니까요. 결국 이들은 컴퓨터라는 기계에 코드를 '입력'만 할 수 있을 뿐 그 이상을 하기는 어렵습니다.

하지만 **컴퓨터 구조**를 이해하고 있다면 문제 상황을 빠르게 진단할 수 있고, **문제 해결**의 실마리를 다양하게 찾을 수 있습니다. 컴퓨터 내부를 거리낌 없이 들여다보며 더 좋은 해결책을 고민할 겁니다. 왜냐하면 이런 사고가 가능한 이들에게 컴퓨터란 '미지의 대상'이 아닌 '분석의 대상'일 테니까요.

이러한 역량이 업무 수행에 필요하다는 것을 기업들도 알고 있기 때문에 각종 기술 면접에서 컴퓨터 구조에 관한 소양을 검증하거나 반드시 알아야 하는 분야로 명시하기도 합니다.

구글 채용 공고

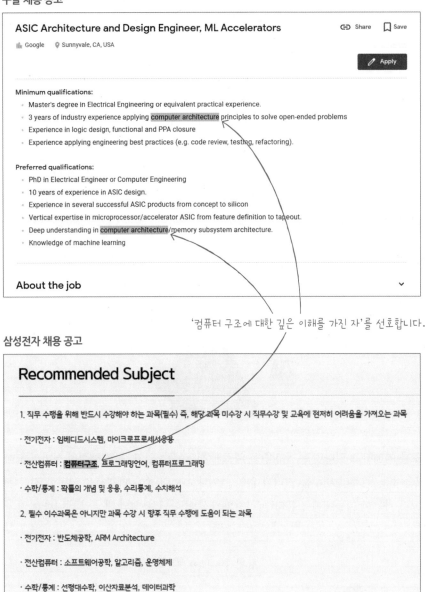

'컴퓨터 구조에 대한 깊은 이해를 가진 자'를 선호합니다.

삼성전자 채용 공고

컴퓨터 구조 지식은 여러분을 문법에 맞는 코드만 작성할 줄 아는 개발자를 넘어 다양한 문제를 스스로 해결할 줄 아는 개발자로 만들어 줍니다.

## 성능, 용량, 비용

여러분이 웹사이트를 개발했다고 가정해 봅시다. 여러분이 개발한 웹사이트는 여느 프로그램과 마찬가지로 컴퓨터에서 작동하기 때문에 사용자들에게 선보이려면 이를 실행할 컴퓨터, 즉 서버 컴퓨터가 필요합니다.

인터넷 검색창에 '서버 컴퓨터'를 입력하면 아래와 같이 수많은 서버 컴퓨터가 검색됩니다. 서버 컴퓨터마다 사용하는 CPU와 메모리가 다르고 그에 따라 성능, 용량, 비용이 다양합니다.

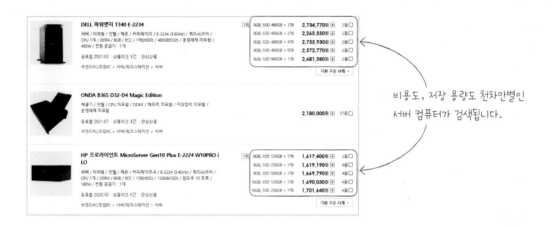

비용도, 저장 용량도 천차만별인 서버 컴퓨터가 검색됩니다.

여러분이라면 어떤 컴퓨터를 고를 건가요? 무조건 저렴한 게 좋을까요? 아니면 최신 제품이 최고일까요? 저렴한 제품, 최신 제품과 같은 단순한 기준은 개인 컴퓨터를 고를 땐 문제가 되지 않으나, 프로그램을 실행할 서버 컴퓨터를 고를 땐 문제가 됩니다.

무작정 저렴한 컴퓨터를 고르면 턱없이 부족한 성능으로 인해 곤란한 상황에 처할 수 있습니다. 서버 컴퓨터의 성능이 너무 뒤떨어져서 링크를 누를 때마다 몇 초씩 기다려야 한다면 아무도 여러분의 웹사이트를 이용하고 싶어 하지 않죠. 그렇다고 무작정 최신 컴퓨터를 고르면 수백, 수천만 원까지 비용이 불어날 수 있습니다. 예산이 한정된 상황에서 값비싼 컴퓨터가 늘 최선의 선택은 아닙니다.

서버 컴퓨터를 구매하지 않고 클라우드 서비스를 이용하더라도 이런 고민은 피할 수 없습니다. 어떤 CPU를 사용할지, 어떤 메모리를 사용할지 등을 직접 판단하고 현명하게 선택해야 합니다. 어떤 선택을 하는지에 따라 성능, 용량, 비용이 달라지기 때문이죠.

## 클라우드 서비스(AWS)

### 단계 2: 인스턴스 유형 선택

현재 선택된 항목: t2.micro (- ECU, 1 vCPUs, 2.5 GHz, -, 1 GiB 메모리, EBS 전용)

| | 그룹 | 유형 | vCPUs ⓘ | 메모리 (GiB) | 인스턴스 스토리지 (GB) ⓘ |
|---|---|---|---|---|---|
| ⊘ | t2 | t2.nano | 1 | 0.5 | EBS 전용 |
| ■ | t2 | t2.micro (프리 티어 사용 가능) | 1 | 1 | EBS 전용 |
| | t2 | t2.small | 1 | 2 | EBS 전용 |
| | t2 | t2.medium | 2 | 4 | EBS 전용 |
| | t2 | t2.large | 2 | 8 | EBS 전용 |
| | t2 | t2.xlarge | 4 | 16 | EBS 전용 |
| | t2 | t2.2xlarge | 8 | 32 | EBS 전용 |
| ⊘ | t3 | t3.nano | 2 | 0.5 | EBS 전용 |

CPU, 메모리, 저장 용량을 직접 선택해야 합니다.

이런 상황은 다른 누군가가 대신 해결해 주지 않습니다. 여러분이 개발한 프로그램이 어떤 환경에서 어떻게 작동하는지는 여러분이 가장 잘 이해하고 있어야 하고, 프로그램을 위한 최적의 컴퓨터 환경을 스스로 판단할 수 있어야 합니다.

예를 들어 여러분이 개발한 웹사이트가 제법 유명해졌다고 가정해 봅시다. 매일 새로운 회원 100명이 가입하고, 매일 새로운 글이 100개씩, 새로운 댓글이 1,000개씩 생성되고 있습니다. 이 웹사이트에 가입한 회원들의 정보, 그리고 각 회원이 남긴 게시글과 댓글은 어딘가에 저장되어 있어야겠죠? 다시 말해 저장 장치가 필요합니다. 그렇다면 어떤 저장 장치가 필요할까요? 그리고 어느 정도의 용량을 갖춰야 적당할까요? 이런 상황 또한 실력 있는 개발자라면 스스로 판단할 수 있어야 합니다.

앞에서 제시한 두 가지 상황으로 대표되는 **성능, 용량, 비용** 문제는 프로그래밍 언어의 문법만 알아서는 해결하기 어렵습니다. 혼자만 사용하는 프로그램을 만들 때는 이러한 문제를 생각조차 해 본 적이 없을 수도 있습니다. 하지만 유튜브, 워드 프로세서, 포토샵과 같이 사용자가 많은 프로그램은 필연적으로 성능, 용량, 비용이 고려됩니다. 그래서 컴퓨터 구조를 아는 것은 매우 중요합니다. 컴퓨터 구조에서 배우는 내용은 결국 성능, 용량, 비용과 직결되기 때문입니다. 즉, 컴퓨터 구조를 이해하면 입력과 출력에만 집중하는 개발을 넘어 성능, 용량, 비용까지 고려하며 개발하는 개발자가 될 수 있습니다.

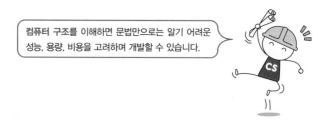

컴퓨터 구조를 이해하면 문법만으로는 알기 어려운 성능, 용량, 비용을 고려하며 개발할 수 있습니다.

## 마무리

▶ **2가지 키워드로 정리하는 핵심 포인트**

• 컴퓨터 구조를 이해하면 **문제 해결** 능력이 향상됩니다.

• 컴퓨터 구조를 이해하면 문법만으로는 알기 어려운 **성능/용량/비용**을 고려하며 개발할 수 있습니다.

▶ **확인 문제**

**1.** 컴퓨터 구조를 알아야 하는 이유로 적절하지 않은 것을 고르세요.

① 문제 해결을 위한 다양한 실마리를 찾을 수 있습니다.
② 프로그램을 빠르게 구현할 수 있습니다.
③ 개발한 프로그램의 성능과 용량을 고려할 수 있습니다.
④ 개발한 프로그램의 비용을 고려할 수 있습니다.

**2.** 다음 설명의 빈칸에 들어갈 알맞은 내용을 보기에서 골라 써 보세요.

> **보기** 미지의 대상, 분석의 대상

> 컴퓨터 구조를 이해하면 우리는 컴퓨터를 ( ❶ )에서 ( ❷ )으로 인식하게 됩니다.

# 01-2 컴퓨터 구조의 큰 그림

데이터　명령어　메모리　CPU　보조기억장치　입출력장치
시스템 버스

이번 절에서는 마치 지도를 그리듯 앞으로 여러분이 학습해 나갈 컴퓨터 구조의
큰 그림을 직접 그려 보겠습니다.

## 시작하기 전에

앞서 개발자에게 컴퓨터 구조 지식이 필요한 이유를 알아봤습니다. 그렇다면 막연하게 '컴퓨터 구조
지식'이라고만 이야기하지 말고 구체적으로 어떤 것들을 알아야 할지 살펴볼까요?

우리가 알아야 할 컴퓨터 구조 지식은 크게 두 가지입니다. 하나는 '컴퓨터가 이해하는 정보'이고, 또
하나는 '컴퓨터의 네 가지 핵심 부품'입니다.

참고로 이번 절에는 낯선 용어가 많이 등장할 수 있습니다. 다만, 아직은 용어들을 하나하나 암기하
려고 노력하지 않아도 됩니다. 앞으로 익숙해질 때까지 반복해서 등장할 예정이니, 힘을 풀고 용어들
에 첫인사를 하는 마음으로 눈도장 정도만 찍어 봅시다.

# 컴퓨터가 이해하는 정보

가장 먼저 여러분은 컴퓨터가 무엇을 이해할 수 있는지부터 알아야 합니다.

컴퓨터는 0과 1로 표현된 정보만을 이해합니다. 그리고 이렇게 0과 1로 표현되는 정보에는 크게 두 종류가 있는데, 바로 **데이터**와 **명령어**입니다.

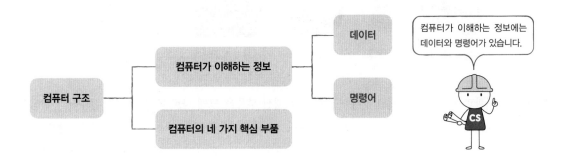

아마 여러분은 명령어보다는 데이터라는 용어에 더 익숙할 겁니다. 컴퓨터가 이해하는 숫자, 문자, 이미지, 동영상과 같은 정적인 정보를 가리켜 **데이터**$^{data}$라고 합니다. 컴퓨터와 주고받는 정보나 컴퓨터에 저장된 정보를 가리킬 때 편하게 데이터라 통칭하기도 하지요. 우리가 이 책에서 가장 먼저 학습할 내용은 컴퓨터가 이해하는 두 가지 정보 중 데이터입니다. 0과 1만으로 숫자나 문자와 같은 데이터를 표현하는 방법은 02장에서 자세히 알아보겠습니다.

0과 1로 어떻게 다양한 데이터를 표현하는지 배운 다음에는 명령어를 학습합니다. 만약 누군가가 "컴퓨터를 한마디로 정의해 보세요"라고 묻는다면 여러분은 뭐라고 답할 건가요? 여러 답변을 할 수 있겠지만, 필자는 "컴퓨터는 명령어를 처리하는 기계입니다"라고 답하겠습니다.

컴퓨터가 이해하는 정보에는 데이터와 명령어가 있다고 했지만, 이 둘 중 컴퓨터를 실질적으로 작동시키는 더 중요한 정보는 명령어입니다. 데이터는 명령어 없이는 아무것도 할 수 없는 정보 덩어리일 뿐이지만, **명령어**$^{instruction}$는 데이터를 움직이고 컴퓨터를 작동시키는 정보이기 때문입니다.

예를 들어 보겠습니다. '1'과 '2'는 데이터이고, '더하라, 1과 2를'은 명령어입니다. '안녕하세요'는 데이터이고, '화면에 출력하라, 안녕하세요를'은 명령어입니다. 'cat.jpg'는 데이터이고, 'USB 메모리에 저장하라, cat.jpg를'은 명령어입니다.

즉, 명령어는 컴퓨터를 작동시키는 정보이고, 데이터는 명령어를 위해 존재하는 일종의 재료입니다. 이런 점에서 컴퓨터 프로그램은 '명령어들의 모음'으로 정의되기도 합니다. 그래서 명령어는 컴퓨터 구조를 학습하는 데 있어 데이터보다 더 중요한 개념이라고 할 수 있습니다. 명령어가 어떻게 생겼는지, 그리고 다양한 데이터를 어떻게 활용하는지는 03장에서 자세히 알아보겠습니다.

# 컴퓨터의 4가지 핵심 부품

세상에는 다양한 종류의 컴퓨터가 있습니다. 아두이노, 라즈베리 파이와 같은 작은 컴퓨터부터 스마트폰, 노트북, 데스크톱, 서버 컴퓨터에 이르기까지 그 크기와 용도도 제각각입니다.

작은 컴퓨터　　　스마트폰　　　노트북　　　서버 컴퓨터

> 세상에 존재하는
> 다양한 종류의 컴퓨터

하지만 외관과 용도를 막론하고 컴퓨터를 이루는 핵심 부품은 크게 다르지 않습니다. 컴퓨터의 핵심 부품은 **중앙처리장치**[CPU; Central Processing Unit] (이하 **CPU**), **주기억장치**[main memory] (이하 **메모리**), **보조기억장치**[secondary storage], **입출력장치**[input/output(I/O) device]입니다. 이 네 가지 부품의 역할만 이해하고 있어도 컴퓨터의 작동 원리를 대부분 파악할 수 있습니다.

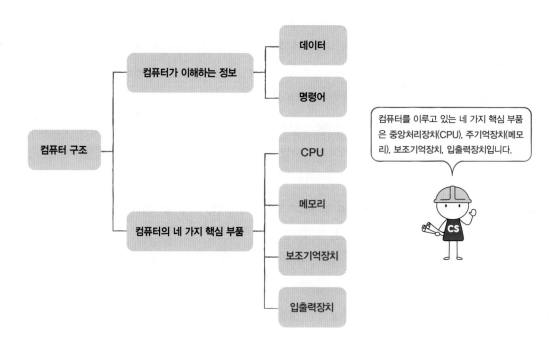

> 컴퓨터를 이루고 있는 네 가지 핵심 부품은 중앙처리장치(CPU), 주기억장치(메모리), 보조기억장치, 입출력장치입니다.

**✚ 여기서 잠깐　주기억장치의 종류**

주기억장치에는 크게 RAM(Random Access Memory)과 ROM(Read Only Memory), 두 가지가 있습니다. 메모리라는 용어는 보통 RAM을 지칭합니다. 컴퓨터의 작동 원리를 파악하기 위해 여러분이 알아야 할 더 중요한 주기억장치는 RAM입니다. 따라서 특별한 언급이 없는 한 이 책에서 다루는 주기억장치는 RAM이라고 생각해도 무방합니다.

자, 그럼 이제 종이와 펜을 꺼내 보세요. 네 가지 핵심 부품의 큰 그림을 그려 봅시다. 앞으로 우리가 배울 컴퓨터의 네 가지 핵심 부품을 개괄적으로 훑어보고, 학습할 용어들에 눈도장을 찍어 보겠습니다. 아래 설명을 따라 읽으면서 핵심 부품을 하나씩 하나씩 그려 보세요. 다 그렸다면 설명 아래에 있는 그림과 비교해 보세요.

❶ 가장 큰 사각형은 **메인보드**입니다. → 47쪽 참조

❷ 메인보드 안에 **시스템 버스**(양방향 수직 화살표)가 있습니다. → 47쪽 참조

❸ **CPU** 내부에는 ALU(산술논리연산장치), 제어장치와 여러 레지스터가 있습니다.
   CPU는 메인보드 내 시스템 버스와 연결되어 있습니다. → 41쪽 참조

❹ **메모리**는 메인보드 내 시스템 버스와 연결되어 있습니다. → 40쪽 참조

❺ **보조기억장치**는 메인보드 내 시스템 버스와 연결되어 있습니다. → 44쪽 참조

❻ 모니터, 키보드, 마우스 등은 메인보드 내 시스템 버스와 연결되어 있습니다.
   이들을 **입출력장치**라고 부릅니다. → 46쪽 참조

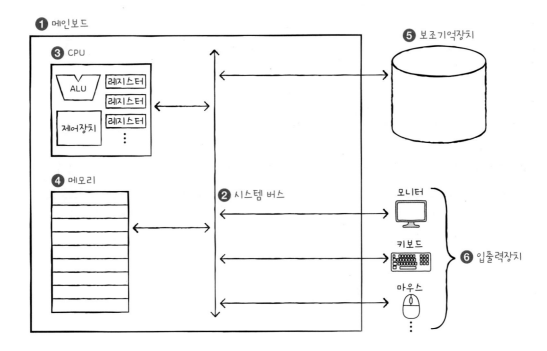

이 그림 속 용어들은 책 전체에 걸쳐 자주 등장할 예정이고, 각 부품들을 자세히 학습하는 과정에서 조금씩 추가되는 부품이나 개념도 있습니다. 물론 지금은 이 그림이 다소 낯설더라도 전혀 걱정할 필요는 없습니다. 이 장을 끝까지 읽으면 자연스럽게 기억됩니다.

## 메모리

컴퓨터가 이해하는 정보는 명령어와 데이터라고 했습니다. **메모리**는 현재 실행되는 프로그램의 명령어와 데이터를 저장하는 부품입니다. 즉, 프로그램이 실행되려면 반드시 메모리에 저장되어 있어야 합니다.

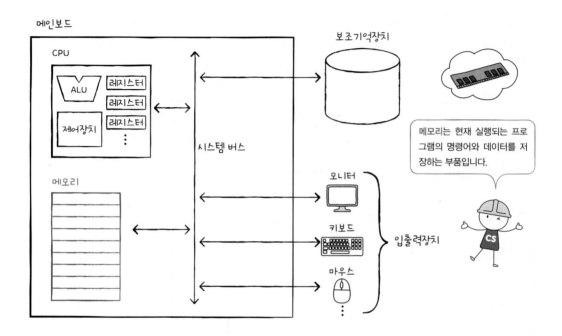

이때 컴퓨터가 빠르게 작동하기 위해서는 메모리 속 명령어와 데이터가 중구난방으로 저장되어 있으면 안 됩니다. 저장된 명령어와 데이터의 위치는 정돈되어 있어야 합니다. 그래서 메모리에는 저장된 값에 빠르고 효율적으로 접근하기 위해 **주소**address라는 개념이 사용됩니다. 현실에서 우리가 주소로 원하는 위치를 찾아갈 수 있듯이 컴퓨터에서도 주소로 메모리 내 원하는 위치에 접근할 수 있습니다.

다음 그림은 1번지와 2번지에 명령어, 3번지와 4번지에 데이터가 저장되어 있고, 5번지와 6번지에는 아무것도 저장되어 있지 않은 상태의 메모리를 표현한 예시입니다.

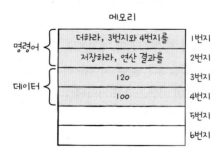

물론 이것은 메모리를 이해하기 쉽게 그림으로 나타낸 것일 뿐 실제로는 이와 같이 저장되지 않습니다. 명령어와 데이터는 모두 0과 1로 표현되기 때문에 겉보기에는 마치 0과 1로 이루어진 데이터를 저장한 것처럼 보입니다.

메모리와 관련해서는 06장에서 자세히 학습할 예정이니, 지금은 아래 세 가지만 기억하면 됩니다.

- 프로그램이 실행되기 위해서는 반드시 메모리에 저장되어 있어야 한다.
- 메모리는 현재 실행되는 프로그램의 명령어와 데이터를 저장한다.
- 메모리에 저장된 값의 위치는 주소로 알 수 있다.

## CPU

CPU는 컴퓨터의 두뇌입니다. CPU는 메모리에 저장된 명령어를 읽어 들이고, 읽어 들인 명령어를 해석하고, 실행하는 부품입니다. 이 말이 아직은 생소할지도 모르겠습니다.

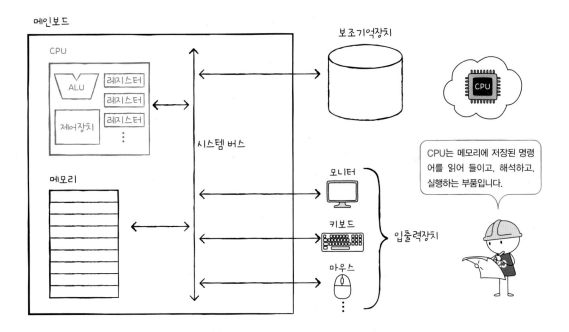

CPU의 역할과 작동 원리를 구체적으로 이해하기 위해서는 CPU 내부 구성 요소를 알아야 합니다. 이 책에서 학습할 CPU 내부 구성 요소 중 가장 중요한 세 가지는 **산술논리연산장치**[ALU; Arithmetic Logic Unit] (이하 **ALU**), **레지스터**[register], **제어장치**[CU; Control Unit]입니다.

**ALU**는 쉽게 말해 계산기입니다. 계산만을 위해 존재하는 부품이죠. 컴퓨터 내부에서 수행되는 대부분의 계산은 ALU가 도맡아 수행합니다.

**레지스터**는 CPU 내부의 작은 임시 저장 장치입니다. 프로그램을 실행하는 데 필요한 값들을 임시로 저장합니다. CPU 안에는 여러 개의 레지스터가 존재하고 각기 다른 이름과 역할을 가지고 있습니다.

**제어장치**는 **제어 신호**<sup>control signal</sup>라는 전기 신호를 내보내고 명령어를 해석하는 장치입니다. 여기서 제어 신호란 컴퓨터 부품들을 관리하고 작동시키기 위한 일종의 전기 신호입니다. 제어 신호에 대해서는 이후에 자세히 설명할 예정이니, 지금은 아래 내용만 이해하고 있어도 무방합니다.

- CPU가 메모리에 저장된 값을 읽고 싶을 땐 메모리를 향해 **메모리 읽기**라는 제어 신호를 보낸다.
- CPU가 메모리에 어떤 값을 저장하고 싶을 땐 메모리를 향해 **메모리 쓰기**라는 제어 신호를 보낸다.

간단한 예시를 통해 CPU를 구성하는 세 가지 부품의 역할을 알아보겠습니다. 앞서 살펴본 메모리 그림을 다시 볼까요? 1번지부터 2번지까지 명령어가 저장되어 있습니다. CPU가 이 두 개의 명령어를 어떻게 실행하는지 살펴봅시다.

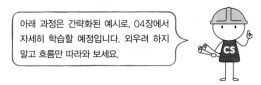

아래 과정은 간략화된 예시로, 04장에서 자세히 학습할 예정입니다. 외우려 하지 말고 흐름만 따라와 보세요.

**01** 제어장치는 1번지에 저장된 명령어를 읽어 들이기 위해 메모리에 '메모리 읽기' 제어 신호를 보냅니다.

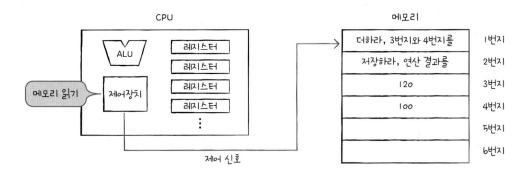

**02** ❶ 메모리는 1번지에 저장된 명령어를 CPU에 건네주고, 이 명령어는 레지스터에 저장됩니다. ❷ 제어장치는 읽어 들인 명령어를 해석한 뒤 3번지와 4번지에 저장된 데이터가 필요하다고 판단합니다. ❸ 제어장치는 3번지와 4번지에 저장된 데이터를 읽어 들이기 위해 메모리에 '메모리 읽기' 제어 신호를 보냅니다.

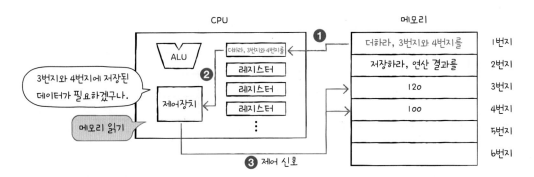

**03** ❶ 메모리는 3번지와 4번지에 저장된 데이터를 CPU에 건네주고, 이 데이터들은 서로 다른 레지스터에 저장됩니다. ❷ ALU는 읽어 들인 데이터로 연산을 수행합니다. ❸ 계산의 결괏값은 레지스터에 저장됩니다. 계산이 끝났다면 첫 번째 명령어의 실행은 끝납니다.

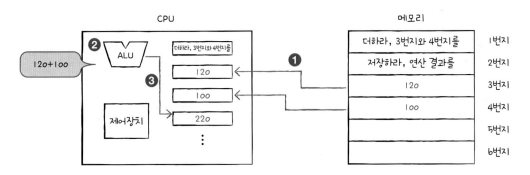

**04** ❶ 제어장치는 2번지에 저장된 다음 명령어를 읽어 들이기 위해 메모리에 '메모리 읽기' 제어 신호를 보냅니다.

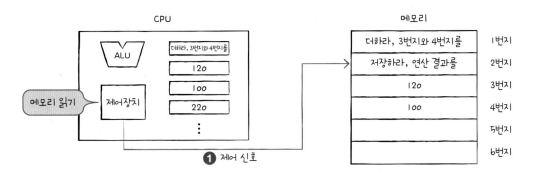

❷ 메모리는 2번지에 저장된 명령어를 CPU에 건네주고, 이 명령어는 레지스터에 저장됩니다. ❸ 제어장치는 이 명령어를 해석한 뒤 메모리에 계산 결과를 저장해야 한다고 판단합니다.

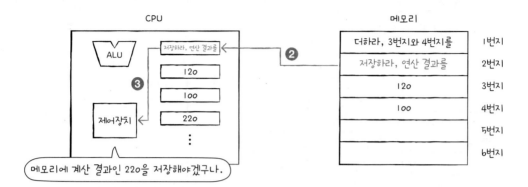

❹ 제어장치는 계산 결과를 저장하기 위해 메모리에 '메모리 쓰기' 제어 신호와 함께 계산 결과인 220을 보냅니다. 메모리가 계산 결과를 저장하면 두 번째 명령어의 실행도 끝납니다.

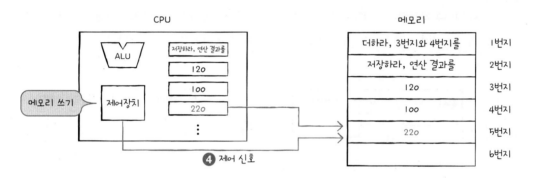

CPU와 관련된 내용은 04장, 05장에서 자세히 다룰 테니 지금은 아래 세 가지만 기억해 주세요.

- CPU는 메모리에 저장된 값을 읽어 들이고, 해석하고, 실행하는 장치다.
- CPU 내부에는 ALU, 레지스터, 제어장치가 있다.
- ALU는 계산하는 장치, 레지스터는 임시 저장 장치, 제어장치는 제어 신호를 발생시키고 명령어를 해석하는 장치다.

## 보조기억장치

앞서 메모리는 실행되는 프로그램의 명령어와 데이터를 저장한다고 했지만, 이 메모리는 두 가지 치명적인 약점이 있습니다. 첫째는 가격이 비싸 저장 용량이 적다는 점이고, 둘째는 전원이 꺼지면 저장된 내용을 잃는다는 점입니다.

컴퓨터로 작업하는 도중에 전원이 꺼져서 작업한 내역을 잃어본 적 있나요? 전원이 꺼지면 작업한 내역을 잃게 되는 이유는 실행 중인 프로그램들은 메모리에 저장되는데, 메모리는 전원이 꺼지면 저장된 내용이 날아가기 때문입니다.

이에 메모리보다 크기가 크고 전원이 꺼져도 저장된 내용을 잃지 않는 메모리를 보조할 저장 장치가 필요하게 되었는데, 이 저장 장치가 **보조기억장치**입니다.

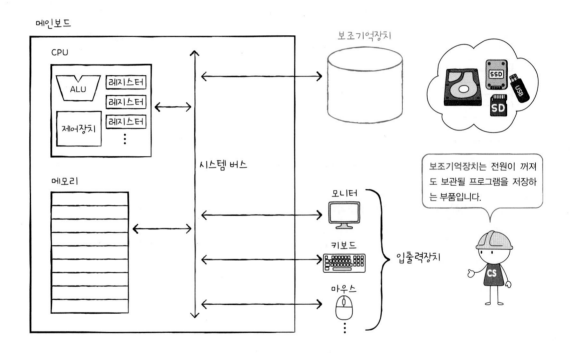

하드 디스크, SSD, USB 메모리, DVD, CD-ROM과 같은 저장 장치가 보조기억장치의 일종입니다. 컴퓨터 전원이 꺼져도 컴퓨터에 파일이 남아 있었던 이유는 우리가 파일을 보조기억장치에 저장했기 때문입니다. 메모리가 현재 '실행되는' 프로그램을 저장한다면, 보조기억장치는 '보관할' 프로그램을 저장한다고 생각해도 좋습니다. 보조기억장치와 관련해서는 07장에서 자세히 알아보겠습니다.

## 입출력장치

**입출력장치**는 마이크, 스피커, 프린터, 마우스, 키보드처럼 컴퓨터 외부에 연결되어 컴퓨터 내부와 정보를 교환하는 장치를 의미합니다. 입출력장치들이 어떻게 컴퓨터에 연결되는지, 그리고 어떻게 컴퓨터 내부와 데이터를 주고받는지는 08장에서 자세히 알아보겠습니다.

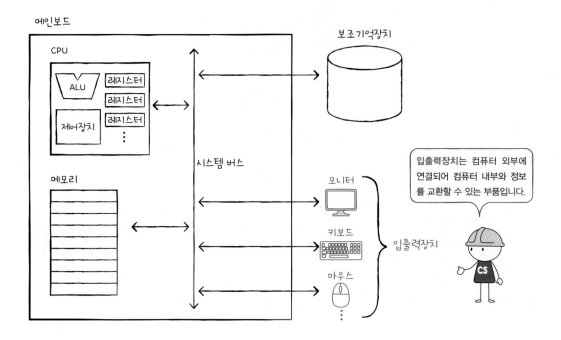

여기서 이런 질문을 하는 독자가 있을 수 있습니다.

"보조기억장치로 알고 있었던 하드 디스크, USB 메모리, CD-ROM도 '컴퓨터 외부에 연결되어 컴퓨터 내부와 정보를 교환할 수 있는 장치'로 볼 수 있지 않나요? 그러면 보조기억장치도 결국 입출력장치 아닌가요?"

이는 매우 좋은 지적이고 맞는 말입니다. 보조기억장치는 관점에 따라 입출력장치의 일종으로 볼 수 있습니다. 실제로 보조기억장치와 입출력장치를 '컴퓨터 주변에 붙어있는 장치'라는 의미에서 **주변장치** peripheral device라 통칭하기도 합니다. 다만 보조기억장치는 모니터, 마우스, 키보드와 같은 일반적인 입출력장치에 비해 메모리를 보조한다는 특별한 기능을 수행하는 입출력장치입니다.

> **note** 이 책을 비롯한 많은 전공 서적은 둘을 구분하여 서술합니다. 여러분도 보조기억장치와 입출력장치는 구분해서 생각해 주세요. 단지, '완전히 다른 부품은 아니다' 정도로만 생각해도 이 책 전체나 다른 전공서를 읽는 데 어려움은 없습니다.

## 메인보드와 시스템 버스

다시 컴퓨터의 핵심 부품 이야기로 돌아와서, 지금까지 설명한 컴퓨터의 핵심 부품들은 모두 **메인보드**main board라는 판에 연결됩니다. 메인보드는 **마더보드**mother board라고도 부르지요. 메인보드에는 앞서 소개한 부품을 비롯한 여러 컴퓨터 부품을 부착할 수 있는 슬롯과 연결 단자가 있습니다.

메인보드에 연결된 부품들은 서로 정보를 주고받을 수 있는데, 이는 메인보드 내부에 **버스**bus라는 통로가 있기 때문입니다. 컴퓨터 내부에는 다양한 종류의 통로, 즉 버스가 있습니다. 하지만 여러 버스 가운데 컴퓨터의 네 가지 핵심 부품을 연결하는 가장 중요한 버스는 **시스템 버스**system bus입니다.

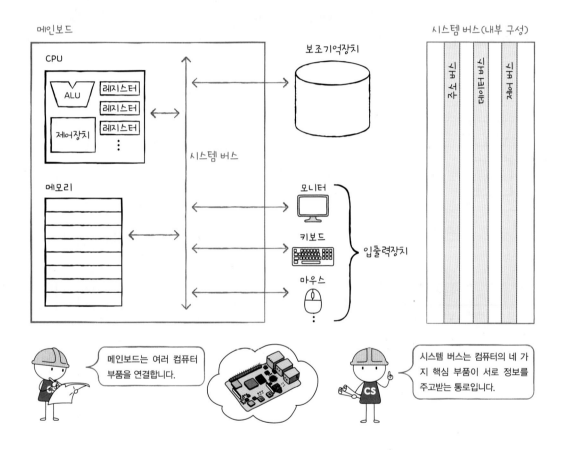

시스템 버스는 주소 버스, 데이터 버스, 제어 버스로 구성되어 있습니다. **주소 버스**address bus는 주소를 주고받는 통로, **데이터 버스**data bus는 명령어와 데이터를 주고받는 통로, **제어 버스**control bus는 제어 신호를 주고받는 통로입니다.

note CPU 구성 요소 중 하나인 제어장치는 제어 버스를 통해 제어 신호를 내보냅니다.

시스템 버스를 조금 더 자세히 이해하기 위해 앞서 설명한 CPU의 작동 예시를 다시 한번 볼까요? CPU가 메모리 속 명령어를 읽어 들이기 위해 제어장치에서 '메모리 읽기'라는 신호를 내보낸다고 했습니다. 그런데 사실 CPU가 메모리를 읽을 땐 제어 신호만 내보내지 않습니다. 실제로 ❶ 제어 버스로 '메모리 읽기' 제어 신호를 내보내고, ❷ 주소 버스로 읽고자 하는 주소를 내보냅니다. ❸ 그러면 메모리는 데이터 버스로 CPU가 요청한 주소에 있는 내용을 보냅니다.

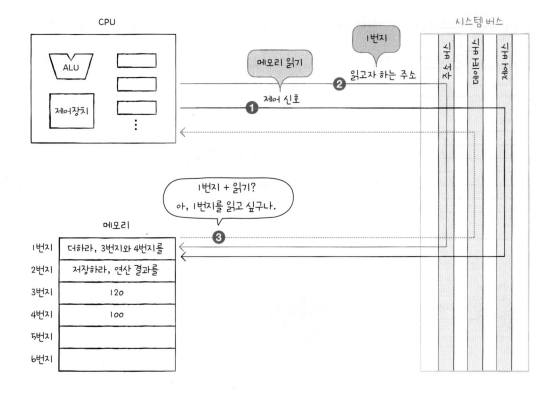

그리고 메모리에 어떤 값을 저장할 때도 CPU는 ❶ 데이터 버스를 통해 메모리에 저장할 값을, ❷ 주소 버스를 통해 저장할 주소를, ❸ 제어 버스를 통해 '메모리 쓰기' 제어 신호를 내보냅니다.

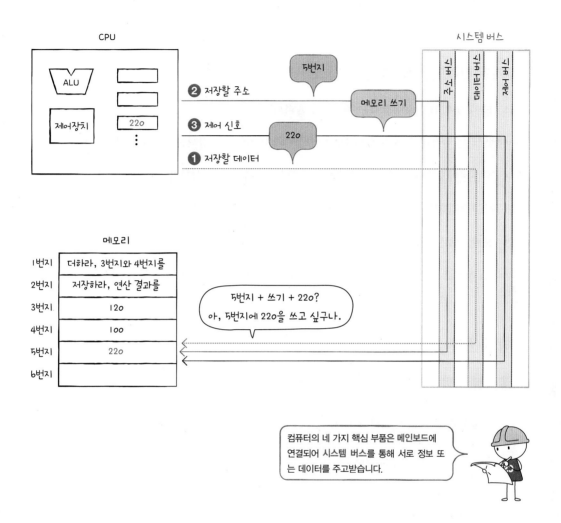

어떤가요? 앞으로 우리가 배울 컴퓨터 구조의 큰 그림이 그려지나요? 이번 절에 등장한 용어들을 여러 번 반복해서 짚어드릴 테니, 이번 절에서 설명한 모든 용어를 암기할 필요는 없습니다. 앞으로 우리가 무엇을 배울 것인지가 머릿속에 그려진다면 이번 절의 학습은 성공입니다.

## ▶ 7가지 키워드로 정리하는 핵심 포인트

- 컴퓨터가 이해하는 정보에는 **데이터**와 **명령어**가 있습니다.

- **메모리**는 현재 실행되는 프로그램의 명령어와 데이터를 저장하는 부품입니다.

- **CPU**는 메모리에 저장된 명령어를 읽어 들이고, 해석하고, 실행하는 부품입니다.

- **보조기억장치**는 전원이 꺼져도 보관할 프로그램을 저장하는 부품입니다.

- **입출력장치**는 컴퓨터 외부에 연결되어 컴퓨터 내부와 정보를 교환할 수 있는 부품입니다.

- **시스템 버스**는 컴퓨터의 네 가지 핵심 부품들이 서로 정보를 주고받는 통로입니다.

## ▶ 확인 문제

**1.** 다음 설명의 빈칸에 들어갈 알맞은 내용을 보기에서 골라 써 보세요.

> **보기** 명령어, 데이터, CPU, 메모리, 보조기억장치

> 컴퓨터가 이해하는 정보에는 ( ❶ )와 ( ❷ )가 있습니다.

**2.** 컴퓨터의 네 가지 핵심 부품 중 명령어를 해석하고 실행하는 장치를 고르세요.

① 보조기억장치

② 입출력장치

③ CPU

④ 주기억장치

**3.** 다음 설명의 빈칸에 들어갈 알맞은 내용을 써 보세요.

> 프로그램이 실행되려면 반드시 ( ⬛⬛⬛⬛⬛ )에 저장되어 있어야 합니다.

**4.** 컴퓨터의 부품과 역할을 올바르게 짝지으세요.

① 보조기억장치 •                           • ㉠ 실행되는 프로그램 저장

② 메모리 •                                   • ㉡ 보관할 프로그램 저장

**5.** 시스템 버스와 관련하여 옳지 않은 내용을 고르세요.

① 시스템 버스는 컴퓨터의 핵심 부품을 분리시키는 버스입니다.

② 시스템 버스는 주소 버스, 데이터 버스, 제어 버스로 구성되어 있습니다.

③ 메인보드 내부에는 시스템 버스를 비롯한 다양한 버스가 있습니다.

④ CPU가 메모리에 값을 저장할 때 주소 버스, 데이터 버스, 제어 버스를 모두 사용할 수 있습니다.

hint 4. 메모리는 전원이 꺼지면 저장된 내용이 사라지는 부품이고, 보조기억장치는 전원이 꺼져도 저장한 내용을 기억하고 있는 부품입니다.

# 02

컴퓨터는 사람과는 달리 모든 것을 0과 1로만 표현합니다. 그렇다면 사람과 소통해야 하는 컴퓨터는 0과 1만으로 어떻게 다양한 숫자와 문자를 표현하는 걸까요? 이번 장에서는 0과 1로 데이터를 표현하는 방법에 대해 학습해 보겠습니다.

# 데이터

**학습목표**

- 컴퓨터가 이해하는 정보 단위를 이해합니다.

- 0과 1로 다양한 숫자를 표현하는 방법을 이해합니다.

- 0과 1로 다양한 문자를 표현하는 방법을 이해합니다.

# 02-1 0과 1로 숫자를 표현하는 방법

핵심 키워드

비트　바이트　이진법　2의 보수　십육진법

컴퓨터가 이해하는 정보의 단위를 학습하고, 이진법과 십육진법을 통해 다양한 숫자를 표현하는 방법에 대해 학습합니다.

## 시작하기 전에

컴퓨터는 0과 1로 모든 정보를 표현하고, 0과 1로 표현된 정보만을 이해할 수 있습니다. 그런데 조금 궁금한 점이 있습니다. 가령 3+4를 계산하는 간단한 프로그램을 생각해 볼까요?

조금 전에 컴퓨터는 0과 1만을 이해할 수 있다고 했는데, 컴퓨터는 숫자 3과 4를 어떻게 인식하는 걸까요? 또 어떻게 우리에게 숫자 7이라는 답변을 내놓을 수 있는 걸까요?

이번 절에서는 이에 대한 답을 찾기 위해 컴퓨터가 표현하는 **정보 단위**를 학습하고, 0과 1만으로 숫자를 표현하는 방법을 배워 보겠습니다.

## 정보 단위

우선 컴퓨터가 이해하는 가장 작은 정보 단위부터 알아보겠습니다. 컴퓨터는 0 또는 1밖에 이해하지 못한다고 했죠? 0과 1을 나타내는 가장 작은 정보 단위를 **비트**<sup>bit</sup> 라고 합니다. 비트는 전구에 빗대어 생각해 보면 이해하기 쉽습니다. 전구 한 개로 (꺼짐) 혹은 (켜짐), 두 가지 상태를 표현할 수 있듯, 1 비트는 0 또는 1, 두 가지 정보를 표현할 수 있습니다.

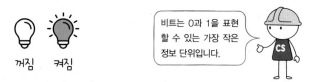

꺼짐　켜짐

비트는 0과 1을 표현할 수 있는 가장 작은 정보 단위입니다.

그럼 2비트는 몇 개의 정보를 표현할 수 있을까요? 아래 그림(왼쪽)과 같이 두 개의 전구가 (꺼짐, 꺼짐), (꺼짐, 켜짐), (켜짐, 꺼짐), (켜짐, 켜짐), 네 가지 상태를 표현할 수 있는 것처럼 2비트는 네 가지 정보를 표현할 수 있습니다. 그렇다면 3비트는 어떨까요? 세 개의 전구는 아래 그림(오른쪽)과 같이 여덟 가지 상태를 표현할 수 있습니다. 따라서 3비트는 여덟 가지 정보를 표현할 수 있습니다.

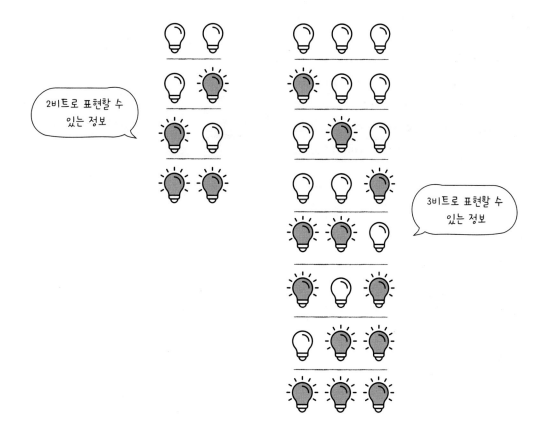

2비트로 표현할 수 있는 정보

3비트로 표현할 수 있는 정보

이쯤 되면 어떤 규칙성을 발견한 독자가 있을지도 모르겠습니다. n개의 전구로 표현할 수 있는 상태는 $2^n$가지입니다. 같은 개념으로 n비트는 $2^n$가지 정보를 표현할 수 있습니다.

웹 브라우저, 워드 프로세서, 포토샵 등 우리가 실행하는 모든 프로그램은 수십만, 수백만 개 이상의 0과 1로 이루어져 있습니다. 다시 말해 우리가 실행하는 프로그램은 수십만 비트, 수백만 비트로 이루어져 있죠. 그런데 우리가 일상적으로 프로그램의 크기를 말할 때 "이 파일은 8,920,120비트야"라고 말하지는 않죠? 프로그램의 크기를 말할 때는 표현의 편의를 위해 비트보다 큰 단위를 사용합니다. 이러한 단위가 바로 여러분들도 한 번쯤 들어봤을 바이트, 킬로바이트, 메가바이트, 기가바이트, 테라바이트 등입니다.

우선 바이트부터 알아볼까요? **바이트**<sup>byte</sup>는 여덟 개의 비트를 묶은 단위로, 비트보다 한 단계 큰 단위입니다. 그럼 하나의 바이트가 표현할 수 있는 정보는 몇 개일까요? 1바이트는 8비트와 같으니 $2^8$(256)개의 정보를 표현할 수 있겠죠. 바이트 또한 더 큰 단위로 묶을 수 있는데, 1바이트 1,000개를 묶은 단위를 **1킬로바이트**<sup>kB; kilobyte</sup>라고 합니다. 그리고 1킬로바이트 1,000개를 묶은 단위를 **1메가바이트**<sup>MB; megabyte</sup>, 1메가바이트 1,000개를 묶은 단위를 **1기가바이트**<sup>GB; gigabyte</sup>, 1기가바이트 1,000개를 묶은 단위를 **1테라바이트**<sup>TB; terabyte</sup>라고 합니다. 테라바이트보다 더 큰 단위도 있으나 여러분이 다루게 될 데이터의 크기는 최대 테라바이트까지인 경우가 많습니다.

| | |
|---|---|
| 1바이트(1byte) | 8비트(8bit) |
| 1킬로바이트(1kB) | 1,000바이트(1,000byte) |
| 1메가바이트(1MB) | 1,000킬로바이트(1,000kB) |
| 1기가바이트(1GB) | 1,000메가바이트(1,000MB) |
| 1테라바이트(1TB) | 1,000기가바이트(1,000GB) |

바이트를 제외한 kB, MB, GB, 그 이상의 단위들은 모두 이전 단위를 1,000개 묶어 표현한 단위라는 점에 유의하세요.

> **note** 1kB는 1,024byte, 1MB는 1,024kB... 이런 식으로 표현하는 것은 잘못된 관습입니다. 이전 단위를 1,024개 묶어 표현한 단위는 kB, MB, GB, TB가 아닌 KiB, MiB, GiB, TiB입니다.

**➕ 여기서 잠깐 | 워드**

중요한 정보 단위 중 워드라는 단위도 있습니다. 워드(word)란 CPU가 한 번에 처리할 수 있는 데이터 크기를 의미합니다. 만약 CPU가 한 번에 16비트를 처리할 수 있다면 1워드는 16비트가 되고, 한 번에 32비트를 처리할 수 있다면 1워드는 32비트가 되는 것이죠.

이렇게 정의된 워드의 절반 크기를 하프 워드(half word), 1배 크기를 풀 워드(full word), 2배 크기를 더블 워드(double word)라고 부릅니다. 워드 크기가 큰 CPU는 한 번에 처리할 수 있는 데이터가 많겠죠? 워드 크기는 CPU마다 다르지만, 현대 컴퓨터의 워드 크기는 대부분 32비트 또는 64비트입니다. 가령 인텔의 x86 CPU는 32비트 워드 CPU, x64 CPU는 64비트 워드 CPU입니다.

# 이진법

자, 그럼 본격적으로 0과 1만으로 숫자를 표현하는 방법을 알아보겠습니다. 수학에서 0과 1만으로 모든 숫자를 표현하는 방법을 **이진법**binary이라고 합니다. 이진법을 이용하면 1보다 큰 수도 0과 1만으로 표현할 수 있습니다. 어떻게 이런 일이 가능할까요? 원리는 간단합니다. 숫자가 1을 넘어가는 시점에 자리 올림을 하면 됩니다.

우리가 보통 숫자를 셀 때 9를 넘어가는 시점에 자리 올림을 하죠? 9 다음이 10, 19 다음이 20인 것처럼요. 이는 우리가 일상적으로 **십진법**decimal을 사용하기 때문입니다. 십진법은 숫자가 9를 넘어가는 시점에 자리 올림을 하여 0부터 9까지, 열 개의 숫자만으로 모든 수를 표현하는 방법입니다.

이와 유사하게 이진법은 아래와 같이 숫자가 1을 넘어가는 시점에 자리 올림을 하여 0과 1, 두 개의 숫자만으로 모든 수를 표현합니다.

| 십진수 | 이진수 | |
| --- | --- | --- |
| 1 | 1 | |
| 2 | 10 | 자리 올림 |
| 3 | 11 | |
| 4 | 100 | 자리 올림 |
| 5 | 101 | |
| 6 | 110 | 자리 올림 |
| 7 | 111 | |
| 8 | 1000 | 자리 올림 |

> 이진법은 1을 넘어가는 시점에 자리 올림을 하여 0과 1만으로 모든 수를 표현하는 방법입니다.

이진법으로 표현한 수를 **이진수**, 십진법으로 표현한 수를 **십진수**라고 합니다. 우리는 일상적으로 십진수를 사용하지만, 0과 1밖에 모르는 컴퓨터에 어떤 숫자를 알려 주려면 십진수가 아닌 이진수로 알려 주어야 합니다. 가령, 십진수 2를 컴퓨터에 알려 주려면 이진수로 표현한 10('일영'으로 읽습니다)을 알려 주면 됩니다. 그리고 십진수 8을 컴퓨터에 알려 주려면 이진수로 표현한 1000('일영영영'으로 읽습니다)을 알려 주면 됩니다.

그런데 여기서 한 가지 문제가 있습니다. 여러분은 숫자 10만 보고 이게 십진수인지 이진수인지 구분할 수 있나요? 숫자 10을 십진수로 읽으면 10이지만, 이진수로 읽으면 2입니다. 이처럼 숫자만으로는 이 수가 어떤 진법으로 표현된 수인지 알 수 없습니다. 이런 혼동을 예방하기 위해 이진수 끝에 아래첨자 $(2)$를 붙이거나 이진수 앞에 0b를 붙입니다. 전자는 주로 이진수를 수학적으로 표기할 때, 후자는 주로 코드 상에서 이진수를 표기할 때 사용합니다.

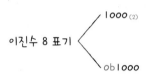

## 이진수의 음수 표현

자, 그럼 이번에는 이진수의 음수 표현 방법을 알아보겠습니다. 십진수 음수를 표현할 땐 단순히 숫자 앞에 마이너스 부호를 붙이면 그만입니다. −1, −3, −5⋯ 이런 식으로요. 그렇다면 이진수도 똑같이 마이너스 부호를 붙이면 될까요? 그렇지 않습니다. 컴퓨터는 0과 1만 이해할 수 있기 때문에 마이너스 부호를 사용하지 않고 0과 1만으로 음수를 표현해야 합니다.

0과 1만으로 음수를 표현하는 방법 중 가장 널리 사용되는 방법은 **2의 보수**two's complement를 구해 이 값을 음수로 간주하는 방법입니다. 2의 보수의 사전적 의미는 '어떤 수를 그보다 큰 $2^n$에서 뺀 값'을 의미합니다. 예를 들어 $11_{(2)}$의 2의 보수는 $11_{(2)}$보다 큰 $2^n$, 즉 $100_{(2)}$에서 $11_{(2)}$을 뺀 $01_{(2)}$이 되는 것이지요.

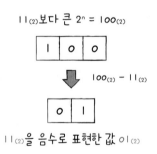

하지만 굳이 이렇게 사전적 의미로 어렵게 이해할 필요는 없습니다. 2의 보수를 매우 쉽게 표현하자면 '모든 0과 1을 뒤집고, 거기에 1을 더한 값'으로 이해하면 됩니다. 예를 들어 $11_{(2)}$의 모든 0과 1을 뒤집으면 $00_{(2)}$이고, 거기에 1을 더한 값은 $01_{(2)}$입니다. 즉, $11_{(2)}$의 2의 보수(음수 표현)는 $01_{(2)}$이 되는 것이죠.

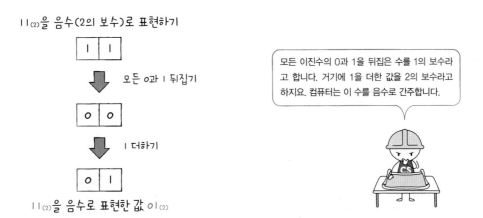

$11_{(2)}$을 음수(2의 보수)로 표현하기

모든 0과 1 뒤집기

1 더하기

$11_{(2)}$을 음수로 표현한 값 $01_{(2)}$

> 모든 이진수의 0과 1을 뒤집은 수를 1의 보수라고 합니다. 거기에 1을 더한 값을 2의 보수라고 하지요. 컴퓨터는 이 수를 음수로 간주합니다.

$1011_{(2)}$의 음수를 구해 봅시다. $1011_{(2)}$에서 모든 0과 1을 뒤집으면 $0100_{(2)}$이고 여기에 1을 더한 값은 $0101_{(2)}$이 되지요? 즉, $0101_{(2)}$은 $1011_{(2)}$의 음수입니다. 정말 이 값이 $1011_{(2)}$의 음수인지 확인해 볼까요? 어떤 수의 음수를 두 번 구하면 처음의 그 수가 됩니다. $-(-A) = A$인 것처럼요. 2의 보수도 마찬가지입니다. 어떤 수의 2의 보수를 두 번 구해 보면 자기 자신이 됩니다. 마찬가지로 $1011_{(2)}$의 2의 보수를 두 번 구해 보면 자기 자신인 $1011_{(2)}$이 됩니다.

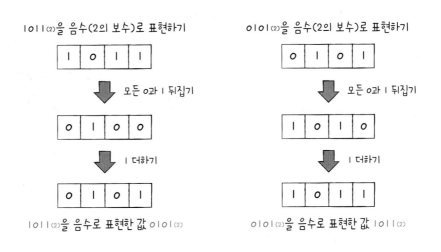

$1011_{(2)}$을 음수(2의 보수)로 표현하기

모든 0과 1 뒤집기

1 더하기

$1011_{(2)}$을 음수로 표현한 값 $0101_{(2)}$

$0101_{(2)}$을 음수(2의 보수)로 표현하기

모든 0과 1 뒤집기

1 더하기

$0101_{(2)}$을 음수로 표현한 값 $1011_{(2)}$

이때 이런 질문을 하는 독자가 있을 수 있습니다.

"$-1011_{(2)}$을 표현하기 위한 음수으로서의 $0101_{(2)}$과 십진수 5를 표현하기 위한 양수로서의 $0101_{(2)}$은 똑같이 생겼는데, 이진수만 보고 이게 음수인지 양수인지 어떻게 구분해요?"

실제로 이진수만 봐서는 이게 음수인지 양수인지 구분하기 어렵습니다. 그래서 컴퓨터 내부에서 어떤 수를 다룰 때는 이 수가 양수인지 음수인지를 구분하기 위해 **플래그**$^{flag}$를 사용합니다. 플래그는 쉽게 말해 부가 정보입니다. 컴퓨터 내부에서 어떤 값을 다룰 때 부가 정보가 필요한 경우 플래그를 사용합니다. 플래그와 관련한 내용은 04장에서 자세히 다룰테니, 지금은 컴퓨터 내부에서 숫자들은 '양수' 혹은 '음수'가 적혀 있는 표시를 들고 다니므로 컴퓨터가 부호를 헷갈릴 일은 없다 정도로만 생각해도 무방합니다.

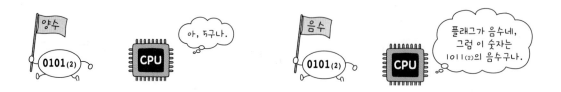

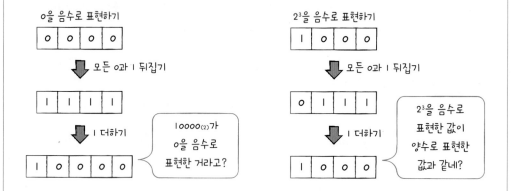

### ＋ 여기서 잠깐   2의 보수 표현의 한계

이진수의 음수를 표현하기 위해 2의 보수를 취하는 방식은 아직까지도 가장 널리 사용되는 방식이지만, 완벽한 방식은 아닙니다. 0이나 $2^n$ 형태의 이진수에 2의 보수를 취하면 아래와 같이 원하는 음수값을 얻을 수 없습니다.

0을 음수로 표현하기

| 0 | 0 | 0 | 0 |

⬇ 모든 0과 1 뒤집기

| 1 | 1 | 1 | 1 |

⬇ 1 더하기

| 1 | 0 | 0 | 0 | 0 |

$10000_{(2)}$가 0을 음수로 표현한 거라고?

$2^3$을 음수로 표현하기

| 1 | 0 | 0 | 0 |

⬇ 모든 0과 1 뒤집기

| 0 | 1 | 1 | 1 |

⬇ 1 더하기

| 1 | 0 | 0 | 0 |

$2^3$을 음수로 표현한 값이 양수로 표현한 값과 같네?

첫 번째 경우 자리 올림이 발생한 비트의 1을 버립니다. 하지만 두 번째 경우와 같이 $2^n$의 보수를 취하면 자기 자신이 되어 버리는 문제는 본질적으로 해결하기 어렵습니다. 즉, n비트로는 $-2^n$과 $2^n$이라는 수를 동시에 표현할 수 없습니다.

## 십육진법

이진법을 이용해 0과 1만으로 모든 숫자를 표현할 수 있었습니다. 하나의 이진수는 하나의 비트로 나타낼 수 있기에 이진법을 이용하면 컴퓨터가 이해하는 숫자 정보를 직접적으로 표현할 수 있습니다. 하지만 이진법은 0과 1만으로 모든 숫자를 표현하다 보니 숫자의 길이가 너무 길어진다는 단점이 있습니다. 십진수 32를 이진수로 표현하면 $100000_{(2)}$과 같이 여섯 개의 자릿수가 필요한 것처럼요.

그래서 데이터를 표현할 때 이진법 이외에 십육진법도 자주 사용합니다. **십육진법**hexadecimal은 수가 15를 넘어가는 시점에 자리 올림을 하는 숫자 표현 방식입니다. 그리고 십진수 10, 11, 12, 13, 14,

15를 십육진법 체계에서는 각각 A, B, C, D, E, F로 표기합니다.

| 십진수 | 0 | 1 | 2 | 3 | 4 | 5 | 6 | 7 | 8 | 9 | 10 | 11 | 12 | 13 | 14 | 15 | 16 | 17 | ··· |
|---|---|---|---|---|---|---|---|---|---|---|---|---|---|---|---|---|---|---|---|
| 십육진수 | 0 | 1 | 2 | 3 | 4 | 5 | 6 | 7 | 8 | 9 | A | B | C | D | E | F | 10 | 11 | ··· |

자리 올림

십육진수는 한 글자로 열여섯 종류(0~9, A~F)의 정보를 표현할 수 있으니, 이진수에 비해 더 적은 자릿수로 더 많은 정보를 표현할 수 있겠죠?

십육진수도 이진수와 마찬가지로 숫자 뒤에 아래첨자 (16)를 붙이거나 숫자 앞에 0x를 붙여 구분합니다. 전자는 주로 수학적으로 십육진수를 표기할 때, 후자는 주로 코드상에서 십육진수를 표기할 때 사용되는 방식입니다.

> 십육진법은 15를 넘어가는 시점에 자리 올림하여 수를 표현하는 방법입니다.

십육진수 15 표기

15(16) ← 수학적 표기 방식

0x15 ← 코드상 표기 방식

---

### ➕ 여기서 잠깐  십육진수 A~F를 쉽게 이해하는 방법

십육진법을 처음 접했다면 십육진수 A가 10, 십육진수 B가 11을 뜻한다는 사실이 잘 와닿지 않을 겁니다. 좋은 팁을 알려드리죠. 아래 그림처럼 손가락으로 직접 꼽아 보면 이해하기 편합니다.

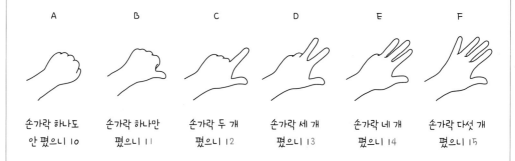

| A | B | C | D | E | F |
|---|---|---|---|---|---|
| 손가락 하나도 안 폈으니 10 | 손가락 하나만 폈으니 11 | 손가락 두 개 폈으니 12 | 손가락 세 개 폈으니 13 | 손가락 네 개 폈으니 14 | 손가락 다섯 개 폈으니 15 |

'주먹을 쥐었을 때가 A'라고 생각해 보세요. 손가락을 하나도 안 폈으니 0입니다. 십육진수 D는 십진수로 무엇일까요? 주먹을 쥐었을 때가 A라고 했으니 A, B, C, D 차례로 손가락을 하나씩 펴면 D는 손가락이 세 개 펴집니다. 따라서 십육진수 D는 13입니다.

그런데 왜 군이 십육진법을 사용할까요? 우리가 편하게 쓰는 십진법도 있는데 말이죠. 여러 가지 이유가 있지만, 십육진법을 사용하는 주된 이유 중 하나는 이진수를 십육진수로, 십육진수를 이진수로 변환하기 쉽기 때문입니다.

### 십육진수를 이진수로 변환하기

십육진수는 한 글자당 열여섯 종류(0~9, A~F)의 숫자를 표현할 수 있습니다. 그렇다면 십육진수를 이루는 숫자 하나를 이진수로 표현하려면 몇 비트가 필요할까요? 4비트가 필요합니다. $2^4 = 16$이니까요.

십육진수를 이진수로 변환하는 간편한 방법 중 하나는 십육진수 한 글자를 4비트의 이진수로 간주하는 겁니다. 즉, 십육진수를 이루고 있는 각 글자를 따로따로 (4개의 숫자로 구성된) 이진수로 변환하고, 그것들을 그대로 이어 붙이면 십육진수가 이진수로 변환됩니다. 예를 들어 $1A2B_{(16)}$라는 십육진수가 있을 때 각 숫자 $1_{(16)}$, $A_{(16)}$, $2_{(16)}$, $B_{(16)}$를 이진수로 표현하면 $0001_{(2)}$, $1010_{(2)}$, $0010_{(2)}$, $1011_{(2)}$입니다. 이 숫자를 그대로 이어 붙인 값, 즉 $0001101000101011_{(2)}$이 $1A2B_{(16)}$를 이진수로 표현한 값입니다.

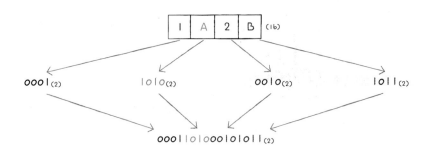

$$1A2B_{(16)} = 0001101000101011_{(2)}$$

### 이진수를 십육진수로 변환하기

반대로 이진수를 십육진수로 변환할 때는 이진수 숫자를 네 개씩 끊고, 끊어 준 네 개의 숫자를 하나의 십육진수로 변환한 뒤 그대로 이어 붙이면 됩니다. 예를 들어 $11010101_{(2)}$이라는 이진수를 네 개씩 끊으면 $1101_{(2)}$, $0101_{(2)}$이고 이는 각각 $D_{(16)}$와 $5_{(16)}$이므로 이를 그대로 이어 붙인 $D5_{(16)}$가 $11010101_{(2)}$를 십육진수로 변환한 수입니다.

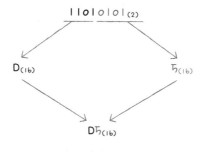

$$1101 0101_{(2)} = D5_{(16)}$$

이진수를 십진수로 변환할 때는 이렇게 간단하지 않기에 이진수를 십육진수로 묶어 표현하는 것입니다.

---

**➕ 여기서 잠깐    코드에 십육진수를 직접 넣는 사례**

십육진수는 프로그래밍할 때 이진수와 더불어 자주 사용되므로 기억해 두는 것이 좋습니다. 하드웨어와 밀접하게 맞닿아 있는 개발 분야에서는 아래와 같이 코드에 십육진수를 직접 쓰는 경우도 더러 있기 때문입니다.

```
offset = __mem_to_opcode_arm(*(u32 *)loc);
offset = (offset & 0x00ffffff) << 2;
if (offset & 0x02000000)
offset -= 0x04000000;
offset += sym->st_value - loc;
```

위 코드가 무슨 뜻인지 알 필요는 없습니다. 프로그래밍할 때 십육진수를 직접 써넣는 경우도 많다는 사실만 인지하면 됩니다.

---

▶ **5가지 키워드로 정리하는 핵심 포인트**

• **비트**는 0과 1로 표현할 수 있는 가장 작은 정보 단위입니다.

• **바이트**, 킬로바이트, 메가바이트, 기가바이트, 테라바이트는 비트보다 더 큰 정보 단위입니다.

• **이진법**은 1을 넘어가는 시점에 자리 올림을 하여 0과 1만으로 수를 표현하는 방법입니다.

• 이진법에서 음수는 **2의 보수**로 표현할 수 있습니다.

• **십육진법**은 15를 넘어가는 시점에 자리 올림하여 수를 표현하는 방법입니다.

▶ **확인 문제**

**1.** 2000MB는 몇 GB인가요?

> 2000MB =         GB

**2.** 다음 중 옳지 않은 것을 골라 보세요.

① 1000GB는 1TB와 같습니다.
② 1000kB는 1MB와 같습니다.
③ 1000MB는 1GB와 같습니다.
④ 1024bit는 1byte와 같습니다.

**3.** 1101₍₂₎의 음수를 2의 보수 표현법으로 구해 보세요.

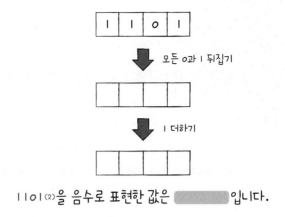

| I | I | O | I |

모든 0과 1 뒤집기

I 더하기

I I O I ₍₂₎을 음수로 표현한 값은 ▨▨▨▨▨▨입니다.


**4.** DA₍₁₆₎를 이진수로 표현하면 무엇인가요?

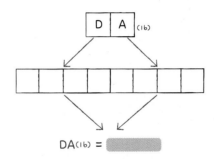

| D | A | ₍₁₆₎ |

DA₍₁₆₎ = ▨▨▨▨▨▨


**5.** 이진수와 더불어 십육진수가 많이 사용되는 대표적인 이유는 무엇인가요?

① 이진수와 십육진수 간의 변환이 쉽기 때문입니다.

② 십육진수에 비해 이진수로 표현되는 글자 수가 일반적으로 적기 때문입니다.

③ 십육진수가 십진수보다 일상적으로 더 많이 사용되기 때문입니다.

④ 컴퓨터는 이진수를 이해하지 못하기 때문입니다.


**hint** 3. 2의 보수는 모든 0과 1을 뒤집고, 여기에 1을 더함으로써 얻을 수 있습니다.

4. 십육진수를 이진수로 변환할 때 십육진수 한 글자를 네 개의 이진수로 간주하면 간편합니다.

# 0과 1로 문자를 표현하는 방법

문자 집합　　아스키 코드　　EUC-KR　　유니코드

아스키 코드, 유니코드 등은 컴퓨터가 이해할 수 있는 0과 1로 다양한 문자를 표현하는 방법입니다. 여러 가지 문자 표현 방법을 학습해 봅시다.

## 시작하기 전에

필자는 지금 여러분에게 선보일 책을 집필하기 위해 컴퓨터를 켜고 문서 편집기에 문자를 입력하고 있습니다. 입력하는 문자에는 한글도 있고, 영어도 있고, 특수 문자도 있습니다. 그러면 컴퓨터는 키보드로 입력한 문자들을 실시간으로 모니터에 띄워 줍니다. 컴퓨터는 0과 1만 이해할 수 있다고 했는데, 필자가 입력한 문자를 어떻게 이해하고 모니터에 출력하는 걸까요?

이번 절에서는 0과 1로 문자를 표현하는 방법, 즉 컴퓨터가 문자를 이해하고 표현하는 다양한 방법에 대해 알아보겠습니다.

# 문자 집합과 인코딩

0과 1로 문자를 표현하는 방법에 대해 알아보기 전에 여러분이 반드시 알아야 할 세 가지 용어가 있습니다. 바로 문자 집합, 인코딩, 디코딩입니다.

컴퓨터가 인식하고 표현할 수 있는 문자의 모음을 **문자 집합**<sup>character set</sup>이라고 합니다. 컴퓨터는 문자 집합에 속해 있는 문자를 이해할 수 있고, 반대로 문자 집합에 속해 있지 않은 문자는 이해할 수 없습니다. 예를 들어 문자 집합이 {a, b, c, d, e}인 경우 컴퓨터는 이 다섯 개의 문자는 이해할 수 있고, f 나 g 같은 문자는 이해하지 못합니다.

문자 집합에 속한 문자라고 해서 컴퓨터가 그대로 이해할 수 있는 건 아닙니다. 문자를 0과 1로 변환해야 비로소 컴퓨터가 이해할 수 있습니다. 이 변환 과정을 **문자 인코딩**<sup>character encoding</sup>이라 하고 인코딩 후 0과 1로 이루어진 결과값이 문자 코드가 됩니다. 같은 문자 집합에 대해서도 다양한 인코딩 방법이 있을 수 있습니다.

인코딩의 반대 과정, 즉 0과 1로 이루어진 문자 코드를 사람이 이해할 수 있는 문자로 변환하는 과정은 **문자 디코딩**<sup>character decoding</sup>이라고 합니다.

정리하면 컴퓨터가 인식할 수 있는 문자들의 모음은 문자 집합, 이 문자들을 컴퓨터가 이해할 수 있는 0과 1로 변환하는 과정을 인코딩, 반대로 0과 1로 표현된 문자 코드를 사람이 읽을 수 있는 문자로 변환하는 과정을 디코딩이라고 합니다.

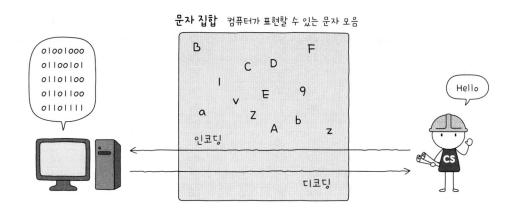

**문자 집합** 컴퓨터가 표현할 수 있는 문자 모음

자, 그럼 지금부터 다양한 문자 집합과 인코딩 방법들에 대해 알아봅시다.

# 아스키 코드

**아스키**ASCII; American Standard Code for Information Interchange는 초창기 문자 집합 중 하나로, 영어 알파벳과 아라비아 숫자, 그리고 일부 특수 문자를 포함합니다. 아스키 문자 집합에 속한 문자(이하 **아스키 문자**)들은 각각 7비트로 표현되는데, 7비트로 표현할 수 있는 정보의 가짓수는 $2^7$개로, 총 128개의 문자를 표현할 수 있습니다.

> **note** 실제로는 하나의 아스키 문자를 나타내기 위해 8비트(1바이트)를 사용합니다. 하지만 8비트 중 1비트는 패리티 비트(parity bit)라고 불리는, 오류 검출을 위해 사용되는 비트이기 때문에 실질적으로 문자 표현을 위해 사용되는 비트는 7비트입니다.

## 아스키 코드표

| 십진수 | 십육진수 | 문자 | 십진수 | 십육진수 | 문자 | 십진수 | 십육진수 | 문자 | 십진수 | 십육진수 | 문자 |
|---|---|---|---|---|---|---|---|---|---|---|---|
| 0 | 0 | Null | 32 | 20 | Space | 64 | 40 | @ | 96 | 60 | ` |
| 1 | 1 | Start of Header | 33 | 21 | ! | 65 | 41 | A | 97 | 61 | a |
| 2 | 2 | Start of Text | 34 | 22 | " | 66 | 42 | B | 98 | 62 | b |
| 3 | 3 | End of Text | 35 | 23 | # | 67 | 43 | C | 99 | 63 | c |
| 4 | 4 | End of Transmission | 36 | 24 | $ | 68 | 44 | D | 100 | 64 | d |
| 5 | 5 | Enquiry | 37 | 25 | % | 69 | 45 | E | 101 | 65 | e |
| 6 | 6 | Acknowledge | 38 | 26 | & | 70 | 46 | F | 102 | 66 | f |
| 7 | 7 | Bell | 39 | 27 | ' | 71 | 47 | G | 103 | 67 | g |
| 8 | 8 | Backspace | 40 | 28 | ( | 72 | 48 | H | 104 | 68 | h |
| 9 | 9 | Horizontal Tab | 41 | 29 | ) | 73 | 49 | I | 105 | 69 | i |
| 10 | A | Line Feed | 42 | 2A | * | 74 | 4A | J | 106 | 6A | j |
| 11 | B | Vertical Tab | 43 | 2B | + | 75 | 4B | K | 107 | 6B | k |
| 12 | C | Form Feed | 44 | 2C | , | 76 | 4C | L | 108 | 6C | l |
| 13 | D | Carriage Return | 45 | 2D | – | 77 | 4D | M | 109 | 6D | m |
| 14 | E | Shift Out | 46 | 2E | . | 78 | 4E | N | 110 | 6E | n |
| 15 | F | Shift In | 47 | 2F | / | 79 | 4F | O | 111 | 6F | o |
| 16 | 10 | Data Link Escape | 48 | 30 | 0 | 80 | 50 | P | 112 | 70 | p |
| 17 | 11 | Device Control 1 | 49 | 31 | 1 | 81 | 51 | Q | 113 | 71 | q |
| 18 | 12 | Device Control 2 | 50 | 32 | 2 | 82 | 52 | R | 114 | 72 | r |
| 19 | 13 | Device Control 3 | 51 | 33 | 3 | 83 | 53 | S | 115 | 73 | s |
| 20 | 14 | Device Control 4 | 52 | 34 | 4 | 84 | 54 | T | 116 | 74 | t |
| 21 | 15 | Negative Acknowledge | 53 | 35 | 5 | 85 | 55 | U | 117 | 75 | u |
| 22 | 16 | Synchronous Idle | 54 | 36 | 6 | 86 | 56 | V | 118 | 76 | v |
| 23 | 17 | End of Trans. Block | 55 | 37 | 7 | 87 | 57 | W | 119 | 77 | w |
| 24 | 18 | Cancel | 56 | 38 | 8 | 88 | 58 | X | 120 | 78 | x |
| 25 | 19 | End of Medium | 57 | 39 | 9 | 89 | 59 | Y | 121 | 79 | y |
| 26 | 1A | Substitute | 58 | 3A | : | 90 | 5A | Z | 122 | 7A | z |
| 27 | 1B | Escape | 59 | 3B | ; | 91 | 5B | [ | 123 | 7B | { |
| 28 | 1C | File Separator | 60 | 3C | 〈 | 92 | 5C | \ | 124 | 7C | | |
| 29 | 1D | Group Separator | 61 | 3D | = | 93 | 5D | ] | 125 | 7D | } |
| 30 | 1E | Record Separator | 62 | 3E | 〉 | 94 | 5E | ^ | 126 | 7E | ~ |
| 31 | 1F | Unit Separator | 63 | 3F | ? | 95 | 5F | _ | 127 | 7F | Del |

앞의 표는 아스키 코드표입니다. 표를 보면 알 수 있듯 아스키 문자들은 0부터 127까지 총 128개의 숫자 중 하나의 고유한 수에 일대일로 대응됩니다. 아스키 문자에 대응된 고유한 수를 **아스키 코드**라고 합니다. 우리는 아스키 코드를 이진수로 표현함으로써 아스키 문자를 0과 1로 표현할 수 있습니다. 아스키 문자는 이렇게 아스키 코드로 인코딩됩니다.

아스키 문자 집합에 0부터 127까지의 수가 할당되어 아스키 코드로 인코딩됩니다.

예를 들어 'A'는 십진수 65 (이진수 $1000001_{(2)}$)로 인코딩되고, 'a'는 십진수 97 (이진수 $1100001_{(2)}$)로, 특수 문자 !는 십진수 33 (이진수 $100001_{(2)}$)으로 인코딩됩니다. 간단하죠? 참고로 아스키 코드 표를 보면 Backspace, Escape, Cancel, Space와 같은 제어 문자도 아스키 코드에 포함되어 있다는 사실을 알 수 있습니다.

note 문자 인코딩에서 '글자에 부여된 고유한 값'을 **코드 포인트**(code point)라고 합니다. 가령 아스키 문자 A의 코드 포인트는 65입니다. 다만 이 책에서는 쉬운 설명을 위해 코드 포인트라는 용어 대신 문자에 부여된 값, 문자에 부여된 코드라는 용어로 설명하겠습니다.

이렇듯 아스키 코드는 매우 간단하게 인코딩된다는 장점이 있지만, 단점도 있습니다. 다들 짐작하겠지만 한글을 표현할 수 없습니다. 한글뿐만 아니라 아스키 문자 집합 외의 문자, 특수문자도 표현할 수 없습니다. 근본적으로 아스키 문자 집합에 속한 문자들은 7비트로 표현하기에 128개보다 많은 문자를 표현하지 못하기 때문입니다. 훗날 더 다양한 문자 표현을 위해 아스키 코드에 1비트를 추가한 8비트의 **확장 아스키**<sup>Extended ASCII</sup>가 등장하기도 했지만, 그럼에도 표현 가능한 문자의 수는 256개여서 턱없이 부족했습니다.

그래서 한국을 포함한 영어권 외의 나라들은 자신들의 언어를 0과 1로 표현할 수 있는 고유한 문자 집합과 인코딩 방식이 필요하다고 생각했습니다. 이런 이유로 등장한 한글 인코딩 방식이 바로 EUC-KR입니다.


## EUC-KR

한글 인코딩을 이해하려면 우선 한글의 특수성을 알아야 합니다. 알파벳을 쭉 이어 쓰면 단어가 되는 영어와는 달리, 한글은 각 음절 하나하나가 초성, 중성, 종성의 조합으로 이루어져 있습니다. 그래서 한글 인코딩에는 두 가지 방식, 완성형(한글 완성형 인코딩)과 조합형(한글 조합형 인코딩)이 존재합니다.

**완성형 인코딩** 방식은 초성, 중성, 종성의 조합으로 이루어진 완성된 하나의 글자에 고유한 코드를 부여하는 인코딩 방식입니다. 예를 들어 '가'는 1, '나'는 2, '다'는 3, 이런 식으로 인코딩하는 방식이죠.

반면 **조합형 인코딩** 방식은 초성을 위한 비트열, 중성을 위한 비트열, 종성을 위한 비트열을 할당하여 그것들의 조합으로 하나의 글자 코드를 완성하는 인코딩 방식입니다. 다시 말해 초성, 중성, 종성에 해당하는 코드를 합하여 하나의 글자 코드를 만드는 인코딩 방식이죠.

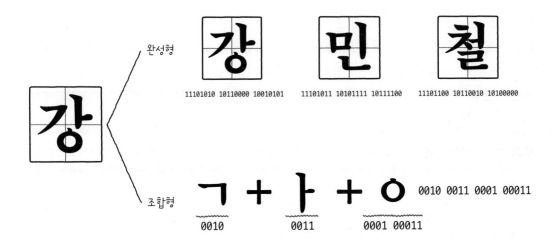

**EUC-KR**은 KS X 1001, KS X 1003이라는 문자 집합을 기반으로 하는 대표적인 완성형 인코딩 방식입니다. 즉, EUC-KR 인코딩은 초성, 중성, 종성이 모두 결합된 한글 단어에 2바이트 크기의 코드를 부여합니다.

> **note** KS X 1001, KS X 1003 문자 집합은 외울 필요가 없습니다.

한글 한 글자에 2바이트 코드가 부여된다고 했죠? 다시 말해 EUC-KR로 인코딩된 한글 한 글자를 표현하려면 16비트가 필요합니다. 그리고 16비트는 네 자리 십육진수로 표현할 수 있습니다. 즉 EUC-KR로 인코딩된 한글은 네 자리 십육진수로 나타낼 수 있습니다.

다음 그림은 EUC-KR로 인코딩된 한글 일부를 나타냅니다. '가'의 경우 b0a0행의 두 번째 열인 b0a1로 인코딩되고, '거'의 경우 b0c0행의 여섯 번째 열인 b0c5$_{(16)}$로 인코딩됩니다.

| | 0 | 1 | 2 | 3 | 4 | 5 | 6 | 7 | 8 | 9 | a | b | c | d | e | f |
|---|---|---|---|---|---|---|---|---|---|---|---|---|---|---|---|---|
| **b0a0** | 가 | 각 | 간 | 갇 | 갈 | 갉 | 갊 | 감 | 갑 | 값 | 갓 | 갔 | 강 | 갖 | 갗 | |
| **b0b0** | 갘 | 같 | 갚 | 갛 | 개 | 객 | 갠 | 갤 | 갬 | 갭 | 갯 | 갰 | 갱 | 갸 | 갹 | 걀 |
| **b0c0** | 걋 | 걍 | 걔 | 걘 | 걜 | 거 | 걱 | 건 | 걷 | 걸 | 걺 | 검 | 겁 | 것 | 겄 | 경 |
| **b0d0** | 겆 | 겉 | 겊 | 겋 | 게 | 겐 | 겔 | 겜 | 겝 | 겟 | 겠 | 겡 | 겨 | 격 | 겪 | 견 |
| **b0e0** | 겯 | 결 | 겸 | 겹 | 겻 | 겼 | 경 | 곁 | 계 | 곈 | 곌 | 곕 | 곗 | 고 | 곡 | 곤 |
| **b0f0** | 곧 | 골 | 곪 | 곬 | 곯 | 곰 | 곱 | 곳 | 공 | 곶 | 과 | 곽 | 관 | 괄 | 괆 | |
| **b1a0** | | 괌 | 괍 | 괏 | 광 | 괘 | 괜 | 괠 | 괩 | 괬 | 괭 | 괴 | 괵 | 괸 | 괼 | 굄 |
| **b1b0** | 굅 | 굇 | 굉 | 교 | 굔 | 굘 | 굡 | 굣 | 구 | 국 | 군 | 굳 | 굴 | 굵 | 굶 | 굻 |
| **b1c0** | 굼 | 굽 | 굿 | 궁 | 궂 | 궈 | 궉 | 권 | 궐 | 궜 | 궝 | 궤 | 궷 | 귀 | 귁 | 귄 |
| **b1d0** | 귈 | 귐 | 귑 | 귓 | 규 | 균 | 귤 | 그 | 극 | 근 | 귿 | 글 | 긁 | 금 | 급 | 긋 |
| **b1e0** | 긍 | 긔 | 기 | 긱 | 긴 | 긷 | 길 | 긺 | 김 | 깁 | 깃 | 깅 | 깆 | 깊 | 까 | 깍 |

> EUC-KR은 한글을 2바이트 크기로 인코딩할 수 있는 완성형 인코딩 방식입니다.

EUC-KR 인코딩 방식으로 총 2,350개 정도의 한글 단어를 표현할 수 있습니다. 아스키 코드보다 표현할 수 있는 문자가 많아졌지만, 사실 이는 모든 한글 조합을 표현할 수 있을 정도로 많은 양은 아닙니다. 그래서 문자 집합에 정의되지 않은 '뷁', '뷀', '믜' 같은 글자는 EUC-KR로 표현할 수 없습니다.

모든 한글을 표현할 수 없다는 사실은 때때로 크고 작은 문제를 유발합니다. EUC-KR 인코딩을 사용하는 웹사이트의 한글이 깨진다든지, EUC-KR 방식으로는 표현할 수 없는 이름으로 인해 은행, 학교 등에서 피해를 받는 사람이 생겨나기도 했습니다.

이러한 문제를 조금이나마 해결하기 위해 등장한 것이 마이크로소프트의 **CP949** Code Page 949입니다. CP949는 EUC-KR의 확장된 버전으로, EUC-KR로는 표현할 수 없는 더욱 다양한 문자를 표현할 수 있습니다. 다만, 이마저도 한글 전체를 표현하기에 넉넉한 양은 아닙니다.

## 유니코드와 UTF-8

EUC-KR 인코딩 덕분에 한국어를 코드로 표현할 수 있게 되었습니다. 하지만 모든 한글을 표현할 수 없다는 한계가 있었죠. 더욱이 이렇게 언어별로 인코딩을 나라마다 해야 한다면 다국어를 지원하는 프로그램을 만들 때 각 나라 언어의 인코딩을 모두 알아야 하는 번거로움이 있습니다. 예를 들어 한국어, 영어, 일본어, 중국어, 독일어를 지원하는 웹사이트가 있다면 이 웹사이트는 다섯 개 언어의 인코딩 방식을 모두 이해하고 지원해야 합니다.

그런데 만약 모든 나라 언어의 문자 집합과 인코딩 방식이 통일되어 있다면, 다시 말해 모든 언어를 아우르는 문자 집합과 통일된 표준 인코딩 방식이 있다면 언어별로 인코딩하는 수고로움을 덜 수 있을 겁니다. 그래서 등장한 것이 **유니코드**<sup>unicode</sup> 문자 집합입니다. 유니코드는 EUC-KR보다 훨씬 다양한 한글을 포함하며 대부분 나라의 문자, 특수문자, 화살표나 이모티콘까지도 코드로 표현할 수 있는 통일된 문자 집합입니다. 유니코드는 현대 문자를 표현할 때 가장 많이 사용되는 표준 문자 집합이며, 문자 인코딩 세계에서 매우 중요한 역할을 맡고 있습니다.

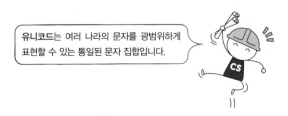

유니코드는 여러 나라의 문자를 광범위하게 표현할 수 있는 통일된 문자 집합입니다.

예시와 함께 학습해 봅시다. 유니코드 문자 집합에서 '한'과 '글'이라는 단어를 찾아 볼까요? 아래 링크에서 찾을 수 있습니다.

URL www.unicode.org/charts/PDF/UAC00.pdf

유니코드 문자 집합에서는 아스키 코드나 EUC-KR과 같이 각 문자마다 고유한 값이 부여됩니다. 예를 들어 '한'에 부여된 값은 D55C(16), '글'에 부여된 값은 AE00(16)입니다.

**유니코드 문자 집합**

(유니코드 문자 집합 표 — '한: D55C(16)', '글: AE00(16)' 표시)

note 간혹 유니코드 글자에 부여된 값 앞에 U+D55C, U+AE00처럼 U+라는 문자열을 붙이기도 하는데, 이는 십육진수로 유니코드를 표현할 때 사용하는 표기입니다.

아스키 코드나 EUC-KR은 글자에 부여된 값을 그대로 인코딩 값으로 삼았죠? 유니코드는 조금 다릅니다. 글자에 부여된 값 자체를 인코딩된 값으로 삼지 않고 이 값을 다양한 방법으로 인코딩합니다. 이런 인코딩 방법에는 크게 UTF-8, UTF-16, UTF-32 등이 있습니다. 요컨대 UTF-8, UTF-16, UTF-32는 유니코드 문자에 부여된 값을 인코딩하는 방식입니다.

> UTF는 Unicode Transformation Format의 약어로 유니코드를 인코딩하는 방법입니다.

이 책에서는 가장 대중적인 **UTF-8**에 대해 알아보겠습니다. 인코딩하는 방식을 외우지 말고, 그저 문자가 0과 1로 어떻게 표현되는지 감상하는 기분으로 가볍게 읽으면 됩니다.

UTF-8은 통상 1바이트부터 4바이트까지의 인코딩 결과를 만들어 냅니다. 다시 말해 UTF-8로 인코딩한 값의 결과는 1바이트가 될 수도 2바이트, 3바이트, 4바이트가 될 수도 있습니다. UTF-8로 인코딩한 결과가 몇 바이트가 될지는 유니코드 문자에 부여된 값의 범위에 따라 결정됩니다.

다음 표를 볼까요?

| 첫 코드 포인트 | 마지막 코드 포인트 | 1바이트 | 2바이트 | 3바이트 | 4바이트 |
|---|---|---|---|---|---|
| 0000 | 007F | 0XXXXXXX | | | |
| 0080 | 07FF | 110XXXXX | 10XXXXXX | | |
| 0800 | FFFF | 1110XXXX | 10XXXXXX | 10XXXXXX | |
| 10000 | 10FFFF | 11110XXX | 10XXXXXX | 10XXXXXX | 10XXXXXX |

- 유니코드 문자에 부여된 값의 범위가 0부터 $007F_{(16)}$까지는 1바이트로 표현
- 유니코드 문자에 부여된 값의 범위가 $0080_{(16)}$부터 $07FF_{(16)}$까지는 2바이트로 표현
- 유니코드 문자에 부여된 값의 범위가 $0800_{(16)}$부터 $FFFF_{(16)}$까지는 3바이트로 표현
- 유니코드 문자에 부여된 값의 범위가 $10000_{(16)}$부터 $10FFFF_{(16)}$까지는 4바이트로 표현

그렇다면 '한글'은 몇 바이트로 구성될까요? '한'에 부여된 값은 $D55C_{(16)}$, '글'에 부여된 값은 $AE00_{(16)}$이었죠? 두 글자 모두 $0800_{(16)}$와 $FFFF_{(16)}$ 사이에 있네요. 따라서 '한'과 '글'을 UTF-8로 인코딩하면 3바이트로 표현될 것을 예상할 수 있습니다.

다시 표를 봅시다. 3바이트로 인코딩된 값은 다음과 같은 형태를 띈다고 되어 있죠?

| 첫 코드 포인트 | 마지막 코드 포인트 | 1바이트 | 2바이트 | 3바이트 | 4바이트 |
|---|---|---|---|---|---|
| 0000 | 007F | 0XXXXXXX | | | |
| 0080 | 07FF | 110XXXXX | 10XXXXXX | | |
| 0800 | FFFF | 1110XXXX | 10XXXXXX | 10XXXXXX | |
| 10000 | 10FFFF | 11110XXX | 10XXXXXX | 10XXXXXX | 10XXXXXX |

여기서 붉은색 X표가 있는 곳에 유니코드 문자에 부여된 고유한 값이 들어갑니다. '한'과 '글'에 부여된 값은 각각 D55C$_{(16)}$, AE00$_{(16)}$였습니다. 이는 각각 이진수로 1101 0101 0101 1100$_{(2)}$, 1010 1110 0000 0000$_{(2)}$입니다. 따라서 UTF-8 방식으로 인코딩된 값은 다음과 같습니다. 이 수가 '한' 과 '글'의 UTF-8 방식으로 인코딩한 결과입니다.

```
11101101 10010101 10011100(2)
11101010 10111000 10000000(2)
```

지금까지 다양한 문자들을 0과 1로 표현하는 방법에 대해 알아보았습니다. 생각보다 간단하죠?

## 마무리

### ▶ 4가지 키워드로 정리하는 핵심 포인트

- **문자 집합**은 컴퓨터가 인식할 수 있는 문자의 모음으로, 문자 집합에 속한 문자를 인코딩하여 0과 1로 표현할 수 있습니다.

- 아스키 문자 집합에 0부터 127까지의 수가 할당되어 **아스키 코드**로 인코딩됩니다.

- **EUC-KR**은 한글을 2바이트 크기로 인코딩할 수 있는 완성형 인코딩 방식입니다.

- **유니코드**는 여러 나라의 문자들을 광범위하게 표현할 수 있는 통일된 문자 집합이며, UTF-8, UTF-16, UTF-32는 유니코드 문자의 인코딩 방식입니다.

### ▶ 확인 문제

**1.** 68쪽의 아스키 코드표를 참고하여 아래의 아스키 코드를 디코딩한 내용을 써 보세요.

> 104 111 110 103 111 110 103 → (        )

**2.** 다음 중 EUC-KR 인코딩에 대한 설명 중 옳지 않은 것을 고르세요.

① 한국어를 표현할 수 있는 인코딩 방식입니다.
② 조합형 인코딩 방식입니다.
③ 하나의 완성된 한글 글자에 코드를 부여합니다.
④ 모든 한글을 표현할 수 없습니다.

**3.** 유니코드 문자 집합에서 '안'에 부여된 값은 C548$_{(16)}$, '녕'에 부여된 값은 B155$_{(16)}$입니다. '안녕'을 UTF-8로 인코딩한 값을 구해 보세요.

---

hint 3. C548는 이진수로 1100 0101 0100 1000$_{(2)}$이고, B155는 이진수로 1011 0001 0101 0101$_{(2)}$입니다.

# 03

02장에서 데이터에 대해 배웠으니 이번에는 명령어를 학습할 차례입니다. 명령어는 실질적으로 컴퓨터를 작동시키는, 어쩌면 데이터보다 더 중요한 정보입니다. 명령어란 무엇이고, 어떻게 생겼으며, 그리고 컴퓨터를 어떻게 작동시키는지 함께 알아봅시다.

# 명령어

학습목표

- 고급 언어와 저급 언어의 차이를 이해합니다.
- 컴파일 언어와 인터프리터 언어의 차이를 이해합니다.
- 명령어를 구성하는 연산 코드와 오퍼랜드에 대해 학습합니다.
- 명령어의 주소 지정 방식에 대해 학습합니다.

`고급 언어`  `저급 언어`  `기계어`  `어셈블리어`  `컴파일 언어`  `인터프리터 언어`

개발자가 프로그래밍 언어로 작성한 소스 코드가 컴퓨터 내부에서 명령어가 되고 실행되는 과정을 학습합니다.

## 시작하기 전에

01장에서 '컴퓨터는 명령어를 처리하는 기계'라고 했던 것을 기억하나요? 명령어는 컴퓨터를 실질적으로 작동시키는 매우 중요한 정보입니다.

그런데 이상하죠. 컴퓨터를 작동시키는 정보가 명령어라면 C, C++, Java, Python과 같은 프로그래밍 언어로 만든 소스 코드는 무엇일까요? 프로그래밍 언어로 만든 소스 코드, 즉 프로그램을 실행해도 컴퓨터는 잘 작동하는데 말이죠.

결론부터 말하면 모든 소스 코드는 컴퓨터 내부에서 명령어로 변환됩니다. 이번 절에서는 프로그래밍 언어가 어떻게 명령어가 되어 실행되는지 알아보겠습니다.

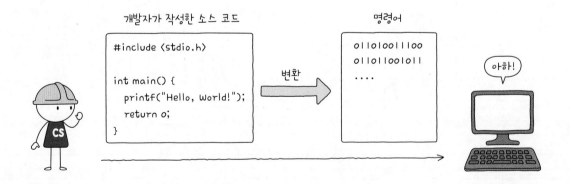

# 고급 언어와 저급 언어

컴퓨터는 C, C++, Java, Python과 같은 프로그래밍 언어를 이해할 수 있을까요? 언뜻 들으면 당연히 그럴 것 같습니다. 개발자는 프로그래밍 언어로 프로그램을 만들고, 컴퓨터는 그렇게 만들어진 프로그램을 실행해 주니까요. 하지만 답은 "그렇지 않다"입니다.

우리가 프로그램을 만들 때 사용하는 프로그래밍 언어는 컴퓨터가 이해하는 언어가 아닌 사람이 이해하고 작성하기 쉽게 만들어진 언어입니다. 컴퓨터는 이 언어를 이해하지 못하죠. 이렇게 '사람을 위한 언어'를 **고급 언어**<sup>high-level programming language</sup>라고 합니다. 여러분이 알고 있는 대부분의 프로그래밍 언어가 고급 언어에 속합니다.

반대로 컴퓨터가 직접 이해하고 실행할 수 있는 언어를 **저급 언어**<sup>low-level programming language</sup>라고 합니다. 저급 언어는 이번 장의 주제인 명령어로 이루어져 있습니다. 컴퓨터가 이해하고 실행할 수 있는 언어는 오직 저급 언어뿐입니다. 그래서 고급 언어로 작성된 소스 코드가 실행되려면 반드시 저급 언어, 즉 명령어로 변환되어야 합니다.

저급 언어에는 두 가지 종류가 있습니다. 바로 기계어와 어셈블리어입니다.

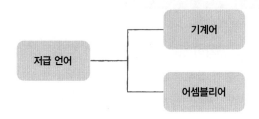

우선 **기계어**<sup>machine code</sup>란 0과 1의 명령어 비트로 이루어진 언어입니다. 다시 말해 기계어는 0과 1로 이루어진 명령어 모음입니다. 백문이 불여일견이라고 직접 한번 볼까요?

**이진수(0과 1)로 표현된 기계어**

```
01111111 01000101 01001100 01000110 00000010 00000001
00000001 00000101 00000000 00000000 00000000 00000000
00000000 00000000 00000000 00000000 00000011 00000000
10110111 00000000 00000001 00000000 00000000 00000000
00010000 00000110 00000000 00000000 00000000 00000000
00000000 00000000 01000000 00000000 00000000 00000000
00000000 00000000 00000000 00000000 11010000 00011100
00000000 00000000 00000000 01000000 00000000 00000000
00111000 00000000 00001001 00000000 01000000 00000000
00011100 00000000 00011011 00000000 00000110 00000000
00000000 00000000 00000100 00000000 00000000 00000000
```

기계어는 0과 1로 이루어진 명령어로 구성된 저급 언어입니다.

위 그림이 기계어입니다. 컴퓨터는 0과 1로 이루어진 이 기계어를 이해하고 실행합니다. 다만, 위 그림처럼 기계어를 이진수로 나열하면 너무 길어지기 때문에 가독성을 위해 아래와 같이 십육진수로 표현하기도 합니다.

**십육진수(0~9, A~F)로 표현된 기계어**

```
8000 00b0 0040 0091 8100 00b0 2140 0091
3f00 00eb c000 0054 8100 0090 21e8 47f9
6100 00b4 f003 01aa 0002 1fd6 c003 5fd6
8000 00b0 0040 0091 8100 00b0 2140 0091
2100 00cb 22fc 7fd3 410c 818b ff07 81eb
21fc 4193 c000 0054 8200 0090 42fc 47f9
6200 00b4 f003 02aa 0002 1fd6 c003 5fd6
fd7b bea9 fd03 0091 f30b 00f9 9300 00b0
6042 4039 4001 0035 8000 0090 00ec 47f9
8000 00b4 8000 00b0 0004 40f9 b5ff ff97
d8ff ff97 2000 8052 6042 0039 f30b 40f9
fd7b c2a8 c003 5fd6 deff ff17 1f20 03d5
```

그런데 위 기계어를 보면 어떤 생각이 드나요? 이 기계어가 무엇을 뜻하고, 컴퓨터를 어떻게 작동시키는지 감이 잡히나요? 아마 감이 잡히지 않을 겁니다. 기계어는 오로지 컴퓨터만을 위해 만들어진 언어이기 때문에 사람이 읽으면 그 의미를 이해하기 어렵습니다. 그래서 등장한 저급 언어가 **어셈블리어** assembly language입니다.

기계어는 0과 1의 명령어 비트로 이루어져 있다고 했죠? 즉 0과 1로 표현된 명령어(기계어)를 읽기 편한 형태로 번역한 언어가 어셈블리어입니다.

| 기계어 | | 어셈블리어 |
|---|---|---|
| 0101 0101 | ⟶ | push rbp |
| 0101 1101 | ⟶ | pop rbp |
| 1100 0011 | ⟶ | ret |

어셈블리어는 0과 1로 이루어진 기계어를 읽기 편한 형태로 번역한 저급 언어입니다.

어셈블리어도 직접 눈으로 확인해 볼까요?

```
push    rbp
mov     rbp, rsp
mov     DWORD PTR [rbp-4], 1
mov     DWORD PTR [rbp-8], 2
mov     edx, DWORD PTR [rbp-4]
mov     eax, DWORD PTR [rbp-8]
add     eax, edx
mov     DWORD PTR [rbp-12], eax
mov     eax, 0
pop     rbp
ret
```

위 어셈블리어 한 줄 한 줄이 무엇을 의미하는지 몰라도 괜찮습니다. 다만, 위 어셈블리어 한 줄 한 줄이 명령어라는 사실만 기억해 주세요.

프로그래밍 언어를 배워 봤다면 어셈블리어는 우리가 아는 C, C++, Java, Python과는 사뭇 다르게 생겼다는 사실을 아실 겁니다. 어셈블리어는 0과 1로 이루어진 기계어를 읽기 편하게 만든 저급 언어일 뿐이므로, 개발자가 어셈블리어를 이용해 복잡한 프로그램을 만들기란 쉽지 않습니다.

그래서 고급 언어가 필요합니다. 고급 언어는 사람이 읽고 쓰기 편한 것은 물론이고, 더 나은 가독성, 변수나 함수 같은 편리한 문법을 제공하기 때문에 어떤 복잡한 프로그램도 구현할 수 있습니다.

"그러면 왜 저급 언어를 알아야 할까요? 개발자들이 고급 언어로 소스 코드를 작성하면 알아서 저급 언어로 변환되어 잘 실행되는데, 일부러 저급 언어로 개발할 일은 없지 않나요?"라는 생각을 할 수 있습니다.

이는 반만 맞는 말입니다. 정확히는 여러분이 어떤 개발자가 되길 희망하는지에 따라 저급 언어의 중요성이 달라집니다. 물론, 어셈블리어를 작성하거나 관찰할 일이 거의 없는 개발자도 있습니다. 하지만 하드웨어와 밀접하게 맞닿아 있는 프로그램을 개발하는 임베디드 개발자, 게임 개발자, 정보 보안 분야 등의 개발자는 아래와 같이 어셈블리어를 많이 이용합니다.

**소스 코드에 어셈블리어가 사용된 예시**

```c
#include <linux/module.h>
#include <linux/io.h>

void __raw_readsl(const void __iomem *addr, void *datap, int len)
{
    u32 *data;

    for (data = datap; (len != 0) && (((u32)data & 0x1f) != 0); len--)
        *data++ = __raw_readl(addr);

    if (likely(len >= (0x20 >> 2))) {
        int tmp2, tmp3, tmp4, tmp5, tmp6;

        __asm__ __volatile__(
            "1:          \n\t"
            "mov.l  @%7, r0     \n\t"
            "mov.l  @%7, %2     \n\t"
#ifdef CONFIG_CPU_SH4
            "movca.l r0, @%0    \n\t"
#else
            "mov.l  r0, @%0     \n\t"
#endif
            "mov.l  @%7, %3     \n\t"
            "mov.l  @%7, %4     \n\t"
            "mov.l  @%7, %5     \n\t"
            "mov.l  @%7, %6     \n\t"
            "mov.l  @%7, r7     \n\t"
            "mov.l  @%7, r0     \n\t"
            "mov.l  %2, @(0x04,%0)  \n\t"
            "mov    #0x20>>2, %2    \n\t"
            "mov.l  %3, @(0x08,%0)  \n\t"
            "sub    %2, %1      \n\t"
            "mov.l  %4, @(0x0c,%0)  \n\t"
            "cmp/hi %1, %2      ! T if 32 > len \n\t"
            "mov.l  %5, @(0x10,%0)  \n\t"
            "mov.l  %6, @(0x14,%0)  \n\t"
```

```
        "mov.l  r7, @(0x18,%0)  \n\t"
        "mov.l  r0, @(0x1c,%0)  \n\t"
        "bf.s    1b        \n\t"
        " add   #0x20, %0   \n\t"
        : "=&r" (data), "=&r" (len),
          "=&r" (tmp2), "=&r" (tmp3), "=&r" (tmp4),
          "=&r" (tmp5), "=&r" (tmp6)
        : "r"(addr), "0" (data), "1" (len)
        : "r0", "r7", "t", "memory");
    }
}
```

그리고 이러한 분야의 개발자들에게 어셈블리어란 '작성의 대상'일 뿐만 아니라 매우 중요한 '관찰의 대상'이기도 합니다. 어셈블리어를 읽으면 컴퓨터가 프로그램을 어떤 과정으로 실행하는지, 즉 프로그램이 어떤 절차로 작동하는지를 가장 근본적인 단계에서부터 하나하나 추적하고 관찰할 수 있기 때문입니다.

이처럼 여러분이 어떤 개발자가 되길 희망하는지에 따라 저급 언어의 중요성이 달라집니다. 물론 개발 분야를 막론하고 앞서 설명한 고급 언어와 저급 언어의 차이를 이해하는 것은 매우 좋은 교양이기에 여러분이 이제 막 프로그래밍을 시작한 입문자라면 반드시 알아두는 것이 좋습니다.

## 컴파일 언어와 인터프리터 언어

개발자들이 고급 언어로 작성한 소스 코드는 결국 저급 언어로 변환되어 실행된다고 했는데, 그렇다면 고급 언어는 어떻게 저급 언어로 변환될까요? 여기에는 크게 두 가지, **컴파일** 방식과 **인터프리트** 방식이 있습니다. 컴파일 방식으로 작동하는 프로그래밍 언어를 **컴파일 언어**, 인터프리트 방식으로 작동하는 프로그래밍 언어를 **인터프리터 언어**라고 하지요.

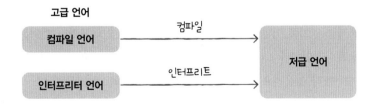

## 컴파일 언어

**컴파일 언어**는 컴파일러에 의해 소스 코드 전체가 저급 언어로 변환되어 실행되는 고급 언어입니다. 대표적인 컴파일 언어로는 C가 있습니다. 컴퓨터는 개발자가 만든 소스 코드를 이해하지 못한다고 했었죠? 그렇기에 컴파일 언어로 작성된 소스 코드는 코드 전체가 저급 언어로 변환되는 과정을 거칩니다. 이 과정을 **컴파일**compile이라고 합니다. 그리고 컴파일을 수행해 주는 도구를 **컴파일러**compiler 라고 하죠. 컴파일러는 개발자가 작성한 소스 코드 전체를 쭉 훑어보며 소스 코드에 문법적인 오류는 없는지, 실행 가능한 코드인지, 실행하는 데 불필요한 코드는 없는지 등을 따지며 소스 코드를 처음부터 끝까지 저급 언어로 컴파일합니다. 이때 컴파일러가 소스 코드 내에서 오류를 하나라도 발견하면 해당 소스 코드는 컴파일에 실패합니다.

컴파일이 성공적으로 수행되면 개발자가 작성한 소스 코드는 컴퓨터가 이해할 수 있는 저급 언어로 변환됩니다. 이렇게 컴파일러를 통해 저급 언어로 변환된 코드를 **목적 코드**object code라고 합니다.

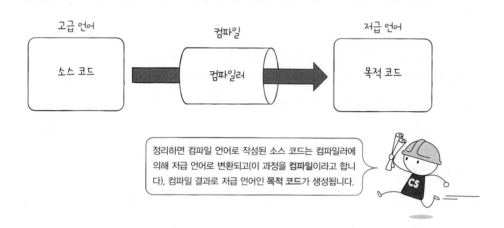

정리하면 컴파일 언어로 작성된 소스 코드는 컴파일러에 의해 저급 언어로 변환되고(이 과정을 **컴파일**이라고 합니다), 컴파일 결과로 저급 언어인 **목적 코드**가 생성됩니다.

## 인터프리터 언어

**인터프리터 언어**는 인터프리터에 의해 소스 코드가 한 줄씩 실행되는 고급 언어입니다. 대표적인 인터프리터 언어로 Python이 있습니다.

소스 코드 전체가 저급 언어로 변환되는 컴파일 언어와는 달리, 인터프리터 언어는 소스 코드를 한 줄씩 한 줄씩 차례로 실행합니다. 그리고 소스 코드를 한 줄씩 저급 언어로 변환하여 실행해 주는 도구를 **인터프리터**interpreter라고 하지요. 인터프리터 언어는 컴퓨터와 대화하듯 소스 코드를 한 줄씩 실행하기 때문에 소스 코드 전체를 저급 언어로 변환하는 시간을 기다릴 필요가 없습니다.

그리고 소스 코드 내에 오류가 하나라도 있으면 컴파일이 불가능했던 컴파일 언어와는 달리, 인터프리터 언어는 소스 코드를 한 줄씩 실행하기 때문에 소스 코드 N번째 줄에 문법 오류가 있더라도 N-1번째 줄까지는 올바르게 수행됩니다.

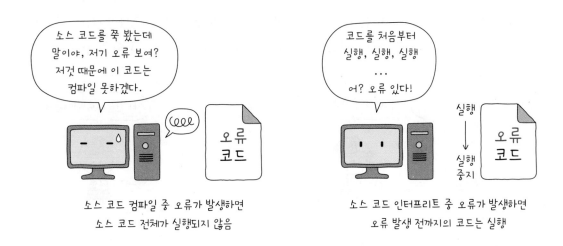

소스 코드 컴파일 중 오류가 발생하면
소스 코드 전체가 실행되지 않음

소스 코드 인터프리트 중 오류가 발생하면
오류 발생 전까지의 코드는 실행

인터프리터 언어가 컴파일 언어보다 빠르다고 생각할 수도 있지만, 일반적으로 인터프리터 언어는 컴파일 언어보다 느립니다. 컴파일을 통해 나온 결과물, 즉 목적 코드는 컴퓨터가 이해하고 실행할 수 있는 저급 언어인 반면, 인터프리터 언어는 소스 코드 마지막에 이를 때까지 한 줄 한 줄씩 저급 언어로 해석하며 실행해야 하기 때문입니다.

**➕ 여기서 잠깐  컴파일 언어와 인터프리터 언어, 칼로 자르듯이 구분될까?**

컴파일 언어와 인터프리터 언어는 칼로 자르듯이 명확하게 구분할 수 있는 개념일까요? C, C++과 같이 명확하게 구분할 수 있는 언어도 있으나, 현대의 많은 프로그래밍 언어 중에는 컴파일 언어와 인터프리터 언어 간의 경계가 모호한 경우가 많습니다. 가령 대표적인 인터프리터 언어로 알려진 Python도 컴파일을 하지 않는 것은 아니며, Java의 경우 저급 언어가 되는 과정에서 컴파일과 인터프리트를 동시에 수행합니다.

즉, 하나의 프로그래밍 언어가 반드시 둘 중 하나의 방식만으로 작동한다고 생각하는 것은 오개념입니다. 컴파일이 가능한 언어라고 해서 인터프리트가 불가능하거나, 인터프리트가 가능한 언어라고 해서 컴파일이 불가능한 것은 아닙니다. 따라서 모든 프로그래밍 언어를 컴파일 언어와 인터프리터 언어로 칼로 자르듯 구분하기보다는 '고급 언어가 저급 언어로 변환되는 대표적인 방법에는 컴파일 방식과 인터프리트 방식이 있다' 정도로만 이해하는 것이 좋습니다.

컴퓨터는 고급 언어를 이해하지 못한다고 했죠? 고급 언어를 컴파일 또는 인터프리트하여 저급 언어로 변환하는 것은 마치 '독일어를 모르는 친구에게 독일어로 쓰인 책을 설명해 주는 것'과 같습니다. 컴파일 언어가 독일어로 쓰인 책(소스 코드) 전체를 한국어로 번역한 뒤 번역된 책(목적 코드)을 친구에게 건네주는 방식이라면, 인터프리터 언어는 독일어로 쓰인 책을 한 줄씩 한국어로 설명해 주는 방식이라고 보면 됩니다. 컴파일 언어는 독일어를 한국어로 번역하는 시간, 즉 컴파일 시간을 기다려야 하지만 번역된 책을 건네받기만 한다면 인터프리트 방식보다 훨씬 빠르게 읽을 수 있겠죠?

# 목적 파일 vs 실행 파일

이미지로 이루어진 파일을 이미지 파일이라 부르고, 텍스트로 이루어진 파일을 텍스트 파일이라고 부르듯이 목적 코드로 이루어진 파일을 **목적 파일**이라고 부릅니다. 마찬가지로 실행 코드로 이루어진 파일을 실행 파일이라고 부릅니다. 윈도우의 .exe 확장자를 가진 파일이 대표적인 실행 파일입니다.

목적 코드는 컴퓨터가 이해하는 저급 언어라고 했죠? 그렇다면 목적 파일과 실행 파일은 같은 의미일까요? 그렇지 않습니다. 목적 코드가 실행 파일이 되기 위해서는 **링킹**이라는 작업을 거쳐야 합니다. 링킹이 무엇인지 간단한 예시를 통해 알아봅시다.

예를 들어 여러분이 컴파일 언어로 helper.c와 main.c라는 두 개의 소스 코드를 작성했다고 가정해 봅시다. 그리고 각각의 소스 코드 내부에 아래와 같은 내용이 담겨 있다고 해 보죠.

❶ helper.c 안에는 'HELPER_더하기'라는 기능이 구현되어 있습니다.

❷ main.c는 helper.c에 구현된 'HELPER_더하기' 기능과 프로그래밍 언어가 기본으로 제공하는 '화면_출력'이라는 기능을 가져다 사용합니다.

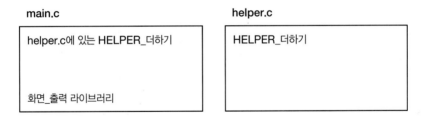

이들을 컴파일하면 각각의 소스 코드로부터 목적 코드가 생성되겠죠? helper.c와 main.c의 목적 파일은 각각 helper.o, main.o라고 지칭하겠습니다.

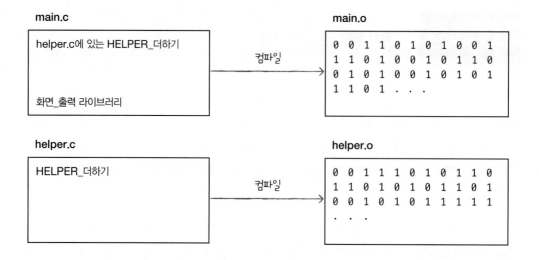

main.o는 저급 언어니까 바로 실행할 수 있을까요? 실행할 수 없습니다. main.o는 main.c 내용이 그대로 저급 언어로 변환된 파일일 뿐 main.c에 없는 'HELPER_더하기'나 '화면_출력'은 어떻게 실행하는지 알지 못하기 때문입니다. 따라서 main.o가 실행되면 main.o에 없는 외부 기능들, 즉 'HELPER_더하기' 기능과 '화면_출력' 기능을 main.o와 연결 짓는 작업이 필요합니다. 이러한 연결 작업이 **링킹**linking입니다. 링킹 작업까지 거치면 비로소 하나의 실행 파일이 만들어집니다.

▶ **6가지 키워드로 정리하는 핵심 포인트**

• **고급 언어**는 사람이 이해하고 작성하기 쉽게 만들어진 언어입니다.

• **저급 언어**는 컴퓨터가 직접 이해하고 실행할 수 있는 언어입니다.

• 저급 언어는 0과 1로 이루어진 명령어로 구성된 **기계어**와 기계어를 사람이 읽기 편한 형태로 번역한 **어셈블리어**가 있습니다.

• **컴파일 언어**는 컴파일러에 의해 소스 코드 전체가 저급 언어로 변환되어 실행되는 언어입니다.

• **인터프리터 언어**는 인터프리터에 의해 소스 코드가 한 줄씩 저급 언어로 변환되어 실행되는 언어입니다.


▶ **확인 문제**

**1.** 다음 중 고급 언어가 아닌 것을 모두 고르세요.

① 컴파일 언어
② 인터프리터 언어
③ 기계어
④ 어셈블리 언어


**2.** 다음 중 옳지 않은 것을 고르세요.

① 컴파일 언어는 한 줄이라도 소스 코드상에 오류가 있다면 실행될 수 없습니다.
② 일반적으로 컴파일 언어보다 인터프리터 언어가 더 빠릅니다.
③ 인터프리터는 인터프리터 언어로 작성된 소스 코드를 한 줄씩 저급 언어로 변환하여 실행합니다.
④ 컴파일러는 컴파일 언어로 작성된 소스 코드 전체를 목적 코드로 변환합니다.

# 03-2 명령어의 구조

`명령어` `연산 코드` `오퍼랜드` `주소 지정 방식`

명령어의 구조와 주소 지정 방식을 학습하며 명령어의 생김새와 작동 원리를 이해합니다.

## 시작하기 전에

앞서 우리는 기계어와 어셈블리어의 형태로 명령어를 접해 봤습니다. 기계어나 어셈블리어를 이루는 하나하나가 명령어라고 했었죠. 하지만 아직 기계어나 어셈블리어를 이루는 각각의 명령어를 자세히 들여다보지는 않았습니다.

이번 절에서는 하나의 명령어를 자세히 들여다보며 연산 코드, 오퍼랜드, 주소 지정 방식이라는 개념을 학습해 보겠습니다.

저급 언어는 명령어들로 이루어져 있다는데, 그럼 명령어 하나하나는 어떻게 생겼을까?

```
8000  00b0  0040  0091  8100  00b0  2140  009
3f00  00eb  c000  0054  8100  0090  21e8  47f9
6100  00b4  f003  01aa  0002  1fd6  c003  5fd6
8000  00b0  0040  0091  8100  00b0  2140  009
2100  00cb  22fc  7fd3  410c  818b  ff07  81eb
21fc  4193  c000  0054  8200  0090  42fc  47f9
6200  00b4  f003  02aa  0002  1fd6  c003  5fd6
fd7b  bea9  fd03  0091  f30b  00f9  9300  00b0
6042  4039  4001  0035  8000  0090  00ec  47f9
8000  00b4  8000  00b0  0004  40f9  b5ff  ff97
d8ff  ff97  2000  8052  6042  0039  f30b  40f9
fd7b  c2a8  c003  5fd6  deff  ff17  1f20  03d5
c003  5fd6  1f20  03d5  fd7b  bca9  fd03  009
f353  01a9  9400  0090  9442  3691  f55b  02a9
9500  0090  b522  3691  9402  15cb  f603  002a
f763  03a9  f703  01aa  f803  02aa  8fff  ff97
ff0f  94eb  6001  0054  94fe  4393  1300  80d2
a37a  73f8  e203  18aa  7306  0091  e103  17aa
e003  162a  6000  3fd6  9f02  13eb  21ff  ff54
f353  41a9  f55b  42a9  f763  43a9  fd7b  c4a8
c003  5fd6  1f20  03d5  c003  5fd6  fd7b  bfa9
fd03  0091  fd7b  c1a8  c003  5fd6  0100  0020
011b  033b  4400  0000  0700  0000  a0fe  fff
```

```
sub    sp, sp, #16
mov    w0, 1
str    w0, [sp, 12]
mov    w0, 2
str    w0, [sp, 8]
ldr    w1, [sp, 12]
ldr    w0, [sp, 8]
add    w0, w1, w0
str    w0, [sp, 4]
mov    w0, 0
add    sp, sp, 16
ret
```

## 연산 코드와 오퍼랜드

여러분들은 누군가에게 명령할 때 어떻게 말하나요? 보통 아래와 같이 말할 겁니다.

"학생들, 다음 주까지 과제를 제출하세요."
"영수야, 방 좀 치워 줘!"
"멍멍아, 이거 물어와!"

컴퓨터 속 명령어도 마찬가지입니다. 명령어는 아래 그림처럼 '무엇을 대상으로, 어떤 작동을 수행하라'는 구조로 되어 있습니다.

아래 그림을 조금 더 자세히 보면 색 배경 필드는 명령의 '작동', 달리 말해 '연산'을 담고 있고 흰색 배경 필드는 '연산에 사용할 데이터' 또는 '연산에 사용할 데이터가 저장된 위치'를 담고 있습니다.

| 더해라 | 100과 | 120을 |
|---|---|---|
| 빼라 | 메모리 32번지 안의 값과 | 메모리 33번지 안의 값을 |
| 저장해라 | 10을 | 메모리 128번지에 |

**명령어**는 연산 코드와 오퍼랜드로 구성되어 있습니다. 색 배경 필드 값, 즉 '명령어가 수행할 연산'을 **연산 코드**operation code라 하고, 흰색 배경 필드 값, 즉 '연산에 사용할 데이터' 또는 '연산에 사용할 데이터가 저장된 위치'를 **오퍼랜드**operand라고 합니다. 연산 코드는 **연산자**, 오퍼랜드는 **피연산자**라고도 부르죠.

이를 간단한 그림으로 표현하면 하나의 명령어는 아래처럼 그릴 수 있습니다. 아래 그림에서 색칠된 부분, 즉 연산 코드가 담기는 영역을 **연산 코드 필드**라고 부르고, 색칠되지 않은 부분, 즉 오퍼랜드가 담기는 영역을 **오퍼랜드 필드**라고 합니다.

| 연산 코드 | 오퍼랜드 |
|---|---|

명령어는 연산 코드와 오퍼랜드로 구성됩니다.

기계어와 어셈블리어 또한 명령어이기 때문에 연산 코드와 오퍼랜드로 구성되어 있습니다. 앞에서 살펴본 어셈블리어 예시를 다시 볼까요? 붉은 글씨가 연산 코드, 검은 글씨가 오퍼랜드입니다.

```
push    rbp
mov     rbp, rsp
mov     DWORD PTR [rbp-4], 1
mov     DWORD PTR [rbp-8], 2
mov     edx, DWORD PTR [rbp-4]
mov     eax, DWORD PTR [rbp-8]
add     eax, edx
mov     DWORD PTR [rbp-12], eax
mov     eax, 0
pop     rbp
ret
```

## 오퍼랜드

명령어를 이루는 연산 코드와 오퍼랜드 중 오퍼랜드부터 자세히 알아봅시다.

오퍼랜드는 '연산에 사용할 데이터' 또는 '연산에 사용할 데이터가 저장된 위치'를 의미한다고 했습니다. 그래서 오퍼랜드 필드에는 숫자와 문자 등을 나타내는 데이터 또는 메모리나 레지스터 주소가 올 수 있습니다. 다만 오퍼랜드 필드에는 숫자나 문자와 같이 연산에 사용할 데이터를 직접 명시하기보다는, 많은 경우 연산에 사용할 데이터가 저장된 위치, 즉 메모리 주소나 레지스터 이름이 담깁니다. 그래서 오퍼랜드 필드를 **주소 필드**라고 부르기도 하죠.

오퍼랜드는 명령어 안에 하나도 없을 수도 있고, 한 개만 있을 수도 있고, 두 개 또는 세 개 등 여러 개가 있을 수도 있습니다.

```
mov     eax, 0  ──────→ 오퍼랜드가 두 개인 경우
pop     rbp     ──────→ 오퍼랜드가 한 개인 경우
ret             ──────→ 오퍼랜드가 없는 경우
```

여기서 오퍼랜드가 하나도 없는 명령어를 **0-주소 명령어**라고 하고, 오퍼랜드가 하나인 명령어를 **1-주소 명령어**, 두 개인 명령어를 **2-주소 명령어**, 세 개인 명령어를 **3-주소 명령어**라고 합니다.

오퍼랜드가 없는 경우(0-주소 명령어)

| 연산 코드 |
| --- |

'오퍼랜드 필드에는 연산에 사용할 데이터를 직접 명시하기보다는 많은 경우 데이터가 저장된 위치를 명시한다'는 사실도 기억해 두세요. 주소 지정 방식을 설명할 때 한 번 더 언급하겠습니다(97쪽 참조).

오퍼랜드가 한 개인 경우(1-주소 명령어)

| 연산 코드 | 오퍼랜드 |
| --- | --- |

오퍼랜드가 두 개인 경우(2-주소 명령어)

| 연산 코드 | 오퍼랜드 | 오퍼랜드 |
| --- | --- | --- |

오퍼랜드가 세 개인 경우(3-주소 명령어)

| 연산 코드 | 오퍼랜드 | 오퍼랜드 | 오퍼랜드 |
| --- | --- | --- | --- |

## 연산 코드

연산 코드는 명령어가 수행할 연산을 의미한다고 했죠? 짐작하시겠지만 91쪽 그림의 '더해라', '빼라', '저장해라'에 해당하는 부분이 연산 코드입니다.

연산 코드 종류는 매우 많지만, 가장 기본적인 연산 코드 유형은 크게 네 가지로 나눌 수 있습니다.

❶ 데이터 전송
❷ 산술/논리 연산
❸ 제어 흐름 변경
❹ 입출력 제어

이 네 가지 유형 각각에 해당하는 대표적인 연산 코드를 알아봅시다. 그렇다고 이 내용들을 다 외우라는 것은 아닙니다. 05장에서 자세히 학습하겠지만, 명령어의 종류와 생김새는 CPU마다 다르기 때문에 연산 코드의 종류와 생김새 또한 CPU마다 다릅니다. 지금부터 설명할 내용은 대부분의 CPU가 공통으로 이해하는 대표적인 연산 코드의 종류 정도로만 이해해도 무방합니다.

## 데이터 전송

- MOVE: 데이터를 옮겨라
- STORE: 메모리에 저장하라
- LOAD (FETCH): 메모리에서 CPU로 데이터를 가져와라
- PUSH: 스택에 데이터를 저장하라
- POP: 스택의 최상단 데이터를 가져와라

**note** 스택에 대한 개념은 100쪽 〈좀 더 알아보기〉에서 설명합니다.

## 산술/논리 연산

- ADD / SUBTRACT / MULTIPLY / DIVIDE: 덧셈 / 뺄셈 / 곱셈 / 나눗셈을 수행하라
- INCREMENT / DECREMENT: 오퍼랜드에 1을 더하라 / 오퍼랜드에 1을 빼라
- AND / OR / NOT: AND / OR / NOT 연산을 수행하라
- COMPARE: 두 개의 숫자 또는 TRUE / FALSE 값을 비교하라

## 제어 흐름 변경

- JUMP: 특정 주소로 실행 순서를 옮겨라
- CONDITIONAL JUMP: 조건에 부합할 때 특정 주소로 실행 순서를 옮겨라
- HALT: 프로그램의 실행을 멈춰라
- CALL: 되돌아올 주소를 저장한 채 특정 주소로 실행 순서를 옮겨라
- RETURN: CALL을 호출할 때 저장했던 주소로 돌아가라

**note** 프로그래밍 언어를 학습한 독자들은 함수를 떠올리면 됩니다. CALL과 RETURN은 함수를 호출하고 리턴하는 명령어입니다.

## 입출력 제어

- READ (INPUT): 특정 입출력 장치로부터 데이터를 읽어라
- WRITE (OUTPUT): 특정 입출력 장치로 데이터를 써라
- START IO: 입출력 장치를 시작하라
- TEST IO: 입출력 장치의 상태를 확인하라

## 주소 지정 방식

앞서 '명령어의 오퍼랜드 필드에 메모리나 레지스터의 주소를 담는 경우가 많다, 그래서 오퍼랜드 필드를 주소 필드라고 부르기도 한다'라고 언급했습니다. 여기서 이런 의문이 들 수 있습니다.

"왜 오퍼랜드 필드에 메모리나 레지스터의 주소를 담는 건가요? 그냥 〈연산 코드, 연산 코드에 사용될 데이터〉 형식으로 명령어를 구성하면 되지 않나요?"

이는 명령어 길이 때문입니다. 하나의 명령어가 n비트로 구성되어 있고, 그중 연산 코드 필드가 m 비트라고 가정해 봅시다. 이때 오퍼랜드 필드에 가장 많은 공간을 할당할 수 있는 1-주소 명령어라 할지라도 오퍼랜드 필드의 길이는 연산 코드만큼의 길이를 뺀 n-m비트가 됩니다. 2-주소 명령어, 3-주소 명령어라면 오퍼랜드 필드의 크기는 더욱 작아지겠죠.

가령 명령어의 크기가 16비트, 연산 코드 필드가 4비트인 2-주소 명령어에서는 오퍼랜드 필드당 6 비트 정도밖에 남지 않습니다. 즉, 하나의 오퍼랜드 필드로 표현할 수 있는 정보의 가짓수는 $2^6$개밖에 되지 않습니다.

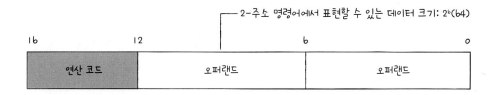

그리고 명령어의 크기가 16비트, 연산 코드 필드가 4비트인 3-주소 명령어에서는 오퍼랜드 필드당 4비트 정도밖에 남지 않습니다. 이 경우 하나의 오퍼랜드 필드로 표현할 수 있는 정보의 가짓수는 $2^4$ 개밖에 없겠죠.

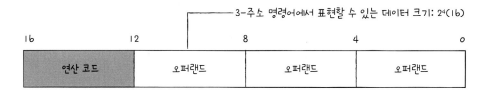

하지만 만약 오퍼랜드 필드 안에 메모리 주소가 담긴다면 표현할 수 있는 데이터의 크기는 하나의 메모리 주소에 저장할 수 있는 공간만큼 커집니다.

예를 들어 한 주소에 16비트를 저장할 수 있는 메모리가 있다고 가정해 봅시다. 이 메모리 안에 데이터를 저장하고, 오퍼랜드 필드 안에 해당 메모리 주소를 명시한다면 표현할 수 있는 정보의 가짓수가 $2^{16}$으로 확 커지겠죠?

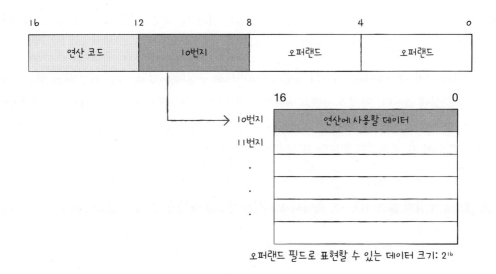

오퍼랜드 필드에 메모리 주소가 아닌 레지스터 이름을 명시할 때도 마찬가지입니다. 이 경우 표현할 수 있는 정보의 가짓수는 해당 레지스터가 저장할 수 있는 공간만큼 커집니다.

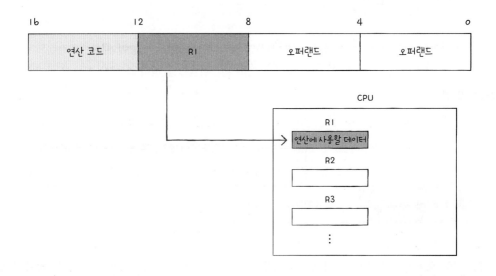

연산 코드에 사용할 데이터가 저장된 위치, 즉 연산의 대상이 되는 데이터가 저장된 위치를 **유효 주소** effective address라고 합니다. 첫 번째 그림의 경우 유효 주소는 10번지, 두 번째 그림의 경우 유효 주소는 레지스터 R1이 되겠죠.

이렇듯 오퍼랜드 필드에 데이터가 저장된 위치를 명시할 때 연산에 사용할 데이터 위치를 찾는 방법을 **주소 지정 방식**addressing mode이라고 합니다. 다시 말해, 주소 지정 방식은 유효 주소를 찾는 방법입니다.

주소 지정 방식은 연산에 사용할 데이터 위치를 찾는 방법입니다.

현대 CPU는 다양한 주소 지정 방식을 사용합니다. 백문이 불여일견이라고 대표적인 주소 지정 방식 다섯 가지를 하나씩 살펴보겠습니다.

### 즉시 주소 지정 방식

**즉시 주소 지정 방식**immediate addressing mode은 연산에 사용할 데이터를 오퍼랜드 필드에 직접 명시하는 방식입니다. 가장 간단한 형태의 주소 지정 방식이죠. 앞에서 언급했듯이 이런 방식은 표현할 수 있는 데이터의 크기가 작아지는 단점이 있지만, 연산에 사용할 데이터를 메모리나 레지스터로부터 찾는 과정이 없기 때문에 이하 설명할 주소 지정 방식들보다 빠릅니다.

| 연산 코드 | 연산에 사용할 데이터 |
|---|---|

### 직접 주소 지정 방식

**직접 주소 지정 방식**direct addressing mode은 오퍼랜드 필드에 유효 주소를 직접적으로 명시하는 방식입니다. 오퍼랜드 필드에서 표현할 수 있는 데이터의 크기는 즉시 주소 지정 방식보다 더 커졌지만, 여전히 유효 주소를 표현할 수 있는 범위가 연산 코드의 비트 수만큼 줄어들었습니다. 다시 말해 표현할 수 있는 오퍼랜드 필드의 길이가 연산 코드의 길이만큼 짧아져 표현할 수 있는 유효 주소에 제한이 생길 수 있습니다.

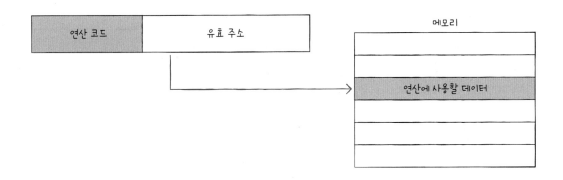

### 간접 주소 지정 방식

**간접 주소 지정 방식**<sup>indirect addressing mode</sup>은 유효 주소의 주소를 오퍼랜드 필드에 명시합니다. 직접 주소 지정 방식보다 표현할 수 있는 유효 주소의 범위가 더 넓어졌죠? 다만 두 번의 메모리 접근이 필요하기 때문에 앞서 설명한 주소 지정 방식들보다 일반적으로 느린 방식입니다.

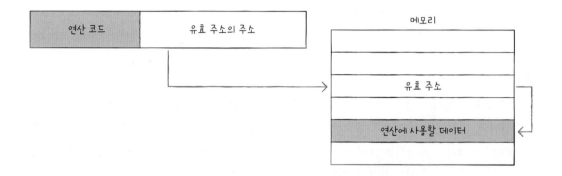

때때로 연산에 사용할 데이터가 레지스터에 저장된 경우도 있습니다. 이 경우 레지스터 주소 지정 방식 또는 레지스터 간접 주소 지정 방식을 사용할 수 있습니다.

### 레지스터 주소 지정 방식

**레지스터 주소 지정 방식**<sup>register addressing mode</sup>은 직접 주소 지정 방식과 비슷하게 연산에 사용할 데이터를 저장한 레지스터를 오퍼랜드 필드에 직접 명시하는 방법입니다.

일반적으로 CPU 외부에 있는 메모리에 접근하는 것보다 CPU 내부에 있는 레지스터에 접근하는 것이 더 빠릅니다. 그러므로 레지스터 주소 지정 방식은 직접 주소 지정 방식보다 빠르게 데이터에 접근할 수 있습니다. 다만, 레지스터 주소 지정 방식은 직접 주소 지정 방식과 비슷한 문제를 공유합니다. 표현할 수 있는 레지스터 크기에 제한이 생길 수 있다는 점입니다.

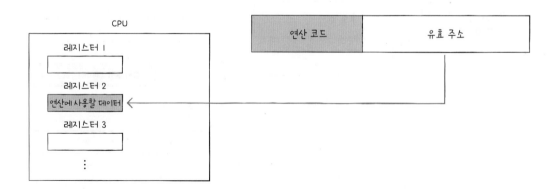

## 레지스터 간접 주소 지정 방식

**레지스터 간접 주소 지정 방식**register indirect addressing mode은 연산에 사용할 데이터를 메모리에 저장하고, 그 주소(유효 주소)를 저장한 레지스터를 오퍼랜드 필드에 명시하는 방법입니다.

유효 주소를 찾는 과정이 간접 주소 지정 방식과 비슷하지만, 메모리에 접근하는 횟수가 한 번으로 줄어든다는 차이이자 장점이 있습니다. 메모리에 접근하는 것이 레지스터에 접근하는 것보다 더 느리다고 했었죠? 그래서 레지스터 간접 주소 지정 방식은 간접 주소 지정 방식보다 **빠릅니다**.

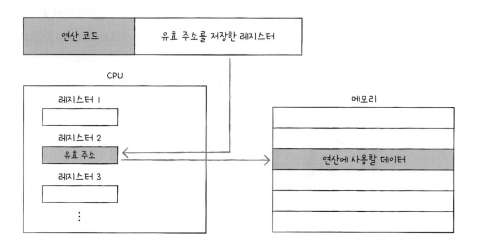

정리해 보겠습니다. 연산에 사용할 데이터를 찾는 방법을 **주소 지정 방식**이라고 했습니다. 연산에 사용할 데이터가 저장된 위치를 **유효 주소**라고 했었죠. 그리고 대표적인 주소 지정 방식으로 아래의 다섯 가지 방식을 소개했습니다. 각각의 방식이 오퍼랜드 필드에 명시하는 값을 정리해 보면 아래와 같습니다.

- 즉시 주소 지정 방식: 연산에 사용할 데이터
- 직접 주소 지정 방식: 유효 주소(메모리 주소)
- 간접 주소 지정 방식: 유효 주소의 주소
- 레지스터 주소 지정 방식: 유효 주소(레지스터 이름)
- 레지스터 간접 주소 지정 방식: 유효 주소를 저장한 레지스터

이 밖에도 레지스터에 대해 더 공부해야만 이해할 수 있는 중요한 주소 지정 방식들이 있습니다. 이들은 04장에서 학습하겠습니다.

**스택**stack이란 한쪽 끝이 막혀 있는 통과 같은 저장 공간입니다. 한쪽 끝이 막혀 있어서 막혀있지 않은 쪽으로 데이터를 차곡차곡 저장하고, 저장한 자료를 빼낼 때는 마지막으로 저장한 데이터부터 빼냅니다. 스택은 '나중에 저장한 데이터를 가장 먼저 빼내는 데이터 관리 방식(후입선출)'이라는 점에서 **LIFO** Last In First Out ('리포'라고 읽습니다) 자료 구조라고도 부릅니다. 예를 들어 스택 안에 1 – 2 – 3 – 4 – 5 순으로 데이터를 저장하면 데이터를 빼낼 때는 5 – 4 – 3 – 2 – 1 순으로 빼낼 수 있겠죠.

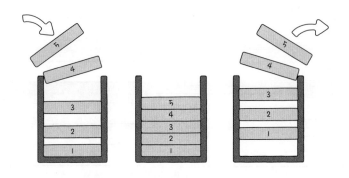

이때 스택에 새로운 데이터를 저장하는 명령어가 **PUSH**, 스택에 저장된 데이터를 꺼내는 명령어가 **POP**입니다. 당연히 POP 명령어를 수행하면 위 예시와 같이 스택의 최상단에 있는(Last In), 마지막으로 저장한 데이터부터(First Out) 꺼내게 되겠죠?

스택과는 달리 양쪽이 뚫려 있는 통과 같은 저장 공간을 **큐**queue라고 합니다. 큐는 한쪽으로는 데이터를 저장하고, 다른 한쪽으로는 먼저 저장한 순서대로 데이터를 빼냅니다. 큐는 '가장 먼저 저장된 데이터부터 빼내는 데이터 관리 방식(선입선출)'이라는 점에서 **FIFO** First In First Out ('피포'라고 읽습니다) 자료 구조라고도 부릅니다.

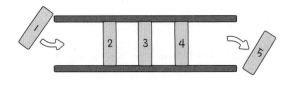

스택과 큐는 이 책 전체에 걸쳐 자주 언급될 뿐만 아니라 자료 구조, 알고리즘 등 다른 컴퓨터 공학 과목에서도 매우 중요하게 다루는 개념이므로 꼭 알아두세요.

## ▶ 4가지 키워드로 정리하는 핵심 포인트

• **명령어**는 연산 코드와 오퍼랜드로 구성됩니다.

• **연산 코드**는 명령어가 수행할 연산을 의미합니다.

• **오퍼랜드**는 연산에 사용할 데이터 또는 연산에 사용할 데이터가 저장된 위치를 의미합니다.

• **주소 지정 방식**은 연산에 사용할 데이터 위치를 찾는 방법입니다.

## ▶ 확인 문제

**1.** 명령어에 대한 설명 중 옳지 않은 것을 고르세요.

① 명령어는 연산 코드와 오퍼랜드로 구성됩니다.
② 연산 코드 필드에는 메모리 주소만 담을 수 있습니다.
③ 오퍼랜드 필드는 여러 개 있을 수 있습니다.
④ 명령어에 연산에 사용할 데이터를 직접 명시할 경우 표현할 수 있는 데이터의 크기는 연산 코드의 크기만큼 작아집니다.

**2.** 아래 그림 속 CPU에는 R1, R2라는 레지스터가 있고, 메모리 5번지에 100, 6번지에 200, 7번지에 300이 저장되어 있습니다. 아래 명령어를 레지스터 간접 주소 지정 방식으로 수행한다면 결과는 어떻게 나올까요? 아래 빈칸을 채워 보세요.

메모리 **①** 번지 속 **②** 이라는 값을 CPU로 가지고 온다.

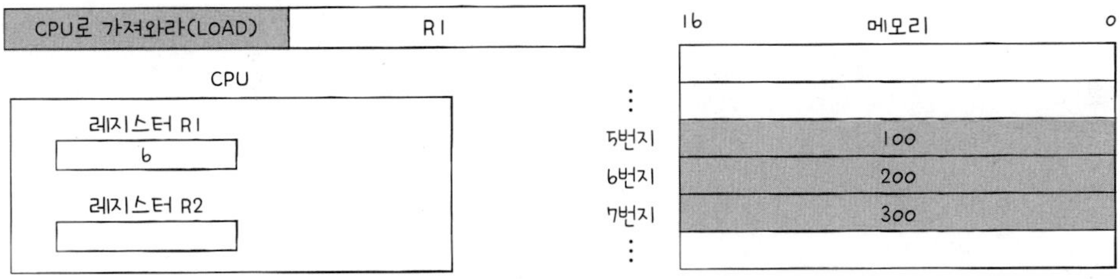

| CPU로 가져와라(LOAD) | R1 |
| --- | --- |

CPU

레지스터 R1
6

레지스터 R2

| 16 | 메모리 | 0 |
| --- | --- | --- |
| ⋮ | | |
| 5번지 | 100 | |
| 6번지 | 200 | |
| 7번지 | 300 | |
| ⋮ | | |

# 04

이제 컴퓨터의 네 가지 핵심 부품을 하나씩 살펴봅시다. 가장 먼저 CPU에 대해 학습해 보겠습니다. CPU를 구성하는 부품들의 이름과 역할, 그리고 CPU가 명령어를 실행하는 방식에 집중하며 이번 장을 읽어 봅시다.

# CPU의 작동 원리

- ALU와 제어장치에 대해 학습합니다.
- 레지스터의 종류와 역할에 대해 학습합니다.
- 명령어 사이클을 이해합니다.
- 인터럽트의 개념을 이해합니다.

# 04-1 ALU와 제어장치

`ALU`  `플래그`  `제어장치`  `제어 신호`

CPU의 구성 요소 중 ALU와 제어장치를 알아봅니다. ALU와 제어장치가 어떤 정보를 내보내고 받아들이는지를 중심으로 두 장치의 역할을 학습합니다.

## 시작하기 전에

01장의 기억을 되살려 봅시다. CPU는 메모리에 저장된 명령어를 읽어 들이고, 해석하고, 실행하는 장치라고 했습니다. 그리고 CPU 내부에는 계산을 담당하는 ALU, 명령어를 읽어 들이고 해석하는 제어장치, 작은 임시 저장 장치인 레지스터라는 구성 요소가 있다고 했죠. 이번 절에서는 ALU와 제어장치를 학습해 보겠습니다.

참고로, 이 책은 ALU나 제어장치를 구성하는 회로나 구현 방법은 다루지 않습니다. ALU와 제어장치가 받아들이고 내보내는 정보를 기준으로 각 부품의 역할을 설명할 테니, 여러분들도 ALU와 제어장치가 무엇을 내보내고, 무엇을 받아들이는지를 집중해서 읽어 주세요.

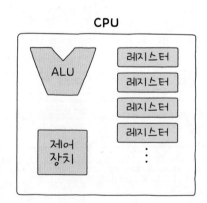

ALU와 제어장치, 레지스터라는 용어가 잘 기억나지 않는다면 01-2절을 빠르게 복습하고 오세요.

# ALU

아래 그림은 ALU가 어떤 정보를 받아들이고 내보내는지를 표현한 그림입니다.

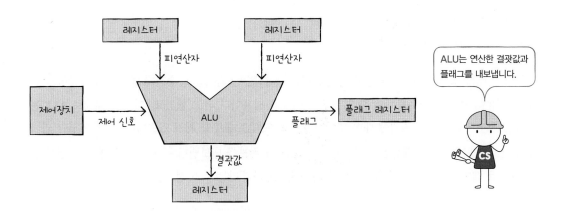

우선 ALU가 받아들이는 정보부터 봅시다.

ALU는 계산하는 부품이라고 했었죠? 계산을 하기 위해 무엇이 필요할까요? 1+2를 계산할 때 1과 2라는 피연산자와 더하기라는 수행할 연산이 필요하듯 ALU가 계산을 하기 위해서는 피연산자와 수행할 연산이 필요합니다.

그래서 **ALU**는 레지스터를 통해 **피연산자**를 받아들이고, 제어장치로부터 수행할 연산을 알려주는 **제어 신호**를 받아들입니다. ALU는 레지스터와 제어장치로부터 받아들인 피연산자와 제어 신호로 산술 연산, 논리 연산 등 다양한 연산을 수행합니다.

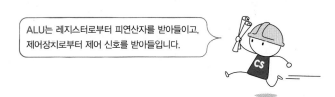

이번에는 ALU가 내보내는 정보를 알아봅시다.

연산을 수행한 결과는 특정 숫자나 문자가 될 수도 있고, 메모리 주소가 될 수도 있습니다. 그리고 이 결괏값은 바로 메모리에 저장되지 않고 일시적으로 레지스터에 저장됩니다.

CPU가 메모리에 접근하는 속도는 레지스터에 접근하는 속도보다 훨씬 느립니다. ALU가 연산할 때마다 결과를 메모리에 저장한다면 당연하게도 CPU는 메모리에 자주 접근하게 되고, 이는 CPU가 프로그램 실행 속도를 늦출 수 있습니다. 그래서 ALU의 결괏값을 메모리가 아닌 레지스터에 우선 저장하는 겁니다.

이전 페이지의 그림을 보면 계산 결괏값 외에 ALU가 내보내는 또 다른 정보가 있죠? ALU는 계산 결과와 더불어 **플래그**를 내보냅니다. 이 플래그는 여러분들이 이번 절에서 알아야 할 중요한 키워드입니다. 집중해서 봐 주세요.

플래그는 02장에서 이미 한 번 본 적이 있습니다. "이진수만 봐서는 음수인지 양수인지 판단하기 어렵기 때문에 음수와 양수를 구분하기 위해 플래그를 사용한다"라고 했었죠. 이처럼 때때로 ALU는 결괏값뿐만 아니라 연산 결과에 대한 추가적인 정보를 내보내야 할 때가 있습니다. 가령 연산 결과가 음수일 때 ALU는 '방금 계산한 결과는 음수'라는 추가 정보를 내보냅니다. 혹은 연산 결과가 연산 결과를 담을 레지스터보다 클 때 ALU는 '결괏값이 너무 크다'라는 추가 정보를 내보냅니다.

> **note** 연산 결과가 연산 결과를 담을 레지스터보다 큰 상황을 **오버플로우**(overflow)라고 합니다.

이러한 연산 결과에 대한 추가적인 상태 정보를 **플래그**flag라고 합니다. ALU가 내보내는 대표적인 플래그는 아래와 같습니다.

| 플래그 종류 | 의미 | 사용 예시 |
|---|---|---|
| 부호 플래그 | 연산한 결과의 부호를 나타낸다. | 부호 플래그가 1일 경우 계산 결과는 음수, 0일 경우 계산 결과는 양수를 의미한다. |
| 제로 플래그 | 연산 결과가 0인지 여부를 나타낸다. | 제로 플래그가 1일 경우 연산 결과는 0, 0일 경우 연산 결과는 0이 아님을 의미한다. |
| 캐리 플래그 | 연산 결과 올림수나 빌림수가 발생했는지를 나타낸다. | 캐리 플래그가 1일 경우 올림수나 빌림수가 발생했음을 의미하고, 0일 경우 발생하지 않았음을 의미한다. |
| 오버플로우 플래그 | 오버플로우가 발생했는지를 나타낸다. | 오버플로우 플래그가 1일 경우 오버플로우가 발생했음을 의미하고, 0일 경우 발생하지 않았음을 의미한다. |
| 인터럽트 플래그 | 인터럽트가 가능한지를 나타낸다. 인터럽트는 04-3절에서 설명한다. | 인터럽트 플래그가 1일 경우 인터럽트가 가능함을 의미하고, 0일 경우 인터럽트가 불가능함을 의미한다. |
| 슈퍼바이저 플래그 | 커널 모드로 실행 중인지, 사용자 모드로 실행 중인지를 나타낸다. 커널 모드와 사용자 모드는 09장에서 설명한다. | 슈퍼바이저 플래그가 1일 경우 커널 모드로 실행 중임을 의미하고, 0일 경우 사용자 모드로 실행 중임을 의미한다. |

이러한 플래그는 CPU가 프로그램을 실행하는 도중 반드시 기억해야 하는 일종의 참고 정보입니다. 그리고 플래그들은 **플래그 레지스터**라는 레지스터에 저장됩니다. 플래그 레지스터는 이름 그대로 플래그 값들을 저장하는 레지스터입니다. 이 레지스터를 읽으면 연산 결과에 대한 추가적인 정보, 참고 정보를 얻을 수 있겠죠?

예를 들어 플래그 레지스터가 아래와 같은 구조를 가지고 있고, ALU가 연산을 수행한 직후 **부호 플래그**가 1이 되었다면 연산 결과는 음수임을 알 수 있습니다.

플래그 레지스터

| 부호 플래그 | 제로 플래그 | 캐리 플래그 | 오버플로우 플래그 | 인터럽트 플래그 | 슈퍼바이저 플래그 |
|---|---|---|---|---|---|
| 1 | 0 | 0 | 0 | 0 | 0 |

또한 만약 ALU가 연산을 수행한 직후 플래그 레지스터가 아래와 같다면 **제로 플래그**가 1이 되었으니 연산 결과는 0임을 알 수 있습니다.

플래그 레지스터

| 부호 플래그 | 제로 플래그 | 캐리 플래그 | 오버플로우 플래그 | 인터럽트 플래그 | 슈퍼바이저 플래그 |
|---|---|---|---|---|---|
| 0 | 1 | 0 | 0 | 0 | 0 |

이 밖에도 ALU 내부에는 여러 계산을 위한 회로들이 있습니다. 대표적으로 덧셈을 위한 가산기, **뺄셈을 위한 보수기**, 시프트 연산을 수행해 주는 시프터, 오버플로우를 대비한 오버플로우 검출기 등이 있습니다. 다만, 이 책에서는 회로를 다루지 않으므로 이와 관련한 자세한 내용은 생략하겠습니다.

## 제어장치

이번에는 제어장치에 대해 알아봅시다. **제어장치**는 제어 신호를 내보내고, 명령어를 해석하는 부품이라고 설명했습니다. 그리고 **제어 신호**는 컴퓨터 부품들을 관리하고 작동시키기 위한 일종의 전기 신호라고 했죠.

참고로, 제어장치는 CPU의 구성 요소 중 가장 정교하게 설계된 부품이라고 해도 과언이 아닙니다. 그래서 CPU 제조사마다 제어장치의 구현 방식이나 명령어를 해석하는 방식, 받아들이고 내보내는 정보에는 조금씩 차이가 있습니다. 이 책에서는 제어장치가 받아들이고 내보내는 가장 대표적인 정보에만 초점을 맞춰 설명할 테니, 여러분들은 다음 내용을 모두 외우려고 하지 말고 제어장치의 역할을 이해하는 데만 초점을 맞춰 읽어 보세요.

그럼 제어장치가 무엇을 받아들이고, 무엇을 내보내는지 다음 그림을 보며 하나씩 살펴보겠습니다.

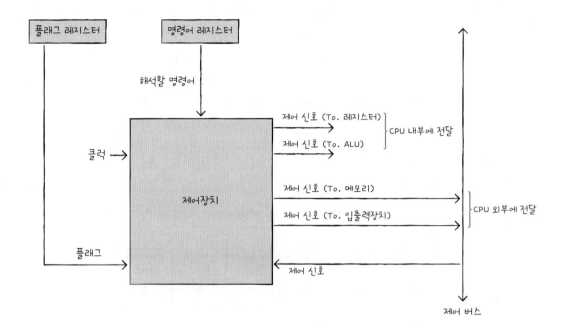

제어장치가 받아들이는 정보부터 알아볼까요?

### 첫째, 제어장치는 클럭 신호를 받아들입니다

**클럭**<sup>clock</sup>이란 컴퓨터의 모든 부품을 일사불란하게 움직일 수 있게 하는 시간 단위입니다. 클럭의 "똑–딱–똑–딱" 주기에 맞춰 한 레지스터에서 다른 레지스터로 데이터가 이동되거나, ALU에서 연산이 수행되거나, CPU가 메모리에 저장된 명령어를 읽어 들이는 것이지요.

다만, "컴퓨터의 모든 부품이 클럭 신호에 맞춰 작동한다"라는 말을 "컴퓨터의 모든 부품이 한 클럭마다 작동한다"라고 이해하면 안 됩니다. 컴퓨터 부품들은 클럭이라는 박자에 맞춰 작동할 뿐 한 박자마다 작동하는 건 아닙니다. 가령 다음 그림처럼 하나의 명령어가 여러 클럭에 걸쳐 실행될 수 있습니다.

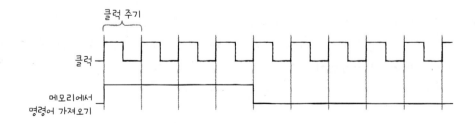

**둘째, 제어장치는 '해석해야 할 명령어'를 받아들입니다**

다음 절에서 배우겠지만, CPU가 해석해야 할 명령어는 **명령어 레지스터**라는 특별한 레지스터에 저장됩니다. 제어장치는 이 명령어 레지스터로부터 해석할 명령어를 받아들이고 해석한 뒤, 제어 신호를 발생시켜 컴퓨터 부품들에 수행해야 할 내용을 알려줍니다.

**셋째, 제어장치는 플래그 레지스터 속 플래그 값을 받아들입니다**

플래그는 ALU 연산에 대한 추가적인 상태 정보라고 했습니다. 제어장치가 제어 신호를 통해 컴퓨터 부품들을 제어할 때 이 중요한 참고 사항을 무시하면 안 되겠죠? 그렇기에 제어장치는 플래그 값을 받아들이고 이를 참고하여 제어 신호를 발생시킵니다.

**넷째, 제어장치는 시스템 버스, 그중에서 제어 버스로 전달된 제어 신호를 받아들입니다**

제어 신호는 CPU뿐만 아니라 입출력장치를 비롯한 CPU 외부 장치도 발생시킬 수 있습니다. 제어장치는 제어 버스를 통해 외부로부터 전달된 제어 신호를 받아들이기도 합니다.

제어장치는 클럭, 현재 수행할 명령어, 플래그, 제어 신호를 받아들입니다.

이제 제어장치가 내보내는 정보를 알아봅시다. 여기에는 크게 CPU 외부에 전달하는 제어 신호와 CPU 내부에 전달하는 제어 신호가 있습니다.

제어장치가 CPU 외부에 제어 신호를 전달한다는 말은 곧, 제어 버스로 제어 신호를 내보낸다는 말과 같습니다. 이러한 제어 신호에는 크게 메모리에 전달하는 제어 신호와 입출력장치에 전달하는 제어 신호가 있습니다.

제어장치는 CPU 내부와 외부로 제어 신호를 내보냅니다.

`note` 여기서 입출력장치는 보조기억장치를 포함합니다.

제어장치가 메모리에 저장된 값을 읽거나 메모리에 새로운 값을 쓰고 싶다면 메모리로 제어 신호를 내보냅니다. 그리고 제어장치가 입출력장치의 값을 읽거나 입출력장치에 새로운 값을 쓰고 싶을 때는 입출력장치로 제어 신호를 내보냅니다.

제어장치가 CPU 내부에 전달하는 제어 신호에는 크게 ALU에 전달하는 제어 신호와 레지스터에 전달하는 제어 신호가 있습니다. ALU에는 수행할 연산을 지시하기 위해, 레지스터에는 레지스터 간에 데이터를 이동시키거나 레지스터에 저장된 명령어를 해석하기 위해 제어 신호를 내보냅니다.

## ▶ 4가지 키워드로 정리하는 핵심 포인트

- **ALU**는 레지스터로부터 피연산자를 받아들이고, 제어장치로부터 제어 신호를 받아들입니다.

- ALU는 연산 결과와 **플래그**를 내보냅니다.

- **제어장치**는 클럭, 현재 수행할 명령어, 플래그, 제어 신호를 받아들입니다.

- 제어장치는 CPU 내부와 외부로 **제어 신호**를 내보냅니다.

## ▶ 확인 문제

**1.** 아래와 같은 플래그 레지스터를 가진 CPU가 있다고 가정해 봅시다. 이 CPU의 ALU가 연산한 결과가 다음과 같을 때 계산 결과를 십진수로 말해 보세요.

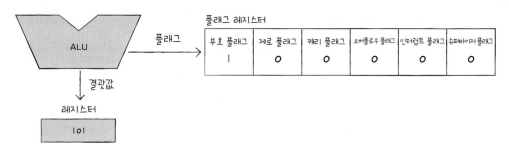

**2.** 다음 중 제어장치와 관련된 설명 중 옳지 않은 것을 고르세요.

① 제어장치는 제어 버스로 제어 신호를 내보냅니다.
② 제어장치는 제어 신호를 통해 ALU에게 연산을 지시합니다.
③ 제어장치는 클럭 신호를 받아들입니다.
④ 제어장치는 CPU 내에서 산술 연산과 논리 연산을 담당하는 부품입니다.

**3.** 아래 그림에서 ❶, ❷, ❸에 들어갈 알맞은 단어를 채워 보세요.

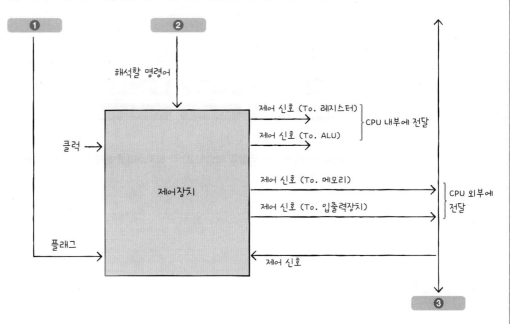

**4.** CPU의 구성 요소로 적절하지 않은 것을 고르세요.

① ALU

② 레지스터

③ 제어장치

④ 하드 디스크

---

hint 3. 제어장치는 플래그 레지스터로부터 플래그 값을 받아들이고, 명령어 레지스터로부터 현재 해석할 명령어를 받아들입니다. 그리고 제어 버스를 통해 제어 신호를 내보냅니다.

프로그램 카운터　명령어 레지스터　메모리 주소/버퍼 레지스터

범용/플래그 레지스터　스택 포인터　베이스 레지스터

레지스터의 종류와 역할을 학습하고, 각 레지스터를 통해 명령어가 처리되는 과정을 이해합니다.

## 시작하기 전에

프로그램 속 명령어와 데이터는 실행 전후로 반드시 레지스터에 저장됩니다. 따라서 레지스터에 저장된 값만 잘 관찰해도 프로그램의 실행 흐름을 파악할 수 있습니다. 다시 말해 레지스터 속 값을 유심히 관찰하면 프로그램을 실행할 때 CPU 내에서 무슨 일이 벌어지고 있는지, 어떤 명령어가 어떻게 수행되는지 알 수 있습니다.

CPU 안에는 다양한 레지스터들이 있고, 각기 다른 역할을 가지고 있습니다. 이번 절에서는 각 레지스터의 이름과 역할에 집중하며 읽어 봅시다.

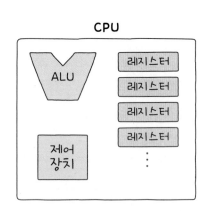

# 반드시 알아야 할 레지스터

상용화된 CPU 속 레지스터들은 CPU마다 이름, 크기, 종류가 매우 다양합니다. 이들은 각 CPU 제조사 홈페이지나 공식 문서 등에서 확인할 수 있습니다. 모든 레지스터를 이 책에서 전부 다룰 수는 없기에 이번 절에서는 여러 전공 서적에서 중요하게 다루는 레지스터, 많은 CPU가 공통으로 포함하고 있는 여덟 개의 레지스터를 학습해 보겠습니다. 상용화된 CPU 중 가장 대중적인 Intel x86과 ARM의 레지스터는 123쪽 〈좀 더 알아보기〉의 링크를 참조하세요.

여러분이 알아야 할 여덟 개의 레지스터는 아래와 같습니다. 이 레지스터들은 저마다의 역할이 있고, 그에 걸맞는 내용을 저장합니다. 당장은 종류가 많아 보이고 모두 외워야 할 것 같은 부담이 느껴질 수 있지만, 각 레지스터가 CPU 내부에서 어떤 역할을 수행하는지에 유의하며 읽다 보면 암기할 필요가 없다는 걸 알게 됩니다.

- ❶ 프로그램 카운터
- ❷ 명령어 레지스터
- ❸ 메모리 주소 레지스터
- ❹ 메모리 버퍼 레지스터
- ❺ 플래그 레지스터
- ❻ 범용 레지스터
- ❼ 스택 포인터
- ❽ 베이스 레지스터

우선 첫 번째 프로그램 카운터부터 네 번째 메모리 버퍼 레지스터까지, 네 개의 레지스터를 살펴보겠습니다.

## 프로그램 카운터

**프로그램 카운터**PC; Program Counter는 메모리에서 가져올 명령어의 주소, 즉 메모리에서 읽어 들일 명령어의 주소를 저장합니다. 프로그램 카운터를 **명령어 포인터**IP; Instruction Pointer라고 부르는 CPU도 있습니다.

## 명령어 레지스터

**명령어 레지스터**IR; Instruction Register는 해석할 명령어, 즉 방금 메모리에서 읽어 들인 명령어를 저장하는 레지스터입니다. 제어장치는 명령어 레지스터 속 명령어를 받아들이고 이를 해석한 뒤 제어 신호를 내보냅니다.

## 메모리 주소 레지스터

**메모리 주소 레지스터**[MAR; Memory Address Register]는 메모리의 주소를 저장하는 레지스터입니다. CPU가 읽어 들이고자 하는 주소 값을 주소 버스로 보낼 때 메모리 주소 레지스터를 거치게 됩니다.

## 메모리 버퍼 레지스터

**메모리 버퍼 레지스터**[MBR; Memory Buffer Register]는 메모리와 주고받을 값(데이터와 명령어)을 저장하는 레지스터입니다. 즉, 메모리에 쓰고 싶은 값이나 메모리로부터 전달받은 값은 메모리 버퍼 레지스터를 거칩니다. CPU가 주소 버스로 내보낼 값이 메모리 주소 레지스터를 거친다면, 데이터 버스로 주고받을 값은 메모리 버퍼 레지스터를 거칩니다.

> **note** 메모리 버퍼 레지스터는 메모리 데이터 레지스터(MDR; Memory Data Register)라고도 부릅니다.

아직은 앞의 레지스터들이 정확히 어떻게 작동하는지 감이 잘 잡히지 않을 수 있습니다. 그렇다면 메모리에 저장된 프로그램을 실행하는 과정에서 프로그램 카운터, 명령어 레지스터, 메모리 주소 레지스터, 메모리 버퍼 레지스터에 어떤 값들이 담기는지 알아봅시다.

**01** CPU로 실행할 프로그램이 1000번지부터 1500번지까지 저장되어 있다고 가정하겠습니다. 그리고 1000번지에는 1101 (2)이 저장되어 있다고 가정해 보죠.

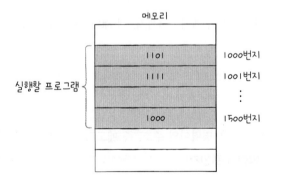

이해를 돕기 위해 프로그램을 이루는 명령어들은 각각 하나의 메모리 번지를 차지하고 있다고 가정합니다.

**02** 프로그램을 처음부터 실행하기 위해 프로그램 카운터에는 1000이 저장됩니다. 이는 메모리에서 가져올 명령어가 1000번지에 있다는 걸 의미합니다.

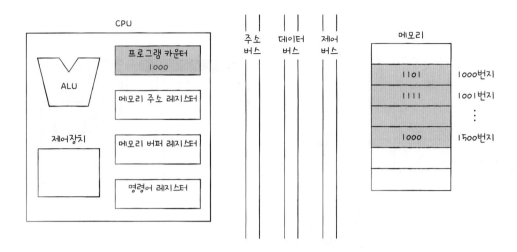

**03** 1000번지를 읽어 들이기 위해서는 주소 버스로 1000번지를 내보내야 합니다. 이를 위해 메모리 주소 레지스터에는 1000이 저장됩니다.

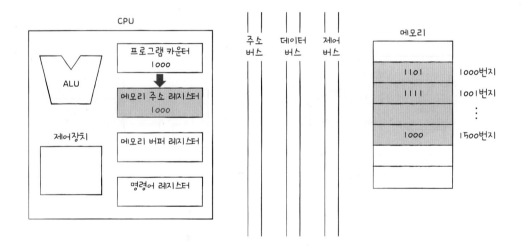

**04** '메모리 읽기' 제어 신호와 메모리 주소 레지스터 값이 각각 제어 버스와 주소 버스를 통해 메모리로 보내집니다.

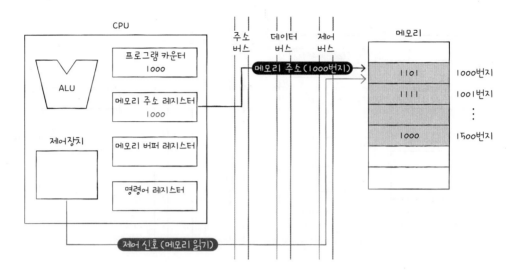

**05** 메모리 1000번지에 저장된 값은 데이터 버스를 통해 메모리 버퍼 레지스터로 전달되고, 프로그램 카운터는 증가되어 다음 명령어를 읽어 들일 준비를 합니다.

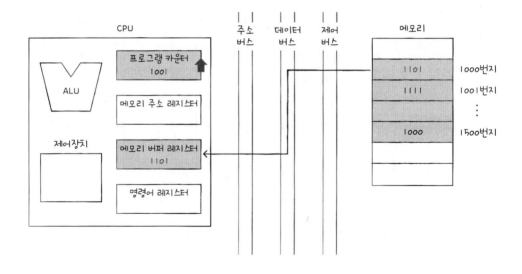

**06** 메모리 버퍼 레지스터에 저장된 값은 명령어 레지스터로 이동합니다.

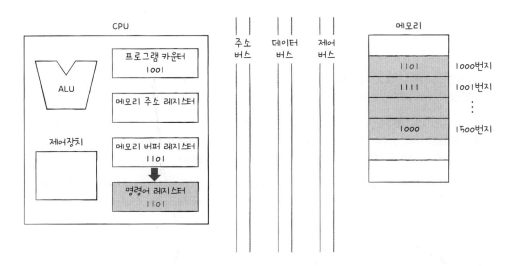

**07** 제어장치는 명령어 레지스터의 명령어를 해석하고 제어 신호를 발생시킵니다.

**05**단계에서 프로그램 카운터 값이 증가한 것을 확인했습니다. 프로그램 카운터 값이 증가했으니 1000번지 명령어 처리가 끝나면 CPU는 다음 명령어(1001번지)를 읽어 들입니다.

이처럼 프로그램 카운터는 지속적으로 증가하며 계속해서 다음 명령어를 읽어 들일 준비를 합니다. 이 과정이 반복되면서 CPU는 프로그램을 차례대로 실행해 나갑니다. 결국 CPU가 메모리 속 프로그램을 순차적으로 읽어 들이고 실행해 나갈 수 있는 이유는 CPU 속 프로그램 카운터가 꾸준히 증가하기 때문입니다.

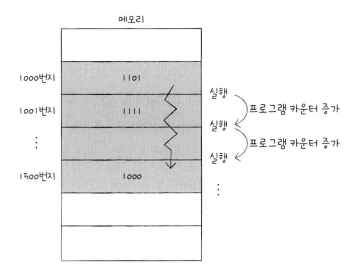

일반적으로 프로그램 카운터는 꾸준히 증가하며 프로그램을 차례대로 실행합니다. 하지만 종종 프로그램 카운터가 실행 중인 명령어의 다음 번지 주소가 아닌 전혀 다른 값으로 업데이트되는 경우가 있습니다. 이런 상황이라면 프로그램이 차례대로 실행되지 않습니다. 이런 상황은 언제 발생할까요?

명령어 중 JUMP, CONDITIONAL JUMP, CALL, RET와 같이 특정 메모리 주소로 실행 흐름을 이동하는 명령어가 실행되었을 때 프로그램은 차례대로 실행되지 않습니다. 이런 경우 프로그램 카운터에는 변경된 주소가 저장됩니다.

가령 1200번지를 실행하는 도중 JUMP 2500이라는 명령어를 만났다고 가정해 보죠. 이 명령어는 "2500번지로 점프하라", "2500번지부터 실행하라"라는 명령어입니다. 이 명령어를 실행한 다음에는 1201번지가 아닌 2500번지를 실행해야 하기 때문에 프로그램 카운터에는 1201번지가 아닌 2500번지가 저장됩니다.

또한 인터럽트가 발생해도 프로그램의 순차적인 실행 흐름이 끊어집니다. 이는 다음 절에서 자세히 다루겠습니다.

### 범용 레지스터

**범용 레지스터** general purpose register는 이름 그대로 다양하고 일반적인 상황에서 자유롭게 사용할 수 있는 레지스터입니다. 메모리 버퍼 레지스터는 데이터 버스로 주고받을 값만 저장하고, 메모리 주소 레지스터는 주소 버스로 내보낼 주소값만 저장하지만, 범용 레지스터는 데이터와 주소를 모두 저장할 수 있습니다. 일반적으로 CPU 안에는 여러 개의 범용 레지스터들이 있고, 현대 대다수 CPU는 모두 범용 레지스터를 가지고 있습니다.

### 플래그 레지스터

플래그 레지스터는 04-1절에서 본 적이 있습니다. ALU 연산 결과에 따른 플래그를 플래그 레지스터에 저장한다고 했었죠. **플래그 레지스터** flag register는 연산 결과 또는 CPU 상태에 대한 부가적인 정보를 저장하는 레지스터입니다.

# 특정 레지스터를 이용한 주소 지정 방식(1): 스택 주소 지정 방식

03장을 마무리하며 "레지스터에 대해 더 공부해야만 이해할 수 있는 주소 지정 방식이 있다"라고 했던 것을 기억하나요? 지금이 바로 03장에서 미처 설명하지 못한 주소 지정 방식을 설명할 때입니다.

앞서 설명한 프로그램 카운터, 그리고 아직 설명하지 않은 스택 포인터, 베이스 레지스터는 주소 지정에 사용될 수 있는 특별한 레지스터입니다. **스택 포인터** stack pointer는 스택 주소 지정 방식이라는 주소 지정 방식에 사용되고, 프로그램 카운터와 베이스 레지스터는 변위 주소 지정 방식이라는 주소 지정 방식에 사용되지요. 먼저 스택 주소 지정 방식에 대해 알아보겠습니다.

**스택 주소 지정 방식**은 스택과 스택 포인터를 이용한 주소 지정 방식입니다. 스택은 한쪽 끝이 막혀 있는 통과 같은 저장 공간입니다. 그래서 스택은 가장 최근에 저장하는 값부터 꺼낼 수 있죠. 여기서 **스택 포인터**란 스택의 꼭대기를 가리키는 레지스터입니다. 즉, 스택 포인터는 스택에 마지막으로 저장한 값의 위치를 저장하는 레지스터입니다.

예를 들어 볼까요? 가령 다음과 같이 위에서부터 주소가 매겨져 있고 아래부터 차곡차곡 데이터가 저장되어 있는 스택이 있다고 가정해 봅시다. 이때 스택 포인터는 스택의 제일 꼭대기 주소, 즉 4번지를 저장하고 있습니다. 이는 '스택 포인터가 스택의 꼭대기를 가리키고 있다'고 볼 수 있겠죠. 쉽게 말해, 스택 포인터는 스택의 어디까지 데이터가 채워져 있는지에 대한 표시라고 보면 됩니다.

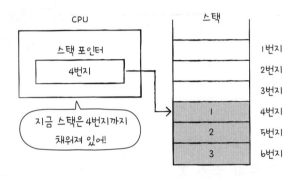

그럼 이 스택에서 데이터를 꺼낼 때는 어떤 데이터부터 꺼내게 될까요? 1 → 2 → 3 순서대로 데이터를 꺼낼 수 있겠죠. 여기서 하나의 데이터를 꺼내면 스택에는 2와 3이 남고, 스택의 꼭대기 주소가 달라졌기 때문에 스택 포인터는 5번지를 가리킵니다.

반대로 스택에 데이터를 추가한다면 어떻게 될까요? 현재 스택에 4라는 데이터를 저장하면 스택의 꼭대기에 4가 저장됩니다. 이때 스택의 꼭대기 주소가 달라졌기 때문에 스택 포인터는 4번지를 가리킵니다.

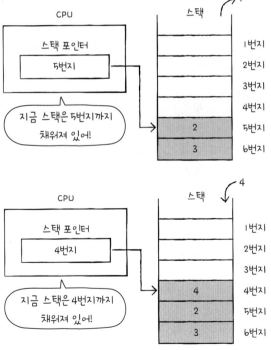

그런데 스택이라는 것은 도대체 어디에 있는 걸까요? 스택은 메모리 안에 있습니다. 정확히는 메모리 안에 스택처럼 사용할 영역이 정해져 있습니다. 이를 **스택 영역**이라고 하지요. 이 영역은 다른 주소 공간과는 다르게 스택처럼 사용하기로 암묵적으로 약속된 영역입니다.

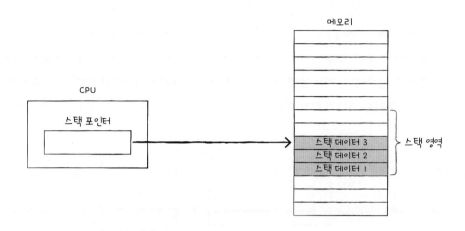

## 특정 레지스터를 이용한 주소 지정 방식(2): 변위 주소 지정 방식

03장에서 명령어는 연산 코드와 오퍼랜드로 이루어져 있다고 언급한 적이 있었습니다. 그리고 오퍼랜드 필드에는 메모리의 주소가 담길 때도 있다고 했었죠. **변위 주소 지정 방식**displacement addressing mode 이란 오퍼랜드 필드의 값(변위)과 특정 레지스터의 값을 더하여 유효 주소를 얻어내는 주소 지정 방식입니다.

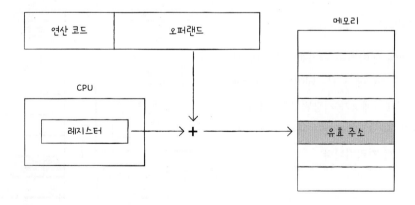

그래서 변위 주소 지정 방식을 사용하는 명령어는 다음 그림과 같이 연산 코드 필드, 어떤 레지스터의 값과 더할지를 나타내는 레지스터 필드, 그리고 주소를 담고 있는 오퍼랜드 필드가 있습니다.

이때, 변위 주소 지정 방식은 오퍼랜드 필드의 주소와 어떤 레지스터를 더하는지에 따라 **상대 주소 지정 방식, 베이스 레지스터 주소 지정 방식** 등으로 나뉩니다. 변위 주소 지정 방식에는 CPU의 종류에 따라 다양한 방식들이 있지만, 이 책에서는 대표적인 상대 주소 지정 방식과 베이스 레지스터 주소 지정 방식을 다루겠습니다.

### 상대 주소 지정 방식

**상대 주소 지정 방식**relative addressing mode은 오퍼랜드와 프로그램 카운터의 값을 더하여 유효 주소를 얻는 방식입니다.

프로그램 카운터에는 읽어 들일 명령어의 주소가 저장되어 있습니다. 만약 오퍼랜드가 음수, 가령 −3이었다면 CPU는 읽어 들이기로 한 명령어로부터 '세 번째 이전' 번지로 접근합니다. 한마디로 실행하려는 명령어의 세 칸 이전 번지 명령어를 실행하는 것이지요.

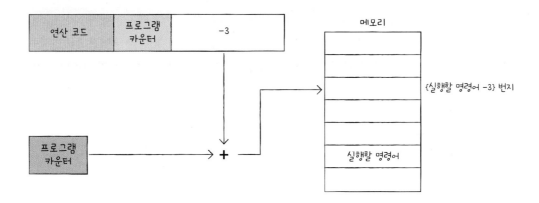

컴퓨터 구조

반면, 오퍼랜드가 양수, 가령 3이었다면 CPU는 읽어 들이기로 했던 명령어의 '세 번째 이후' 번지로 접근합니다. 즉, 실행하려는 명령어에서 세 칸 건너뛴 번지를 실행하는 겁니다.

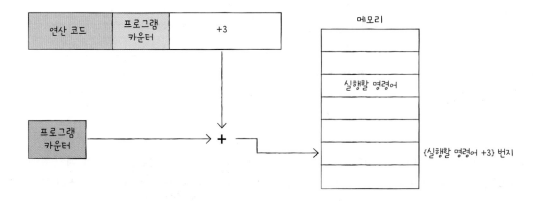

상대 주소 지정 방식은 프로그래밍 언어의 if문과 유사하게 모든 코드를 실행하는 것이 아닌, 분기하여 특정 주소의 코드를 실행할 때 사용됩니다.

## 베이스 레지스터 주소 지정 방식

**베이스 레지스터 주소 지정 방식**base-register addressing mode은 오퍼랜드와 베이스 레지스터의 값을 더하여 유효 주소를 얻는 방식입니다.

여기서 베이스 레지스터는 '기준 주소', 오퍼랜드는 '기준 주소로부터 떨어진 거리'로서의 역할을 합니다. 즉, 베이스 레지스터 주소 지정 방식은 베이스 레지스터 속 기준 주소로부터 얼마나 떨어져 있는 주소에 접근할 것인지를 연산하여 유효 주소를 얻어내는 방식입니다. 가령 베이스 레지스터에 200이라는 값이 있고 오퍼랜드가 40이라면 이는 "기준 주소 200번지로부터 40만큼 떨어진 240번지로 접근하라"를 의미합니다. 또 베이스 레지스터에 550이라는 값이 담겨 있고 오퍼랜드가 50이라면 이는 "기준 주소 550번지로부터 50만큼 떨어진 600번지로 접근하라"를 의미하는 명령어입니다.

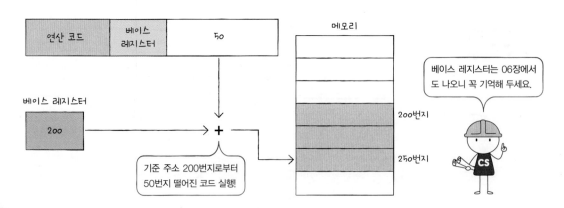

# 상용화된 CPU 속 레지스터 및 주소 지정 방식

이로써 CPU를 구성하는 ALU, 제어장치, 레지스터를 모두 학습했습니다. 끝으로 덧붙여 말하면, 이쯤에서 여러분은 선택을 해야 합니다. 지금까지 설명을 잘 따라왔다면 여러분들은 CPU의 기본적인 원리를 이해한 것이고, 앞으로도 CPU의 기본적인 작동법을 파악하는 데 큰 지장이 없습니다. 따라서 CPU의 큰 그림만 그려보고 싶었던 독자들은 바로 다음 절로 넘어가도 좋습니다.

하지만 만약 여러분들이 실제 CPU의 작동법을 자세히 관찰해야 하는 개발자, 이를테면 임베디드 개발자, 게임 엔진 개발자, 보안 솔루션 개발자, 시스템 해커 등을 지망한다면 아직 하나의 단계가 더 남아 있습니다.

사실, CPU는 여러분이 학습할 컴퓨터 부품 중 전공서 속의 모습과 실제의 모습이 가장 다른 부품이라 해도 과언이 아닐 만큼 다소 괴리가 있습니다. 그래서 전공서의 설명만 읽고 실제 CPU의 자세한 작동법을 분석하려고 하면 책과는 다른 모습에 당황할 수 있습니다.

필자는 이러한 괴리가 레지스터, 정확히 말하자면 레지스터 이름 때문에 발생한다고 봅니다. CPU 제조사마다 레지스터 이름이 다르고 역할도 조금씩 다릅니다. 가령 앞에서 '범용 레지스터'라고 소개했던 레지스터는 어떤 CPU에서는 R0, R1, R2 등으로 불리고, 어떤 CPU에서는 EAX, EBX 등으로 불립니다. 그래서 만약 여러분이 실제 CPU의 작동법을 자세히 관찰하고 분석하길 원한다면 상용화된 CPU 속 레지스터를 들여다볼 필요가 있습니다. 아래 링크에 현재 가장 대중적인 CPU인 x86(x86-64)과 ARM의 레지스터를 첨부해 두었으니 관심 있는 독자들은 아래 링크에서 registers 항목을 읽어 보길 권합니다.

URL https://github.com/kangtegong/self-learning-cs

## 마무리

### ▶ 8가지 키워드로 정리하는 핵심 포인트

- **프로그램 카운터**는 메모리에서 가져올 명령어의 주소, **명령어 레지스터**는 해석할 명령어를 저장합니다.

- **메모리 주소 레지스터**는 메모리의 주소, **메모리 버퍼 레지스터**는 메모리와 주고받을 데이터를 저장합니다.

- **범용 레지스터**는 데이터와 주소를 모두 저장하고, **플래그 레지스터**는 연산 결과 혹은 CPU 상태에 대한 부가 정보를 저장합니다.

- **스택 포인터**는 스택 최상단의 위치를 저장합니다.

- **베이스 레지스터**에 저장된 주소는 기준 주소로서의 역할을 합니다.

### ▶ 확인 문제

**1.** 현재 프로그램 카운터에 저장된 값이 아래와 같을 때 CPU가 다음으로 읽어 들일 메모리 주소는 몇 번지일까요?

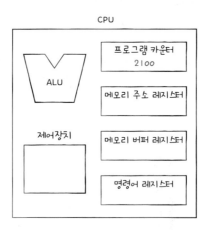

**2.** 설명에 맞는 레지스터를 보기에서 찾아 빈칸을 채워 보세요.

> **보기** 프로그램 카운터, 명령어 레지스터, 플래그 레지스터, 범용 레지스터

- (　**①**　): 연산 결과 혹은 CPU 상태에 대한 부가 정보를 저장하는 레지스터
- (　**②**　): 메모리에서 가져올 명령어의 주소를 저장하는 레지스터
- (　**③**　): 데이터와 주소를 모두 저장할 수 있는 레지스터
- (　**④**　): 해석할 명령어를 저장하는 레지스터

**3.** 현재 아래와 같은 스택을 가리키는 스택 포인터가 있다고 가정해 봅시다. 이 스택에서 데이터를 두 번 빼내게 되었을 때 스택 포인터에 저장되는 주소는 몇 번지일까요?

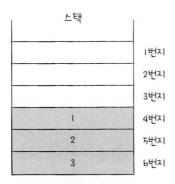

**4.** 레지스터에 대한 설명으로 옳은 것을 고르세요.

① 산술 연산과 논리 연산을 수행하는 부품입니다.
② 제어 신호를 발생시킵니다.
③ 명령어를 해석합니다.
④ CPU 내에 있는 작은 임시 저장 장치입니다.

**hint** 3. 스택 포인터는 스택에 남아 있는 최상단의 데이터 주소를 저장합니다.

# 04-3 명령어 사이클과 인터럽트

핵심 키워드
명령어 사이클  인터럽트  예외  하드웨어 인터럽트
인터럽트 서비스 루틴

CPU가 하나의 명령어를 처리하는 흐름인 명령어 사이클과 그 흐름을 방해하는 인터럽트에 대해 학습합니다.

## 시작하기 전에

CPU가 하나의 명령어를 처리하는 과정에는 어떤 정해진 흐름이 있고, CPU는 그 흐름을 반복하며 명령어들을 처리해 나갑니다. 이렇게 하나의 명령어를 처리하는 정형화된 흐름을 **명령어 사이클**이라고 합니다.

CPU는 정해진 흐름에 따라 명령어를 처리해 나가지만, 간혹 이 흐름이 끊어지는 상황이 발생합니다. 이를 **인터럽트**라고 합니다. 이번 절에서는 명령어 사이클과 인터럽트에 대해 알아보겠습니다.

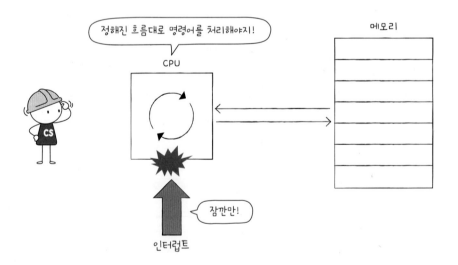

## 명령어 사이클

여러분이 실행하는 프로그램은 수많은 명령어로 이루어져 있고, CPU는 이 명령어들을 하나씩 실행합니다. 이때 프로그램 속 각각의 명령어들은 일정한 주기가 반복되며 실행되는데, 이 주기를 **명령어 사이클**instruction cycle이라고 합니다. 즉, 프로그램 속 각각의 명령어들은 명령어 사이클이 반복되며 실행됩니다.

거창한 이름이 붙긴 했지만 알고 보면 매우 단순한 개념입니다. 메모리에 저장된 명령어 하나를 실행한다고 가정해 봅시다. 가장 먼저 뭘 해야 할까요? 명령어를 메모리에서 CPU로 가져와야 합니다. 이게 명령어 사이클의 첫 번째 과정입니다. 메모리에 있는 명령어를 CPU로 가지고 오는 단계를 **인출 사이클**fetch cycle이라고 합니다. 115쪽의 **02**단계부터 **06**단계까지가 인출 사이클의 과정이라고 보면 됩니다.

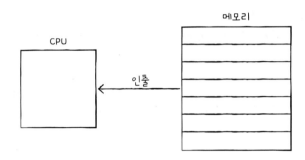

CPU로 명령어를 인출했다면 이제 명령어를 실행합니다. 이것이 명령어 사이클의 두 번째 과정입니다. CPU로 가져온 명령어를 실행하는 단계를 **실행 사이클**execution cycle이라고 합니다. 제어장치가 명령어 레지스터에 담긴 값을 해석하고, 제어 신호를 발생시키는 단계가 실행 사이클이지요.

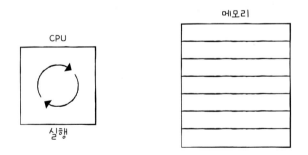

프로그램을 이루는 수많은 명령어는 일반적으로 인출과 실행 사이클을 반복하며 실행됩니다. 즉, CPU는 프로그램 속 명령어를 가져오고 실행하고, 또 가져오고 실행하고를 반복하는 것이죠. 이를 도식화하면 다음과 같습니다.

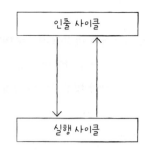

명령어 사이클은 하나의 명령어가 처리되는 주기입니다.

하지만 모든 명령어가 이렇게 간단히 실행되는 건 아닙니다. 명령어를 인출하여 CPU로 가져왔다 하더라도 곧바로 실행할 수 없는 경우도 있기 때문입니다. 예를 들어 03장에서 배운 간접 주소 지정 방식을 생각해 봅시다. 간접 주소 지정 방식은 오퍼랜드 필드에 유효 주소의 주소를 명시한다고 했습니다. 이 경우 명령어를 인출하여 CPU로 가져왔다 하더라도 바로 실행 사이클에 돌입할 수 없습니다. 명령어를 실행하기 위해서는 메모리 접근을 한 번 더 해야 하기 때문입니다. 이 단계를 **간접 사이클** indirect cycle이라고 합니다. 간접 사이클까지 추가한 명령어 사이클 도식은 아래와 같습니다.

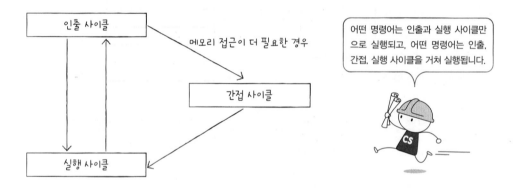

어떤 명령어는 인출과 실행 사이클만으로 실행되고, 어떤 명령어는 인출, 간접, 실행 사이클을 거쳐 실행됩니다.

하지만 명령어 사이클은 이게 끝이 아닙니다. 아직 고려해야 할 것이 하나 더 남아 있는데, 바로 인터럽트입니다. 인터럽트가 무엇인지 알아볼까요?

## 인터럽트

프로그램을 개발하다 보면 아래 그림처럼 인터럽트라는 단어를 쉽게 접할 수 있습니다.

```
Python 3.9.0 (tags/v3.9.0:9cf6752, Oct  5 2020, 15:34:40) [MSC v.1927 64 bit (AMD64)] on win32
Type "help", "copyright", "credits" or "license" for more information.
>>>
KeyboardInterrupt
```
└─ 키보드 인터럽트

인터럽트란 무엇일까요? 인터럽트는 영어로 interrupt이며, '방해하다, 중단시키다'를 의미합니다. 즉, CPU가 수행 중인 작업은 방해를 받아 잠시 중단될 수 있는데, 이렇게 CPU의 작업을 방해하는 신호를 **인터럽트**interrupt라고 합니다. 일상에서도 이런 일은 있죠? 가령 회사에서 일을 하는 도중 상사로부터 "이게 더 급한 거니까 지금 하던 일 멈추고 이것부터 처리해 줘"라는 요청을 받았다면, 이런 상황을 인터럽트라고 보면 됩니다.

CPU가 작업을 잠시 중단해야 할 정도라면 인터럽트는 'CPU가 꼭 주목해야 할 때' 혹은 'CPU가 얼른 처리해야 할 다른 작업이 생겼을 때' 발생하겠죠? 구체적으로 어떤 상황에서 인터럽트가 발생하는지를 인터럽트의 종류를 통해 알아보겠습니다.

**note** 참고로 인터럽트의 종류를 구분하는 통일된 기준은 없습니다. 이하 내용은 인텔의 공식 문서를 참조한 기준입니다.

인터럽트의 종류에는 크게 동기 인터럽트와 비동기 인터럽트가 있습니다.

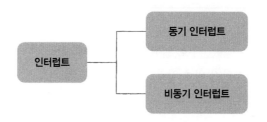

**동기 인터럽트**synchronous interrupts는 CPU에 의해 발생하는 인터럽트입니다. CPU가 명령어들을 수행하다가 예상치 못한 상황에 마주쳤을 때, 가령 CPU가 실행하는 프로그래밍상의 오류와 같은 예외적인 상황에 마주쳤을 때 발생하는 인터럽트가 동기 인터럽트입니다. 이런 점에서 동기 인터럽트는 **예외**exception라고 부릅니다. 이 책에서도 동기 인터럽트라는 용어 대신 예외라는 용어를 사용하겠습니다.

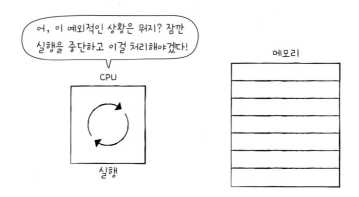

어느 정도 개발을 해 봤다면 예외라는 단어를 접한 적이 있을 겁니다. 예외는 여러분이 개발을 하며 자주 접하게 될 용어이니 기억해 두는 게 좋습니다. 예외의 종류에 대해서는 138쪽 〈좀 더 알아보기〉에서 살펴봅니다.

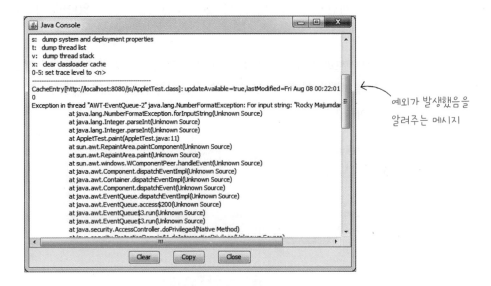

예외가 발생했음을 알려주는 메시지

**비동기 인터럽트**asynchronous interrupts는 주로 입출력장치에 의해 발생하는 인터럽트입니다. 입출력장치에 의한 비동기 인터럽트는 세탁기 완료 알림, 전자레인지 조리 완료 알림과 같은 알림 역할을 합니다. 구체적으로 다음과 같이 사용되죠.

• CPU가 프린터와 같은 입출력장치에 입출력 작업을 부탁하면 작업을 끝낸 입출력장치가 CPU에 완료 알림(인터럽트)을 보냅니다.

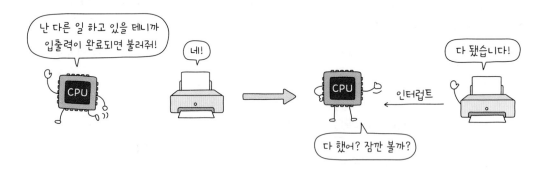

• 키보드, 마우스와 같은 입출력장치가 어떠한 입력을 받아들였을 때 이를 처리하기 위해 CPU에 입력 알림(인터럽트)을 보냅니다.

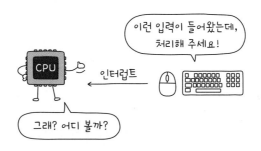

일반적으로 비동기 인터럽트를 인터럽트라 칭하기도 합니다. 다만, 이 책에서는 용어의 혼동을 방지하기 위해 **하드웨어 인터럽트**라는 용어를 사용하겠습니다. 이번 절에서 중점적으로 학습할 인터럽트는 입출력장치에 의해 발생하는 하드웨어 인터럽트입니다.

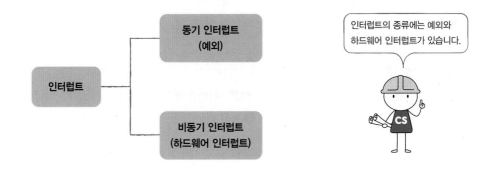

### 하드웨어 인터럽트

**하드웨어 인터럽트**는 알림과 같은 인터럽트입니다. CPU는 입출력 작업 도중에도 효율적으로 명령어를 처리하기 위해 이런 알림과 같은 하드웨어 인터럽트를 사용합니다. 명령어를 효율적으로 처리하는 것과 하드웨어 인터럽트가 무슨 상관이 있는지 궁금할 수 있습니다.

예를 들어 보겠습니다. 가령 CPU가 프린터에 출력을 명령했다고 가정해 봅시다. 입출력장치는 CPU보다 속도가 현저히 느리기 때문에 CPU는 입출력 작업의 결과를 바로 받아볼 수 없습니다. 이 때 만약 하드웨어 인터럽트를 사용하지 않는다면 CPU는 프린터가 언제 프린트를 끝낼지 모르기 때문에 주기적으로 프린터의 완료 여부를 확인해야 합니다. 이로 인해 CPU는 다른 생산적인 일을 할 수 없으니 CPU 사이클 낭비입니다. 이는 마치 알림이 없는 전자레인지가 언제 조리를 끝낼지 모르기에 무작정 전자레인지 앞에서 서성이는 상황과도 같습니다.

하지만 하드웨어 인터럽트를 이용하면 CPU는 주기적으로 프린트 완료 여부를 확인할 필요가 없습니다. CPU는 프린터로부터 프린트 완료 인터럽트를 받을 때까지 다른 작업을 처리할 수 있습니다.

이렇듯 하드웨어 인터럽트는 입출력 작업 중에도 CPU로 하여금 효율적으로 명령어를 처리할 수 있게 합니다.

## 하드웨어 인터럽트 처리 순서

이제 CPU가 하드웨어 인터럽트를 어떻게 처리하는지 구체적으로 알아봅시다. 앞서 여러 종류의 인터럽트를 설명했지만, CPU가 인터럽트를 처리하는 방식은 종류를 막론하고 대동소이합니다. CPU가 하드웨어 인터럽트를 처리하는 순서는 아래와 같습니다. 여기서 굵게 표기한 용어는 여러분이 이번 절에서 꼭 기억해야 할 키워드입니다. 아직 이 용어들을 전부 알지는 못해도 우선 쭉 읽어 보세요.

❶ 입출력장치는 CPU에 **인터럽트 요청 신호**를 보냅니다.
❷ CPU는 실행 사이클이 끝나고 명령어를 인출하기 전 항상 인터럽트 여부를 확인합니다.
❸ CPU는 인터럽트 요청을 확인하고 **인터럽트 플래그**를 통해 현재 인터럽트를 받아들일 수 있는지 여부를 확인합니다.
❹ 인터럽트를 받아들일 수 있다면 CPU는 지금까지의 작업을 백업합니다.
❺ CPU는 **인터럽트 벡터**를 참조하여 **인터럽트 서비스 루틴**을 실행합니다.
❻ 인터럽트 서비스 루틴 실행이 끝나면 ❹에서 백업해 둔 작업을 복구하여 실행을 재개합니다.

낯선 용어들이 나왔죠? 여기서 여러분들이 알아야 할 키워드를 뽑아 봅시다.

- 인터럽트 요청 신호
- 인터럽트 플래그
- 인터럽트 벡터
- 인터럽트 서비스 루틴

인터럽트는 CPU의 정상적인 실행 흐름을 끊는 것이기에 다른 누군가가 인터럽트하기 전에는 "지금 끼어들어도 되나요?" 하고 CPU에 물어봐야 합니다. 이를 **인터럽트 요청 신호**라고 합니다.

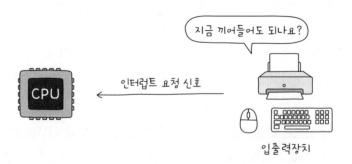

이때, CPU가 인터럽트 요청을 수용하기 위해서는 플래그 레지스터의 **인터럽트 플래그**interrupt flag가 활성화되어 있어야 합니다. 인터럽트 플래그는 말 그대로 하드웨어 인터럽트를 받아들일지, 무시할 지를 결정하는 플래그입니다. CPU가 중요한 작업을 처리해야 하거나 어떤 방해도 받지 않아야 할 때 인터럽트 플래그는 불가능으로 설정됩니다. 만약 인터럽트 플래그가 '불가능'으로 설정되어 있다 면 CPU는 인터럽트 요청이 오더라도 해당 요청을 무시합니다. 반대로 인터럽트 플래그가 '가능'으로 설정되어 있다면 CPU는 인터럽트 요청 신호를 받아들이고 인터럽트를 처리합니다.

플래그 레지스터

| 부호 플래그 | 제로 플래그 | 캐리 플래그 | 오버플로우 플래그 | 인터럽트 플래그 | 슈퍼바이저 플래그 |
|---|---|---|---|---|---|

다만, 모든 하드웨어 인터럽트를 인터럽트 플래그로 막을 수 있는 것은 아닙니다. 인터럽트 플래그 가 불가능으로 설정되어 있을지라도 무시할 수 없는 인터럽트 요청도 있습니다. 무시할 수 없는 하드 웨어 인터럽트는 가장 우선순위가 높은, 다시 말해 반드시 가장 먼저 처리해야 하는 인터럽트입니다. 정전이나 하드웨어 고장으로 인한 인터럽트가 이에 해당합니다.

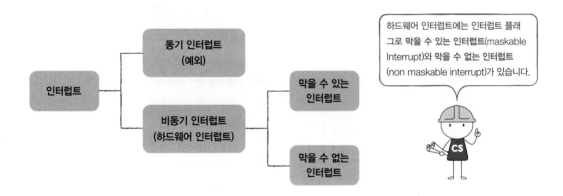

하드웨어 인터럽트에는 인터럽트 플래그로 막을 수 있는 인터럽트(maskable Interrupt)와 막을 수 없는 인터럽트(non maskable interrupt)가 있습니다.

CPU가 인터럽트 요청을 받아들이기로 했다면 CPU는 인터럽트 서비스 루틴이라는 프로그램을 실 행합니다. **인터럽트 서비스 루틴**ISR: Interrupt Service Routine은 인터럽트를 처리하기 위한 프로그램입니다. **인터럽트 핸들러**interrupt handler라고도 부르지요. 인터럽트 서비스 루틴은 '키보드가 어떤 인터럽트 요청 을 보냈을 때는 어떻게 작동한다', '마우스가 어떤 인터럽트 요청을 보냈을 때는 어떻게 작동한다', '프 로그램에 어떤 문제가 생겼을 때는 어떻게 작동한다'와 같이 어떤 인터럽트가 발생했을 때 해당 인터 럽트를 어떻게 처리하고 작동해야 할지에 대한 정보로 이루어진 프로그램입니다.

요컨대 'CPU가 인터럽트를 처리한다'는 말은 '인터럽트 서비스 루틴을 실행하고, 본래 수행하던 작업으로 다시 되돌아온다'라는 말과 같습니다.

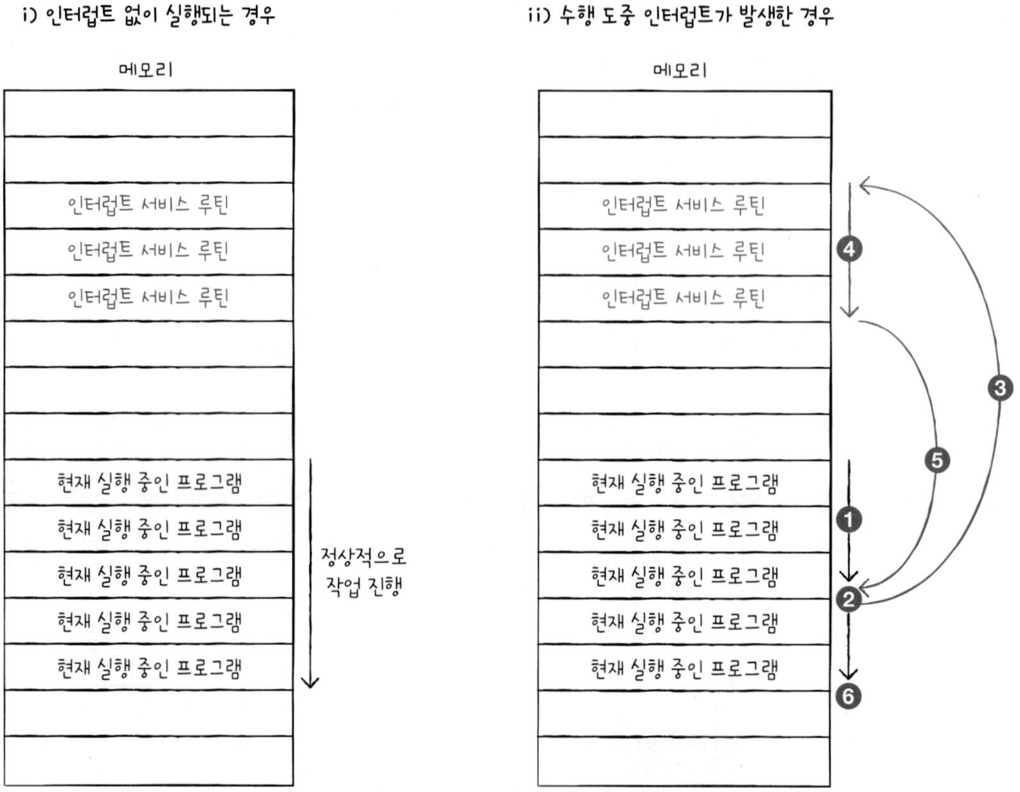

i) 인터럽트 없이 실행되는 경우

메모리

| |
|---|
| |
| 인터럽트 서비스 루틴 |
| 인터럽트 서비스 루틴 |
| 인터럽트 서비스 루틴 |
| |
| |
| |
| 현재 실행 중인 프로그램 |
| 현재 실행 중인 프로그램 |
| 현재 실행 중인 프로그램 |
| 현재 실행 중인 프로그램 |
| 현재 실행 중인 프로그램 |
| |
| |

정상적으로
작업 진행

ii) 수행 도중 인터럽트가 발생한 경우

메모리

| |
|---|
| |
| 인터럽트 서비스 루틴 |
| 인터럽트 서비스 루틴 |
| 인터럽트 서비스 루틴 |
| |
| |
| |
| 현재 실행 중인 프로그램 |
| 현재 실행 중인 프로그램 |
| 현재 실행 중인 프로그램 |
| 현재 실행 중인 프로그램 |
| 현재 실행 중인 프로그램 |
| |
| |

❶ 정상적으로 작업 진행
❷ 인터럽트 발생
❸ 인터럽트 서비스 루틴으로 점프
❹ 인터럽트 서비스 루틴 실행
❺ 기존 작업으로 점프
❻ 기존 작업 수행 재개

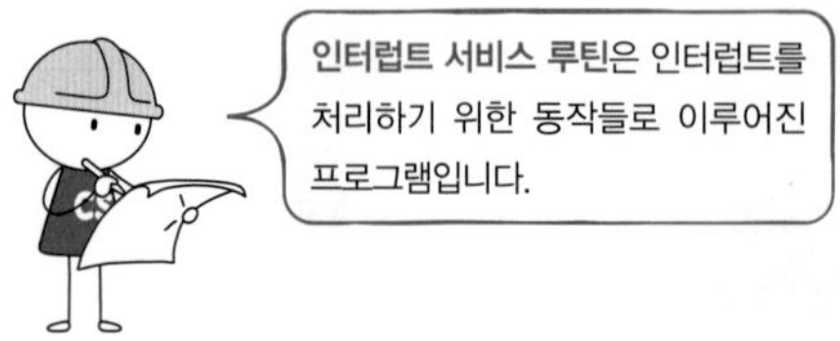

인터럽트 서비스 루틴은 인터럽트를 처리하기 위한 동작들로 이루어진 프로그램입니다.

인터럽트를 처리하는 방법은 입출력장치마다 다르므로 각기 다른 인터럽트 서비스 루틴을 가지고 있습니다. 즉, 메모리에는 위 그림처럼 여러 개의 인터럽트 서비스 루틴이 저장되어 있습니다. 이들 하나하나가 '인터럽트가 발생하면 어떻게 행동해야 할지를 알려주는 프로그램'이라고 보면 됩니다.

그렇다면 CPU는 각기 다른 인터럽트 서비스 루틴을 구분할 수 있어야겠죠? CPU는 수많은 인터럽트 서비스 루틴을 구분하기 위해 인터럽트 벡터를 이용합니다. **인터럽트 벡터**interrupt vector는 인터럽트 서비스 루틴을 식별하기 위한 정보입니다. 인터럽트 벡터를 알면 인터럽트 서비스 루틴의 시작 주소를 알 수 있기 때문에 CPU는 인터럽트 벡터를 통해 특정 인터럽트 서비스 루틴을 처음부터 실행할 수 있습니다.

**note** CPU는 하드웨어 인터럽트 요청을 보낸 대상으로부터 데이터 버스를 통해 인터럽트 벡터를 전달받습니다.

가령, CPU가 작업을 수행하는 도중 키보드 인터럽트가 발생한 경우라면 CPU는 인터럽트 벡터를 참조하여 키보드 인터럽트 서비스 루틴의 시작 주소를 알아내고, 이 시작 주소부터 실행해 나가며 키보드 인터럽트 서비스 루틴을 실행합니다.

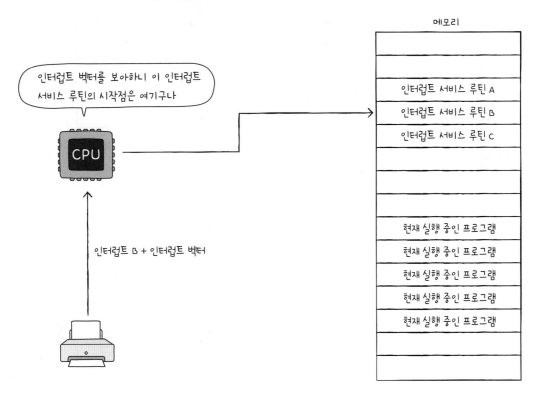

정리하면, 'CPU가 인터럽트를 처리한다'는 말은 '인터럽트 서비스 루틴을 실행하고, 본래 수행하던 작업으로 다시 되돌아온다'는 말과 같습니다. 그리고 CPU가 인터럽트 서비스 루틴을 실행하려면 인터럽트 서비스 루틴의 시작 주소를 알아야 하는데, 이는 인터럽트 벡터를 통해 알 수 있습니다.

인터럽트 서비스 루틴은 여느 프로그램과 마찬가지로 명령어와 데이터로 이루어져 있습니다. 그렇기에 인터럽트 서비스 루틴도 프로그램 카운터를 비롯한 레지스터들을 사용하며 실행됩니다.

그럼, 인터럽트가 발생하기 전까지 레지스터에 저장되어 있었던 값들은 어떻게 할까요? 가령 다음 그림의 경우 CPU의 프로그램 카운터에는 1500이 저장되어 있습니다. 이 CPU에 하드웨어 인터럽트가 발생하여 10번지에 있는 인터럽트 서비스 루틴을 실행해야 한다고 가정했을 때, 기존에 프로그램 카운터에 저장되어 있던 1500은 그냥 10으로 덮어써 버리면 될까요?

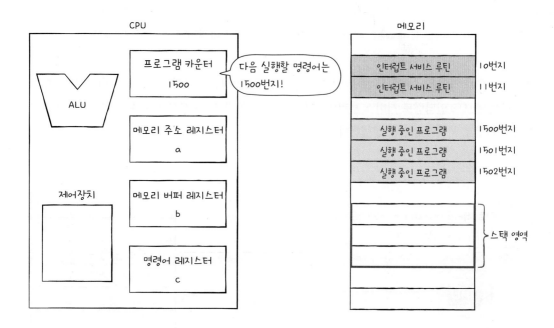

그렇지 않습니다. 인터럽트 요청을 받기 전까지 CPU가 수행하고 있었던 일은 인터럽트 서비스 루틴이 끝나면 되돌아와서 마저 수행을 해야 하기 때문에 지금까지의 작업 내역들은 어딘가에 백업을 해둬야 합니다. 그렇기에 CPU는 인터럽트 서비스 루틴을 실행하기 전에 프로그램 카운터 값 등 현재 프로그램을 재개하기 위해 필요한 모든 내용을 스택에 백업합니다. 그러고 나서 인터럽트 서비스 루틴의 시작 주소가 위치한 곳으로 프로그램 카운터 값을 갱신하고 인터럽트 서비스 루틴을 실행합니다.

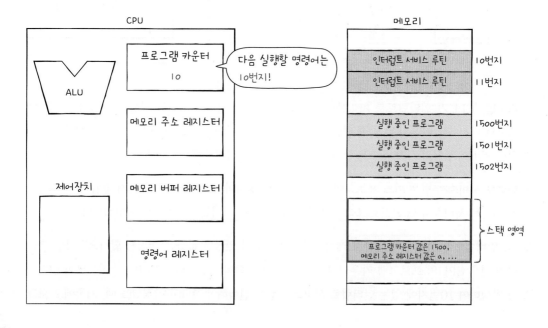

인터럽트 서비스 루틴을 모두 실행하면, 다시 말해 인터럽트를 처리하고 나면 스택에 저장해 둔 값을 다시 불러온 뒤 이전까지 수행하던 작업을 재개합니다.

자, 이렇게 인터럽트에 대해 알아보았습니다. 앞서 짚어 준 키워드를 다시 한번 정리해 볼까요?

- 인터럽트 요청 신호: CPU의 작업을 방해하는 인터럽트에 대한 요청
- 인터럽트 플래그: 인터럽트 요청 신호를 받아들일지 무시할지를 결정하는 비트
- 인터럽트 벡터: 인터럽트 서비스 루틴의 시작 주소를 포함하는 인터럽트 서비스 루틴의 식별 정보
- 인터럽트 서비스 루틴: 인터럽트를 처리하는 프로그램

그런 다음, 앞에서 설명한 CPU의 하드웨어 인터럽트 처리 순서를 다시 한번 읽어 보세요. CPU가 항상 명령어를 순차적으로만 실행하는 것은 아니며, 인터럽트를 처리하는 과정이 추가된다는 것까지 배웠습니다. 인터럽트 사이클까지 추가한 명령어 사이클은 아래와 같습니다. 결국 CPU는 이와 같은 과정을 반복해 나가며 프로그램을 실행한다고 볼 수 있습니다.

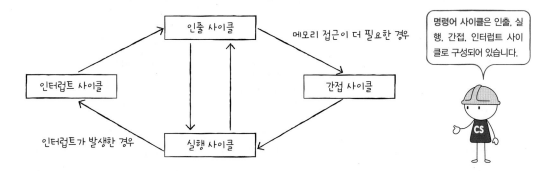

명령어 사이클은 인출, 실행, 간접, 인터럽트 사이클로 구성되어 있습니다.

## 예외의 종류

예외를 조금 더 자세히 살펴보겠습니다. 예외의 종류에는 폴트, 트랩, 중단, 소프트웨어 인터럽트가 있습니다. 이 종류들을 외울 필요는 없으나 용어에 눈도장을 찍는다는 기분으로 가볍게 읽어 봅시다.

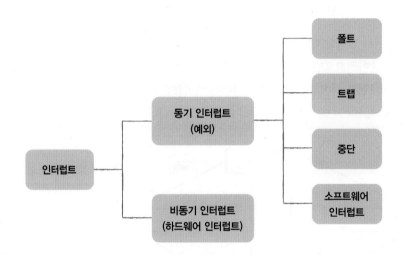

**예외**가 발생하면 CPU는 하던 일을 중단하고 해당 예외를 처리합니다. 예외를 처리하고 나면 CPU 는 다시 본래 하던 작업으로 되돌아와 실행을 재개합니다. 여기서 CPU가 본래 하던 작업으로 되돌 아왔을 때 예외가 발생한 명령어부터 실행하느냐, 예외가 발생한 명령어의 다음 명령어부터 실행하 느냐에 따라 폴트와 트랩으로 나뉩니다.

**폴트**fault는 예외를 처리한 직후 예외가 발생한 명령어부터 실행을 재개하는 예외입니다. 말이 좀 어렵 게 느껴질 수 있는데, 알고 보면 단순합니다.

가령 CPU가 한 명령어를 실행하려 하는데, 이 명령어를 실행하기 위해 꼭 필요한 데이터가 메모리 가 아닌 보조기억장치에 있다고 가정해 봅시다. 프로그램이 실행되려면 반드시 메모리에 저장되어 있어야 하기에 CPU는 폴트를 발생시키고 보조기억장치로부터 필요한 데이터를 메모리로 가져와 저 장합니다.

보조기억장치로부터 필요한 데이터를 메모리로 가지고 왔으면 CPU는 다시 실행을 재개하겠죠? 이 때 CPU는 폴트가 발생한 그 명령어부터 실행합니다. 이렇게 예외 발생 직후 예외가 발생한 명령어 부터 실행해 나가는 예외를 폴트라고 합니다.

폴트는 예외 처리 직후 예외가 발생한
명령어부터 실행을 재개하는 예외입니다.

**트랩**trap은 예외를 처리한 직후 예외가 발생한 명령어의 다음 명령어부터 실행을 재개하는 예외입니다. 주로 디버깅할 때 사용하지요. 이 또한 예시를 통해 알아봅시다.

여러분들 중에는 프로그램의 소스 코드를 분석하기 위해 디버깅을 해 본 분들도 있을 겁니다.

**note** 디버깅(debugging)이란 프로그램 개발 중에 발생한 문제를 진단하고 해결하기 위한 작업을 의미합니다.

디버깅을 할 때 특정 코드가 실행되는 순간 프로그램의 실행을 멈추게 할 수 있습니다. 쉽게 말해, CPU에 "이 코드가 실행된 그 순간의 프로그램 상태를 보고 싶어, 그러니까 이 코드가 실행되는 순간 잠깐 실행을 멈춰!"라고 명령하는 것이지요.

트랩을 처리하고 나면, 다시 말해 프로그램을 중단시키고 디버깅이 끝나면 프로그램은 다음 명령어부터 실행을 이어 나가면 되겠지요? 이처럼 트랩은 예외가 발생한 명령어의 다음 명령어부터 실행을 재개하는 예외입니다.

트랩은 예외 처리 직후 예외가 발생한 명령어의
다음 명령어부터 실행을 재개하는 예외입니다.

**중단**abort은 CPU가 실행 중인 프로그램을 강제로 중단시킬 수밖에 없는 심각한 오류를 발견했을 때 발생하는 예외입니다.

**소프트웨어 인터럽트**software interrupt는 시스템 호출이 발생했을 때 나타납니다. 시스템 호출은 09장에서 자세히 다룰 예정이니 지금은 이런게 있구나 정도로만 이해하고 넘겨도 무방합니다.

▶ **5가지 키워드로 정리하는 핵심 포인트**

- **명령어 사이클**은 하나의 명령어가 처리되는 주기로, 인출, 실행, 간접, 인터럽트 사이클로 구성되어 있습니다.

- **인터럽트**는 CPU의 정상적인 작업을 방해하는 신호입니다.

- 인터럽트의 종류에는 **예외**와 **하드웨어 인터럽트**가 있습니다.

- **인터럽트 서비스 루틴**은 인터럽트를 처리하기 위한 동작들로 이루어진 프로그램입니다.

▶ **확인 문제**

**1.** 명령어 사이클에 대한 설명으로 옳지 않은 것을 고르세요.

① 명령어 사이클은 인출, 간접, 실행, 인터럽트 사이클로 구성됩니다.
② 인출 사이클은 메모리에서 실행할 명령어를 CPU로 가져오는 과정을 의미합니다.
③ 간접 사이클은 피연산자의 실제 주소를 찾기 위해 메모리 내의 데이터를 한 번 더 인출하는 과정을 의미합니다.
④ 인터럽트 사이클은 프로그램의 순차적인 흐름을 이어 나가게 합니다.

**2.** 인터럽트에 대한 설명으로 옳지 않은 것을 고르세요.

① 인터럽트는 프로그램의 정상적인 실행 흐름을 방해하는 기능입니다.
② CPU는 입출력 작업 도중에도 명령어를 효율적으로 처리하기 위해 하드웨어 인터럽트를 사용할 수 있습니다.
③ 모든 인터럽트는 인터럽트 비트를 설정함으로써 막을 수 있습니다.
④ CPU는 인터럽트를 처리하기 위해 인터럽트 서비스 루틴을 수행합니다.

**3.** 다음 빈칸에 알맞은 말을 〈보기〉에서 찾아 써 보세요.

> **보기** 인터럽트 서비스 루틴, 인터럽트 벡터, 인터럽트 요청 신호

> CPU는 인터럽트를 처리하기 위해 하던 작업을 잠시 백업한 뒤 (⬛⬛⬛⬛)라는 프로그램을 실행합니다.

**4.** 명령어 사이클에서 인출 사이클에 대한 설명으로 옳은 것을 고르세요.

① CPU가 명령어를 실행하는 단계입니다.
② CPU가 명령어를 메모리로부터 가져오는 단계입니다.
③ 예기치 못한 상황에 대처하는 단계입니다.
④ CPU가 작동을 멈추는 단계입니다.

**5.** CPU가 프로그램을 실행하던 도중 하드웨어 인터럽트가 발생했습니다. 이때 CPU가 수행할 동작으로 올바른 것을 고르세요(플래그 레지스터 속 인터럽트 비트는 활성화되어 있다고 가정하겠습니다).

① 프로그램을 종료합니다.
② 인터럽트를 처리하기 전에 실행하던 프로그램을 마저 실행합니다.
③ 수행하던 작업을 잠시 백업한 뒤 인터럽트 서비스 루틴을 실행하고 다시 수행하던 작업으로 되돌아옵니다.
④ 보조기억장치에 저장된 정보를 초기화합니다.

**hint** 5. 하드웨어 인터럽트가 발생하면 CPU는 수행하던 작업을 잠시 백업한 뒤 인터럽트 서비스 루틴을 실행합니다. 인터럽트 서비스 루틴의 실행이 끝나면 백업해 둔 작업을 복구하여 다시 수행을 재개합니다.

# 05

오늘날 여러분이 사용하는 CPU에는 04장에서 배운 것들보다 훨씬 복잡하고 중요한 개념들이 녹아 있습니다. 세계 곳곳의 과학자들과 엔지니어들이 조금이라도 더 빠른 CPU를 만들기 위해 새로운 CPU 설계 기법과 명령어 처리 기법들을 고안해냈기 때문이지요. 이번 장에서는 더 빠른 CPU를 만들기 위한 여러 기법들을 학습해 보겠습니다.

# CPU 성능 향상 기법

학습목표

- 빠른 CPU를 위한 설계 기법을 학습합니다.
- 빠른 CPU를 위한 명령어 병렬 처리 기법을 학습합니다.
- RISC와 CISC의 차이에 대해 이해합니다.

# 05-1 빠른 CPU를 위한 설계 기법

핵심 키워드

클럭　코어　멀티코어　스레드　멀티스레드

클럭과 코어, 스레드라는 개념을 학습하고, 빠른 CPU를 만드는 설계 기법인 멀티코어와 멀티스레드란 무엇인지 이해합니다.

## 시작하기 전에

클럭, 멀티코어, 멀티스레드라는 용어는 컴퓨터를 구매할 때 혹은 프로그램을 개발할 때 심심찮게 들어 보았을 겁니다. 간혹 PC방에서도 고사양 게임을 즐길 수 있다는 점을 부각하기 위해 광고 전단지나 입간판에 이런 용어들을 사용하곤 하지요.

이번 절에서는 클럭, 멀티코어, 멀티스레드가 각각 무엇인지 알아보고, 이들이 CPU 속도와 어떤 관계가 있는지 학습해 보겠습니다.

# 클럭

여러분이 CPU를 설계하는 엔지니어라고 가정해 봅시다. 여러분이 해야 할 일은 조금이라도 더 빠른 CPU를 만드는 일입니다. 그렇다면 CPU를 어떻게 설계해야 할까요?

04장에서 학습한 내용을 상기해 봅시다. 아래와 같은 내용을 학습했었지요.

❶ 컴퓨터 부품들은 '클럭 신호'에 맞춰 일사불란하게 움직인다.

❷ CPU는 '명령어 사이클'이라는 정해진 흐름에 맞춰 명령어들을 실행한다.

생각해 보죠. 클럭 신호가 빠르게 반복되면 CPU를 비롯한 컴퓨터 부품들은 그만큼 빠른 박자에 맞춰 움직이겠죠? 즉, 클럭 속도가 높아지면 CPU는 명령어 사이클을 더 빠르게 반복할 것이고, 다른 부품들도 그에 발맞춰 더 빠르게 작동할 것입니다.

실제로 클럭 속도가 높은 CPU는 일반적으로 성능이 좋습니다. 그래서 클럭 속도는 CPU 속도 단위로 간주되기도 합니다.

**클럭 속도**는 헤르츠(Hz) 단위로 측정합니다. 이는 1초에 클럭이 몇 번 반복되는지를 나타냅니다. 가령 클럭이 '똑-딱-' 하고 1초에 한 번 반복되면 CPU 클럭 속도는 1Hz인 것이고, 클럭이 1초에 100번 반복되면 CPU 클럭 속도는 100Hz인 셈이지요.

실제 CPU 클럭 속도는 어떤지 볼까요? 아래 사진 속 CPU를 보면 기본 속도(Base)는 2.5GHz, 최대 속도(Max)는 4.9GHz라는 것을 알 수 있습니다. 이는 1초에 클럭이 기본적으로 25억($2.5 \times 10^9$)번, 순간적으로 최대 49억($4.9 \times 10^9$)번 반복된다는 것을 나타냅니다.

> **note** 1GHz는 1,000,000,000($10^9$)Hz입니다.

**오늘날 우리가 사용하는 CPU**

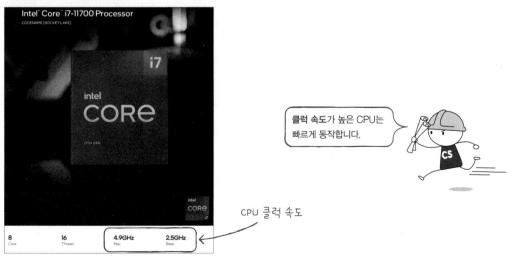

CPU 클럭 속도

클럭 속도가 높은 CPU는 빠르게 동작합니다.

'클럭'이라는 단어만 보고 시계를 떠올려 클럭 속도가 매번 일정하게 유지된다고 생각할 수도 있지만, 실제로는 그렇지 않습니다.

CPU 사진을 다시 보면 기본 클럭 속도(Base)와 최대 클럭 속도(Max)로 나뉘어 있죠? 이처럼 CPU는 계속 일정한 클럭 속도를 유지하기보다는 고성능을 요하는 순간에는 순간적으로 클럭 속도를 높이고, 그렇지 않을 때는 유연하게 클럭 속도를 낮추기도 합니다. 최대 클럭 속도를 강제로 더 끌어올릴 수도 있는데, 이런 기법을 **오버클럭킹**(overclocking)이라고 합니다.

그럼 클럭 속도를 무지막지하게 높이면 무조건 CPU가 빨라질까요?

안타깝게도 그렇지는 않습니다. 그래픽이 많이 요구되는 게임이나 영상 편집과 같이 CPU에 무리가 가는 작업을 장시간 하면 컴퓨터가 뜨겁게 달아오르는 것을 경험해 본 적이 있을 겁니다. 클럭 속도를 무작정 높이면 이러한 발열 문제가 더 심각해집니다.

이처럼 클럭 속도를 높이는 것은 분명 CPU를 빠르게 만들지만, 클럭 속도만으로 CPU의 성능을 올리는 것에는 한계가 있습니다.

## 코어와 멀티코어

클럭 속도를 높이는 방법 외에 CPU의 성능을 높이는 방법에는 어떤 것들이 있을까요? 대표적인 해결책으로는 CPU의 코어와 스레드 수를 늘리는 방법이 있습니다. 먼저 코어를 늘리는 방법을 알아봅시다.

우선 용어 정리가 필요합니다. 145쪽에서 살펴본 CPU 사진을 다시 보면 '8코어(Core)'라고 나와 있습니다. 보통 컴퓨터를 구매하기 위해 CPU 사양을 살펴보면 '듀얼코어', '쿼드코어'와 같은 용어를 심심찮게 접할 수 있습니다. 그렇다면 코어가 무엇인지 알아야겠죠?

note 145쪽 CPU 사진 위쪽에 쓰여진 intel core i7-11700에서 '코어'라는 용어는 인텔 제품 이름입니다. 사진 하단의 Core, Thread, Max, Base 항목 중 Core 항목을 봐 주세요.

코어를 이해하려면 현대적인 관점에서 CPU라는 용어를 재해석해야 합니다.

앞서 CPU를 '명령어를 실행하는 부품'이라고 소개했습니다. 많은 전공 서적들의 전통적인 관점에서 '명령어를 실행하는 부품'은 원칙적으로 하나만 존재했습니다. 하지만 오늘날 CPU는 많은 기술적 발전을 거듭하였고, 그 결과 CPU 내부에는 '명령어를 실행하는 부품'을 얼마든지 만들 수 있게 되었습니다.

우리가 지금까지 CPU의 정의로 알고 있었던 '명령어를 실행하는 부품'은 오늘날 **코어**<sup>core</sup>라는 용어로 사용됩니다. 다시 말해, 오늘날의 CPU는 단순히 '명령어를 실행하는 부품'에서 '명령어를 실행하는 부품을 여러 개 포함하는 부품'으로 명칭의 범위가 확장되었습니다. 앞서 살펴본 CPU 사진에서 '8코어(Core)'는 '명령어를 실행하는 부품'을 여덟 개 포함하고 있다고 보면 됩니다.

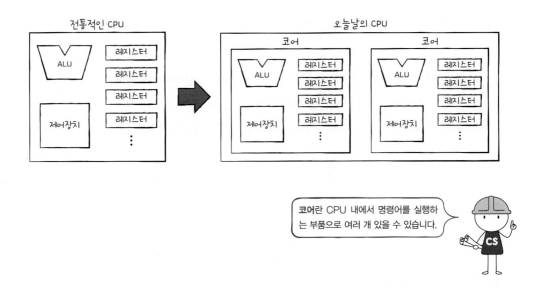

코어란 CPU 내에서 명령어를 실행하는 부품으로 여러 개 있을 수 있습니다.

코어를 여러 개 포함하고 있는 CPU를 **멀티코어**<sup>multi-core</sup> **CPU** 또는 **멀티코어 프로세서**라고 부릅니다. 이는 CPU 내에 명령어를 처리하는 일꾼이 여러 명 있는 것과 같습니다. 당연히 멀티코어의 처리 속도는 단일코어보다 더 빠르겠죠? 가령 클럭 속도가 2.4GHz인 단일 코어 CPU와 클럭 속도가 1.9GHz인 멀티코어 CPU를 비교하면 일반적으로 후자의 성능이 더 좋습니다.

CPU 종류는 CPU 안에 코어가 몇 개 포함되어 있는지에 따라 아래 표와 같이 싱글코어, 듀얼코어, 트리플코어 등으로 나뉩니다.

| 코어 수 | 프로세서 명칭 |
|:---:|:---|
| 1 | 싱글코어(single-core) |
| 2 | 듀얼코어(dual-core) |
| 3 | 트리플코어(triple-core) |
| 4 | 쿼드코어(quad-core) |
| 6 | 헥사코어(hexa-core) |
| 8 | 옥타코어(octa-core) |
| 10 | 데카코어(deca-core) |
| 12 | 도데카코어(dodeca-core) |

멀티코어

멀티코어 프로세서란 여러 개의 코어를 포함하고 있는 CPU를 말합니다.

그럼 코어를 두 개, 세 개, 100개로 늘리면 연산 처리 속도도 두 배, 세 배, 100배로 빨라질까요? 안타깝게도 CPU의 연산 속도가 꼭 코어 수에 비례하여 증가하지는 않습니다. 학교에서 4인 1조로 조별 과제할 때를 생각해 볼까요? 모두 똑같이 참여하여 한 사람이 낼 수 있는 생산성의 네 배에 가까운 결과물을 만들어 내는 경우도 있으나, 그렇지 않은 경우도 많습니다. 업무가 균등하게 분배되지 않거나 한 두 사람만 열심히 참여하면 결과적으로 한 두 사람만의 생산성만큼 결과물이 나오게 되죠. 이처럼 코어마다 처리할 연산이 적절히 분배되지 않는다면 코어 수에 비례하여 연산 속도가 증가하지 않습니다.

또한 처리하고자 하는 작업량보다 코어 수가 지나치게 많아도 성능에는 크게 영향이 없습니다. 100인분의 도시락은 한 명의 요리사가 만드는 것보다 열 명의 요리사가 만드는 것이 열 배가량 빠르겠지만, 4인분의 도시락은 열 명의 요리사가 만드는 게 다섯 명의 요리사가 만드는 것보다 특별히 더 빠르지 않은 것과 같습니다.

중요한 것은 코어마다 처리할 명령어들을 얼마나 적절하게 분배하느냐이고 그에 따라서 연산 속도는 크게 달라집니다.

## 스레드와 멀티스레드

이번에는 스레드와 멀티스레드에 대해 알아봅시다. CPU의 멀티스레드 기술을 이해하려면 우선 '스레드'라는 용어를 정확히 이해해야 합니다. 스레드는 프로그래밍 언어를 학습할 때도 등장하고, 추후 운영체제를 학습할 때(10장)도 등장하며, CPU를 학습할 때(05장)도 등장합니다.

**스레드**thread의 사전적 의미는 '실행 흐름의 단위'입니다. 하지만 여러분은 이 정의를 활자 그대로 받아들이지 말고 더욱 엄밀하게 이해해야 합니다. CPU에서 사용되는 스레드와 프로그래밍에서 사용되는 스레드는 용례가 다르기 때문이지요.

이렇게 기억하시기 바랍니다. 스레드에는 CPU에서 사용되는 **하드웨어적 스레드**가 있고, 프로그램에서 사용되는 **소프트웨어적 스레드**가 있습니다. 지금부터 하드웨어적 스레드와 소프트웨어적 스레드가 어떻게 다른지 설명하겠습니다.

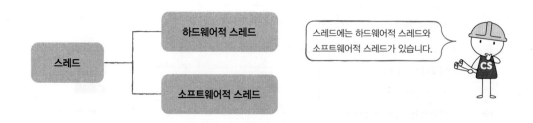

## 하드웨어적 스레드

스레드를 하드웨어적으로 정의하면 '하나의 코어가 동시에 처리하는 명령어 단위'를 의미합니다. 여러분이 CPU에서 사용하는 스레드라는 용어는 보통 CPU 입장에서 정의된 하드웨어적 스레드를 의미합니다. 우리가 지금까지 배운 CPU는 1코어 1스레드 CPU였습니다. 즉, 명령어를 실행하는 부품이 하나 있고, 한 번에 하나씩 명령어를 실행하는 CPU를 가정했지요.

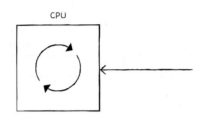

반면, 여러 스레드를 지원하는 CPU는 하나의 코어로도 여러 개의 명령어를 동시에 실행할 수 있습니다. 예를 들어 2코어 4스레드 CPU는 아래 그림처럼 명령어를 실행하는 부품을 두 개 포함하고, 한 번에 네 개의 명령어를 처리할 수 있는 CPU를 의미합니다.

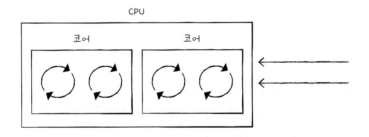

이처럼 하나의 코어로 여러 명령어를 동시에 처리하는 CPU를 **멀티스레드**multithread **프로세서** 또는 **멀티스레드 CPU**라고 합니다.

145쪽에서 살펴본 사진 속 CPU는 8코어 16스레드죠? 이는 명령어를 실행하는 부품을 여덟 개 포함하고, 한 번에 열여섯 개의 명령어를 처리할 수 있는 CPU를 의미합니다. 이는 코어 하나당 두 개의 하드웨어 스레드를 처리한다는 뜻으로도 볼 수 있습니다.

참고로 멀티스레드와 함께 여러분들이 자주 접하게 될 용어로 **하이퍼스레딩**hyper-threading이라는 용어도 있습니다. 이는 인텔의 멀티스레드 기술을 의미합니다. 인텔이 자신들의 멀티스레드 기술에 하이퍼스레딩이라는 명칭을 부여한 것이지요.

> 멀티스레드 프로세서란 여러 개의 하드웨어적 스레드를 지원하는 CPU를 말합니다.

## 소프트웨어적 스레드

이번에는 소프트웨어적 스레드를 알아봅시다. 소프트웨어적으로 정의된 스레드는 '하나의 프로그램에서 독립적으로 실행되는 단위'를 의미합니다. 여러분이 프로그래밍 언어나 운영체제를 학습할 때 접하는 스레드는 보통 이렇게 소프트웨어적으로 정의된 스레드를 의미합니다.

하나의 프로그램은 실행되는 과정에서 한 부분만 실행될 수도 있지만, 프로그램의 여러 부분이 동시에 실행될 수도 있습니다.

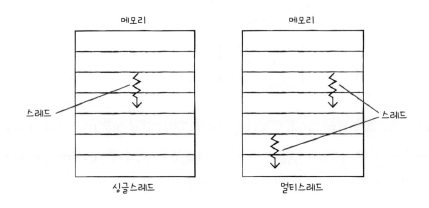

가령 여러분이 워드 프로세서 프로그램을 개발한다고 가정해 보죠. 그리고 아래의 기능이 동시에 수행되길 원한다고 해 봅시다.

❶ 사용자로부터 입력받은 내용을 화면에 보여 주는 기능
❷ 사용자가 입력한 내용이 맞춤법에 맞는지 검사하는 기능
❸ 사용자가 입력한 내용을 수시로 저장하는 기능

이 기능들을 작동시키는 코드를 각각의 스레드로 만들면 동시에 실행할 수 있습니다.

> **note** Python, Java, C++ 등의 프로그래밍 언어를 이용해 소프트웨어적 스레드를 만들 수 있습니다.

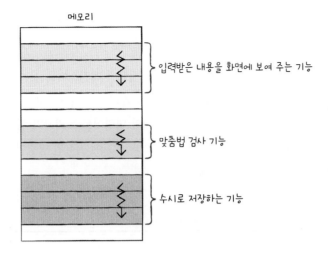

메모리

입력받은 내용을 화면에 보여 주는 기능

맞춤법 검사 기능

수시로 저장하는 기능

정리하면, 스레드의 하드웨어적 정의는 '하나의 코어가 동시에 처리하는 명령어 단위'를 의미하고, 소프트웨어적 정의는 '하나의 프로그램에서 독립적으로 실행되는 단위'를 의미합니다.

한 번에 하나씩 명령어를 처리하는 1코어 1스레드 CPU도 소프트웨어적 스레드를 수십 개 실행할수 있습니다. 1코어 1스레드 CPU로도 프로그램의 여러 부분을 동시에 실행할 수 있죠.

만약 스레드의 사전적 정의(실행 흐름의 단위)만을 암기한다면 '1코어 1스레드 CPU가 여러 스레드로 만들어진 프로그램을 실행할 수 있다'라는 말이 어려울 겁니다. 이런 이유로 하드웨어적 스레드와 소프트웨어적 스레드는 구분하여 기억하는 것이 좋습니다.

### 멀티스레드 프로세서

이번 절에서 좀 더 자세히 학습할 스레드는 하나의 코어로 여러 명령어를 동시에 처리하는 기술인 하드웨어적 스레드입니다. 용어의 혼동을 방지하기 위해 이제부터 소프트웨어적으로 정의된 스레드는 **스레드**, CPU에서 사용되는 스레드는 **하드웨어 스레드**라고 지칭하겠습니다.

> **note** 소프트웨어적으로 정의된 스레드는 추후 운영체제를 학습할 때 자세히 알아보겠습니다.

멀티스레드 프로세서는 하나의 코어로 여러 명령어를 동시에 처리하는 CPU라고 했었죠? 어떻게 이런 일이 가능할까요?

**멀티스레드 프로세서**를 실제로 설계하는 일은 매우 복잡하지만, 가장 큰 핵심은 레지스터입니다. 하나의 코어로 여러 명령어를 동시에 처리하도록 만들려면 프로그램 카운터, 스택 포인터, 메모리 버퍼 레지스터, 메모리 주소 레지스터와 같이 하나의 명령어를 처리하기 위해 꼭 필요한 레지스터를 여러 개 가지고 있으면 됩니다. 가령 프로그램 카운터가 두 개 있다면 '메모리에서 가져올 명령어 주소'를 두 개 지정할 수 있을 것이고, 스택 포인터가 두 개 있다면 두 개의 스택을 관리할 수 있겠죠?

아래 그림을 봅시다. 하나의 명령어를 실행하기 위해 꼭 필요한 레지스터들을 편의상 '레지스터 세트'라고 표기했습니다. 레지스터 세트가 한 개인 CPU는 한 개의 명령어를 처리하기 위한 정보들을 기억할 뿐이지만, 레지스터 세트가 두 개인 CPU는 두 개의 명령어를 처리하기 위한 정보들을 기억할 수 있습니다. 여기서 ALU와 제어장치가 두 개의 레지스터 세트에 저장된 명령어를 해석하고 실행하면 하나의 코어에서 두 개의 명령어가 동시에 실행됩니다.

2코어 4스레드 CPU

하드웨어 스레드를 이용해 하나의 코어로도 여러 명령어를 동시에 처리할 수 있다고 했습니다. 그러나 메모리 속 프로그램 입장에서 봤을 때 하드웨어 스레드는 마치 '한 번에 하나의 명령어를 처리하는 CPU'나 다름없습니다. 가령 2코어 4스레드 CPU는 한 번에 네 개의 명령어를 처리할 수 있는데, 프로그램 입장에서 봤을 땐 한 번에 하나의 명령어를 처리하는 CPU가 네 개 있는 것처럼 보입니다. 그래서 하드웨어 스레드를 **논리 프로세서**logical processor라고 부르기도 합니다.

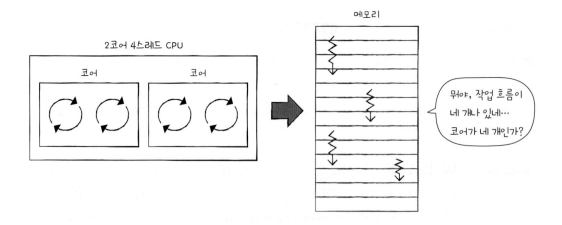

이를 직접 확인해 볼까요? 필자는 4코어 8스레드 CPU를 사용하고 있습니다. 작업 관리자를 열어 [성능] 탭의 [CPU] 항목을 살펴보면 논리 프로세서가 8임을 확인할 수 있습니다. 실제 CPU 속에 명령어를 처리하는 부품(코어)은 네 개지만, 메모리 속 프로그램이 보기에는 한 번에 하나의 명령어를 처리하는 부품이 마치 여덟 개 있는 것처럼 보이기 때문에 논리 프로세서가 여덟 개로 나오는 것입니다.

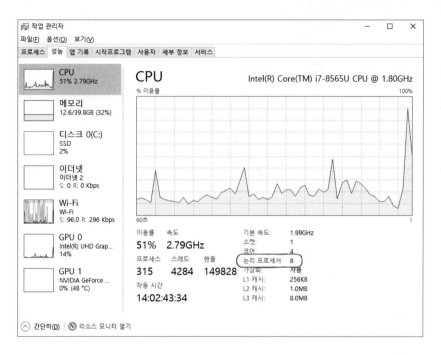

이제 멀티코어와 멀티스레드의 차이를 알겠나요? **코어**는 명령어를 실행할 수 있는 '하드웨어 부품'이고, **스레드**는 '명령어를 실행하는 단위'입니다. **멀티코어 프로세서**는 명령어를 실행할 수 있는 하드웨어 부품이 CPU 안에 두 개 이상 있는 CPU를 의미하고, **멀티스레드 프로세서**는 하나의 코어로 여러 개의 명령어를 동시에 실행할 수 있는 CPU를 의미합니다.

## 마무리

### ▶ 5가지 키워드로 정리하는 핵심 포인트

• **클럭** 속도가 높은 CPU는 빠르게 작동합니다.

• **코어**란 CPU 내에서 명령어를 실행하는 부품입니다.

• **멀티코어** 프로세서란 여러 개의 코어를 포함하는 CPU를 말합니다.

• **스레드**에는 하드웨어적 스레드와 소프트웨어적 스레드가 있습니다.

• **멀티스레드** 프로세서란 하나의 코어로 여러 개의 명령어를 동시에 실행할 수 있는 CPU를 말합니다.

### ▶ 확인 문제

**1.** 클럭에 대한 설명 중 옳지 않은 것을 고르세요.

① CPU는 클럭 신호에 맞춰 작동합니다.
② 클럭 신호는 CPU의 속도 단위입니다.
③ 클럭 신호를 높여도 컴퓨터 부품은 발열 없이 빠르게 작동합니다.
④ 클럭 신호는 항상 일정하게 유지되지 않습니다.

**2.** 멀티코어와 멀티스레드에 대한 설명 중 옳지 않은 것을 고르세요.

① 코어는 명령어를 인출하고 해석하고 실행하는 부품의 집합입니다.
② 스레드는 코어가 처리할 수 있는 작업 단위입니다.
③ 여러 개의 스레드를 처리할 수 있다면 하나의 프로그램을 동시에 처리할 수 있습니다.
④ 하나의 코어는 하나의 스레드만 처리할 수 있습니다.

**3.** 스레드와 관련한 설명으로 보기에서 알맞은 말을 찾아 써 넣으세요.

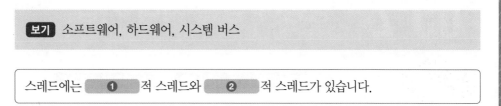

**보기** 소프트웨어, 하드웨어, 시스템 버스

스레드에는 ❶ 적 스레드와 ❷ 적 스레드가 있습니다.

**4.** 다음 그림은 멀티코어 CPU를 간략하게 도식화한 그림입니다. 빈칸에 알맞은 용어를 써 넣으세요.

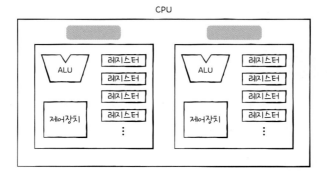

note 4. 코어는 CPU 내에서 명령어를 처리하는 부품이고, CPU는 이 코어를 여러 개 가질 수 있습니다. 이와 같은 CPU를
멀티코어 CPU라고 부릅니다.

# 05-2 명령어 병렬 처리 기법

핵심 키워드

명령어 파이프라이닝    슈퍼스칼라    비순차적 명령어 처리 기법

명령어를 빠르고 효율적으로 처리하기 위해 CPU를 한시도 쉬지 않고 작동시키는
명령어 병렬 처리 기법을 알아봅니다.

## 시작하기 전에

빠른 CPU를 만들려면 높은 클럭 속도에 멀티코어, 멀티스레드를 지원하는 CPU를 만드는 것도 중
요하지만, CPU가 놀지 않고 시간을 알뜰하게 쓰며 작동하게 만드는 것도 중요합니다.

이번 절에서는 명령어를 동시에 처리하여 CPU를 한시도 쉬지 않고 작동시키는 기법인 **명령어 병렬
처리 기법**ILP; Instruction-Level Parallelism을 알아봅니다. 대표적인 명령어 병렬 처리 기법에는 **명령어 파이프
라이닝, 슈퍼스칼라, 비순차적 명령어 처리**가 있습니다. 하나씩 학습해 보겠습니다.

메모리

| |
|---|
| 명령어 |
| 명령어 |
| 명령어 |
| |
| 명령어 |
| 명령어 |
| |
| 명령어 |
| 명령어 |
| 명령어 |
| |

시간을 알뜰하게 쓰며 저 명령어들을
처리할 방법이 있을까?

## 명령어 파이프라인

명령어 파이프라인을 이해하려면 하나의 명령어가 처리되는 전체 과정을 비슷한 시간 간격으로 나누어 보아야 합니다. 명령어 처리 과정을 클럭 단위로 나누어 보면 일반적으로 다음과 같이 나눌 수 있습니다.

❶ 명령어 인출(Instruction Fetch)
❷ 명령어 해석(Instruction Decode)
❸ 명령어 실행(Execute Instruction)
❹ 결과 저장(Write Back)

**note** 물론 이 단계가 정답은 아닙니다. 전공서에 따라 명령어 인출 → 명령어 실행으로 나누기도 하고, 명령어 인출 → 명령어 해석 → 명령어 실행 → 메모리 접근 → 결과 저장으로 나누기도 합니다.

여기서 중요한 점은 같은 단계가 겹치지만 않는다면 CPU는 '각 단계를 동시에 실행할 수 있다'는 것입니다. 예를 들어 CPU는 한 명령어를 '인출'하는 동안에 다른 명령어를 '실행'할 수 있고, 한 명령어가 '실행'되는 동안에 연산 결과를 '저장'할 수 있습니다.

이를 그림으로 표현하면 다음과 같습니다. $t_1$에는 명령어 1, 2를 동시에 처리할 수 있고, $t_2$에는 명령어 1, 2, 3을 동시에 처리할 수 있습니다. 이처럼 명령어를 겹쳐서 수행하면 명령어를 하나하나 실행하는 것보다 훨씬 더 효율적으로 처리할 수 있겠죠?

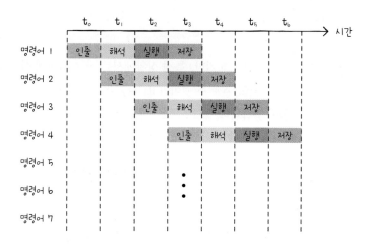

이처럼 마치 공장 생산 라인과 같이 명령어들을 **명령어 파이프라인**instruction pipeline에 넣고 동시에 처리하는 기법을 **명령어 파이프라이닝**instruction pipelining이라고 합니다.

명령어 파이프라인을 사용하지 않고 모든 명령어를 순차적으로만 처리한다면 아래와 같이 처리했을 것입니다. 한눈에 봐도 명령어 파이프라이닝을 이용하는 것이 더 효율적임을 알 수 있죠?

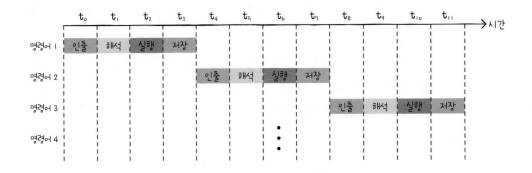

파이프라이닝이 높은 성능을 가져오기는 하지만, 특정 상황에서는 성능 향상에 실패하는 경우도 있습니다. 이러한 상황을 **파이프라인 위험**pipeline hazard이라고 부릅니다. 파이프라인 위험에는 크게 **데이터 위험, 제어 위험, 구조적 위험**이 있습니다.

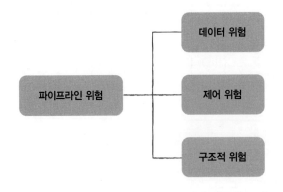

## 데이터 위험

**데이터 위험** data hazard은 명령어 간 '데이터 의존성'에 의해 발생합니다. 모든 명령어를 동시에 처리할 수는 없습니다. 어떤 명령어는 이전 명령어를 끝까지 실행해야만 비로소 실행할 수 있는 경우가 있습니다. 예를 들어 아래 두 명령어를 봅시다. 편의상 레지스터 이름을 R1, R2, R3, R4, R5라 하고 '왼쪽 레지스터에 오른쪽 결과를 저장하라'는 ← 기호로 표기하겠습니다.

> 명령어 1: **R1** ← R2 + R3 // R2 레지스터 값과 R3 레지스터 값을 더한 값을 R1 레지스터에 저장
> 명령어 2: R4 ← **R1** + R5 // R1 레지스터 값과 R5 레지스터 값을 더한 값을 R4 레지스터에 저장

위의 경우 명령어 1을 수행해야만 명령어 2를 수행할 수 있습니다. 즉, R1에 R2 + R3 결괏값이 저장되어야 명령어 2를 수행할 수 있습니다. 만약 명령어 1 실행이 끝나기 전에 명령어 2를 인출하면 R1에 R2 + R3 결괏값이 저장되기 전에 R1 값을 읽어 들이므로 원치 않은 R1 값으로 명령어 2를 수행합니다. 따라서 명령어 2는 명령어 1의 데이터에 의존적입니다. 이처럼 데이터 의존적인 두 명령어를 무작정 동시에 실행하려고 하면 파이프라인이 제대로 작동하지 않는 것을 '데이터 위험'이라고 합니다.

## 제어 위험

**제어 위험** control hazard은 주로 분기 등으로 인한 '프로그램 카운터의 갑작스러운 변화'에 의해 발생합니다. 기본적으로 프로그램 카운터는 '현재 실행 중인 명령어의 다음 주소'로 갱신됩니다. 하지만 프로그램 실행 흐름이 바뀌어 명령어가 실행되면서 프로그램 카운터 값에 갑작스러운 변화가 생긴다면 명령어 파이프라인에 미리 가지고 와서 처리 중이었던 명령어들은 아무 쓸모가 없어집니다. 이를 '제어 위험'이라고 합니다.

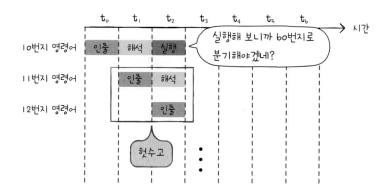

참고로 이를 위해 사용하는 기술 중 하나가 **분기 예측**branch prediction입니다. 분기 예측은 프로그램이 어디로 분기할지 미리 예측한 후 그 주소를 인출하는 기술입니다.

### 구조적 위험

**구조적 위험**structural hazard은 명령어들을 겹쳐 실행하는 과정에서 서로 다른 명령어가 동시에 ALU, 레지스터 등과 같은 CPU 부품을 사용하려고 할 때 발생합니다. 구조적 위험은 **자원 위험**resource hazard이라고도 부릅니다.

## 슈퍼스칼라

파이프라이닝은 단일 파이프라인으로도 구현이 가능하지만, 오늘날 대부분의 CPU에서는 여러 개의 파이프라인을 이용합니다. 이처럼 CPU 내부에 여러 개의 명령어 파이프라인을 포함한 구조를 **슈퍼스칼라**superscalar라고 합니다.

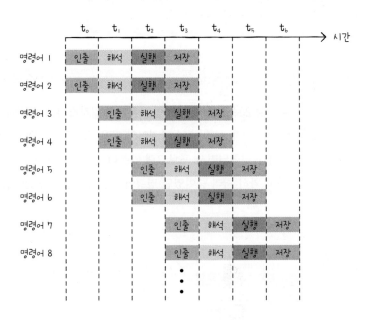

명령어 파이프라인을 하나만 두는 것이 마치 공장 생산 라인을 한 개 두는 것과 같다면, 슈퍼스칼라는 공장 생산 라인을 여러 개 두는 것과 같습니다.

슈퍼스칼라는 여러 개의 명령어 파이프라인을 두는 기법입니다.

슈퍼스칼라 구조로 명령어 처리가 가능한 CPU를 **슈퍼스칼라 프로세서** 또는 **슈퍼스칼라 CPU**라고 합니다. 슈퍼스칼라 프로세서는 매 클럭 주기마다 동시에 여러 명령어를 인출할 수도, 실행할 수도 있어야 합니다. 가령 멀티스레드 프로세서는 한 번에 여러 명령어를 인출하고, 해석하고, 실행할 수 있기 때문에 슈퍼스칼라 구조를 사용할 수 있습니다.

슈퍼스칼라 프로세서는 이론적으로 파이프라인 개수에 비례하여 프로그램 처리 속도가 빨라집니다. 하지만 파이프라인 위험 등의 예상치 못한 문제가 있어 실제로는 반드시 파이프라인 개수에 비례하여 빨라지지는 않습니다. 이 때문에 슈퍼스칼라 방식을 차용한 CPU는 파이프라인 위험을 방지하기 위해 고도로 설계되어야 합니다. 여러 개의 파이프라인을 이용하면 하나의 파이프라인을 사용할 때보다 데이터 위험, 제어 위험, 자원 위험을 피하기가 더욱 까다롭기 때문이죠.

## 비순차적 명령어 처리

마지막으로 살펴볼 명령어 병렬 처리 기법은 **비순차적 명령어 처리**<sup>OoOE; Out-of-order execution</sup>입니다. 보통 OoOE로 줄여 부릅니다. 이 기법은 많은 전공서에서 다루지 않지만, 오늘날 CPU 성능 향상에 크게 기여한 기법이자 대부분의 CPU가 차용하는 기법이기에 꼭 알아 두는 것이 좋습니다.

비순차적 명령어 처리 기법은 이름에서도 알 수 있듯 명령어들을 순차적으로 실행하지 않는 기법입니다. 명령어의 '합법적인 새치기'라고 볼 수 있지요.

지금까지 설명했던 명령어 파이프라이닝, 슈퍼스칼라 기법은 모두 여러 명령어의 순차적인 처리를 상정한 방법이었습니다. 프로그램을 위에서 아래로 차례차례 실행하는 방식이었지요. 하지만 파이프라인 위험과 같은 예상치 못한 문제들로 인해 이따금씩 명령어는 곧바로 처리되지 못하기도 합니다. 만약 모든 명령어를 순차적으로만 처리한다면 이런 예상치 못한 상황에서 명령어 파이프라인은 멈춰버리게 됩니다.

예를 들어 아래와 같은 명령어들로 이루어진 소스 코드가 있다고 해 보죠. 편의상 '메모리 N번지'는 M(N)으로, '메모리 N번지에 M을 저장하라'는 M(N) ← M으로 표기하겠습니다.

```
❶ M(100) ← 1
❷ M(101) ← 2
❸ M(102) ← M(100) + M(101)
❹ M(150) ← 1
❺ M(151) ← 2
❻ M(152) ← 3
```

여기서 주목해야 할 점은 ❸번 명령어를 실행하기 위해서는 M(100) 값은 물론 M(101) 값이 결정되어야 하기에 ❶번과 ❷번 명령어 실행이 끝날 때까지 기다려야 한다는 점입니다.

이 명령어들을 순차적으로 실행되는 CPU로 실행하면 다음 그림과 같습니다. ❷번 명령어 실행이 끝날 때까지 ❸, ❹, ❺, ❻번 명령어들은 기다립니다.

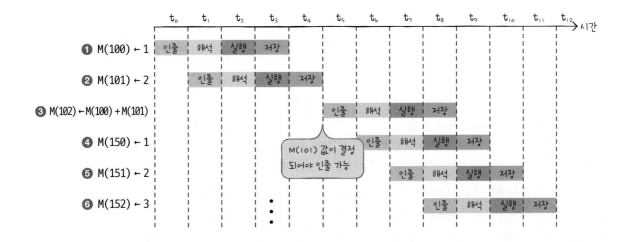

그런데 한번 생각해 볼까요? 앞의 코드를 이루는 명령어들 중에 서로 데이터 의존성이 전혀 없는, 순서를 바꿔 처리해도 수행 결과에 영향을 미치지 않는 명령어들이 있습니다.

가령 ❸번은 다음과 같이 뒤의 명령어와 순서를 바꾸어 실행해도 크게 문제될 것이 없습니다. 이렇게 순서를 바꿔 실행하면 아래와 같이 수행됩니다. 순차적으로 명령어를 처리할 때보다 더 효율적으로 처리되는 것을 알 수 있죠? 이렇게 명령어를 순차적으로만 실행하지 않고 순서를 바꿔 실행해도 무방한 명령어를 먼저 실행하여 명

❶ M(100) ← 1
❷ M(101) ← 2
❹ M(150) ← 1
❺ M(151) ← 2
❻ M(152) ← 3
❸ M(102) ← M(100) + M(101)

령어 파이프라인이 멈추는 것을 방지하는 기법을 **비순차적 명령어 처리 기법**이라고 합니다.

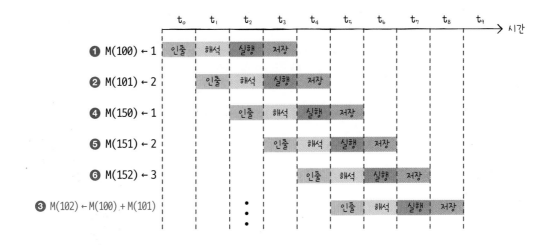

하지만 아무 명령어나 순서를 바꿔서 수행할 수는 없습니다. 예를 들어 다음 예시를 봅시다.

```
❶ M(100) ← 1
❷ M(101) ← 2
❸ M(102) ← M(100) + M(101)
❹ M(103) ← M(102) + M(101)
❺ M(104) ← M(100)
```

위 코드에서 ❸번 명령어와 ❶번 명령어의 순서를 바꿀 수는 없겠죠? ❸번 명령어를 수행하려면 반드시 M(100) 값이 결정되어야 하니까요. 마찬가지로 ❹번 명령어와 ❶번 명령어는 순서를 바꿀 수 없습니다. ❶번 명령어를 토대로 ❸번 명령어가 수행되고, ❸번 명령어를 토대로 ❹번이 수행되니까요.

하지만 위 코드에서 ❹번 명령어와 ❺번 명령어는 순서를 바꾸어 실행할 수 있습니다. 다시 말해 이 두 명령어는 어떤 의존성도 없기에 순서를 바꿔도 전체 프로그램의 실행 흐름에는 영향이 없습니다.

```
❶ M(100) ← 1
❷ M(101) ← 2
❸ M(102) ← M(100) + M(101)
❹ M(103) ← M(102) + M(101)
❺ M(104) ← M(100)
```

```
❶ M(100) ← 1
❷ M(101) ← 2
❸ M(102) ← M(100) + M(101)
❺ M(104) ← M(100)
❹ M(103) ← M(102) + M(101)
```

이처럼 비순차적 명령어 처리가 가능한 CPU는 명령어들이 어떤 명령어와 데이터 의존성을 가지고 있는지, 순서를 바꿔 실행할 수 있는 명령어에는 어떤 것들이 있는지를 판단할 수 있어야 합니다.

> 비순차적 명령어 처리 기법은 파이프라인의 중단을 방지하기 위해 명령어를 순차적으로 처리하지 않는 명령어 병렬 처리 기법입니다.

## 마무리

▶ **3가지 키워드로 정리하는 핵심 포인트**

• **명령어 파이프라이닝**은 동시에 여러 개의 명령어를 겹쳐 실행하는 기법입니다.

• **슈퍼스칼라**는 여러 개의 명령어 파이프라인을 두는 기법입니다.

• **비순차적 명령어 처리 기법**은 파이프라인의 중단을 방지하기 위해 명령어를 순차적으로 처리하지 않는 기법입니다.

▶ **확인 문제**

**1.** 명령어 파이프라이닝에 대한 설명으로 옳지 않은 것을 고르세요.

① 명령어 파이프라이닝은 명령어를 병렬적으로 처리하는 기법입니다.
② 슈퍼스칼라는 단일한 명령어 파이프라인을 이용하여 명령어를 처리하는 기법입니다.
③ 제어 위험은 프로그램 카운터의 갑작스러운 변화에 의해 발생합니다.
④ 데이터 위험은 명령어 간의 데이터 의존성에 의해 발생합니다.

**2.** 다음 보기를 바탕으로 올바른 정의를 짝지으세요.

> **보기** 슈퍼스칼라, 비순차적 명령어 처리

• ( **❶** ): 순서를 바꾸어 명령어를 실행하는 기법
• ( **❷** ): 여러 개의 파이프라인을 이용하여 명령어를 동시에 처리하는 기법

# 05-3

# CISC와 RISC

핵심 키워드

ISA  CISC  RISC

CPU의 언어인 ISA란 무엇인지 이해하고, 현대 CPU의 주요 설계 방식인 CISC와 RISC의 정의와 차이점에 대해 학습합니다.

## 시작하기 전에

어느덧 CPU의 마지막 이야기입니다. 명령어 파이프라이닝과 슈퍼스칼라 기법을 실제로 CPU에 적용하려면 명령어가 파이프라이닝에 최적화되어 있어야 합니다. 쉽게 말해 CPU가 파이프라이닝과 슈퍼스칼라 기법을 효과적으로 사용하려면 CPU가 인출하고 해석하고 실행하는 명령어가 파이프라이닝 하기 쉽게 생겨야 합니다.

'파이프라이닝 하기 쉬운 명령어'란 무엇일까요? 명령어가 어떻게 생겨야 파이프라이닝에 유리할까요? 이와 관련해 CPU의 언어인 ISA와 각기 다른 성격의 ISA를 기반으로 설계된 CISC와 RISC를 학습해 보겠습니다.

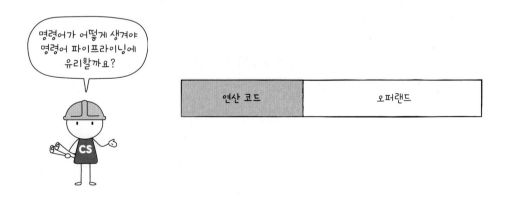

# 명령어 집합

03장에서 학습한 명령어를 기억하나요? 여러분은 명령어의 생김새와 주소 지정 방식 등을 학습했었고, CPU는 명령어를 실행한다고 했습니다. 그런데 한 가지 의문이 듭니다. 이 세상 모든 CPU들이 똑같이 생긴 명령어를 실행할까요? 세상에는 수많은 CPU 제조사들이 있고, CPU마다 규격과 기능, 만듦새가 다 다른데, 모든 CPU가 이해하고 실행하는 명령어들이 다 똑같이 생겼을까요?

그렇지 않습니다. 물론 명령어의 기본적인 구조와 작동 원리는 03장에서 학습한 내용에서 크게 벗어나지 않지만, 명령어의 세세한 생김새, 명령어로 할 수 있는 연산, 주소 지정 방식 등은 CPU마다 조금씩 차이가 있습니다. CPU가 이해할 수 있는 명령어들의 모음을 **명령어 집합** instruction set 또는 **명령어 집합 구조** ISA; Instruction Set Architecture (이하 **ISA**)라고 합니다. 즉, CPU마다 ISA가 다를 수 있다는 것입니다.

> **note** 명령어 집합에 '구조'라는 단어가 붙은 이유는 CPU가 어떤 명령어를 이해하는지에 따라 컴퓨터 구조 및 설계 방식이 달라지기 때문입니다.

가령 인텔의 노트북 속 CPU는 x86 혹은 x86-64 ISA를 이해하고, 애플의 아이폰 속 CPU는 ARM ISA를 이해합니다. x86(x86-64)과 ARM은 다른 ISA이기 때문에 인텔 CPU를 사용하는 컴퓨터와 아이폰은 서로의 명령어를 이해할 수 없습니다. 실행 파일은 명령어로 이루어져 있고 서로의 컴퓨터가 이해할 수 있는 명령어가 다르기 때문입니다.

> **note** x86은 32비트용, x86-64는 64비트용 x86 ISA입니다.

03장에서 어셈블리어는 명령어를 읽기 편하게 표현한 언어라고 했죠? ISA가 다르다는 건 CPU가 이해할 수 있는 명령어가 다르다는 뜻이고, 명령어가 달라지면 어셈블리어도 달라집니다. 다시 말해 같은 소스 코드로 만들어진 같은 프로그램이라 할지라도 ISA가 다르면 CPU가 이해할 수 있는 명령어도 어셈블리어도 달라진다는 것입니다.

예를 들어 보겠습니다. 동일한 소스 코드를 작성하고 ISA가 다른 컴퓨터에서 어셈블리어로 컴파일하면 아래와 같은 결과를 얻을 수 있습니다.

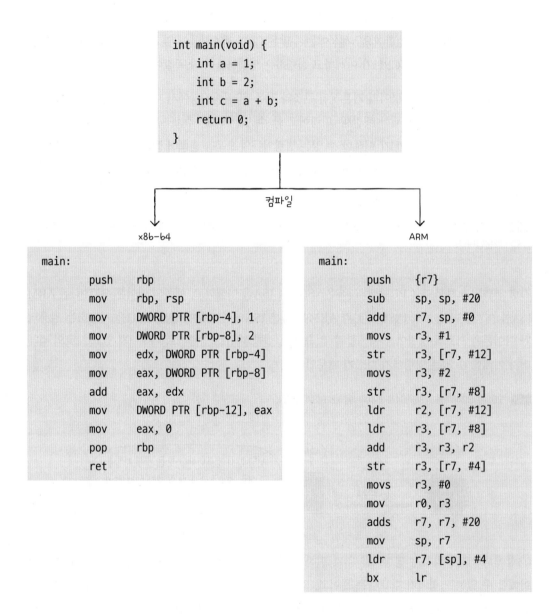

왼쪽은 x86-64 ISA, 오른쪽은 ARM ISA입니다. 똑같은 코드로 만든 프로그램임에도 CPU가 이해하고 실행할 수 있는 명령어가 달라 어셈블리어도 다른 것을 알 수 있습니다. 참고로 사용한 컴파일러에 따라서도 어셈블리어가 달라질 수 있는데, 위 예시에서는 gcc 11.2라는 동일한 컴파일러를 이용했습니다.

ISA가 같은 CPU끼리는 서로의 명령어를 이해할 수 있지만, ISA가 다르면 서로의 명령어를 이해하지 못합니다. 이런 점에서 볼 때 ISA는 일종의 CPU의 언어인 셈입니다.

각기 다른 언어를 사용하는 나라들을 보면 사용하는 언어만 다른 게 아니라 언어에 따라 사람들의 가치관과 생활 양식도 다른 것을 볼 수 있습니다. 마치 높임말이 있는 나라에서는 비교적 어른을 공경하는 문화가 자리잡혀 있고, 높임말이 없는 나라에서는 비교적 평등한 문화가 자리잡힌 것처럼요.

CPU도 마찬가지입니다. CPU가 이해하는 명령어들이 달라지면 비단 명령어의 생김새만 달라지는 게 아닙니다. ISA가 다르면 그에 따른 나비 효과로 많은 것이 달라집니다. 제어장치가 명령어를 해석하는 방식, 사용되는 레지스터의 종류와 개수, 메모리 관리 방법 등 많은 것이 달라지지요. 그리고 이는 곧 CPU 하드웨어 설계에도 큰 영향을 미칩니다.

우리가 실행하는 프로그램은 명령어로 이루어져 있죠? ISA는 CPU의 언어임과 동시에 CPU를 비롯한 하드웨어가 소프트웨어를 어떻게 이해할지에 대한 약속이라고도 볼 수 있습니다.

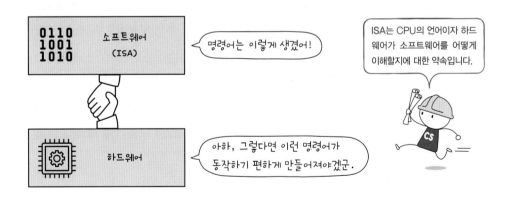

앞서 여러분들은 명령어 병렬 처리 기법들을 학습했습니다. 이를 적용하기에 용이한 ISA가 있고, 그렇지 못한 ISA도 있습니다. 다시 말해 명령어 파이프라인, 슈퍼스칼라, 비순차적 명령어 처리를 사용하기에 유리한 명령어 집합이 있고, 그렇지 못한 명령어 집합도 있습니다. 그렇다면 명령어 병렬 처리 기법들을 도입하기 유리한 ISA는 무엇일까요? 이와 관련해 현대 ISA의 양대 산맥인 CISC와 RISC에 대해 알아보겠습니다.

# CISC

우선 **CISC**에 대해 알아봅시다. CISC는 Complex Instruction Set Computer의 약자입니다. 이를 그대로 해석하면 '복잡한 명령어 집합을 활용하는 컴퓨터'를 의미합니다. 여기서 '컴퓨터'를 'CPU'라고 생각해도 좋습니다. CISC란 이름 그대로 복잡하고 다양한 명령어들을 활용하는 CPU 설계 방식입니다. 앞서 ISA의 한 종류로 소개한 x86, x86-64는 대표적인 CISC 기반의 ISA입니다.

CISC는 다양하고 강력한 기능의 명령어 집합을 활용하기 때문에 명령어의 형태와 크기가 다양한 **가변 길이 명령어**를 활용합니다. 메모리에 접근하는 주소 지정 방식도 다양해서 아주 특별한 상황에서만 사용되는 독특한 주소 지정 방식들도 있죠.

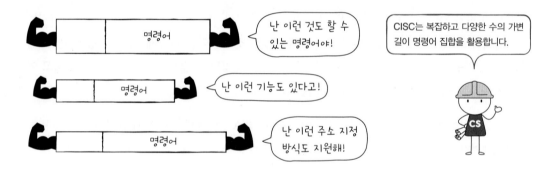

다양하고 강력한 명령어를 활용한다는 말은 상대적으로 적은 수의 명령어로도 프로그램을 실행할 수 있다는 것을 의미합니다. 168쪽에서 보여드린 어셈블리어 코드를 다시 봅시다. x86-64 코드 길이가 ARM보다 짧죠? 이는 ARM 명령어 여러 개로 수행할 수 있는 일을 x86-64 명령어 몇 개만으로도 수행할 수 있음을 알 수 있습니다.

note 프로그램을 실행하는 명령어 수가 적다는 말은 '컴파일된 프로그램의 크기가 작다'는 것을 의미합니다. 같은 소스 코드를 컴파일해도 CPU마다 생성되는 실행 파일의 크기가 다를 수 있다는 것이죠.

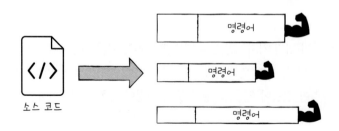

이런 장점 덕분에 CISC는 메모리를 최대한 아끼며 개발해야 했던 시절에 인기가 높았습니다. '적은 수의 명령어만으로도 프로그램을 동작시킬 수 있다'는 점은 메모리 공간을 절약할 수 있다는 장점이기 때문입니다.

하지만 CISC에는 치명적인 단점이 있습니다. 활용하는 명령어가 워낙 복잡하고 다양한 기능을 제공하는 탓에 명령어의 크기와 실행되기까지의 시간이 일정하지 않습니다. 그리고 복잡한 명령어 때문에 명령어 하나를 실행하는 데에 여러 클럭 주기를 필요로 합니다.

이는 명령어 파이프라인을 구현하는 데에 큰 걸림돌이 됩니다. 생각해 볼까요? 명령어 파이프라인 기법을 위한 이상적인 명령어는 다음 그림과 같이 각 단계에 소요되는 시간이 (가급적 1 클럭으로) 동일해야 합니다. 그래야 파이프라인이 마치 공장의 생산 라인처럼 착착착 결과를 낼 테니까요.

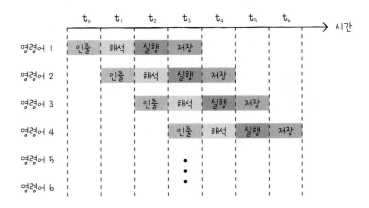

하지만 CISC가 활용하는 명령어는 명령어 수행 시간이 길고 가지각색이기 때문에 파이프라인이 효율적으로 명령어를 처리할 수 없습니다. 한마디로 규격화되지 않은 명령어가 파이프라이닝을 어렵게 만든 셈이죠. 명령어 파이프라인이 제대로 동작하지 않는다는 것은 현대 CPU에서 아주 치명적인 약점입니다. 현대 CPU에서 명령어 파이프라인은 높은 성능을 내기 위해 절대 놓쳐서는 안 되는 핵심 기술이기 때문입니다.

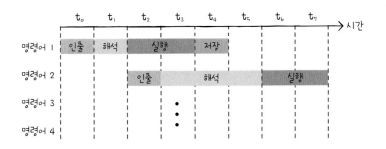

게다가 CISC가 복잡하고 다양한 명령어를 활용할 수 있다고는 하지만, 사실 대다수의 복잡한 명령어는 그 사용 빈도가 낮습니다. 1974년 IBM 연구소의 존 코크John Cocke는 CISC 명령어 집합 중 불과 20% 정도의 명령어가 사용된 전체 명령어의 80%가량을 차지한다는 것을 증명하기도 했죠. CISC 명령어 집합이 다양하고 복잡한 기능을 지원하지만 실제로는 자주 사용되는 명령어만 쓰였다는 것입니다.

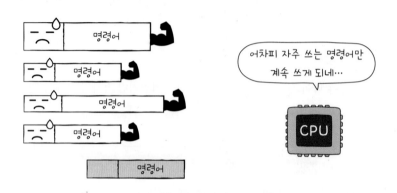

정리하면, CISC 명령어 집합은 복잡하고 다양한 기능을 제공하기에 적은 수의 명령으로 프로그램을 동작시키고 메모리를 절약할 수 있지만, 명령어의 규격화가 어려워 파이프라이닝이 어렵습니다. 그리고 대다수의 복잡한 명령어는 그 사용 빈도가 낮습니다. 이러한 이유로 CISC 기반 CPU는 성장에 한계가 있습니다.


## RISC

CISC의 한계가 우리들에게 준 교훈은 크게 아래와 같습니다.

❶ 빠른 처리를 위해 명령어 파이프라인을 십분 활용해야 한다. 원활한 파이프라이닝을 위해 '명령어 길이와 수행 시간이 짧고 규격화'되어 있어야 한다.

❷ 어차피 자주 쓰이는 명령어만 줄곧 사용된다. 복잡한 기능을 지원하는 명령어를 추가하기보다는 '자주 쓰이는 기본적인 명령어를 작고 빠르게 만드는 것'이 중요하다.

이런 원칙 하에 등장한 것이 RISC입니다. **RISC**는 Reduced Instruction Set Computer의 약자입니다. 이름처럼 RISC는 CISC에 비해 명령어의 종류가 적습니다. 그리고 CISC와는 달리 짧고 규격화된 명령어, 되도록 1클럭 내외로 실행되는 명령어를 지향합니다.

즉, RISC는 **고정 길이 명령어**를 활용합니다.

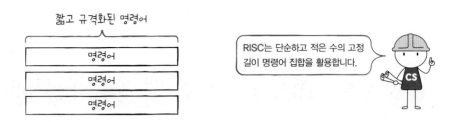

명령어가 규격화되어 있고, 하나의 명령어가 1클럭 내외로 실행되기 때문에 RISC 명령어 집합은 명령어 파이프라이닝에 최적화되어 있습니다.

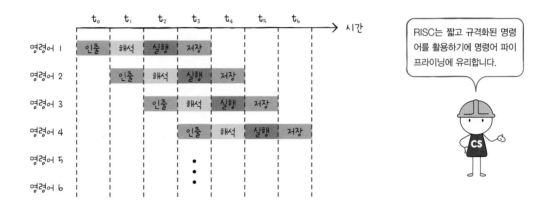

그리고 RISC는 메모리에 직접 접근하는 명령어를 load, store 두 개로 제한할 만큼 메모리 접근을 단순화하고 최소화를 추구합니다. 그렇기 때문에 CISC보다 주소 지정 방식의 종류가 적은 경우가 많습니다.

**note** 이런 점에서 RISC를 **load-store 구조**라고 부르기도 합니다.

RISC는 메모리 접근을 단순화, 최소화하는 대신 레지스터를 적극적으로 활용합니다. 그렇기에 CISC보다 레지스터를 이용하는 연산이 많고, 일반적인 경우보다 범용 레지스터 개수도 더 많습니다. 다만 사용 가능한 명령어 개수가 CISC보다 적기 때문에 RISC는 CISC보다 많은 명령으로 프로그램을 작동시킵니다.

168쪽의 어셈블리어 예시를 다시 볼까요? ARM은 RISC 기반의 대표적인 ISA입니다. x86-64보다 더 많은 명령어로 동일한 프로그램을 실행하는 것을 볼 수 있습니다. 즉, 같은 소스 코드를 컴파일

해도 RISC는 CISC보다 많은 수의 명령어로 변환됩니다.

자, 이렇게 CPU의 언어인 ISA와 각기 다른 성격의 ISA를 기반으로 만들어진 CPU 설계 방식인 CISC와 RISC에 대해 알아보았습니다. 마지막으로 CISC와 RISC의 차이를 정리하고 이번 장을 마무리하겠습니다.

| CISC | RISC |
|---|---|
| 복잡하고 다양한 명령어 | 단순하고 적은 명령어 |
| 가변 길이 명령어 | 고정 길이 명령어 |
| 다양한 주소 지정 방식 | 적은 주소 지정 방식 |
| 프로그램을 이루는 명령어의 수가 적음 | 프로그램을 이루는 명령어의 수가 많음 |
| 여러 클럭에 걸쳐 명령어 수행 | 1클럭 내외로 명령어 수행 |
| 파이프라이닝하기 어려움 | 파이프라이닝하기 쉬움 |

▶ **3가지 키워드로 정리하는 핵심 포인트**

• **ISA**는 CPU의 언어이자 하드웨어가 소프트웨어를 어떻게 이해할지에 대한 약속입니다.

• **CISC**는 복잡하고 다양한 종류의 가변 길이 명령어 집합을 활용합니다.

• **RISC**는 단순하고 적은 종류의 고정 길이 명령어 집합을 활용합니다.

▶ **확인 문제**

**1.** CISC에 대한 설명 중 올바르지 않은 것을 고르세요.

   ① 명령어의 규격화가 어렵습니다.

   ② RISC보다 다양하고 강력한 기능을 가진 명령어들이 있습니다.

   ③ 적은 수의 명령어로 프로그램을 수행합니다.

   ④ 일반적으로 명령어 주소 지정 방식의 종류가 적습니다.

**2.** RISC에 대한 설명 중 올바르지 않은 것을 고르세요.

   ① CISC보다 프로그램을 실행하는 명령어 수가 적습니다.

   ② CISC보다 적은 메모리 접근 방식이 있습니다.

   ③ CISC보다 파이프라이닝에 유리합니다.

   ④ CISC보다 명령어의 크기가 규격화되어 있습니다.

이제 컴퓨터의 두 번째 핵심 부품인 메모리에 대해 학습할 차례입니다. 지금까지 '메모리'라고 지칭한 하드웨어는 RAM입니다. 이번 장에서는 RAM의 특성과 종류, 그리고 논리 주소와 물리 주소에 대해 학습해 보겠습니다. 그리고 CPU가 메모리에 접근하는 시간을 절약하기 위한 캐시 메모리와 저장 장치 계층 구조에 대해서도 알아보겠습니다.

# 메모리와 캐시 메모리

**학습목표**
- RAM의 특징과 종류에 대해 학습합니다.
- 논리 주소와 물리 주소의 차이를 이해합니다.
- 논리 주소를 물리 주소로 변환하는 방법을 이해합니다.
- 캐시 메모리와 저장 장치 계층 구조의 개념을 이해합니다.

# 06-1 RAM의 특징과 종류

핵심 키워드

**휘발성 저장 장치**  **비휘발성 저장 장치**  **DRAM**  **SRAM**  **SDRAM**
**DDR SDRAM**

여러분이 실행하는 프로그램은 모두 RAM에 저장되어 있습니다. 이번 절에서는
RAM의 하드웨어적 특성과 종류에 대해 학습합니다.

## 시작하기 전에

01장에서 '주기억장치의 종류에는 크게 RAM과 ROM, 두 가지가 있고, '메모리'라는 용어는 그 중
RAM을 지칭하는 경우가 많습니다'라고 언급했던 것을 기억하나요? 이번 절에서는 우리가 지금까지
'메모리'라는 용어로 지칭했던 저장 장치인 **RAM**을 조금 더 자세히 알아보겠습니다. RAM 용량이 컴
퓨터 성능에 어떤 영향을 미치는지 그리고 **DRAM, SRAM, SDRAM, DDR SDRAM**은 무엇이고
어떤 특징을 가지는지 가볍게 살펴보겠습니다. 참고로 이번 절에서는 '메모리'라는 용어 대신 RAM이
라는 용어를 사용하겠습니다.

## RAM의 특징

여러분이 모두 알고 있듯 RAM에는 실행할 프로그램의 명령어와 데이터가 저장됩니다.

여기서 중요한 점은 전원을 끄면 RAM에 저장된 명령어와 데이터가 모두 날아간다는 것입니다. 이렇게 전원을 끄면 저장된 내용이 사라지는 저장 장치를 **휘발성 저장 장치**volatile memory라고 합니다.

반면, 전원이 꺼져도 저장된 내용이 유지되는 저장 장치는 **비휘발성 저장 장치**non-volatile memory라고 합니다. 하드 디스크나 SSD, CD-ROM, USB 메모리와 같은 보조기억장치가 대표적인 비휘발성 저장 장치이지요.

보조기억장치는 전원을 꺼도 내용을 유지하지만, CPU는 보조기억장치에 직접 접근하지 못합니다. 그래서 일반적으로 보조기억장치인 비휘발성 저장 장치에는 '보관할 대상'을 저장하고, 휘발성 저장 장치인 RAM에는 '실행할 대상'을 저장합니다. CPU가 실행하고 싶은 프로그램이 보조기억장치에 있다면 이를 RAM으로 복사하여 저장한 뒤 실행합니다.

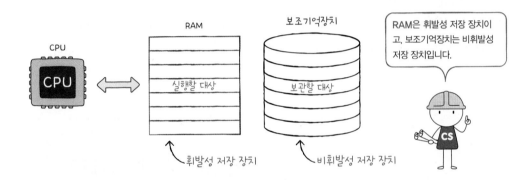

## RAM의 용량과 성능

그렇다면 RAM 용량은 컴퓨터 성능에 어떤 영향을 미칠까요? RAM 용량이 크면 어떤 점이 좋을까요?

CPU가 실행하고 싶은 프로그램이 보조기억장치에 있다면 이를 RAM으로 가져와야 할 텐데, RAM 용량이 적다면 보조기억장치에서 실행할 프로그램을 가져오는 일이 잦아 실행 시간이 길어집니다.

예를 들어 아래 그림처럼 RAM 용량이 프로그램 A, B, C 중 하나만 저장할 수 있을 만큼 작다면 CPU가 프로그램 A를 실행하고 싶을 때는 보조기억장치에서 프로그램 A를 RAM으로 가지고 오고, 프로그램 B를 실행하고 싶을 때는 다시 프로그램 B를 RAM으로 가지고 오고, 프로그램 C를 실행하고 싶을 때는 또 다시 프로그램 C를 RAM으로 가지고 와야 합니다.

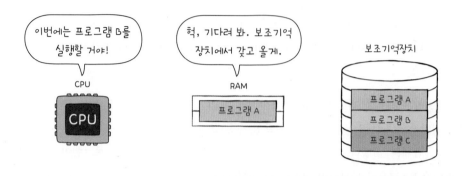

하지만 RAM 용량이 충분히 크다면 보조기억장치에서 많은 데이터를 가져와 미리 RAM에 저장할 수 있습니다. 많은 프로그램을 동시에 실행하는 데 유리하죠. 방금 전 예시의 경우 RAM 용량이 충분히 크다면 프로그램 A, B, C를 보조기억장치에서 여러 번 가져오는 수고를 덜 수 있습니다.

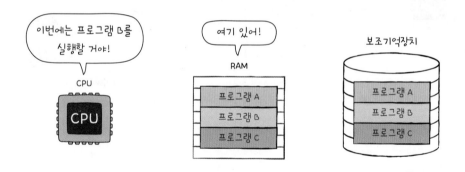

CPU가 실행할 프로그램을 책에 빗대어 생각해 봅시다. 보조기억장치는 책이 꽂혀 있는 책장과 같고, RAM은 책을 읽을 수 있는 책상과 같습니다. 책상이 크다면 책장으로부터 많은 책을 미리 책상으로 가져와 여러 권을 동시에 읽을 수 있기 때문에 책을 가지러 왔다 갔다 하는 시간을 절약할 수 있습니다. 이처럼 RAM 용량이 크면 많은 프로그램들을 동시에 빠르게 실행하는 데 유리합니다.

그럼 RAM 용량이 무지막지하게 크면 프로그램 실행 속도는 그에 비례하여 빨라질까요? 그렇지 않습니다. RAM 용량이 커지면 프로그램 실행 속도가 어느 정도 증가하는 것은 맞지만, 용량이 필요 이상으로 커졌을 때 속도가 그에 비례하여 증가하지는 않습니다. 책을 100권 이상 올려놓을 수 있는 책상에서 책을 읽든, 1,000권 이상 올려놓을 수 있는 책상에서 책을 읽든 간에 책장을 오가는 시간에는 별 차이가 없는 것과 마찬가지입니다.

## RAM의 종류

이번에는 RAM의 종류를 알아보겠습니다. RAM의 종류는 크게 DRAM, SRAM, SDRAM, DDR SDRAM이 있습니다. 하나씩 가볍게 학습해 보겠습니다.

### DRAM

**DRAM**은 Dynamic RAM의 준말입니다. Dynamic은 영어로 '동적의'를 의미하는데, 이는 저장된 데이터가 동적으로 변하는(사라지는) RAM을 의미합니다. 즉, DRAM은 시간이 지나면 저장된 데이터가 점차 사라지는 RAM입니다. 그렇기에 DRAM은 데이터의 소멸을 막기 위해 일정 주기로 데이터를 재활성화(다시 저장)해야 합니다.

이런 단점에도 불구하고 우리가 일반적으로 메모리로써 사용하는 RAM은 DRAM입니다. 소비 전력이 비교적 낮고, 저렴하고, 집적도가 높기 때문에 대용량으로 설계하기가 용이하기 때문입니다.

**note** '집적도가 높다'는 의미는 '더 작고 빽빽하게 만들 수 있다'는 말과 같습니다.

## SRAM

SRAM은 Static RAM의 준말입니다. Static은 영어로 '정적의'를 의미하는데, 이는 저장된 데이터가 변하지 않는 RAM을 의미합니다. 시간이 지나면 점차 저장된 내용이 소실되는 DRAM과는 달리 SRAM은 시간이 지나도 저장된 데이터가 사라지지 않습니다. 당연하게 주기적으로 데이터를 재활성화할 필요도 없습니다. 그리고 SRAM은 DRAM보다 일반적으로 속도도 더 빠릅니다.

> **note** 시간이 지나도 저장된 데이터가 사라지지 않는다고 해서 SRAM이 비휘발성 메모리인 것은 아닙니다. SRAM도 전원이 공급되지 않으면 저장된 내용이 날아갑니다.

하지만 이런 장점에도 불구하고 메모리로 사용되는 RAM은 일반적으로 SRAM이 아닌 DRAM입니다. SRAM은 DRAM보다 집적도가 낮고, 소비 전력도 크며, 가격도 더 비싸기 때문입니다. 그래서 SRAM은 메모리가 아닌 '대용량으로 만들어질 필요는 없지만 속도가 빨라야 하는 저장 장치', 가령 캐시 메모리에서 사용됩니다. 캐시 메모리가 무엇인지는 06-3절에서 살펴보겠습니다.

|  | DRAM | SRAM |
|---|---|---|
| 재충전 | 필요함 | 필요 없음 |
| 속도 | 느림 | 빠름 |
| 가격 | 저렴함 | 비쌈 |
| 집적도 | 높음 | 낮음 |
| 소비 전력 | 적음 | 높음 |
| 사용 용도 | 주기억장치(RAM) | 캐시 메모리 |

DRAM은 시간이 지나면 저장된 데이터가 점차 사라지는 RAM, SRAM은 시간이 지나도 저장된 데이터가 사라지지 않는 RAM입니다.

## SDRAM

SDRAM은 이름만 보면 마치 SRAM과 DRAM의 합성어라고 오해하기 쉽지만, SDRAM은 SRAM과 관계가 없습니다.

SDRAM^Synchronous Dynamic RAM^은 클럭 신호와 동기화된, 발전된 형태의 DRAM입니다. '클럭 신호와 동기화되었다'는 말은 클럭 타이밍에 맞춰 CPU와 정보를 주고받을 수 있음을 의미합니다. 즉, SDRAM은 클럭에 맞춰 동작하며 클럭마다 CPU와 정보를 주고받을 수 있는 DRAM입니다.

SDRAM은 클럭과 동기화된 DRAM입니다.

## DDR SDRAM

DDR SDRAM<sup>Double Data Rate SDRAM</sup>은 최근 가장 흔히 사용되는 RAM입니다. DDR SDRAM은 대역폭을 넓혀 속도를 빠르게 만든 SDRAM입니다. 여기서 **대역폭**<sup>data rate</sup>이란 '데이터를 주고받는 길의 너비'를 의미합니다.

대역폭은 흔히 자동차 도로에 비유되곤 합니다. 한 클럭에 하나씩 정보를 주고받을 수 있는 SDRAM과 비교했을 때 DDR SDRAM은 너비가 두 배인 도로와 같습니다. 즉, 한 클럭에 한 번씩 CPU와 데이터를 주고받을 수 있는 SDRAM에 비해 DDR SDRAM은 두 배의 대역폭으로 한 클럭당 두 번씩 CPU와 데이터를 주고받을 수 있습니다. 당연하게도 DDR SDRAM의 전송 속도가 두 배가량 빠릅니다. 이런 이유에서 한 클럭당 하나씩 데이터를 주고받을 수 있는 SDRAM을 **SDR SDRAM**<sup>Single Data Rate SDRAM</sup>이라 부르기도 합니다.

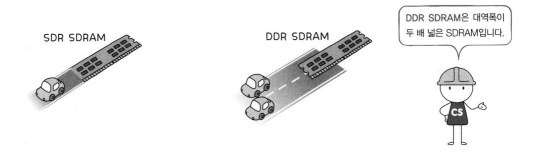

DDR2 SDRAM은 DDR SDRAM보다 대역폭이 두 배 넓은 SDRAM입니다. 다시 말해, DDR2 SDRAM은 SDR SDRAM보다 너비가 네 배 넓은 도로와도 같습니다.

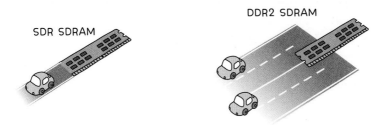

DDR3 SDRAM은 DDR2 SDRAM보다 대역폭이 두 배 넓고, SDR SDRAM보다 대역폭이 여덟 배 넓은 SDRAM입니다. 그리고 최근에 흔히 사용하는 메모리는 DDR4 SDRAM으로, SDR SDRAM보다 열여섯 배 넓은 대역폭을 가집니다.

▶ **6가지 키워드로 정리하는 핵심 포인트**

- RAM은 **휘발성 저장 장치**이고, 보조기억장치는 **비휘발성 저장 장치**입니다.

- **DRAM**은 시간이 지나면 저장된 데이터가 점차 사라지는 RAM이고, **SRAM**은 시간이 지나도 저장된 데이터가 사라지지 않는 RAM입니다.

- **SDRAM**은 클럭과 동기화된 DRAM입니다.

- **DDR SDRAM**은 SDR SDRAM에 비해 대역폭이 두 배 넓습니다.

▶ **확인 문제**

**1.** RAM에 대한 설명 중 옳지 않은 것을 고르세요.

① RAM은 휘발성 저장 장치입니다.
② DRAM은 시간이 지나면 점차 데이터가 사라지는 RAM입니다.
③ SRAM은 흔히 주기억장치, 즉 메모리로 사용됩니다.
④ RAM이 크면 많은 프로그램을 동시에 빠르게 실행하는 데 유리합니다.

**2.** 다음 보기에 있는 RAM의 종류를 옳게 짝지어 써 보세요.

> **보기** DRAM, SRAM, SDRAM, DDR SDRAM

- 대역폭을 두 배 넓힌 SDRAM ( **❶** )
- 시간이 지나도 저장된 데이터가 사라지지 않는 RAM ( **❷** )
- 데이터의 소멸을 막기 위해 일정 주기로 데이터를 재활성화해야 하는 RAM ( **❸** )
- 클럭과 동기화된 DRAM ( **❹** )

**3.** 다음 설명을 읽고 SRAM에 대한 설명인지 DRAM에 대한 설명인지 쓰세요.

> **보기** SRAM, DRAM

- 주로 캐시 메모리로 활용됩니다. ( **❶** )
- 주로 주기억장치로 활용됩니다. ( **❷** )
- 대용량화하기 유리합니다. ( **❸** )
- 집적도가 상대적으로 낮습니다. ( **❹** )

**4.** 빈칸에 알맞은 말을 차례로 써 넣으세요.

> DDR3 SDRAM은 DDR2 SDRAM에 비해 대역폭이 ( **❶** )배 넓은 RAM입니다.
> DDR2 SDRAM은 DDR SDRAM에 비해 대역폭이 ( **❷** )배 넓은 RAM입니다.

`hint` 2. 대역폭을 두 배 넓힌 SDRAM은 DDR SDRAM입니다. 그리고 시간이 지나도 저장된 데이터가 사라지지 않는 RAM은 SRAM, 데이터의 소멸을 막기 위해 일정 주기로 데이터를 재활성화해야 하는 RAM은 DRAM, 클럭과 동기화된 DRAM은 SDRAM입니다.

# 06-2 메모리의 주소 공간

**핵심 키워드**    물리 주소    논리 주소    MMU    베이스 레지스터    한계 레지스터

주소에는 물리 주소와 논리 주소가 있습니다. 이번 절에서는 이 두 주소의 개념과
차이, 그리고 두 주소 간의 변환 방법을 학습합니다.

## 시작하기 전에

지금까지 '메모리에 저장된 정보의 위치는 주소로 나타낼 수 있다' 정도로만 설명했지만, 사실 주소에
는 두 종류가 있습니다. 바로 물리 주소와 논리 주소입니다. **물리 주소**는 메모리 하드웨어가 사용하
는 주소이고, **논리 주소**는 CPU와 실행 중인 프로그램이 사용하는 주소입니다.

이번 절에서는 이렇게 두 종류의 주소로 나뉘게 된 배경과 각 주소의 개념, 그리고 논리 주소를 물리
주소로 변환하는 방법에 대해 알아보겠습니다.

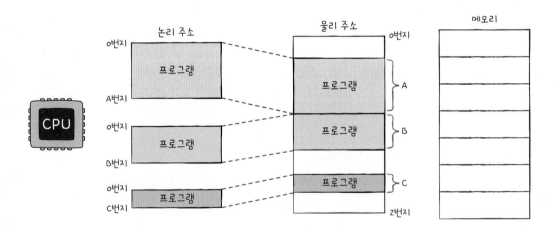

## 물리 주소와 논리 주소

이런 질문으로 시작해 보겠습니다.

"CPU와 실행 중인 프로그램은 현재 메모리 몇 번지에 무엇이 저장되어 있는지 다 알고 있을까요?"

언뜻 생각하면 당연히 그럴 것 같지만, 실제로는 그렇지 않습니다. CPU와 메모리에 저장되어 실행 중인 프로그램은 메모리 몇 번지에 무엇이 저장되어 있는지 다 알지 못합니다.

그 이유는 메모리에 저장된 정보는 시시각각 변하기 때문입니다. 메모리에는 새롭게 실행되는 프로그램이 시시때때로 적재되고, 실행이 끝난 프로그램은 삭제됩니다. 게다가 같은 프로그램을 실행하더라도 실행할 때마다 적재되는 주소가 달라질 수 있습니다. 1500번지에 적재되었던 프로그램을 다시 실행하면 3000번지, 또 다시 실행하면 2700번지에 적재될 수 있지요. 이런 상황에서 CPU와 실행 중인 프로그램이 현재 메모리 몇 번지에 무엇이 저장되어 있는지 모조리 알고 있기란 어렵겠죠?

그렇다면 CPU와 실행 중인 프로그램이 이해하는 주소는 무엇일까요?

주소에는 메모리가 사용하는 물리 주소가 있고, CPU와 실행 중인 프로그램이 사용하는 논리 주소가 있습니다.

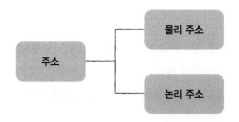

메모리가 사용하는 **물리 주소**physical address는 말 그대로 정보가 실제로 저장된 하드웨어상의 주소를 의미합니다. 반면 CPU와 실행 중인 프로그램이 사용하는 **논리 주소**logical address는 실행 중인 프로그램 각각에게 부여된 0번지부터 시작되는 주소를 의미합니다.

예를 들어 현재 메모리에 메모장, 게임, 인터넷 브라우저 프로그램이 적재되어 있다고 가정해 보겠습니다. 메모장, 게임, 인터넷 브라우저 프로그램은 현재 다른 프로그램들이 메모리 몇 번지에 저장되어 있는지, 다시 말해 다른 프로그램들의 물리 주소가 무엇인지 굳이 알 필요가 없습니다. 새로운 프로그램이 언제든 적재될 수 있고, 실행되지 않는 프로그램은 언제든 메모리에서 사라질 수 있기 때문입니다.

그래서 메모장, 게임, 인터넷 브라우저는 모두 물리 주소가 아닌 0번지부터 시작하는 자신만을 위한 주소인 논리 주소를 가지고 있습니다. 예를 들어, '10번지'라는 주소는 메모장에도, 게임에도, 인터넷 브라우저에도 논리 주소로써 존재할 수 있습니다. 프로그램마다 같은 논리 주소가 얼마든지 있을 수 있다는 뜻입니다. 그리고 CPU는 이 논리 주소를 받아들이고, 해석하고, 연산합니다.

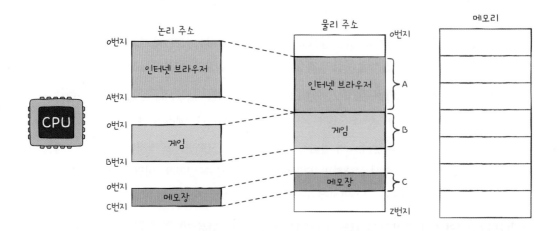

정리하면, 메모리가 사용하는 주소는 하드웨어상의 실제 주소인 물리 주소이고, CPU와 실행 중인 프로그램이 사용하는 주소는 각각의 프로그램에 부여된 논리 주소입니다.

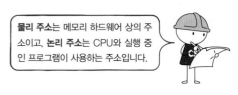

그런데 CPU가 이해하는 주소가 논리 주소라고는 해도 CPU가 메모리와 상호작용하려면 논리 주소와 물리 주소 간의 변환이 이루어져야 합니다. 논리 주소와 물리 주소 간에 어떠한 변환도 이루어지지 않는다면 CPU와 메모리는 서로 이해할 수 없는 주소 체계를 가지고 각자 다른 이야기만 할 뿐 결코 상호작용할 수 없을 테니까요.

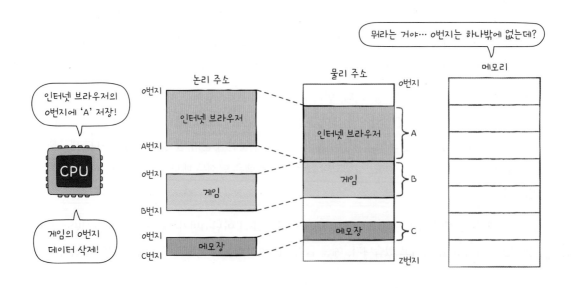

그렇다면 논리 주소는 어떻게 물리 주소로 변환될까요?

논리 주소와 물리 주소 간의 변환은 CPU와 주소 버스 사이에 위치한 **메모리 관리 장치**MMU; Memory Management Unit (이하 **MMU**)라는 하드웨어에 의해 수행됩니다.

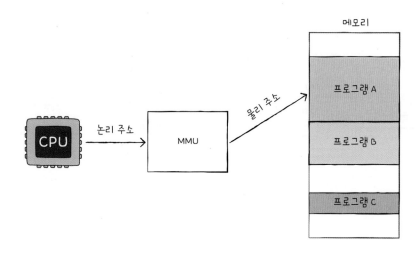

MMU는 CPU가 발생시킨 논리 주소에 베이스 레지스터 값을 더하여 논리 주소를 물리 주소로 변환합니다. 예를 들어 현재 베이스 레지스터에 15000이 저장되어 있고 CPU가 발생시킨 논리 주소가 100번지라면 이 논리 주소는 아래 그림처럼 물리 주소 15100번지(100+15000)로 변환됩니다. 물리 주소 15000번지부터 적재된 프로그램 A의 논리 주소 100번지에는 이렇게 접근이 가능한 것이지요.

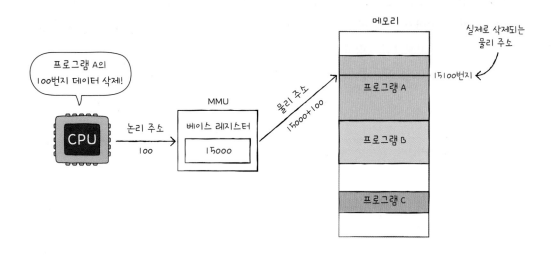

만약 베이스 레지스터에 45000이 저장되어 있고 CPU가 발생시킨 논리 주소가 100번지라면 이 논리 주소는 물리 주소 45100(100+45000)번지로 변환됩니다. 물리 주소 45000번지부터 적대된 프로그램 C의 논리 주소 100번지에는 이렇게 접근이 가능한 것입니다.

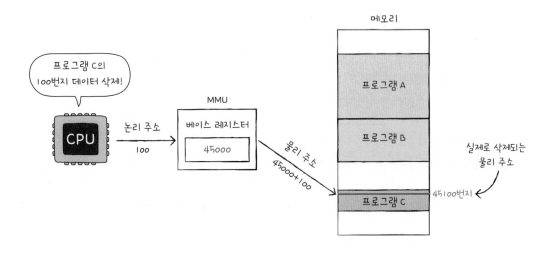

베이스 레지스터는 프로그램의 가장 작은 물리 주소, 즉 프로그램의 첫 물리 주소를 저장하는 셈이고, **논리 주소**는 프로그램의 시작점으로부터 떨어진 거리인 셈입니다.

## 메모리 보호 기법

메모장 프로그램의 물리 주소가 1000번지부터 1999번지, 인터넷 브라우저 프로그램의 물리 주소가 2000번지부터 2999번지, 게임 프로그램의 물리 주소가 3000번지부터 3999번지라고 가정해 보겠습니다. 만약 메모장 프로그램 명령어 중 '(논리 주소) 1500번지에 숫자 100을 저장하라'와 같은 명령어가 있다면 숫자 100은 어떤 물리 주소에 저장될까요? 이 명령어는 실행되어도 안전할까요?

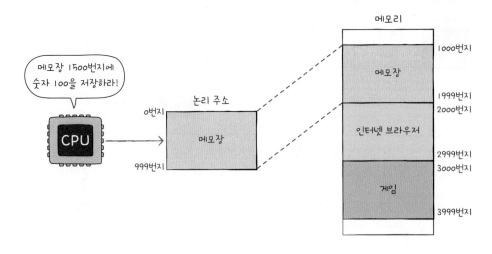

혹은 인터넷 브라우저 프로그램 명령어 중 '(논리 주소) 1100번지의 데이터를 삭제하라'와 같은 명령어가 있다면 어떤 물리 주소의 데이터가 삭제될까요? 이 명령어는 실행되어도 안전할까요?

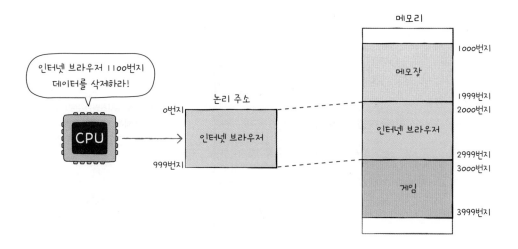

짐작하겠지만, 위와 같은 명령어들은 실행되어서는 안 됩니다. 프로그램의 논리 주소 영역을 벗어났기 때문이지요. 위 명령어들이 실행된다면 메모장 프로그램 명령어는 애꿎은 인터넷 브라우저 프로그램에 숫자 10을 저장하고, 인터넷 브라우저 프로그램 명령어는 자신과는 전혀 관련 없는 게임 프로그램 정보를 삭제합니다.

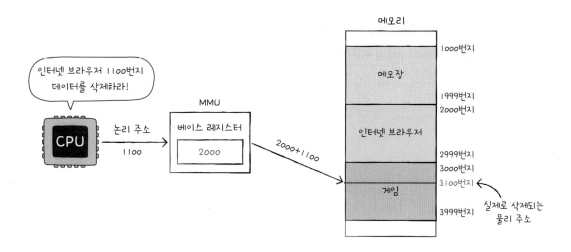

이렇게 다른 프로그램의 영역을 침범할 수 있는 명령어는 위험하기 때문에 논리 주소 범위를 벗어나는 명령어 실행을 방지하고 실행 중인 프로그램이 다른 프로그램에 영향을 받지 않도록 보호할 방법이 필요합니다. 이는 **한계 레지스터**<sup>limit register</sup>라는 레지스터가 담당합니다.

베이스 레지스터가 실행 중인 프로그램의 가장 작은 물리 주소를 저장한다면, 한계 레지스터는 논리 주소의 최대 크기를 저장합니다. 즉, 프로그램의 물리 주소 범위는 베이스 레지스터 값 이상, 베이스 레지스터 값 + 한계 레지스터 값 미만이 됩니다.

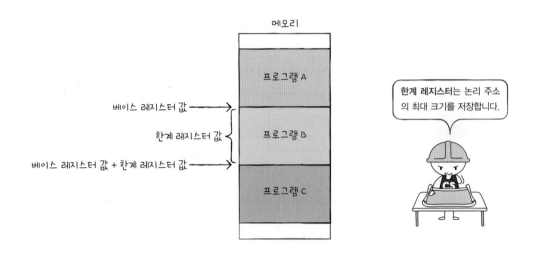

CPU가 접근하려는 논리 주소는 한계 레지스터가 저장한 값보다 커서는 안 됩니다. 한계 레지스터보다 높은 주소 값에 접근하는 것은 곧 프로그램의 범위에 벗어난 메모리 공간에 접근하는 것과 같기 때문입니다.

베이스 레지스터에 100, 한계 레지스터에 150이 저장되어 있다고 해 봅시다. 이는 물리 주소 시작점이 100번지, 프로그램의 크기(논리 주소의 최대 크기)는 150임을 의미합니다. 따라서 이 프로그램은 150번지를 넘어서는 논리 주소를 가질 수 없습니다.

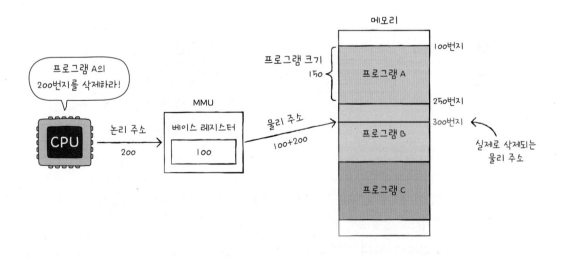

이번에는 베이스 레지스터에 1500, 한계 레지스터에 1000이 저장되어 있다고 해 봅시다. 이는 물리 주소 시작점이 1500번지, 프로그램 크기는 1000임을 의미합니다. 따라서 이 프로그램은 1000번지를 넘어서는 논리 주소를 가질 수 없습니다.

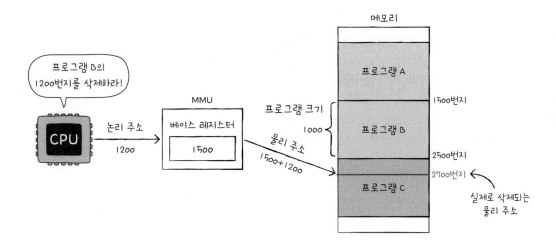

CPU는 메모리에 접근하기 전에 접근하고자 하는 논리 주소가 한계 레지스터보다 작은지를 항상 검사합니다. 만약 CPU가 한계 레지스터보다 높은 논리 주소에 접근하려고 하면 인터럽트(트랩)를 발생시켜 실행을 중단합니다.

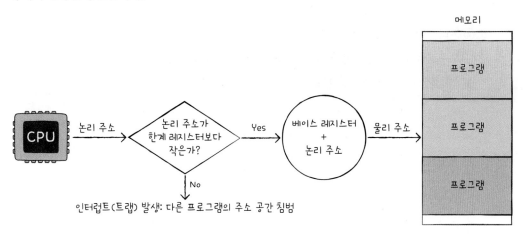

이러한 방식으로 실행 중인 프로그램의 독립적인 실행 공간을 확보하고 하나의 프로그램이 다른 프로그램을 침범하지 못하게 보호할 수 있습니다.

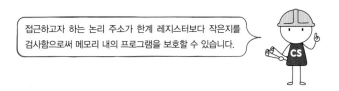

접근하고자 하는 논리 주소가 한계 레지스터보다 작은지를 검사함으로써 메모리 내의 프로그램을 보호할 수 있습니다.

## ▶ 5가지 키워드로 정리하는 핵심 포인트

- **물리 주소**는 메모리 하드웨어상의 주소이고, **논리 주소**는 CPU와 실행 중인 프로그램이 사용하는 주소입니다.

- **MMU**는 논리 주소를 물리 주소로 변환합니다.

- **베이스 레지스터**는 프로그램의 첫 물리 주소를 저장합니다.

- **한계 레지스터**는 실행 중인 프로그램의 논리 주소의 최대 크기를 저장합니다.

## ▶ 확인 문제

**1.** 주소와 관련된 설명으로 옳은 것을 고르세요.

① 실행되는 프로그램은 항상 같은 메모리 주소에 적재됩니다.
② 논리 주소와 물리 주소의 구분은 의미가 없습니다.
③ 프로그램이 실행될 때마다 다른 주소에 적재될 수 있습니다.
④ CPU가 이해하는 주소는 물리 주소입니다.

**2.** 논리 주소와 물리 주소에 대한 설명 중 옳지 않은 것을 고르세요.

① 실행되는 프로그램과 CPU는 메모리의 물리 주소를 알지 못합니다.
② MMU는 논리 주소를 물리 주소로 변환합니다.
③ 물리 주소는 모든 프로그램의 시작 주소를 0번지로 간주합니다.
④ 명령어 속 주소는 논리 주소입니다.

**3.** MMU에 대한 설명으로 옳은 것을 고르세요.

① MMU는 논리 주소를 물리 주소로 변환해 줍니다.

② MMU는 대용량 저장 장치 중 하나입니다.

③ MMU 없이도 물리 주소와 논리 주소 간의 변환이 가능합니다.

④ MMU는 컴퓨터가 부팅이 될 때 한 번만 사용됩니다.

**4.** 다음 그림은 논리 주소가 물리 주소로 변환되는 과정을 나타냅니다. 다음 빈칸에 알맞은 단어를 쓰세요.

**보기** 한계 레지스터, 베이스 레지스터, 플래그 레지스터, 명령어 레지스터

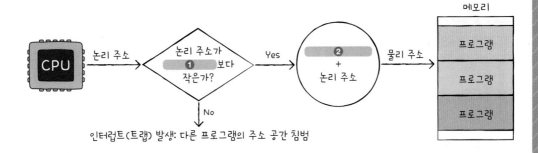

**hint** 2. 한계 레지스터는 명령어가 다른 프로그램 범위를 침범하는지를 검사합니다. 베이스 레지스터는 논리 주소와 더해져 물리 주소로 변환되는 데에 사용됩니다.

# 06-3 캐시 메모리

`저장 장치 계층 구조`　`캐시 메모리`　`캐시 적중률`　`참조 지역성의 원리`

이번 절에서는 저장 장치 계층 구조를 통해 저장 장치의 큰 그림을 그리고, CPU와 메모리 사이에 위치한 캐시 메모리를 학습합니다.

## 시작하기 전에

CPU는 프로그램을 실행하는 과정에서 메모리에 저장된 데이터를 빈번하게 사용합니다. 하지만 CPU가 메모리에 접근하는 시간은 CPU의 연산 속도보다 느립니다. CPU가 연산을 빨리 한다 해도 메모리에 접근하는 시간이 느리면 CPU의 빠른 연산 속도는 아무런 쓸모가 없겠죠? 이를 극복하기 위한 저장 장치가 바로 **캐시 메모리**입니다.

캐시 메모리의 탄생 배경과 특징을 이해하려면 우선 **저장 장치 계층 구조**라는 개념을 이해해야 합니다. 이번 절에서는 저장 장치 계층 구조를 통해 지금까지 학습한 저장 장치들의 큰 그림을 그려 보고, 캐시 메모리의 탄생 배경과 특징, 작동 원리를 학습해 보겠습니다.

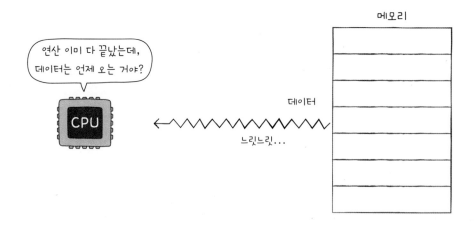

## 저장 장치 계층 구조

모든 사용자들은 빠르고 동시에 용량이 큰 저장 장치를 원합니다. 하지만 안타깝게도 '빠른 저장 장치'와 '용량이 큰 저장 장치'는 양립하기 어렵습니다. 저장 장치는 일반적으로 아래와 같은 명제를 따르기 때문이죠.

**❶** CPU와 가까운 저장 장치는 빠르고, 멀리 있는 저장 장치는 느리다.
**❷** 속도가 빠른 저장 장치는 저장 용량이 작고, 가격이 비싸다.

가령 CPU 내의 레지스터, 메모리(RAM), USB 메모리를 비교해 볼까요?

CPU와 가장 가까운 레지스터는 일반적으로 RAM보다 용량은 작지만, 접근 시간이 압도적으로 빠르고 가격이 비쌉니다. 그리고 USB 메모리보다 CPU에 더 가까운 RAM은 접근 시간이 훨씬 더 빠르지만, 같은 용량이라 할지라도 가격은 더 비쌉니다.

즉, 낮은 가격대의 대용량 저장 장치를 원한다면 느린 속도는 감수해야 하고, 빠른 메모리를 원한다면 작은 용량과 비싼 가격은 감수해야 합니다. 이렇게 저장 장치들의 장단점이 명확한데, 어느 하나의 저장 장치만을 사용할 수는 없겠죠? 그래서 일반적으로 컴퓨터는 다양한 저장 장치를 모두 사용하게 됩니다.

컴퓨터가 사용하는 저장 장치들은 'CPU에 얼마나 가까운가'를 기준으로 계층적으로 나타낼 수 있습니다. 이를 **저장 장치 계층 구조**<sup>memory hierarchy</sup>라고 합니다.

**note** 저장 장치 계층 구조를 영문으로 나타내면 memory hierarchy, 메모리 계층 구조를 의미합니다. 여기서 '메모리'라는 용어는 RAM이 아닌 일반적인 저장 장치를 의미합니다. 이 책에서는 용어의 혼동을 방지하기 위해 '저장 장치 계층 구조'라는 표현을 사용합니다.

우리가 지금까지 배운 저장 장치 계층은 아래와 같이 나타낼 수 있습니다.

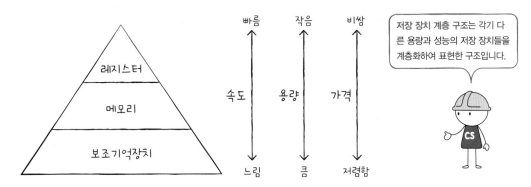

CPU에 가까운 저장 장치일수록 빠르고, 용량이 작고, 비싸다고 했죠? 위 계층으로 올라갈수록 CPU와 가깝고 용량은 작지만 빠른 저장 장치입니다. 그리고 아래 계층으로 내려갈수록 CPU와 멀고 용량은 크지만 느린 저장 장치입니다. 가격 또한 일반적으로 위 계층으로 올라갈수록 비싸고, 아래 계층으로 내려갈수록 저렴합니다.

## 캐시 메모리

CPU가 메모리에 접근하는 속도는 레지스터에 접근하는 속도보다 느립니다. 그럼에도 불구하고 CPU는 프로그램을 실행하는 과정에서 메모리에 빈번히 접근해야만 합니다. CPU 연산 속도가 아무리 빨라도 메모리에 접근하는 속도가 그에 따라가지 못한다면 CPU의 발전은 아무 소용 없겠죠?

그래서 등장한 저장 장치가 캐시 메모리입니다. **캐시 메모리**<sup>cache memory</sup>는 CPU와 메모리 사이에 위치하고, 레지스터보다 용량이 크고 메모리보다 빠른 SRAM 기반의 저장 장치입니다.

캐시 메모리는 CPU의 연산 속도와 메모리 접근 속도의 차이를 조금이나마 줄이기 위해 탄생했습니다. CPU가 매번 메모리에 왔다 갔다 하는 건 시간이 오래 걸리니, 메모리에서 CPU가 사용할 일부 데이터를 미리 캐시 메모리로 가지고 와서 활용하자는 것이죠.

CPU를 집으로, 메모리에 접근하는 행위를 물건을 사러 가는 것으로 비유하자면 메모리는 마치 '물건은 많지만 집과는 멀리 떨어져 있어 왕복이 오래 걸리는 대형 마트'이고, 캐시 메모리는 '물건이 많지는 않아도 집과 가까이 있는 편의점'과 같다고 보면 됩니다.

편의점에 내가 필요한 물품이 있다면 굳이 멀리 있는 대형 마트까지 갈 필요 없이 내가 원하는 물품을 얻을 수 있는 것처럼 캐시 메모리에 CPU가 필요로 하는 데이터가 있다면 필요한 데이터로의 접

근 시간을 줄일 수 있습니다.

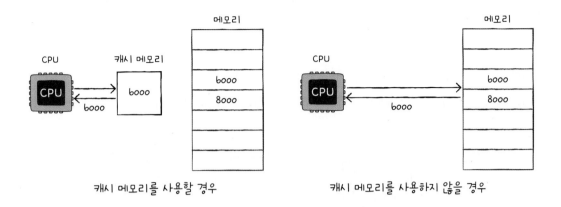

캐시 메모리를 사용할 경우          캐시 메모리를 사용하지 않을 경우

캐시 메모리까지 반영한 저장 장치 계층 구조는 아래와 같이 그릴 수 있습니다.

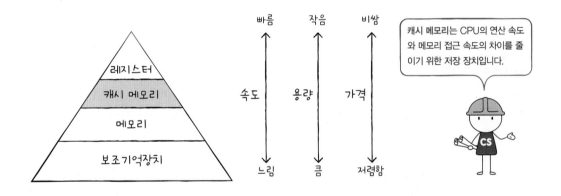

여러분이 사용하는 컴퓨터 내부에는 여러 개의 캐시 메모리가 있습니다. 그리고 이 캐시 메모리들은 CPU(코어)와 가까운 순서대로 계층을 구성합니다. 코어와 가장 가까운 캐시 메모리를 **L1**[level 1] **캐시**, 그다음 가까운 캐시 메모리를 **L2**[level 2] **캐시**, 그다음 가까운 캐시 메모리를 **L3**[level 3] **캐시**라고 부릅니다.

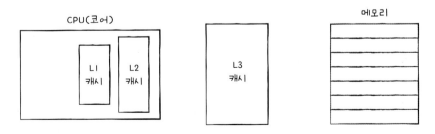

**note** 일반적으로 L1 캐시와 L2 캐시는 코어 내부에, L3 캐시는 코어 외부에 위치해 있습니다.

저장 장치 계층 구조를 이해했다면 짐작할 수 있다시피 캐시 메모리의 용량은 L1, L2, L3 순으로 커지고, 속도는 L3, L2, L1 순으로 빨라집니다. 가격은 일반적으로 L3, L2, L1 순으로 비싸지지요. CPU가 메모리 내에 데이터가 필요하다고 판단하면 우선 L1 캐시에 해당 데이터가 있는지를 알아보고, 없다면 L2, L3 캐시 순으로 데이터를 검색합니다.

멀티 코어 프로세서에서 L1-L2-L3 캐시는 일반적으로 다음와 같이 구현됩니다. L1 캐시와 L2 캐시는 코어마다 고유한 캐시 메모리로 할당되고, L3 캐시는 여러 코어가 공유하는 형태로 사용됩니다.

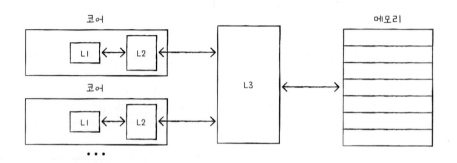

**✚ 여기서 잠깐** **분리형 캐시**

코어와 가장 가까운 L1 캐시는 조금이라도 접근 속도를 빠르게 만들기 위해 명령어만을 저장하는 L1 캐시인 L1I 캐시와 데이터만을 저장하는 L1 캐시인 L1D 캐시로 분리하는 경우도 있습니다. 이를 **분리형 캐시**(split cache)라고 합니다.

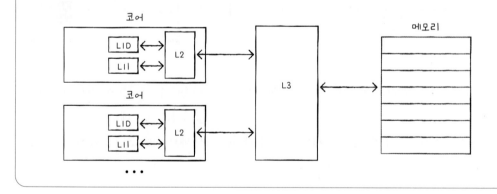

캐시 메모리의 계층 구조를 알았다면 이제 저장 장치 계층 구조를 세부적으로 그릴 수 있겠죠?

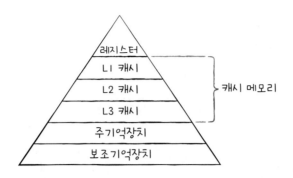

이 구조를 외울 필요는 전혀 없습니다. 클라우드 서비스에서 제공하는 원격 스토리지와 같이 이 책에서 다루지 않는 저장 장치들도 얼마든지 저장 장치 계층 구조에 추가될 수 있으니까요. 중요한 것은 상위 계층을 이루고 있는 저장 장치의 특징과 하위 계층을 이루고 있는 저장 장치의 특징을 이해하고 그 차이를 이해하는 것입니다.

## 참조 지역성 원리

캐시 메모리는 메모리보다 용량이 작습니다. 당연하게도 캐시 메모리는 메모리에 있는 모든 내용을 가져다 저장할 수는 없습니다. 메모리가 보조기억장치의 일부를 복사하여 저장하는 것처럼 캐시 메모리는 메모리의 일부를 복사하여 저장합니다. 그렇다면 캐시 메모리는 무엇을 저장해야 할까요?

보조기억장치는 전원이 꺼져도 기억할 대상을 저장하고, 메모리는 실행 중인 대상을 저장한다면 캐시 메모리는 CPU가 사용할 법한 대상을 예측하여 저장합니다. 이때 자주 사용될 것으로 예측한 데이터가 실제로 들어맞아 캐시 메모리 내 데이터가 CPU에서 활용될 경우를 **캐시 히트**<sup>cache hit</sup>라고 합니다.

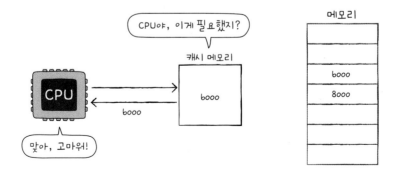

반대로 자주 사용될 것으로 예측하여 캐시 메모리에 저장했지만, 예측이 틀려 메모리에서 필요한 데이터를 직접 가져와야 하는 경우를 **캐시 미스**<sup>cache miss</sup>라고 합니다. 캐시 미스가 발생하면 CPU가 필요한 데이터를 메모리에서 직접 가져와야 하기 때문에 캐시 메모리의 이점을 활용할 수 없습니다. 당연히 캐시 미스가 자주 발생하면 성능이 떨어지게 되겠죠.

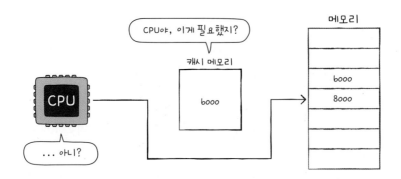

참고로 캐시가 히트되는 비율을 **캐시 적중률**<sup>cache hit ratio</sup>이라 하고 다음과 같이 계산합니다.

> 캐시 히트 횟수 / (캐시 히트 횟수 + 캐시 미스 횟수)

우리가 사용하는 컴퓨터의 캐시 적중률은 대략 85~95% 이상입니다. CPU가 필요할 것으로 예측한 데이터를 100번 중 85~95번꼴로 맞추는 셈이지요.

캐시 적중률이 높으면 CPU의 메모리 접근 횟수를 줄일 수 있습니다.

캐시 메모리의 이점을 제대로 활용하려면 CPU가 사용할 법한 데이터를 제대로 예측해서 캐시 적중률을 높여야 합니다. 그렇다면 CPU가 사용할 법한 데이터는 어떻게 알 수 있을까요?

캐시 메모리는 한 가지 원칙에 따라 메모리로부터 가져올 데이터를 결정합니다. 바로 **참조 지역성의 원리**<sup>locality of reference, principle of locality</sup>입니다. 참조 지역성의 원리란 CPU가 메모리에 접근할 때의 주된 경향을 바탕으로 만들어진 원리입니다.

❶ CPU는 최근에 접근했던 메모리 공간에 다시 접근하려는 경향이 있다.
❷ CPU는 접근한 메모리 공간 근처를 접근하려는 경향이 있다.

하나씩 살펴봅시다.

**첫째, '최근에 접근했던 메모리 공간에 다시 접근하려는 경향'은 무엇일까요?**

프로그래밍 언어를 배운 독자들은 '변수'가 무엇인지 알고 있을 겁니다. 변수에 값을 저장하고 나면 언제든 변수에 다시 접근하여 변수에 저장된 값을 사용할 수 있습니다. 이는 달리 말해 'CPU는 변수가 저장된 메모리 공간을 언제든 다시 참조할 수 있다'는 것을 의미합니다. 그리고 변수에 저장된 값은 일반적으로 한 번만 사용되지 않고 프로그램이 실행되는 동안 여러 번 사용됩니다. 즉, CPU는 최근에 접근했던 (변수가 저장된) 메모리 공간을 여러 번 다시 접근할 수 있습니다.

가령 다음 코드를 봅시다. 이는 구구단 2단을 출력하는 간단한 코드입니다.

```c
#include <stdio.h>

int main(void) {
    int num = 2;

    for (int i = 1; i <= 9; i++)
        printf("%d X %d = %d\n", num, i, num * i);
    return 0;
}
```

```
실행 결과                    ✕
2 X 1 = 2
2 X 2 = 4
...
2 X 8 = 16
2 X 9 = 18
```

note 위 코드 하나하나가 무슨 뜻인지 알 필요는 없습니다.

위 코드에서 변수는 num과 i입니다. 구구단 2단을 출력하는 과정에서 이 변수들이 여러 번 사용되고 있습니다. 이렇게 '최근에 접근했던 메모리 공간에 다시 접근하려는 경향'을 **시간 지역성**<sup>temporal locality</sup>이라고 합니다.

**둘째, '접근한 메모리 공간 근처를 접근하려는 경향'은 무엇일까요?**

CPU가 실행하려는 프로그램은 보통 관련 데이터들끼리 한데 모여 있습니다. 가령 메모리 내에 워드 프로세서 프로그램, 웹 브라우저 프로그램, 게임 프로그램이 있다고 가정해 봅시다. 이 세 프로그램은 서로 관련 있는 데이터끼리 모여서 저장됩니다. 워드 프로세서 프로그램은 워드 프로세서 관련 데이터들이 모여 저장되고, 웹 브라우저 프로그램은 웹 브라우저 관련 데이터들이 모여 저장되고, 게임 프로그램은 게임 관련 데이터들이 모여 저장되지요.

그리고 하나의 프로그램 내에서도 관련 있는 데이터들은 모여서 저장됩니다. 가령 워드 프로세서 프로그램에 자동 저장 기능, 입력 기능, 출력 기능이 있다고 했을 때 각각의 기능과 관련한 데이터는 모여 저장됩니다.

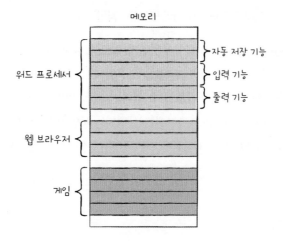

메모리

위드 프로세서 — 자동 저장 기능

입력 기능

출력 기능

웹 브라우저

게임

CPU가 워드 프로세서 프로그램을 실행할 적에는 워드 프로세서 프로그램이 모여 있는 공간 근처를 집중적으로 접근할 것이고, 사용자가 입력을 할 적에는 입력 기능이 모여 있는 공간 근처를 집중적으로 접근하겠죠? 이렇게 '접근한 메모리 공간 근처를 접근하려는 경향'을 **공간 지역성**spatial locality이라고 합니다.

캐시 메모리는 이렇듯 참조 지역성의 원리에 입각해 CPU가 사용할 법한 데이터를 예측합니다.

## ▶ 4가지 키워드로 정리하는 핵심 포인트

- **저장 장치 계층 구조**는 각기 다른 용량과 성능의 저장 장치들을 계층화하여 표현한 구조입니다.

- **캐시 메모리**는 CPU의 연산 속도와 메모리 접근 속도의 차이를 줄이기 위한 저장 장치입니다.

- **캐시 적중률**이 높으면 CPU의 메모리 접근 횟수를 줄일 수 있습니다.

- 캐시 메모리는 **참조 지역성의 원리**에 따라 데이터를 예측하여 캐시 적중률을 높입니다.

## ▶ 확인 문제

**1.** 다음 보기에 있는 저장 장치들로 저장 장치 계층 구조 도식도를 채우세요.

> **보기** 메모리, 보조기억장치, 캐시 메모리, 레지스터

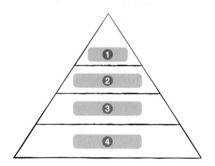

**2.** 캐시 메모리와 관련된 설명 중 옳지 않은 것을 고르세요.

① 캐시 메모리는 CPU가 사용할 법한 데이터를 저장합니다.
② 캐시 메모리는 참조 지역성의 원리에 입각해 데이터를 가져와 저장합니다.
③ 캐시 메모리는 메모리와 CPU 사이에 위치합니다.
④ 캐시 적중률이 높으면 캐시 메모리의 성능이 떨어집니다.

보조기억장치, 특히 하드 디스크와 플래시 메모리는 개인 컴퓨터부터 서버를 구성하고 관리하는 상황까지 다방면으로 사용되는 부품이기 때문에 개발자라면 반드시 잘 알아야 하는 저장 장치입니다. 이번 장에서는 이 두 장치에 대해 가볍게 알아보고, 높은 성능과 안전한 데이터 저장을 위한 RAID에 대해 학습해 보겠습니다.

# 보조기억장치

**학습목표**

- 하드 디스크 구조와 작동 원리를 이해합니다.
- 플래시 메모리 구조와 작동 원리를 이해합니다.
- RAID의 의미와 다양한 RAID 레벨을 학습합니다.

# 07-1 다양한 보조기억장치

핵심 키워드

| 하드 디스크 | 플래터 | 데이터 접근 시간 | 플래시 메모리 | 페이지 | 블록 |
|---|---|---|---|---|---|

하드 디스크와 플래시 메모리는 가장 대표적인 보조기억장치입니다. 이번 절에서는 이 두 장치에 대해 알아보겠습니다.

## 시작하기 전에

보조기억장치에는 다양한 종류가 있습니다. 그중 가장 대중적인 보조기억장치는 하드 디스크와 플래시 메모리입니다. 플래시 메모리가 조금 생소하게 들릴 수 있는데, 우리가 흔히 사용하는 USB 메모리, SD 카드, SSD와 같은 저장 장치를 말합니다.

이제부터 하드 디스크와 플래시 메모리를 살펴보면서 이 두 장치와 친해지는 시간을 가져 봅시다.

대표적인 보조기억장치인 하드 디스크와 플래시 메모리를 알아봅시다.

하드 디스크

플래시 메모리

# 하드 디스크

가장 먼저 알아볼 보조기억장치는 **하드 디스크**<sup>HDD; Hard Disk Drive</sup>입니다. 하드 디스크는 자기적인 방식으로 데이터를 저장하는 보조기억장치입니다. 이 때문에 하드 디스크를 **자기 디스크**<sup>magnetic disk</sup>의 일종으로 지칭하기도 합니다. 대용량 저장 장치가 필요한 작업이나 서버실에 자주 출입하는 작업을 한다면 하드 디스크를 자주 접하게 될 겁니다.

하드 디스크의 생김새를 볼까요? 다음 그림이 바로 하드 디스크입니다. 우리가 아는 CD나 옛날 음향 장치인 LP가 떠오를 겁니다. 실제로도 하드 디스크는 CD나 LP와 비슷하게 동작합니다. 동그란 원판에 데이터를 저장하고, 그것을 회전시켜 뾰족한 리더기로 데이터를 읽는 점에서 비슷하지요.

이제 이 하드 디스크를 뜯어 보겠습니다. 하드 디스크에서 실질적으로 데이터가 저장되는 곳은 아래 그림 속 동그란 원판입니다. 이를 **플래터**<sup>platter</sup>라고 합니다. 하드 디스크는 자기적인 방식으로 데이터를 저장한다고 했죠? 플래터는 자기 물질로 덮여 있어 수많은 N극과 S극을 저장합니다. N극과 S극은 0과 1의 역할을 수행합니다.

그 플래터를 회전시키는 구성 요소를 **스핀들**<sup>spindle</sup>이라고 합니다. 스핀들이 플래터를 돌리는 속도는 분당 회전수를 나타내는 **RPM**<sup>Revolution Per Minute</sup>이라는 단위로 표현됩니다. 가령 RPM이 15,000인 하드 디스크는 1분에 15,000바퀴를 회전하는 하드 디스크입니다.

스핀들

플래터

플래터를 대상으로 데이터를 읽고 쓰는 구성 요소는 **헤드**<sup>head</sup>입니다. 헤드는 플래터 위에서 미세하게 떠 있는 채로 데이터를 읽고 쓰는, 마치 바늘같이 생긴 부품입니다. 그리고 헤드는 원하는 위치로 헤드를 이동시키는 **디스크 암**<sup>disk arm</sup>에 부착되어 있습니다.

CD나 LP에 비해 하드 디스크는 훨씬 더 많은 양의 데이터를 저장해야 하므로 일반적으로 여러 겹의 플래터로 이루어져 있고 플래터 양면을 모두 사용할 수 있습니다. 양면 플래터를 사용하면 위아래로 플래터당 두 개의 헤드가 사용됩니다. 이때 일반적으로 모든 헤드는 디스크 암에 부착되어 다같이 이동합니다.

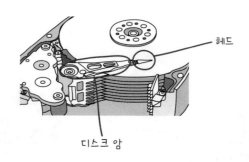

그럼 이제 플래터에 데이터가 어떻게 저장되는지 알아봅시다. 플래터는 **트랙**<sup>track</sup>과 **섹터**<sup>sector</sup>라는 단위로 데이터를 저장합니다. 아래 그림처럼 플래터를 여러 동심원으로 나누었을 때 그중 하나의 원을 트랙이라고 부릅니다. 운동장 달리기 트랙을 생각해 보면 쉽게 와닿을 겁니다. 그리고 트랙은 마치 피자처럼 여러 조각으로 나누어지는데, 이 한 조각을 섹터라고 부릅니다. 섹터는 하드 디스크의 가장 작은 전송 단위입니다. 하나의 섹터는 일반적으로 512바이트 정도의 크기를 가지고 있지만, 정확한 크기는 하드 디스크에 따라 차이가 있습니다. 일부 하드 디스크의 섹터 크기는 4,096바이트에 이르기도 하지요.

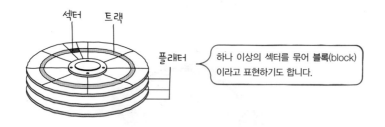

위에서 여러 겹의 플래터가 사용될 수 있다고 했죠? 이때 여러 겹의 플래터 상에서 같은 트랙이 위치한 곳을 모아 연결한 논리적 단위를 **실린더**<sup>cylinder</sup>라고 부릅니다. 쉽게 말해 한 플래터를 동심원으로 나눈 공간은 트랙, 같은 트랙끼리 연결한 원통 모양의 공간은 실린더입니다.

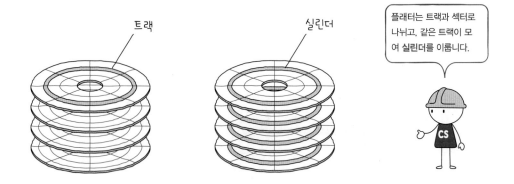

트랙실린더

플래터는 트랙과 섹터로 나뉘고, 같은 트랙이 모여 **실린더**를 이룹니다.

연속된 정보는 보통 한 실린더에 기록됩니다. 예를 들어 두 개의 플래터를 사용하는 하드 디스크에서 네 개 섹터에 걸쳐 데이터를 저장할 때는 첫 번째 플래터 윗면, 뒷면과 두 번째 플래터 윗면, 뒷면에 데이터를 저장합니다. 연속된 정보를 하나의 실린더에 기록하는 이유는 디스크 암을 움직이지 않고도 바로 데이터에 접근할 수 있기 때문입니다.

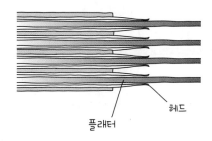

헤드

플래터

데이터가 하드 디스크의 섹터, 트랙, 실린더에 저장된다는 것을 알았다면 저장된 데이터에 접근하는 과정을 생각해 봅시다. 하드 디스크가 저장된 데이터에 접근하는 시간은 크게 **탐색 시간**, **회전 지연**, **전송 시간**으로 나뉩니다.

- **탐색 시간**ˢᵉᵉᵏ ᵗⁱᵐᵉ은 접근하려는 데이터가 저장된 트랙까지 헤드를 이동시키는 시간을 의미합니다.

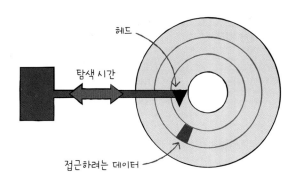

헤드

탐색 시간

접근하려는 데이터

• **회전 지연**rotational latency은 헤드가 있는 곳으로 플래터를 회전시키는 시간을 의미합니다.

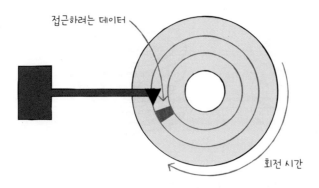

• **전송 시간**transfer time은 하드 디스크와 컴퓨터 간에 데이터를 전송하는 시간을 의미합니다.

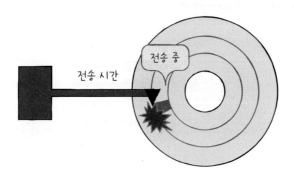

위 시간들은 별것 아닌 것 같아도 성능에 큰 영향을 끼치는 시간입니다. 일례로 구글의 AI를 주도하고 있는 제프 딘은 과거 '프로그래머가 꼭 알아야 할 컴퓨터 시간들'을 공개한 바 있는데, 일부를 발췌하면 다음과 같습니다.

| | |
|---|---|
| L1 캐시 참조 시간 | 0.5ns |
| L2 캐시 참조 시간 | 5ns |
| 메모리 참조 시간 | 7ns |
| 메모리에서 1MB를 순차적으로 읽는 시간 | 250,000ns |
| (하드) 디스크 탐색 시간 | 10,000,000ns |
| (하드) 디스크에서 1MB를 순차적으로 읽는 시간 | 30,000,000ns |
| 한 패킷이 캘리포니아에서 네덜란드까지 왕복하는 시간 | 150,000,000ns |

note ns(나노초)는 $10^{-9}$초입니다. 그리고 패킷(packet)이란 네트워크의 기본적인 전송 단위입니다.

생각보다 정말 많은 시간이 걸리죠? 물론 2011년에 자료가 공개된 이후 오늘날 하드 디스크 성능은 많이 향상되었지만, 하드 디스크에서 다량의 데이터를 탐색하고 읽어 들이는 시간은 생각보다 어마어마하다는 사실을 쉽게 짐작할 수 있습니다.

탐색 시간과 회전 지연을 단축시키기 위해서는 플래터를 빨리 돌려 RPM을 높이는 것도 중요하지만, 06-3절에서 배운 참조 지역성, 즉 접근하려는 데이터가 플래터 혹은 헤드를 조금만 옮겨도 접근할 수 있는 곳에 위치해 있는 것도 중요합니다.

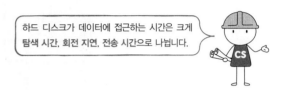

하드 디스크가 데이터에 접근하는 시간은 크게
탐색 시간, 회전 지연, 전송 시간으로 나뉩니다.

**＋ 여기서 잠깐**  **다중 헤드 디스크와 고정 헤드 디스크**

플래터의 한 면당 헤드가 하나씩 달려 있는 하드 디스크를 **단일 헤드 디스크**(single-head disk)라고 부릅니다. 반면 아래 오른쪽 그림처럼 헤드가 트랙별로 여러 개 달려 있는 하드 디스크도 있는데, 이를 **다중 헤드 디스크**(multiple-head disk)라고 부릅니다. 다중 헤드 디스크는 트랙마다 헤드가 있기 때문에 탐색 시간이 들지 않습니다. 따라서 다중 헤드 디스크는 탐색 시간이 0입니다.

이런 점에서 헤드를 움직일 필요가 없는 다중 헤드 디스크를 **고정 헤드 디스크**(fixed-head disk)라고도 부릅니다. 반대로 헤드를 데이터가 있는 곳까지 움직여야 하는 단일 헤드 디스크를 **이동 헤드 디스크**(movable-head disk)라고 부릅니다.

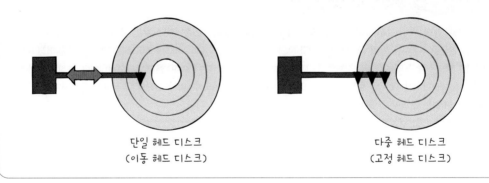

만약 하드 디스크를 한 번도 접한 적 없는 독자라면 인터넷에서 하드 디스크 작동 영상을 찾아 한 번 시청해 보길 권합니다. 'hard drive running', 'hard drive in slow motion' 등으로 검색해 보세요. 하드 디스크를 글로 이해하는 것은 어렵지 않으나, 한 번 눈으로 동작을 본 뒤에 학습하는 것이 훨씬 더 와닿고 기억에 오래 남기 때문입니다.

## 플래시 메모리

하드 디스크는 최근에 많이 사용하는 보조기억장치이지만, **플래시 메모리**flash memory 기반의 보조기억장치 또한 많이 사용합니다. 우리가 흔히 사용하는 USB 메모리, SD 카드, SSD가 모두 플래시 메모리 기반의 보조기억장치입니다.

이들의 내부를 직접 살펴볼까요? 다음 그림에서 붉은 박스로 표기한 부분이 플래시 메모리입니다.

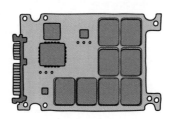

플래시 메모리는 전기적으로 데이터를 읽고 쓸 수 있는 반도체 기반의 저장 장치입니다. 사실 플래시 메모리는 보조기억장치 범주에만 속한다기보다는 다양한 곳에서 널리 사용하는 저장 장치로 보는 것이 옳습니다. 주기억장치 중 하나인 ROM에도 사용되고, 우리가 일상적으로 접하는 거의 모든 전자 제품 안에 플래시 메모리가 내장되어 있다고 봐도 무방합니다.

---

**➕ 여기서 잠깐**　　**두 종류의 플래시 메모리**

플래시 메모리에는 크게 NAND 플래시 메모리와 NOR 플래시 메모리가 있습니다. NAND 플래시와 NOR 플래시는 각각 NAND 연산을 수행하는 회로(NAND 게이트)와 NOR 연산을 수행하는 회로(NOR 게이트)를 기반으로 만들어진 메모리를 뜻합니다. 이 둘 중 대용량 저장 장치로 많이 사용되는 플래시 메모리는 NAND 플래시 메모리입니다. 그리고 이번 절에서 설명할 보조기억장치로서의 플래시 메모리 또한 NAND 플래시 메모리입니다. 앞으로 이 책에서 '플래시 메모리'는 특별한 언급이 없는 한 NAND 플래시 메모리를 지칭한다고 보아도 무방합니다.

---

플래시 메모리에는 **셀**cell이라는 단위가 있습니다. 셀이란 플래시 메모리에서 데이터를 저장하는 가장 작은 단위입니다. 이 셀이 모이고 모여 MB, GB, TB 용량을 갖는 저장 장치가 되는 것이지요. 이때 하나의 셀에 몇 비트를 저장할 수 있느냐에 따라 플래시 메모리 종류가 나뉩니다. 한 셀에 1비트를 저장할 수 있는 플래시 메모리를 **SLC**Single Level Cell 타입, 한 셀에 2비트를 저장할 수 있는 플래시 메모리를 **MLC**Multiple Level Cell 타입, 한 셀에 3비트를 저장할 수 있는 플래시 메모리를 **TLC**Triple-Level Cell 타입이라고 합니다. 큰 차이가 아닌 것처럼 보여도 이는 플래시 메모리의 수명, 속도, 가격에 큰 영향을 끼칩니다. 참고로 한 셀에 4비트를 저장할 수 있는 QLC 타입도 있지만, 이 책에서는 SLC, MLC, TLC 타입을 위주로 알아보겠습니다. SLC, MLC, TLC 타입의 특징을 이해하면 QLC 타입의

특징도 충분히 짐작할 수 있기 때문입니다.

그럼 SLC, MLC, TLC 타입의 특징과 차이점을 알아보겠습니다. 사람 한 명을 비트, 셀을 집에 비유하면 SLC 타입은 한 집에 한 명, MLC 타입은 한 집에 두 명, TLC 타입은 세 명이 사는 구조로 비유할 수 있습니다.

## SLC 타입

SLC 타입은 아래 그림과 같이 한 셀로 두 개의 정보를 표현할 수 있습니다. 홀로 거주하는 집에 제약 없이 출입이 가능하듯 SLC 타입은 MLC나 TLC 타입에 비해 비트의 빠른 입출력이 가능합니다.

수명도 MLC나 TLC 타입보다 길어서 수만에서 수십만 번 가까이 데이터를 쓰고 지우고를 반복할 수 있습니다. 하지만 SLC 타입은 용량 대비 가격이 높습니다. 이는 마치 혼자서 살면 감당해야 할 주거 비용이 커지는 것과 같지요. 그렇기에 보통 기업에서 데이터를 읽고 쓰기가 매우 많이 반복되며 고성능의 빠른 저장 장치가 필요한 경우에 SLC 타입을 사용합니다.

## MLC 타입

MLC 타입은 다음 그림과 같이 한 셀로 네 개의 정보를 표현할 수 있습니다. SLC 타입보다 일반적으로 속도와 수명은 떨어지지만, 한 셀에 두 비트씩 저장할 수 있다는 점에서 MLC 타입은 SLC 타입보다 대용량화하기 유리합니다. 집의 개수가 같다면 한 집에 한 명씩 사는 것보다 한 집에 두 명씩 사는 것이 훨씬 더 많은 사람을 수용할 수 있는 것과 같은 이치입니다.

두 명이 한 집에서 주거 비용을 나눠 내면 혼자 감당해야 하는 주거 비용보다 저렴해지듯 MLC 타입은 SLC 타입보다 용량 대비 가격이 저렴합니다. 시중에서 사용되는 많은 플래시 메모리 저장 장치들이 MLC 타입(혹은 후술할 TLC 타입)으로 만들어집니다.

## TLC 타입

한 셀당 3비트씩 저장할 수 있는 TLC 타입은 한 셀로 여덟 개의 정보를 표현할 수 있습니다. 그렇기에 대용량화 하기가 유리합니다. 일반적으로 SLC나 MLC 타입보다 수명과 속도가 떨어지지만 용량 대비 가격도 저렴합니다.

정리하면, 같은 용량의 플래시 메모리 저장 장치라고 할지라도 셀의 타입에 따라 수명, 가격, 성능이 다릅니다. 썼다 지우기를 자주 반복해야 하는 경우 혹은 높은 성능을 원하는 경우에는 고가의 SLC 타입을 선택하는 것이 좋고, 저가의 대용량 저장 장치를 원한다면 TLC 타입, 그 중간을 원한다면 MLC 타입의 저장 장치를 선택하는 것이 좋습니다.

| 구분 | SLC | MLC | TLC |
| --- | --- | --- | --- |
| 셀당 bit | 1bit | 2bit | 3bit |
| 수명 | 길다 | 보통 | 짧다 |
| 읽기/쓰기 속도 | 빠르다 | 보통 | 느리다 |
| 용량 대비 가격 | 높다 | 보통 | 낮다 |

이제 플래시 메모리의 가장 작은 단위인 셀보다 더 큰 단위를 알아봅시다.

셀들이 모여 만들어진 단위를 **페이지**<sup>page</sup>, 그리고 페이지가 모여 만들어진 단위를 **블록**<sup>block</sup>이라고 합니다. 블록이 모여 **플레인**<sup>plane</sup>, 플레인이 모여 **다이**<sup>die</sup>가 됩니다.

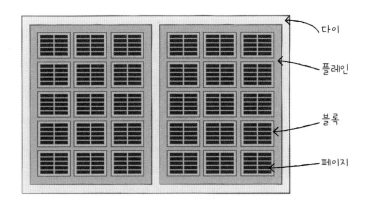

플래시 메모리에서 읽기와 쓰기는 페이지 단위로 이루어집니다. 하지만 삭제는 페이지보다 큰 블록 단위로 이루어집니다. 읽기/쓰기 단위와 삭제 단위가 다르다는 것이 플래시 메모리의 가장 큰 특징 중 하나입니다.

이때 페이지는 세 개의 상태를 가질 수 있습니다. 이는 각각 Free, Valid, Invalid 상태입니다. **Free 상태**는 어떠한 데이터도 저장하고 있지 않아 새로운 데이터를 저장할 수 있는 상태를 의미하고, **Valid 상태**는 이미 유효한 데이터를 저장하고 있는 상태를 의미합니다. 그리고 **Invalid 상태**는 쓰레기값이라 부르는 유효하지 않은 데이터를 저장하고 있는 상태를 의미합니다. 플래시 메모리는 하드 디스크와는 달리 덮어쓰기가 불가능하여 Valid 상태인 페이지에는 새 데이터를 저장할 수 없습니다.

플래시 메모리의 간단한 동작을 예시로 알아봅시다. X라는 블록이 네 개의 페이지로 이루어져 있다고 가정해 보겠습니다. 그리고 그중 두 개의 페이지에는 왼쪽 아래와 같이 A와 B라는 데이터가 저장되어 있다고 해 보죠. 여기서 블록 X에 새로운 데이터 C를 저장한다면 어떻게 될까요? 플래시 메모리의 읽기 쓰기 단위는 페이지라고 했죠? 그러므로 오른쪽 아래와 같이 저장됩니다.

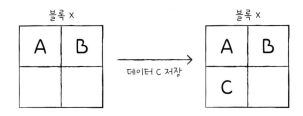

여기서 새롭게 저장된 C와 기존에 저장되어 있던 B는 그대로 둔 채 기존의 A만을 A'로 수정하고 싶

다면 어떻게 해야 할까요? 플래시 메모리에서 덮어쓰기는 불가능하기 때문에 기존에 저장된 A는 Invalid 상태가 되어 더 이상 값이 유효하지 않은 쓰레기값이 되고, 새로운 A' 데이터가 저장됩니다. 결과적으로 블록 X의 Valid 페이지는 B, C, A'가 됩니다.

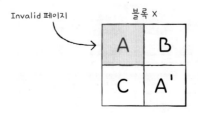

그런데 여기서 문제가 있습니다. A와 같이 쓰레기값을 저장하고 있는 공간은 사용하지 않을 공간인데도 불구하고 용량을 차지하고 있습니다. 이는 엄연히 용량 낭비입니다. 그렇다고 A만 지울 수도 없습니다. 앞서 언급했듯이 플래시 메모리에서 삭제는 블록 단위로 수행되기 때문입니다. 그래서 최근 SSD를 비롯한 플래시 메모리는 이런 쓰레기값을 정리하기 위해 **가비지 컬렉션**garbage collection 기능을 제공합니다.

가비지 컬렉션은 ❶ 유효한 페이지들만 새로운 블록으로 복사한 뒤, ❷ 기존의 블록을 삭제하는 기능입니다. 즉, 블록 X의 모든 유효한 페이지를 새로운 블록 Y로 옮기고 블록 X를 삭제하는 것이죠.

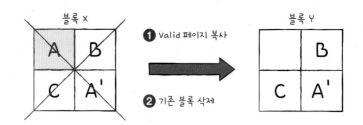

**가비지 컬렉션**은 유효한 페이지들만 새로운 블록으로 복사한 후 기존 블록을 삭제하여 공간을 정리하는 기능입니다.

## ▶ 6가지 키워드로 정리하는 핵심 포인트

- **하드 디스크**의 구성 요소에는 플래터, 스핀들, 헤드, 디스크 암이 있습니다.

- **플래터**는 트랙과 섹터로 나뉘고, 여러 플래터의 동일한 트랙이 모여 실린더를 이룹니다.

- 하드 디스크의 **데이터 접근 시간**은 크게 탐색 시간, 회전 지연, 전송 시간으로 나뉩니다.

- **플래시 메모리**는 한 셀에 몇 비트를 저장할 수 있느냐에 따라 SLC, MLC, TLC로 나뉩니다.

- 플래시 메모리의 읽기와 쓰기는 **페이지** 단위로, 삭제는 **블록** 단위로 이루어집니다.


## ▶ 확인 문제

**1.** 〈보기〉는 하드 디스크의 구성 요소입니다. 다음 물음에 알맞은 답을 보기에서 골라 써 보세요.

> **보기** 플래터, 스핀들, 헤드, 디스크 암

- 하드 디스크에서 데이터는 어디에 저장되나요? (  **①**  )
- 하드 디스크의  플래터를 돌리는 구성 요소는 무엇인가요? (  **②**  )
- 하드 디스크에 저장된 데이터를 읽고 쓰는 구성 요소는 무엇인가요? (  **③**  )


**2.** SLC, MLC, TLC 타입에 대해 옳지 않은 것을 고르세요.

① SLC 타입은 MLC 타입보다 읽고 쓰는 속도가 빠릅니다.

② TLC 타입은 MLC 타입보다 읽고 쓰는 속도가 빠릅니다.

③ MLC 타입은 SLC 타입보다 가격이 저렴합니다.

④ TLC 타입은 MLC 타입보다 가격이 저렴합니다.

# 07-2

## RAID의 정의와 종류

핵심 키워드

RAID  RAID 0  RAID 1  RAID 4  RAID 5  RAID 6

이번 절에서는 여러 보조기억장치를 더욱 안전하고 빠르게 활용하는 방법인 RAID
에 대해 알아보겠습니다.

### 시작하기 전에

1TB 하드 디스크 네 개와 4TB 하드 디스크 한 개를 비교해 보겠습니다. 1TB 하드 디스크 네 개를
동시에 사용하는 것이 더 나을까요? 아니면 4TB 하드 디스크 하나를 사용하는 것이 더 나을까요?
1TB 하드 디스크 네 개로 RAID를 구성하면 4TB 하드 디스크 한 개의 성능과 안전성을 능가할 수
있습니다. 그렇다면 RAID가 무엇이며, 왜 이런 차이가 생기는 것인지 이번 절에서 함께 알아봅시다.

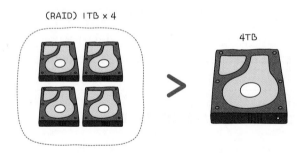

# RAID의 정의

여러분이 구글, 아마존과 같은 글로벌 IT 기업의 서버를 관리하는 엔지니어라고 생각해 봅시다. 매일 같이 수십, 수백 TB 데이터가 서버로 쏟아지고, 데이터에는 개인 정보, 결제 정보와 같이 절대로 잃어버려서는 안 될 민감한 정보도 포함되어 있습니다.

여러분이라면 이런 정보를 어떻게 안전하게 관리할 건가요? 앞선 절에서 여러분은 '보조기억장치에도 수명이 있다'는 사실을 학습했습니다. 그래서 '하드 디스크와 같은 보조기억장치에 어떻게든 저장만 하면 됩니다'와 같은 단순한 답변은 다소 부족한 해법일 수 있습니다.

이럴 때 사용할 수 있는 방법 중 하나가 RAID입니다. **RAID** <sup>Redundant Array of Independent Disks</sup>는 주로 하드 디스크와 SSD를 사용하는 기술로, 데이터의 안전성 혹은 높은 성능을 위해 여러 개의 물리적 보조기억장치를 마치 하나의 논리적 보조기억장치처럼 사용하는 기술을 의미합니다.

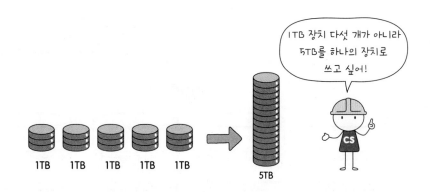

# RAID의 종류

여러 개의 하드 디스크나 SSD를 마치 하나의 장치처럼 사용하는 RAID를 구성하는 방법은 여러 가지가 있습니다. RAID 구성 방법을 **RAID 레벨**이라 표현하는데, RAID 레벨에는 대표적으로 RAID 0, RAID 1, RAID 2, RAID 3, RAID 4, RAID 5, RAID 6이 있고, 그로부터 파생된 RAID 10, RAID 50 등이 있습니다. 이들 중 가장 대중적인 RAID 0, RAID 1, RAID 4, RAID 5, RAID 6에 대해 알아보겠습니다.

`note` RAID 2와 RAID 3은 현재 잘 활용되지 않습니다.

# RAID 0

우선 RAID 0에 대해 알아봅시다. **RAID 0**은 여러 개의 보조기억장치에 데이터를 단순히 나누어 저장하는 구성 방식입니다. 가령 1TB 하드 디스크 네 개로 RAID 0를 구성했다고 가정해 봅시다.

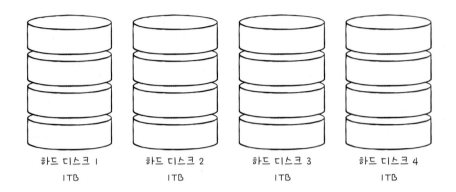

이제 어떠한 데이터를 저장할 때 각 하드 디스크는 아래와 같이 번갈아 가며 데이터를 저장합니다. 즉, 저장되는 데이터가 하드 디스크 개수만큼 나뉘어 저장되는 것이지요.

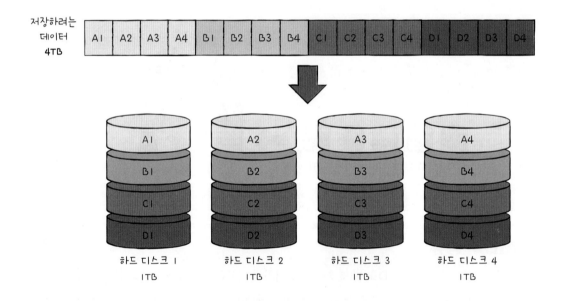

이때 마치 줄무늬처럼 분산되어 저장된 데이터를 **스트라입**stripe이라 하고, 분산하여 저장하는 것을 **스트라이핑**striping이라고 합니다. 참고로 stripe는 영어로 줄무늬라는 뜻입니다.

위와 같이 데이터가 분산되어 저장되면, 다시 말해 스트라이핑되면 저장된 데이터를 읽고 쓰는 속도가 빨라집니다. 하나의 대용량 저장 장치를 이용했더라면 여러 번에 걸쳐 읽고 썼을 데이터를 동시에 읽고 쓸 수 있기 때문이지요. 그렇기에 4TB 저장 장치 한 개를 읽고 쓰는 속도보다 RAID 0으로 구성된 1TB 저장 장치 네 개의 속도가 이론상 네 배가량 빠릅니다.

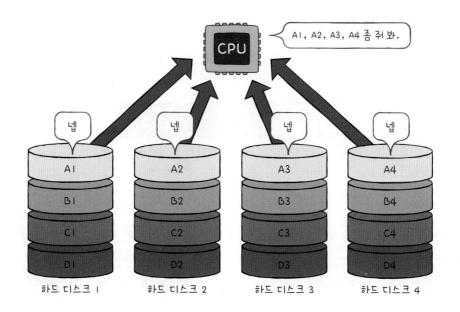

그런데 RAID 0에는 단점이 있습니다. 저장된 정보가 안전하지 않습니다. RAID 0으로 구성된 하드 디스크 중 하나에 문제가 생긴다면 다른 모든 하드 디스크의 정보를 읽는 데 문제가 생길 수 있습니다. 그래서 등장한 것이 RAID 1입니다.

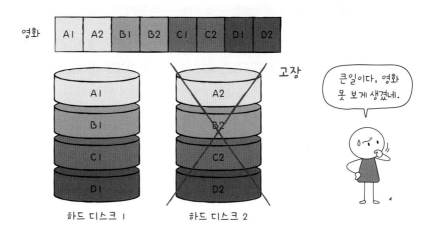

## RAID 1

**RAID 1**은 복사본을 만드는 방식입니다. 마치 거울처럼 완전한 복사본을 만드는 구성이기에 **미러링**mirroring이라고도 부릅니다. 아래 그림은 네 개의 하드 디스크를 RAID 1으로 구성한 모습입니다. RAID 0처럼 데이터 스트라이핑이 사용되긴 했지만, 오른쪽의 두 하드 디스크는 마치 거울처럼 왼쪽의 두 하드 디스크와 동일한 내용을 저장하고 있죠? 이처럼 RAID 1에 어떠한 데이터를 쓸 때는 원본과 복사본 두 군데에 씁니다. 그렇기에 쓰기 속도는 RAID 0보다 느리죠.

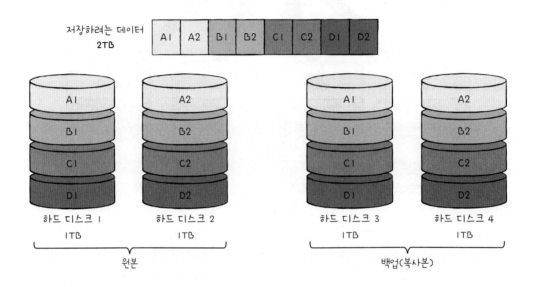

RAID 1 방식은 복구가 매우 간단하다는 장점이 있습니다. 똑같은 디스크가 두 개 있는 셈이니, 하나에 문제가 발생해도 잃어버린 정보를 금방 되찾을 수 있기 때문입니다.

하지만 RAID 1은 하드 디스크 개수가 한정되었을 때 사용 가능한 용량이 적어지는 단점이 있습니다. 위 그림만 보아도 RAID 0 구성은 4TB의 정보를 저장할 수 있는 반면, RAID 1에서는 2TB의 정보만 저장할 수 있습니다. 즉, RAID 1에서는 복사본이 만들어지는 용량만큼 사용자가 사용하지 못합니다. 결국 많은 양의 하드 디스크가 필요하게 되고, 비용이 증가한다는 단점으로도 이어집니다.

> RAID 0은 데이터를 균등하게 분산하여 저장하고, RAID 1은 완전한 복사본을 만듭니다.

## RAID 4

RAID 4는 RAID 1처럼 완전한 복사본을 만드는 대신 오류를 검출하고 복구하기 위한 정보를 저장한 장치를 두는 구성 방식입니다. 이때 '오류를 검출하고 복구하기 위한 정보'를 **패리티 비트**parity bit라고 합니다. RAID 4에서는 패리티를 저장한 장치를 이용해 다른 장치들의 오류를 검출하고, 오류가 있다면 복구합니다. 이로써 RAID 4는 RAID 1보다 적은 하드 디스크로도 데이터를 안전하게 보관할 수 있습니다.

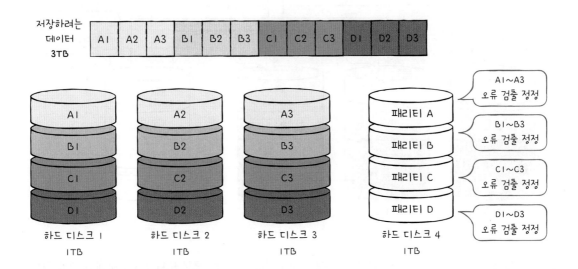

**+ 여기서 잠깐    오류를 검출하는 패리티 비트**

원래 패리티 비트는 오류 검출만 가능할 뿐 오류 복구는 불가능합니다. 하지만 RAID에서는 패리티 값으로 오류 수정도 가능합니다. 다만 구체적인 방법인 패리티 계산법은 다루지 않을 예정입니다. 여러분은 여기서 다음 두 가지만 기억하면 됩니다.

❶ RAID 4에서는 패리티 정보를 저장한 장치로써 나머지 장치들의 오류를 검출·복구한다.
❷ 패리티 비트는 본래 오류 검출용 정보지만, RAID에서는 오류 복구도 가능하다.

## RAID 5

RAID 4에서는 어떤 새로운 데이터가 저장될 때마다 패리티를 저장하는 디스크에도 데이터를 쓰게 되므로 패리티를 저장하는 장치에 병목 현상이 발생한다는 문제가 있습니다.

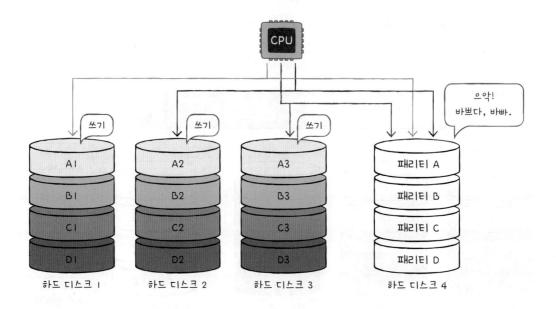

RAID 5는 아래 그림처럼 패리티 정보를 분산하여 저장하는 방식으로 RAID 4의 문제인 병목 현상을 해소합니다.

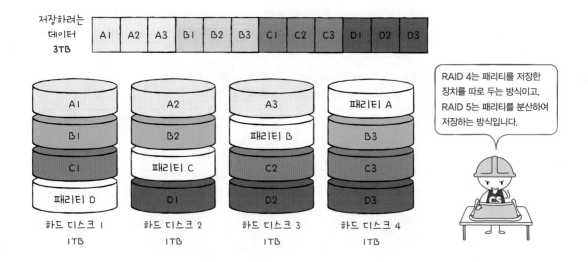

## RAID 6

RAID 6의 구성은 기본적으로 RAID 5와 같으나, 다음 그림과 같이 서로 다른 두 개의 패리티를 두는 방식입니다. 이는 오류를 검출하고 복구할 수 있는 수단이 두 개가 생긴 셈입니다. 따라서 RAID 6은 RAID 4나 RAID 5보다 안전한 구성이라 볼 수 있습니다. 다만 새로운 정보를 저장할 때마다 함께 저장할 패리티가 두 개이므로, 쓰기 속도는 RAID 5보다 느립니다. 따라서 RAID 6은 데이터 저장 속도를 조금 희생하더라도 데이터를 더욱 안전하게 보관하고 싶을 때 사용하는 방식입니다.

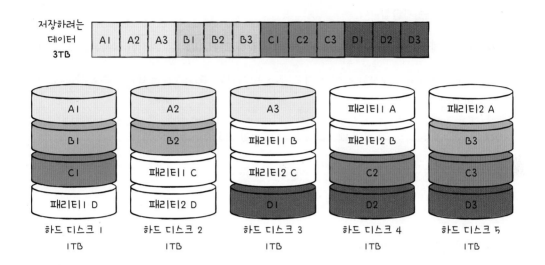

지금까지 다양한 RAID의 개념과 RAID 레벨을 알아보았습니다. 이 외에도 RAID 0과 RAID 1을 혼합한 RAID 10 방식도 있고, RAID 0과 RAID 5를 혼합한 RAID 50 방식도 있습니다.

note 이렇게 여러 RAID 레벨을 혼합한 방식을 Nested RAID라고 합니다.

RAID 6은 서로 다른 두 개의 패리티를 두는 방식입니다.

각 RAID 레벨마다 장단점이 있으므로 여러분이 어떤 상황에서 무엇을 최우선으로 원하는지에 따라 최적의 RAID 레벨은 달라질 수 있습니다. 그렇기에 각 RAID 레벨의 대략적인 구성과 특징을 아는 것이 중요합니다.

▶ 6가지 키워드로 정리하는 핵심 포인트

- RAID란 데이터의 안전성 혹은 높은 성능을 위해 여러 하드 디스크나 SSD를 마치 하나의 장치처럼 사용하는 기술입니다.

- RAID 0은 데이터를 단순히 병렬로 분산하여 저장하고, RAID 1은 완전한 복사본을 만듭니다.

- RAID 4는 패리티를 저장한 장치를 따로 두는 방식이고, RAID 5는 패리티를 분산하여 저장하는 방식입니다.

- RAID 6은 서로 다른 두 개의 패리티를 두는 방식입니다.


▶ 확인 문제

1. RAID에 대한 설명 중 옳지 않은 것을 고르세요.

① RAID는 여러 보조기억장치들을 마치 하나의 장치처럼 사용하는 기술입니다.
② RAID를 구성하지 않아도 보조기억장치는 영구히 사용할 수 있습니다.
③ RAID를 통해 보조기억장치들의 성능을 높일 수 있습니다.
④ RAID를 통해 데이터를 안전하게 보관할 수 있습니다.


2. RAID 0과 관련한 설명으로 옳은 것을 고르세요.

① RAID 0은 하나의 물리적인 보조기억장치만을 사용하는 방식입니다.
② RAID 0은 안전한 백업이 가능한 RAID 구성 방식입니다.
③ RAID 0은 데이터를 단순히 병렬적으로 분산하여 저장하는 방식입니다.
④ RAID 0은 CPU 구성 방식입니다.

**3.** 다음 그림과 같이 구성되는 RAID 레벨을 보기에서 고르세요.

**보기** RAID 0, RAID 1, RAID 4, RAID 5, RAID 6

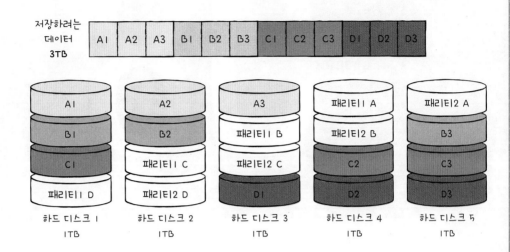

---

hint 3. RAID 0은 데이터를 단순히 병렬적으로 스트라이핑하여 분산 저장하는 방식입니다.

# 08

컴퓨터의 네 가지 핵심 부품 중 마지막인 입출력장치에 대해 알아봅시다. 컴퓨터가 외부로부터 어떤 정보도 입력받지 못하고 출력할 수 없다면, 결국 사용자인 우리들은 컴퓨터를 사용할 수가 없겠죠? 컴퓨터의 작동 원리를 끝까지 제대로 이해하려면 다양한 입출력장치들이 어떻게 컴퓨터에 연결되는지, 입력과 출력은 어떤 과정을 거쳐 처리되는지를 알아야 합니다.

# 입출력장치

- 장치 컨트롤러에 대해 이해합니다.
- 장치 드라이버에 대해 이해합니다.
- 프로그램 입출력 방식이 무엇인지 이해합니다.
- 인터럽트 기반의 입출력 방식을 이해합니다
- DMA 입출력 방식을 이해합니다.

# 08-1 장치 컨트롤러와 장치 드라이버

핵심 키워드

장치 컨트롤러    장치 드라이버

입출력장치는 컴퓨터 외부에 연결되는 장치입니다. 이것들은 컴퓨터 내부와 어떻게 연결되어 있을까요? 이와 관련해 장치 컨트롤러와 장치 드라이버에 대해 알아보겠습니다.

## 시작하기 전에

실제 여러분이 사용하는 컴퓨터를 생각해 보세요. 컴퓨터에는 CPU와 메모리만 있지 않습니다. 스피커, 모니터, 키보드, 마우스 등과 같은 입출력장치와 외장 하드 디스크나 USB 메모리 등 보조기억장치가 컴퓨터에 주렁주렁 달려 있습니다.

이번 절에서는 **장치 컨트롤러**와 **장치 드라이버**라는 개념을 통해 다양한 외부 장치가 컴퓨터 내부와 어떻게 연결되고 소통하는지를 알아보겠습니다.

참고로 이번 장에서 언급하는 입출력장치는 07장에서 학습한 보조기억장치도 포함합니다. 보조기억장치가 컴퓨터 내부와 정보를 주고받는 방식은 입출력장치와 크게 다르지 않기 때문입니다.

이런 장치들은 컴퓨터 내부와 어떻게 데이터를 주고받는 걸까?

## 장치 컨트롤러

우선 이 이야기부터 시작해 보겠습니다. 입출력장치는 앞서 학습한 CPU, 메모리보다 다루기가 더 까다롭습니다. 왜일까요? 여기에는 크게 두 가지 이유가 있습니다.

**첫째, 입출력장치에는 종류가 너무나도 많습니다.**

지금 당장 떠올릴 수 있는 장치만 하더라도 키보드, 모니터, USB 메모리, CD-ROM, SSD, 마우스, 프린터, 스피커, 마이크 등 매우 많습니다. 장치가 이렇게 다양하면 자연스레 장치마다 속도, 데이터 전송 형식 등도 다양합니다. 따라서 다양한 입출력장치와 정보를 주고받는 방식을 규격화하기가 어렵습니다.

이는 마치 CPU와 메모리는 한국어를 사용하는데, 프린터는 영어, 스피커는 일본어, 모니터는 중국어를 사용하는 상황과 같습니다.

**둘째, 일반적으로 CPU와 메모리의 데이터 전송률은 높지만 입출력장치의 데이터 전송률은 낮습니다.**

여기서 **전송률**<sup>transfer rate</sup>이란 데이터를 얼마나 빨리 교환할 수 있는지를 나타내는 지표입니다. CPU와 메모리처럼 전송률이 높은 장치는 1초에도 수많은 데이터를 주고받을 수 있지만, 키보드나 마우스와 같이 상대적으로 전송률이 낮은 장치는 같은 시간 동안 데이터를 조금씩만 주고받을 수 있습니다.

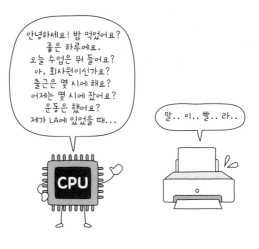

1초에 1,000마디를 내뱉는 사람과 1초에 한 마디를 내뱉는 사람끼리 제대로 대화하기란 어렵겠죠? 이렇듯 전송률의 차이는 CPU와 메모리, 입출력장치 간의 통신을 어렵게 합니다.

물론 어떤 입출력장치는 CPU나 메모리보다 전송률이 높은 경우도 있습니다. 하지만 결과적으로 CPU나 메모리와 전송률이 비슷하지 않기 때문에 같은 어려움을 겪게 됩니다.

이와 같은 이유로 입출력장치는 컴퓨터에 직접 연결되지 않고 **장치 컨트롤러**device controller라는 하드웨어를 통해 연결됩니다. 장치 컨트롤러는 **입출력 제어기**I/O controller, **입출력 모듈**I/O module 등으로 다양하게 불리기도 하는데, 이 책에서는 장치 컨트롤러라는 용어를 사용하겠습니다.

모든 입출력장치는 각자의 장치 컨트롤러를 통해 컴퓨터 내부와 정보를 주고받고, 장치 컨트롤러는 하나 이상의 입출력장치와 연결되어 있습니다. 예를 들어 하드 디스크 또한 장치 컨트롤러가 있습니다.

장치 컨트롤러의 역할을 조금 더 구체적으로 알아봅시다. 장치 컨트롤러는 대표적으로 다음과 같은 역할을 통해 앞에서 언급한 문제들을 해결합니다.

- CPU와 입출력장치 간의 통신 중개
- 오류 검출
- 데이터 버퍼링

입출력장치 종류가 많아 정보 규격화가 어려웠던 문제는 장치 컨트롤러가 일종의 번역가 역할을 함으로써 해결할 수 있습니다. 그 과정에서 장치 컨트롤러는 자신과 연결된 입출력장치에 문제는 없는지 오류를 검출하기도 합니다.

장치 컨트롤러의 세 번째 기능인 **데이터 버퍼링**은 무엇일까요? **버퍼링**buffering이란 전송률이 높은 장치와 낮은 장치 사이에 주고받는 데이터를 **버퍼**buffer라는 임시 저장 공간에 저장하여 전송률을 비슷하게 맞추는 방법입니다. 쉽게 말해 버퍼링은 '버퍼에 데이터를 조금씩 모았다가 한꺼번에 내보내거나, 데이터를 한 번에 많이 받아 조금씩 내보내는 방법'이라고 보면 됩니다. 즉, 장치 컨트롤러는 일반적으로 전송률이 높은 CPU와 일반적으로 전송률이 낮은 입출력장치와의 전송률 차이를 데이터 버퍼링으로 완화합니다.

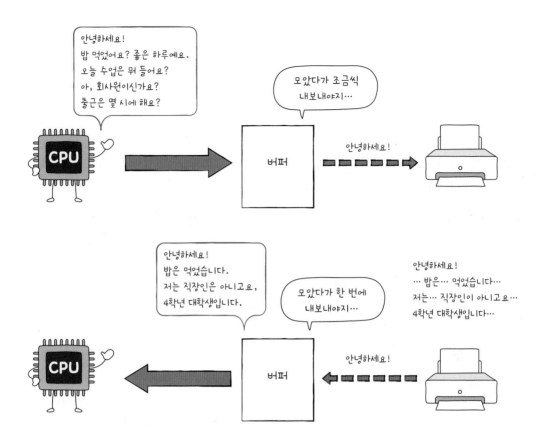

이번에는 장치 컨트롤러의 간략화된 내부 구조를 살펴봅시다. 장치 컨트롤러 내부는 아래와 같습니다. 실제로는 이보다 복잡하지만, 여러분이 기억해야 하는 것은 **데이터 레지스터**data register와 **상태 레지스터**status register, **제어 레지스터**control register 세 가지입니다.

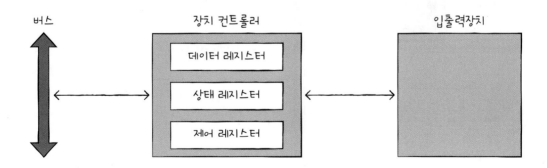

note  상태 레지스터와 제어 레지스터는 하나의 레지스터(상태/제어 레지스터)로 사용되기도 합니다. 다만, 이 책에서는 혼란을 방지하기 위해 상태 레지스터와 제어 레지스터를 분리하여 표현하겠습니다.

**데이터 레지스터**는 CPU와 입출력장치 사이에 주고받을 데이터가 담기는 레지스터입니다. 앞서 장치 컨트롤러는 데이터 버퍼링으로 전송률 차이를 완화한다고 했었죠? 데이터 레지스터가 그 버퍼 역할을 합니다. 최근 주고받는 데이터가 많은 입출력장치에서는 레지스터 대신 RAM을 사용하기도 합니다.

**상태 레지스터**에는 입출력장치가 입출력 작업을 할 준비가 되었는지, 입출력 작업이 완료되었는지, 입출력장치에 오류는 없는지 등의 상태 정보가 저장되고, **제어 레지스터**는 입출력장치가 수행할 내용에 대한 제어 정보와 명령을 저장합니다.

이 레지스터들에 담긴 값들은 버스를 타고 CPU나 다른 입출력장치로 전달되기도 하고, 장치 컨트롤러에 연결된 입출력장치로 전달됩니다.

## 장치 드라이버

새로운 장치를 컴퓨터에 연결하려면 장치 드라이버를 설치해야 합니다.

**장치 드라이버**<sup>device driver</sup>란 장치 컨트롤러의 동작을 감지하고 제어함으로써 장치 컨트롤러가 컴퓨터 내부와 정보를 주고받을 수 있게 하는 프로그램입니다. 프로그램이기에 당연히 실행 과정에서 메모리에 저장되지요. 장치 컨트롤러가 입출력장치를 연결하기 위한 하드웨어적인 통로라면, 장치 드라이버는 입출력장치를 연결하기 위한 소프트웨어적인 통로입니다.

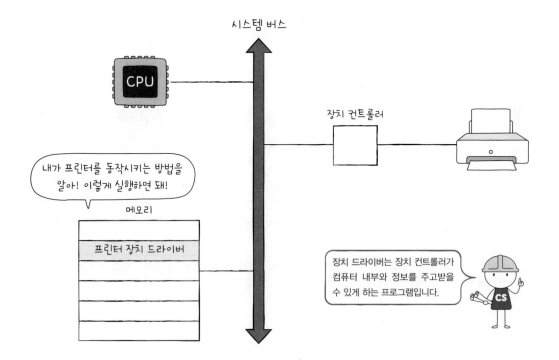

컴퓨터가 연결된 장치의 드라이버를 인식하고 실행할 수 있다면 그 장치는 어떤 회사에서 만들어진 제품이든, 생김새가 어떻든 상관없이 컴퓨터 내부와 정보를 주고받을 수 있습니다. 반대로 장치 드라이버를 인식하거나 실행할 수 없는 상태라면 그 장치는 컴퓨터 내부와 정보를 주고받을 수 없습니다.

---

**➕ 여기서 잠깐    장치 드라이버를 인식하고 실행하는 주체**

장치 드라이버를 인식하고 실행하는 주체는 정확히 말하자면 윈도우, macOS와 같은 운영체제입니다. 즉, 운영체제가 장치 드라이버를 인식하고 실행할 수 있다면 그 장치는 컴퓨터 내부와 정보를 주고받을 수 있습니다.

장치 드라이버는 운영체제가 기본으로 제공하는 것도 있지만, 장치 제작자가 따로 제공하기도 합니다. 물론 장치 제작자가 장치 드라이버를 따로 제공하는 경우 입출력장치는 해당 드라이버를 직접 설치해야만 사용이 가능합니다.

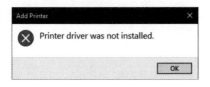

장치 드라이버가 설치되어 있지 않다면 해당 입출력장치를 사용할 수 없습니다.

---

## ▶ 2가지 키워드로 정리하는 핵심 포인트

• 입출력장치는 **장치 컨트롤러**를 통해 컴퓨터 내부와 정보를 주고받습니다.

• **장치 드라이버**는 장치 컨트롤러가 컴퓨터 내부와 정보를 주고받을 수 있게 하는 프로그램입니다.

## ▶ 확인 문제

**1.** 컴퓨터 내부와 정보를 주고받기 위해 입출력장치가 장치 컨트롤러를 이용하는 이유로 옳은 것을 두 가지 고르세요.

① 입출력장치는 종류가 많아 주고받는 정보의 규격화가 어렵기 때문입니다.

② CPU는 모든 입출력장치가 사용하는 데이터 형식들을 알고 있기 때문입니다.

③ 일반적으로 입출력장치와 CPU 간에 전송률의 차이가 크기 때문입니다.

④ CPU와 입출력장치 사이에는 중개자가 필요하지 않기 때문입니다.

**2.** 장치 컨트롤러의 기능으로 옳지 않은 것을 고르세요.

① CPU 또는 입출력장치 간의 통신을 중개합니다.

② 전원이 꺼져도 대용량의 데이터를 저장합니다.

③ 입출력장치의 오류를 검출합니다.

④ 데이터 버퍼링을 통해 전송률 차이를 완화해 줍니다.

**3.** 장치 드라이버와 관련한 설명으로 빈칸에 알맞은 말을 보기에서 찾아 써 보세요.

**보기** 메모리, 장치 컨트롤러, 프로그램, 하드웨어

장치 드라이버는 ❶ 가 컴퓨터 내부와 정보를 주고받을 수 있게 하는 ❷ 입니다.

**4.** 장치 드라이버와 관련한 설명 중 옳은 것을 고르세요.

① 운영체제가 기본적으로 제공하는 장치 드라이버는 없습니다.

② 컴퓨터가 장치 드라이버를 인식하고 실행할 수 있다면 해당 입출력장치의 사용이 가능합니다.

③ 컴퓨터가 장치 드라이버를 인식하고 실행할 수 없어도 해당 입출력장치의 사용이 가능합니다.

④ 장치 드라이버는 하드웨어입니다.

hint  1. 장치 컨트롤러를 사용하는 첫 번째 이유는 입출력장치 종류가 많아 규격화가 어렵기 때문이고, 두 번째 이유는 입출력장치는 일반적으로 CPU, 메모리보다 속도가 느리기 때문입니다.

4. 컴퓨터가 장치 드라이버를 인식하고 실행할 수 있다면 해당 입출력장치의 사용이 가능합니다.

# 08-2 다양한 입출력 방법

핵심 키워드

프로그램 입출력   메모리 맵 입출력   고립형 입출력   인터럽트 기반 입출력

DMA 입출력   입출력 버스

가장 보편적인 입출력 방법인 프로그램 입출력과 인터럽트 기반 입출력, DMA 입출력에 대해 알아보겠습니다.

## 시작하기 전에

입출력 작업을 수행하려면 CPU와 장치 컨트롤러가 정보를 주고받아야 합니다. 그렇다면 장치 컨트롤러는 CPU와 어떻게 정보를 주고받을까요?

여기에는 크게 세 가지 방법이 있습니다. **프로그램 입출력**, **인터럽트 기반 입출력**, **DMA 입출력**입니다. 시작에 앞서 언급하고 싶은 점은 이번 절에서는 새로운 용어가 많이 등장한다는 것입니다. 많은 용어를 마치 시험을 준비하듯 달달 암기하지 말고, 편한 마음으로 이해하는 데 초점을 맞춰 읽어보기 바랍니다.

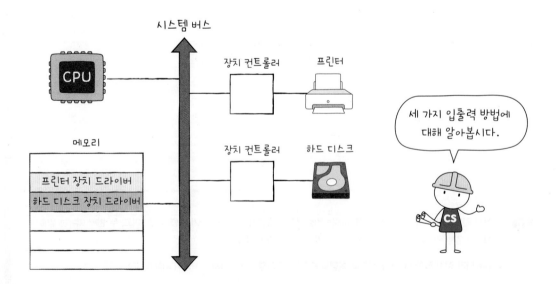

# 프로그램 입출력

**프로그램 입출력**programmed I/O은 기본적으로 프로그램 속 명령어로 입출력장치를 제어하는 방법입니다. CPU가 프로그램 속 명령어를 실행하는 과정에서 입출력 명령어를 만나면 CPU는 입출력장치에 연결된 장치 컨트롤러와 상호작용하며 입출력 작업을 수행합니다.

메모리에 저장된 정보를 하드 디스크에 백업하는 상황을 생각해 보죠. CPU는 대략 아래 과정으로 입출력 작업을 합니다.

**01** '메모리에 저장된 정보를 하드 디스크에 백업한다'는 말은 '하드 디스크에 새로운 정보를 쓴다'는 말과 같습니다. 우선 CPU는 하드 디스크 컨트롤러의 제어 레지스터에 쓰기 명령을 보냅니다.

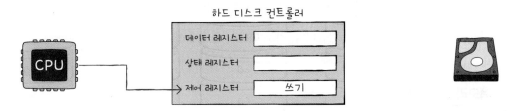

**02** 하드 디스크 컨트롤러는 하드 디스크 상태를 확인합니다. 하드 디스크가 준비된 상태라면 하드 디스크 컨트롤러는 상태 레지스터에 준비되었다고 표시합니다.

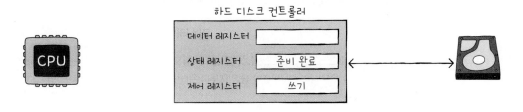

**03** ❶ CPU는 상태 레지스터를 주기적으로 읽어보며 하드 디스크의 준비 여부를 확인합니다. ❷ 하드 디스크가 준비됐음을 CPU가 알게 되면 백업할 메모리의 정보를 데이터 레지스터에 씁니다. 아직 백업 작업(쓰기 작업)이 끝나지 않았다면 01번부터 반복하고, 쓰기가 끝났다면 작업을 종료합니다.

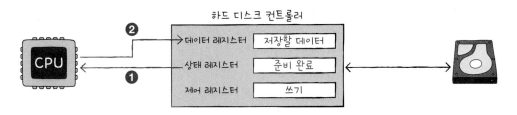

이렇듯 프로그램 입출력 방식에서의 입출력 작업은 CPU가 장치 컨트롤러의 레지스터 값을 읽고 씀으로써 이루어집니다. 그런데 CPU는 입출력장치들의 주소를 어떻게 아는 걸까요? 정확히 말해 CPU는 장치 컨트롤러의 레지스터들을 어떻게 아는 걸까요?

CPU 내부에 있는 레지스터들과는 달리 CPU는 여러 장치 컨트롤러 속 레지스터들을 모두 알고 있기란 어렵습니다. 그렇다면 아래와 같은 명령어들은 어떻게 명령어로 표현되고, 메모리에 어떻게 저장되어 있을까요?

- 프린터 컨트롤러의 상태 레지스터를 읽어라.
- 프린터 컨트롤러의 데이터 레지스터에 100을 써라.
- 키보드 컨트롤러의 상태 레지스터를 읽어라.
- 하드 디스크 컨트롤러의 데이터 레지스터에 'a'를 써라.

여기에는 크게 두 가지 방식이 있습니다. 바로 **메모리 맵 입출력**과 **고립형 입출력**입니다.

### 메모리 맵 입출력

**메모리 맵 입출력**memory-mapped I/O은 메모리에 접근하기 위한 주소 공간과 입출력장치에 접근하기 위한 주소 공간을 하나의 주소 공간으로 간주하는 방법입니다. 가령 1,024개의 주소를 표현할 수 있는 컴퓨터가 있을 때 1,024개 전부 메모리 주소를 표현하는 데 사용하지 않습니다. 512개는 메모리 주소를, 512개는 장치 컨트롤러의 레지스터를 표현하기 위해 사용하는 거죠.

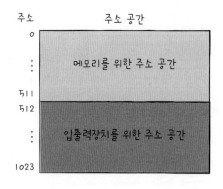

> 메모리 맵 입출력은 메모리에 접근하기 위한 주소 공간과 입출력장치에 접근하기 위한 주소 공간을 하나의 주소 공간으로 간주하는 입출력 방식입니다.

주소 공간 일부를 아래와 같이 약속했다고 가정해 봅시다.

- 516번지: 프린터 컨트롤러의 데이터 레지스터
- 517번지: 프린터 컨트롤러의 상태 레지스터
- 518번지: 하드 디스크 컨트롤러의 데이터 레지스터
- 519번지: 하드 디스크 컨트롤러의 상태 레지스터

그렇다면 CPU는 '517번지를 읽어 들여라'라는 명령어로 키보드 상태를 읽을 수 있습니다. 그리고 '518번지에 a를 써라'라는 명령어로 하드 디스크 컨트롤러의 데이터 레지스터로 데이터를 보낼 수 있습니다.

이때 중요한 점은 메모리 맵 입출력 방식에서 CPU는 메모리의 주소들이나 장치 컨트롤러의 레지스터들이나 모두 똑같이 메모리 주소를 대하듯 하면 된다는 점입니다. 그래서 메모리에 접근하는 명령어와 입출력장치에 접근하는 명령어는 굳이 다를 필요가 없습니다.

CPU가 '517번지를 읽어라'라는 명령어를 실행했을 때 517번지가 메모리상의 주소를 가리킨다면 CPU는 메모리 517번지에 저장된 정보를 읽어 들일 것이고, 517번지가 프린터 컨트롤러의 상태 레지스터를 가리킨다면 CPU는 프린터의 상태를 확인할 수 있을 테니까요.

### 고립형 입출력

**고립형 입출력**isolated I/O은 메모리를 위한 주소 공간과 입출력장치를 위한 주소 공간을 분리하는 방법입니다. 가령 1,024개의 주소 공간을 가진 컴퓨터가 있다고 가정해 봅시다.

아래 그림처럼 제어 버스에 '메모리 읽기/쓰기' 선 이외에 '입출력장치 읽기/쓰기' 선이 따로 있다면 메모리에도 1,024개의 주소 공간을 활용하고, 입출력장치도 1,024개의 주소 공간을 활용할 수 있습니다. CPU가 메모리 읽기/쓰기 선이 활성화되는 명령어를 실행할 때는 메모리에 접근하고, 입출력장치 읽기/쓰기 선이 활성화되는 명령어를 실행할 때는 장치 컨트롤러에 접근하니까요.

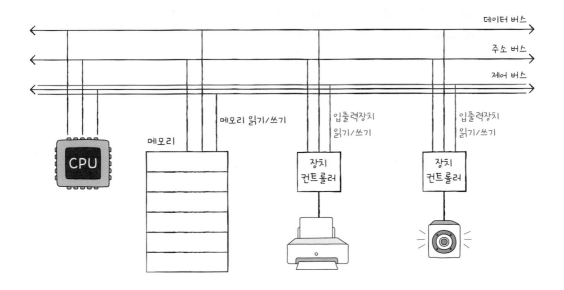

고립형 입출력 방식에서 CPU는 입출력장치에 접근하기 위해 메모리에 접근하는 명령어와는 다른 (입출력 읽기/쓰기 선을 활성화시키는) 입출력 명령어를 사용합니다. 메모리에 접근하는 명령어와 입출력장치에 접근하는 명령어는 굳이 다를 필요가 없었던 메모리 맵 입출력과 대조적이죠?

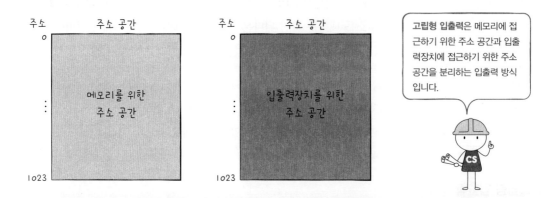

| 메모리 맵 입출력 | 고립형 입출력 |
| --- | --- |
| 메모리와 입출력장치는 같은 주소 공간 사용 | 메모리와 입출력장치는 분리된 주소 공간 사용 |
| 메모리 주소 공간이 축소됨 | 메모리 주소 공간이 축소되지 않음 |
| 메모리와 입출력장치에 같은 명령어 사용 가능 | 입출력 전용 명령어 사용 |

## 인터럽트 기반 입출력

인터럽트는 04장에서 'CPU가 입출력장치에 처리할 내용을 명령하면 입출력장치가 명령어를 수행하는 동안 CPU는 다른 일을 할 수 있다'라고 했습니다. 또한 '입출력장치가 CPU에게 인터럽트 요청 신호를 보내면 CPU는 하던 일을 잠시 멈추고 해당 인터럽트를 처리하는 프로그램인 인터럽트 서비스 루틴을 실행한 뒤 다시 하던 일로 되돌아온다'라고 했습니다.

장치 컨트롤러를 학습한 여러분은 이제 입출력장치에 의한 하드웨어 인터럽트를 더 정확하고 자세하게 이해할 수 있습니다. 입출력장치에 의한 하드웨어 인터럽트는 정확히 말하자면 입출력장치가 아닌 장치 컨트롤러에 의해 발생합니다. CPU는 장치 컨트롤러에 입출력 작업을 명령하고, 장치 컨트롤러가 입출력장치를 제어하며 입출력을 수행하는 동안 CPU는 다른 일을 할 수 있지요.

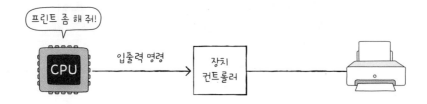

장치 컨트롤러가 입출력 작업을 끝낸 뒤 CPU에게 인터럽트 요청 신호를 보내면 CPU는 하던 일을 잠시 백업하고 인터럽트 서비스 루틴을 실행합니다.

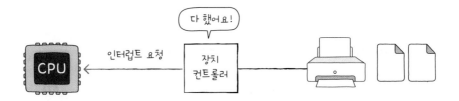

이렇게 인터럽트를 기반으로 하는 입출력을 **인터럽트 기반 입출력**Interrupt-Driven I/O이라고 합니다.

> **➕ 여기서 잠깐　폴링**
>
> 인터럽트와 자주 비교되는 개념 중 폴링(polling)이라는 개념이 있습니다. 앞서 프로그램 입출력을 학습할 때 'CPU는 주기적으로 장치 컨트롤러의 상태 레지스터를 확인하며 입출력장치의 상태를 확인한다'라고 했습니다. 이처럼 폴링이란 입출력장치의 상태는 어떤지, 처리할 데이터가 있는지를 주기적으로 확인하는 방식입니다.
>
> 폴링 방식은 당연하게도 인터럽트 방식보다 CPU의 부담이 더 큽니다. 인터럽트를 활용하면 CPU가 인터럽트 요청을 받을 때까지 온전히 다른 일에 집중할 수 있기 때문입니다.

자, 이번에는 조금 더 일반적인 입출력장치가 많을 때를 생각해 봅시다. 예를 들어 지금 저는 이 책을 집필하면서 키보드로 글자들을 입력하고 있고, 모니터는 실시간으로 입력한 글자들을 띄워 주고 있으며, 동영상 사이트에서 음악을 재생하니 스피커에서는 음악이 흘러나옵니다. 가끔 광고가 나올 때는 건너뛰기 위해 마우스를 움직이기도 하고 말이죠. 이것은 제 컴퓨터 속 CPU가 동시다발적으로 발생하는 키보드, 마우스, 모니터, 스피커 인터럽트를 모두 처리해야 한다는 말이기도 하죠.

이렇게 여러 입출력장치에서 인터럽트가 동시에 발생한 경우에는 인터럽트들을 어떻게 처리해야 할까요?

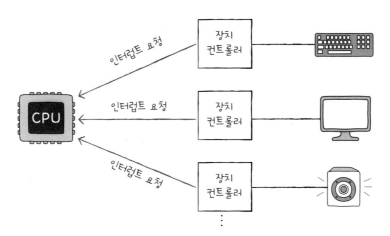

간단하게 생각하면 인터럽트가 발생한 순서대로 인터럽트를 처리하는 방법이 있습니다. 가령 인터럽트 A를 처리하는 도중 발생한 또 다른 인터럽트 B의 요청을 받아들이지 않고, 인터럽트 A 서비스 루틴이 끝나면 그때 비로소 인터럽트 B 서비스 루틴을 실행하는 것이죠.

CPU가 플래그 레지스터 속 인터럽트 비트를 비활성화한 채 인터럽트를 처리하는 경우 다른 입출력 장치에 의한 하드웨어 인터럽트를 받아들이지 않기 때문에 CPU는 이렇듯 순차적으로 하드웨어 인터럽트를 처리하게 됩니다.

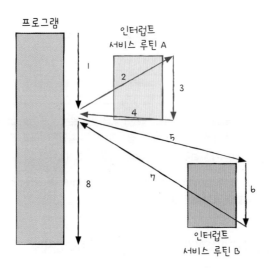

하지만 현실적으로 모든 인터럽트를 전부 순차적으로만 해결할 수 없습니다. 인터럽트 중에서도 더 빨리 처리해야 하는 인터럽트가 있기 때문입니다. 즉, CPU는 인터럽트 간에 우선순위를 고려하여 우선순위가 높은 인터럽트 순으로 여러 인터럽트를 처리할 수 있습니다.

예를 들어 아래 그림과 같이 현재 CPU가 인터럽트 A를 처리하는 도중에 또 다른 인터럽트 B가 발생했다고 가정해 봅시다. 만약 지금 처리 중인 인터럽트 A보다 B의 우선순위가 낮다면 CPU는 A를 모두 처리한 뒤 B를 처리합니다. 하지만 인터럽트 A보다 B의 우선순위가 높다면 CPU는 인터럽트 A의 실행을 잠시 멈추고 인터럽트 B를 처리한 뒤 다시 A를 처리합니다.

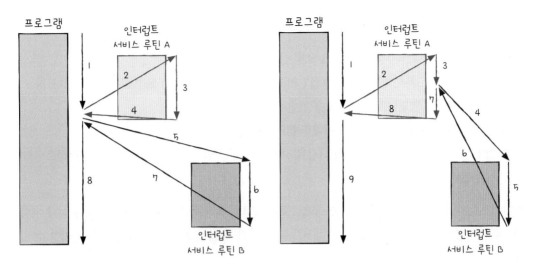

인터럽트 A의 우선순위가 B보다 높은 경우       인터럽트 A의 우선순위가 B보다 낮은 경우

플래그 레지스터 속 인터럽트 비트가 활성화되어 있는 경우, 혹은 인터럽트 비트를 비활성화해도 무시할 수 없는 인터럽트인 **NMI**<sup>Non-Maskable Interrupt</sup>가 발생한 경우 CPU는 이렇게 우선순위가 높은 인터럽트부터 처리합니다.

우선순위를 반영하여 다중 인터럽트를 처리하는 방법에는 여러 가지가 있지만, 많은 컴퓨터에서는 **프로그래머블 인터럽트 컨트롤러**<sup>PIC; Programmable Interrupt Controller</sup>(이하 PIC)라는 하드웨어를 사용합니다.

PIC는 여러 장치 컨트롤러에 연결되어 장치 컨트롤러에서 보낸 하드웨어 인터럽트 요청들의 우선순위를 판별한 뒤 CPU에 지금 처리해야 할 하드웨어 인터럽트는 무엇인지를 알려주는 장치입니다.

PIC에는 위 그림처럼 여러 핀이 있는데, 각 핀에는 CPU에 하드웨어 인터럽트 요청을 보낼 수 있는 약속된 하드웨어가 연결되어 있습니다. 가령 첫 번째 핀은 타이머 인터럽트를 받아들이는 핀, 두 번째 핀은 키보드 인터럽트를 받아들이는 핀… 이런 식으로 말이죠.

PIC에 연결된 장치 컨트롤러들이 동시에 하드웨어 인터럽트 요청을 보내면 PIC는 이들의 우선순위를 판단하여 CPU에 가장 먼저 처리할 인터럽트를 알려줍니다.

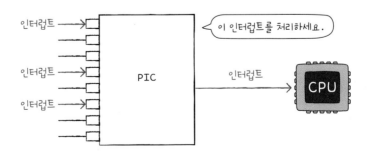

PIC의 다중 인터럽트 처리 과정을 조금 더 정확히 알아봅시다.

❶ PIC가 장치 컨트롤러에서 **인터럽트 요청 신호(들)**를 받아들입니다.

❷ PIC는 인터럽트 우선순위를 판단한 뒤 CPU에 처리해야 할 **인터럽트 요청 신호**를 보냅니다.

❸ CPU는 PIC에 **인터럽트 확인 신호**를 보냅니다.

❹ PIC는 데이터 버스를 통해 CPU에 **인터럽트 벡터**를 보냅니다.

❺ CPU는 인터럽트 벡터를 통해 인터럽트 요청의 주체를 알게 되고, 해당 장치의 **인터럽트 서비스 루틴**을 실행합니다.

일반적으로 더 많고 복잡한 장치들의 인터럽트를 관리하기 위해 아래와 같이 PIC를 두 개 이상 계층적으로 구성합니다. 이렇게 PIC를 여러 개 사용하면 훨씬 더 많은 하드웨어 인터럽트를 관리할 수 있겠죠?

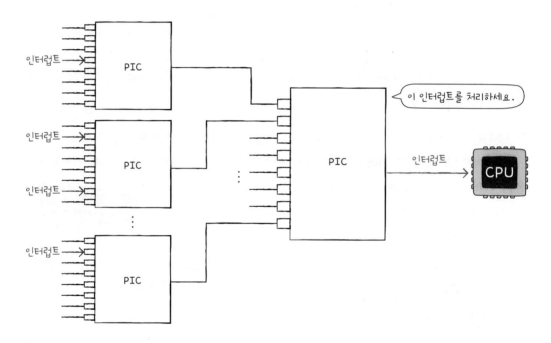

참고로 PIC가 무시할 수 없는 인터럽트인 NMI까지 우선순위를 판별하지는 않습니다. NMI는 우선순위가 가장 높아 우선순위 판별이 불필요하기 때문입니다. PIC가 우선순위를 조정해 주는 인터럽트는 인터럽트 비트를 통해 막을 수 있는 하드웨어 인터럽트입니다.

## DMA 입출력

앞에서 설명한 프로그램 기반 입출력과 인터럽트 기반 입출력에 공통점이 있다면 입출력장치와 메모리 간의 데이터 이동은 CPU가 주도하고, 이동하는 데이터도 반드시 CPU를 거친다는 점입니다.

예를 들어 입출력장치 데이터를 메모리에 저장하는 경우 CPU는 ❶ 장치 컨트롤러에서 입출력장치 데이터를 하나씩 읽어 레지스터에 적재하고, ❷ 적재한 데이터를 메모리에 저장합니다.

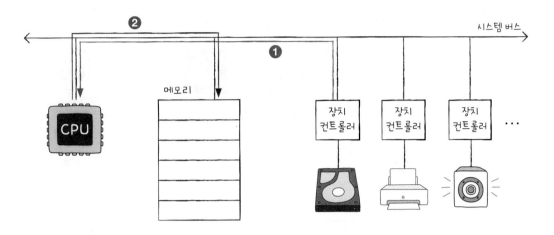

메모리 속 데이터를 입출력장치에 내보내는 경우도 마찬가지입니다. CPU는 ❶ 메모리에서 데이터를 하나씩 읽어 레지스터에 적재하고, ❷ 적재한 데이터를 하나씩 입출력장치에 내보냅니다.

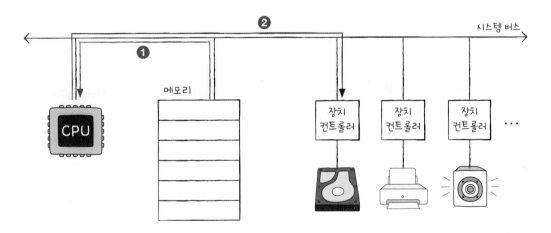

입출력장치와 메모리 사이에 전송되는 모든 데이터가 반드시 CPU를 거쳐야 한다면 가뜩이나 바쁜 CPU는 입출력장치를 위한 연산 때문에 시간을 뺏기게 됩니다. 하드 디스크 백업과 같이 대용량 데이터를 옮길 때는 CPU 부담이 더욱 커지겠죠. 그래서 입출력장치와 메모리가 CPU를 거치지 않고도 상호작용할 수 있는 입출력 방식인 **DMA**Direct Memory Access가 등장하였습니다. DMA는 이름 그대로 직접 메모리에 접근할 수 있는 입출력 기능입니다. DMA 입출력을 하기 위해서는 시스템 버스에 연결된 **DMA 컨트롤러**라는 하드웨어가 필요합니다.

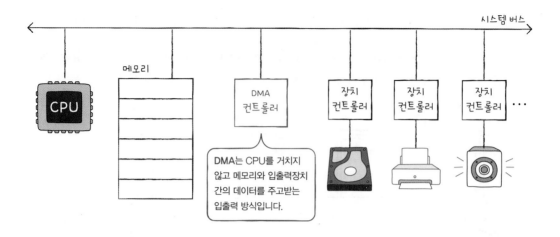

## DMA 입출력 과정

일반적으로 DMA 입출력은 아래와 같이 이루어집니다.

❶ CPU는 DMA 컨트롤러에 입출력장치의 주소, 수행할 연산(읽기/쓰기), 읽거나 쓸 메모리의 주소 등과 같은 정보로 입출력 작업을 명령합니다.

❷ DMA 컨트롤러는 CPU 대신 장치 컨트롤러와 상호작용하며 입출력 작업을 수행합니다. 이때 DMA 컨트롤러는 필요한 경우 메모리에 직접 접근하여 정보를 읽거나 씁니다.

❸ 입출력 작업이 끝나면 DMA 컨트롤러는 CPU에 인터럽트를 걸어 작업이 끝났음을 알립니다.

이번에는 메모리 내의 정보를 하드 디스크에 백업하는 작업이 DMA 입출력으로 어떻게 이루어지는지도 알아봅시다.

**01** CPU는 DMA 컨트롤러에 하드 디스크 주소, 수행할 연산(쓰기), 백업할 내용이 저장된 메모리의 주소 등의 정보와 함께 입출력 작업을 명령합니다.

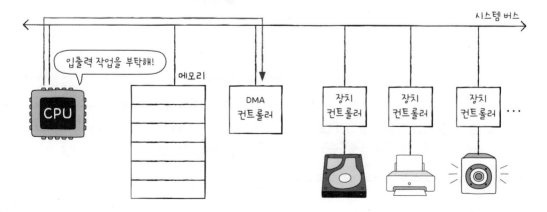

**02** ❶ DMA 컨트롤러는 CPU를 거치지 않고 메모리와 직접 상호작용하며 백업할 정보를 읽어오고, ❷ 이를 하드 디스크의 장치 컨트롤러에 내보냅니다.

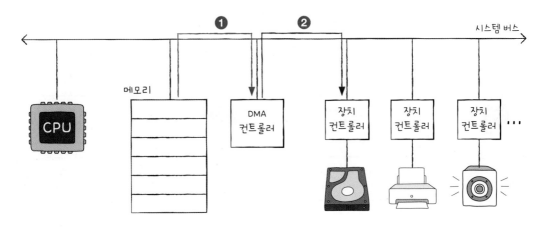

**03** 백업이 끝나면 DMA 컨트롤러는 CPU에게 인터럽트를 걸어 작업이 끝났음을 알립니다.

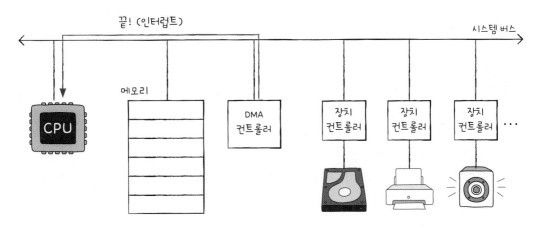

위 입출력 과정을 보면 알 수 있듯 입출력장치와 메모리 사이에 주고받을 데이터는 CPU를 거치지 않습니다. CPU는 DMA 컨트롤러에게 입출력 작업 명령을 내리고, 인터럽트만 받으면 되기 때문에 작업 부담을 훨씬 줄일 수 있습니다. 다시 말해 CPU는 오로지 입출력의 시작과 끝에만 관여하면 됩니다.

그런데 여기서 생각해 봐야 할 문제가 있습니다. DMA 컨트롤러는 시스템 버스로 메모리에 직접 접근이 가능하지만, 시스템 버스는 동시 사용이 불가능합니다. 시스템 버스는 공용 자원이기 때문입니다. CPU가 시스템 버스를 사용할 때 DMA 컨트롤러는 시스템 버스를 사용할 수 없고, DMA 컨트롤러가 시스템 버스를 사용할 때는 CPU가 시스템 버스를 사용할 수 없습니다.

그래서 DMA 컨트롤러는 CPU가 시스템 버스를 이용하지 않을 때마다 조금씩 시스템 버스를 이용하거나, CPU가 일시적으로 시스템 버스를 이용하지 않도록 허락을 구하고 시스템 버스를 집중적으로 이용합니다.

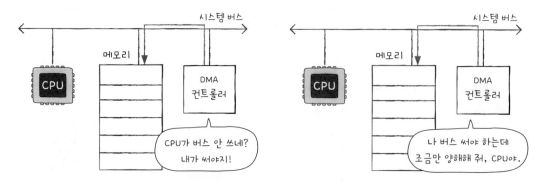

DMA의 시스템 버스 이용 방법

note CPU 입장에서는 마치 버스에 접근하는 주기를 도둑 맞는 기분이 들 겁니다. 그래서 이러한 DMA의 시스템 버스 이용을 **사이클 스틸링**(cycle stealing)이라고 부릅니다.

## 입출력 버스

마지막으로 DMA 컨트롤러와 장치 컨트롤러의 연결 방식과 입출력 버스에 대해 알아봅시다.

CPU, 메모리, DMA 컨트롤러, 장치 컨트롤러가 모두 같은 버스를 공유하는 구성에서는 DMA를 위해 한 번 메모리에 접근할 때마다 시스템 버스를 두 번 사용하게 되는 부작용이 있습니다. 250쪽에서 예시로 들었던 메모리 내 정보를 하드 디스크로 백업하는 상황을 다시 생각해 봅시다.

이 경우 ❶ 메모리에서 DMA 컨트롤러로 데이터를 가져오기 위해 시스템 버스를 한 번 사용하고, ❷ DMA 컨트롤러의 데이터를 장치 컨트롤러로 옮기기 위해 시스템 버스를 또 한 번 사용합니다.

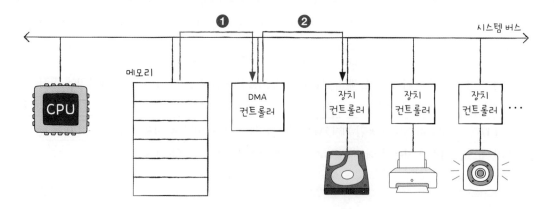

DMA를 위해 시스템 버스를 너무 자주 사용하면 그만큼 CPU가 시스템 버스를 이용하지 못합니다. 이 문제는 DMA 컨트롤러와 장치 컨트롤러들을 **입출력 버스**<sup>input/output bus</sup>라는 별도의 버스에 연결하여 해결할 수 있습니다. 아래 그림과 같이 장치 컨트롤러들이 시스템 버스가 아닌 입출력 버스로 DMA 컨트롤러에 연결된다면 DMA 컨트롤러와 장치 컨트롤러가 서로 데이터를 전송할 때는 시스템 버스를 이용할 필요가 없으므로 시스템 버스의 사용 빈도를 줄일 수 있습니다.

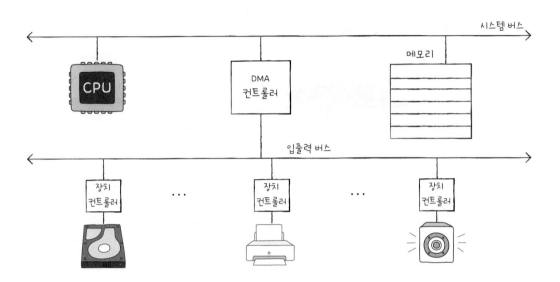

현대 대부분 컴퓨터에는 입출력 버스가 있습니다. 다시 말해 대부분의 입출력장치(장치 컨트롤러)는 시스템 버스가 아닌 입출력 버스와 연결됩니다. 이런 점에서 볼 때 입출력 버스는 입출력장치를 컴퓨터 내부와 연결 짓는 통로라고도 볼 수 있습니다.

입출력 버스에는 **PCI**<sup>Peripheral Component Interconnect</sup> **버스, PCI Express(PCIe) 버스** 등 여러 종류가 있습니다. 다음 그림은 여러 입출력장치들을 PCIe 버스와 연결해 주는 통로인 **PCIe 슬롯**입니다. 여러분이 사용하는 거의 모든 입출력장치들은 이렇게 입출력 버스와 연결되는 통로를 통해 시스템 버스를 타고 CPU와 정보를 주고받습니다.

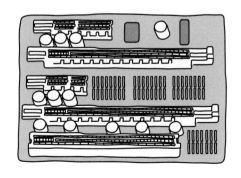

**➕ 여기서 잠깐** | **더욱 발전한 DMA, 입출력 채널**

DMA를 통해 입출력장치와 메모리가 CPU를 거치지 않고 직접 데이터를 주고받을 수 있게 되었지만, 여전히 입출력 명령어를 인출하고, 해석하고, 실행하는 역할은 상당 부분 CPU의 몫이었습니다. 그래서 최근에는 메모리에 직접 접근할 뿐만 아니라 입출력 명령어를 직접 인출하고, 해석하고, 실행까지 하는 일종의 입출력 전용 CPU가 만들어졌는데, 이를 **입출력 프로세서**(IOP; Input/Output Processor) 혹은 **입출력 채널**(Input/Output Channel)이라고 부릅니다. 실제로 일부 최신 입출력장치 내부에는 아래 사진처럼 별도의 CPU가 포함되어 있는 걸 볼 수 있습니다.

**듀얼코어 CPU를 탑재한 네트워크 삼성 레이저 프린터**

분당 최대 45매 출력

**note** 이미지 출처: https://www.samsung.com/sec/printers/sl-m4530nd

입출력 채널이 있는 컴퓨터에서는 CPU가 입출력 명령어를 실행하지 않습니다. CPU가 입출력 채널에게 메모리에 저장된 특정 입출력 명령어를 수행하라고 지시하면, 입출력 채널은 해당 입출력 명령어를 인출하고, 해석하고, 실행한 뒤, 인터럽트를 통해 결과를 CPU에게 알립니다.

## 마무리

▶ **6가지 키워드로 정리하는 핵심 포인트**

• **프로그램 입출력**은 프로그램 속 명령어로 입출력 작업을 하는 방식입니다.

• **메모리 맵 입출력**은 메모리에 접근하기 위한 주소 공간과 입출력장치에 접근하기 위한 주소 공간을 하나의 주소 공간으로 간주하는 입출력 방식입니다.

• **고립형 입출력**은 메모리에 접근하기 위한 주소 공간과 입출력장치에 접근하기 위한 주소 공간을 별도로 분리하는 입출력 방식입니다.

• **인터럽트 기반 입출력**은 인터럽트로써 입출력을 수행하는 방법입니다.

• **DMA 입출력**은 CPU를 거치지 않고 메모리와 입출력장치 간의 데이터를 주고받는 입출력 방식입니다.

• **입출력 버스**는 입출력장치와 컴퓨터 내부를 연결 짓는 통로로, 입출력 작업 과정에서 시스템 버스 사용 횟수를 줄여줍니다.


▶ **확인 문제**

**1.** 메모리 맵 입출력과 고립형 입출력에 관한 설명 중 옳지 않은 것을 고르세요.

① 메모리 맵 입출력은 메모리를 위한 주소 공간과 입출력장치에 접근하기 위한 주소 공간을 하나의 주소 공간으로 간주하는 입출력 방식입니다.

② 고립형 입출력 방식은 메모리의 주소 공간을 축소시키는 방법입니다.

③ 메모리 맵 입출력 방식은 메모리와 입출력장치에 동일한 명령어로써 접근합니다.

④ 고립형 입출력은 분리된 주소 공간으로 메모리와 입출력장치를 관리하는 방식입니다.

**2.** 다음 문장에서 A와 B 중 올바른 것을 선택하세요.

> 인터럽트 A의 인터럽트 서비스 루틴을 실행하던 도중 우선순위가 더 높은 인터럽트 B가 발생했을 때 CPU는 인터럽트 (A, B)의 인터럽트 서비스 루틴을 잠시 멈추고, 인터럽트 (A, B)의 인터럽트 서비스 루틴을 실행합니다.

**3.** DMA와 관련한 설명 중 옳지 않은 것을 고르세요.

① DMA 작업이 완료되면 DMA 컨트롤러는 CPU에게 인터럽트 요청을 보냅니다.

② DMA 컨트롤러와 CPU는 시스템 버스를 동시에 사용할 수 없습니다.

③ DMA 컨트롤러는 CPU를 거치고 메모리와 입출력장치 간의 데이터를 주고 받습니다.

④ DMA는 프로그램 입출력보다 CPU의 입출력 부담이 적습니다.

**4.** 다음과 같이 메모리에 접근하기 위한 주소 공간과 입출력장치에 접근하기 위한 주소 공간을 하나의 주소 공간으로 간주하는 입출력 방식을 무엇이라고 하나요?

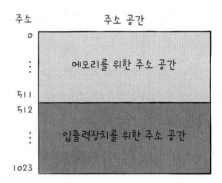

**5.** 다음과 같이 메모리에 접근 하기 위한 주소 공간과 입출력 장치에 접근하기 위한 주소 공간을 별도의 주소 공간으로 분리하는 입출력 방식을 무엇이라고 하나요?

**이상으로 컴퓨터 구조에 대한 학습을 모두 마쳤습니다.**

여기까지 잘 따라왔다면 컴퓨터를 구성하는 핵심 부품들이 무엇이며, 어떻게 동작하는지에 대한 기본적인 원리를 파악했을 것입니다. 그러나 아직 학습이 다 끝난 게 아닙니다. 이쯤에서 제안하고 싶은 것이 두 가지 있습니다.

첫째, "직접 컴퓨터 부품들 찾아보기"입니다.

컴퓨터 구조는 결국 컴퓨터 부품에 대한 이야기입니다. 컴퓨터 부품을 직접 구매해 보는 것도 좋고, 여의치 않다면 각종 컴퓨터 부품을 판매하는 사이트나 제조사의 공식 사이트에서 부품에 관한 공식 문서를 읽어 봐도 좋습니다. 이러한 활동은 생각보다 심화 학습을 할 수 있는 좋은 수단이 될 수 있습니다. 실제로 시중에서 사용되고 있는 부품의 사양, 성능 등이 빠짐없이 명시되어 있기 때문입니다. 이 책의 동영상 강의에서도 컴퓨터 부품을 직접 보여주고 있으니, 이를 참고하셔도 좋습니다.

둘째, "특정 제품 분석하기"입니다.

이 책은 기본적으로 전공서의 일반적인 관점에서 컴퓨터 부품들을 설명했습니다. 다만 세상에는 다양한 컴퓨터 부품 제조사가 있고, 각 부품의 세세한 동작은 제조사마다 혹은 제품마다 차이가 있을 수 있습니다. 가령 CPU를 예로 들면 x86과 ARM CPU의 내부 구성은 세세한 설계에 있어 매우 큰 차이가 있습니다.

그러므로 분석하고 싶은 특정 컴퓨터 부품을 정하고, 그 제품의 세세한 동작을 분석해 보는 시간을 가져보길 권합니다.

Chapter

# 09

컴퓨터 구조에 대한 학습은 잘 마쳤나요? 운영체제는 01~08장에 걸쳐 배운 컴퓨터 부품들을 관리하고 프로그램을 작동시키는 특별한 프로그램입니다. 컴퓨터에서 가장 중요한 프로그램인 만큼 개발자라면 반드시 알아두어야 할 내용입니다. 운영체제가 무엇인지 가볍게 살펴보는 것으로 시작하겠습니다.

# 운영체제 시작하기

# 09-1 운영체제를 알아야 하는 이유

핵심 키워드    운영체제    문제 해결

지금까지 컴퓨터 구조를 학습했다면 이제부터는 컴퓨터 구조에서 학습한 부품들을 관리하는 특별한 프로그램인 운영체제를 학습할 차례입니다. 운영체제란 무엇이며, 왜 알아야 하는지 알아봅시다.

## 시작하기 전에

여러분이 흔히 사용하는 데스크톱 컴퓨터나 노트북, 스마트폰에는 모두 운영체제가 설치되어 있습니다. 대표적인 데스크톱 운영체제로는 윈도우와 macOS, 리눅스가 있고, 스마트폰 운영체제로는 안드로이드와 iOS가 있습니다.

컴퓨터 부품들은 전기만 공급하면 마치 마법처럼 알아서 작동하는 것이 아닙니다. 운영체제라는 특별한 프로그램의 지휘하에 작동하지요. 운영체제는 01~08장까지 배운 컴퓨터 부품들을 관리하고, 여러분이 개발한 프로그램이 올바르게 실행되도록 돕습니다.

이번 절에서는 가벼운 마음으로 운영체제가 무엇인지 알아보고, 개발자들이 운영체제를 알아야 하는 이유에 대해 알아보겠습니다.

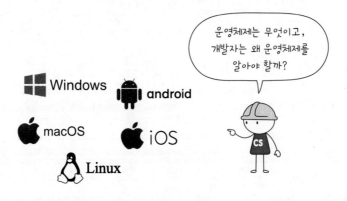

운영체제는 무엇이고,
개발자는 왜 운영체제를
알아야 할까?

## 운영체제란

모든 프로그램은 하드웨어를 필요로 합니다. 예를 들어 1+2를 계산하는 프로그램은 CPU를 필요로 하고, 이미지를 하드 디스크에 저장하는 프로그램은 하드 디스크를 필요로 합니다.

이때 프로그램 실행에 마땅히 필요한 요소들을 가리켜 **시스템 자원**, 혹은 줄여서 **자원**이라고 합니다. 지금까지 여러분이 학습한 CPU, 메모리, 보조기억장치, 입출력장치 등과 같은 컴퓨터 부품들은 모두 자원이라고 볼 수 있습니다. 즉, 모든 프로그램은 실행되기 위해 반드시 자원이 필요합니다.

여기서 실행할 프로그램에 필요한 자원을 할당하고, 프로그램이 올바르게 실행되도록 돕는 특별한 프로그램이 바로 **운영체제**<sup>operating system</sup>입니다.

> 운영체제는 실행할 프로그램에 필요한 자원을 할당하고, 프로그램이 올바르게 실행되도록 돕는 특별한 프로그램입니다.

운영체제는 인터넷 브라우저, 게임과 같은 프로그램입니다. 그래서 운영체제 또한 여느 프로그램과 마찬가지로 메모리에 적재되어야 합니다. 다만 운영체제는 매우 특별한 프로그램이기 때문에 항상 컴퓨터가 부팅될 때 메모리 내 **커널 영역**<sup>kernel space</sup>이라는 공간에 따로 적재되어 실행됩니다. 커널 영역을 제외한 나머지 영역, 사용자가 이용하는 응용 프로그램이 적재되는 영역을 **사용자 영역**<sup>user space</sup>이라고 합니다. 즉, 운영체제는 커널 영역에 적재되어 사용자 영역에 적재된 프로그램들에 자원을 할당하고 이들이 올바르게 실행되도록 돕습니다.

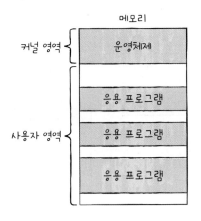

> 운영체제는 커널 영역에 적재되는 프로그램입니다.

아직은 조금 모호하죠? 예를 들어보겠습니다. 일반적으로 메모리에는 여러 개의 응용 프로그램이 사용자 영역에 적재되어 실행됩니다. 가령 필자는 지금 이 책을 집필하기 위해 워드 프로세서, 인터넷 브라우저, 메모장을 실행 중이니, 최소 세 개의 응용 프로그램이 사용자 영역에 적재되어 있는 셈입니다.

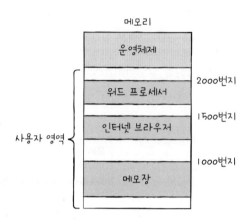

note 응용 프로그램(application software)은 사용자가 특정 목적을 위해 사용하는 일반적인 프로그램을 의미합니다. 여러분이 일상적으로 사용하는 워드 프로세서, 인터넷 브라우저, 메모장, 게임 등과 같은 프로그램이 모두 응용 프로그램입니다.

그런데 누가 이 프로그램들을 메모리에 적재했을까요? 위 그림에 따르면 워드 프로세서, 인터넷 브라우저, 메모장은 각각 2000번지, 1500번지, 1000번지에 적재되었는데, 메모리 주소가 겹치지 않도록 적당한 공간에 프로그램들을 적재해 준 건 누구였을까요? 바로 운영체제입니다. 운영체제는 실행할 프로그램을 메모리에 적재하고, 더 이상 실행되지 않는 프로그램을 메모리에서 삭제하며 지속적으로 메모리 자원을 관리합니다.

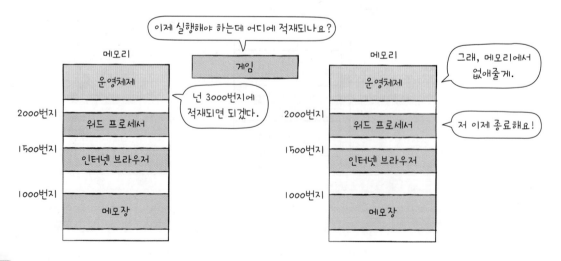

또한, 이 세 개의 응용 프로그램이 실행되려면 반드시 CPU가 필요합니다. 그렇다면 어떤 프로그램부터 CPU를 사용하게 할까요? 그리고 얼마나 오랫동안 CPU를 이용하게 할까요? 이 문제 또한 운영체제가 해결합니다. 어느 한 프로그램이 CPU를 독점하면 다른 프로그램들은 올바르게 실행될 수 없기 때문에 운영체제는 최대한 공정하게 여러 프로그램에 CPU 자원을 할당합니다.

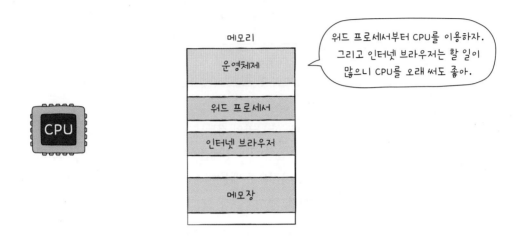

이번에는 워드 프로세서와 메모장이 동시에 동일한 프린터를 이용하려는 상황을 생각해 봅시다. 운영체제는 동시에 두 개의 프로그램이 프린터를 사용하지 못하도록 막고, 하나의 프로그램이 프린터를 이용하는 동안 다른 프로그램은 기다리게 만들어 프린터 자원을 관리합니다.

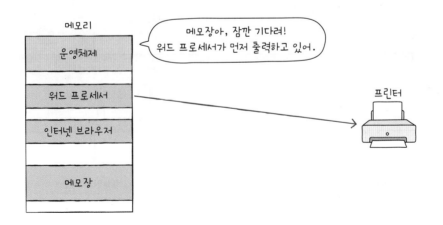

이처럼 운영체제는 응용 프로그램과 하드웨어 사이에서 응용 프로그램에 필요한 자원을 할당하고, 응용 프로그램이 올바르게 실행되도록 관리하는 역할을 맡습니다.

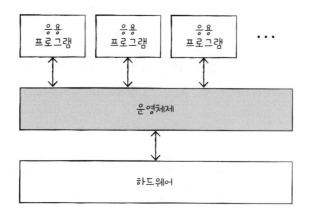

운영체제는 흔히 정부에 비유되기도 합니다. 한 나라의 정부는 땅, 인력, 돈 등 국내 자원을 효율적으로 배분하고, 국민들이 지켜야 할 규칙을 만들어 나라 전체를 관리합니다. 운영체제도 마찬가지입니다. 운영체제는 응용 프로그램에 자원을 효율적으로 배분하고, 실행할 프로그램들이 지켜야 할 규칙을 만들어 컴퓨터 시스템 전체를 관리합니다.

또한 정부에 기획재정부, 과학기술정보통신부, 외교부와 같이 역할별로 여러 부서가 나누어져 있는 것처럼 운영체제 또한 관리할 자원별로 기능이 나누어져 있습니다. 예를 들어 운영체제의 어느 한 부분에서는 CPU를, 어느 한 부분에서는 메모리를, 어느 한 부분에서는 하드 디스크를 관리합니다.

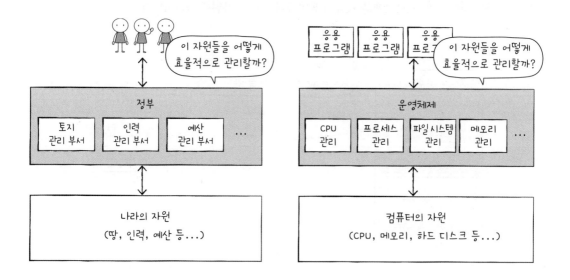

## 운영체제를 알아야 하는 이유

개발자 입장에서 운영체제가 없는 세상은 상상만 해도 끔찍합니다. 아무리 간단한 프로그램이라도 운영체제가 없다면 하드웨어를 조작하는 코드를 개발자가 모두 직접 작성해야 하기 때문입니다.

1과 2를 더한 결과를 모니터에 출력하는 간단한 프로그램을 생각해 봅시다. 이런 간단한 프로그램조차도 운영체제가 없다면 작성하기조차 매우 어렵습니다. 프로그램을 메모리에 적재하는 코드, CPU로 하여금 1과 2를 더하게 하는 코드, 모니터에 계산 결과를 출력하는 코드를 개발자가 모두 직접 작성해야 하기 때문입니다.

하지만 다행히도 이 세상에는 운영체제가 있습니다. 운영체제가 하드웨어를 조작하고 관리하는 기능들을 제공하기 때문에 개발자는 하드웨어를 조작하는 코드를 직접 작성할 필요 없이 운영체제의 도움을 받아 간편하게 개발할 수 있습니다.

운영체제 덕분에 개발자는 하드웨어를 조작하는 코드를 직접 작성할 필요가 없습니다.

그렇다면 개발자들이 왜 운영체제를 알아야 할까요? 어차피 운영체제가 알아서 하드웨어를 조작해 줄 테고, 개발자들은 운영체제의 도움을 받아 프로그램만 개발하면 될 텐데 말이지요.

그 이유는 01장에서 언급한 문제 해결 능력과 관련이 있습니다. 여러분이 만든 프로그램은 결국 하드웨어가 실행하고, 그 하드웨어를 조작하는 프로그램이 운영체제입니다. 그래서 운영체제는 여러분의 프로그램이 하드웨어 상에서 어떻게 작동하는지를 여러분보다 더 먼저, 더 자세히 알고 있습니다.

그리고 운영체제는 딱딱한 하드웨어가 아닌 프로그램이기 때문에 여러분과 대화할 수 있습니다. 운영체제는 현재 하드웨어의 상태는 어떠한지, 여러분의 코드가 어떻게 실행되었는지, 하드웨어 상에 어떤 문제가 있었는지 등을 여러분에게 상세히 알려줄 수 있고, 이를 통해 여러분은 **문제 해결**의 실마리를 찾을 수 있습니다.

즉, 운영체제를 깊이 이해하면 여러분은 운영체제가 여러분에게 건네는 말을 제대로 이해할 수 있고, 운영체제에 제대로 명령할 수 있게 됩니다. 그리고 결과적으로 하드웨어와 프로그램을 더 깊이 이해할 수 있습니다.

운영체제와의 대화로 하드웨어와 프로그램을 더 깊이 이해하고 **문제 해결**의 실마리를 찾을 수 있습니다.

대표적인 운영체제와의 대화 예시는 오류 메시지입니다. 여러분이 접하게 될 대다수의 오류 메시지의 근원은 운영체제입니다. 여러분이 작성한 소스 코드를 하드웨어가 제대로 실행하지 못하면 운영체제는 여러분에게 아래와 같은 오류 메시지를 띄워 줍니다. 프로그래밍 문법만 학습한 사람들은 운영체제의 메시지를 이해하기 어렵고, 문제를 진단하고 해결하기도 어려울 겁니다.

**메모리 누수 현상**

```
693848==ERROR: LeakSanitizer: detected memory leaks

Direct leak of 888 byte(s) in 1 object(s) allocated from:
    #0 0xffff8222ea30 in __interceptor_malloc (/lib/aarch64-linux-gnu/libasan.so.5+0xeda30)
    #1 0xaaaacfbea224 in load_symtab /home/ubuntu/leak/uftrace/utils/symbol.c:410
    #2 0xaaaacfbf6234 in load_module_symbol /home/ubuntu/leak/uftrace/utils/symbol.c:1060
    #3 0xaaaacfbf68f4 in load_module_symtab /home/ubuntu/leak/uftrace/utils/symbol.c:1096
    #4 0xaaaacfbf6fe8 in load_module_symtabs /home/ubuntu/leak/uftrace/utils/symbol.c:1172
    #5 0xaaaacfafb3d4 in load_session_symbols /home/ubuntu/leak/uftrace/cmds/record.c:1469
    #6 0xaaaacfb03570 in write_symbol_files /home/ubuntu/leak/uftrace/cmds/record.c:1990
    #7 0xaaaacfb04ee4 in do_main_loop /home/ubuntu/leak/uftrace/cmds/record.c:2094
    #8 0xaaaacfb06028 in command_record /home/ubuntu/leak/uftrace/cmds/record.c:2209
    #9 0xaaaacfa674d0 in main /home/ubuntu/leak/uftrace/uftrace.c:1369
    #10 0xffff812ea08c in __libc_start_main (/lib/aarch64-linux-gnu/atomics/libc.so.6+0x2408c)
    #11 0xaaaacfa5a660  (/home/ubuntu/leak/uftrace/uftrace+0x2a7660)
                                      ⟨
```

**잘못된 주소 참조**

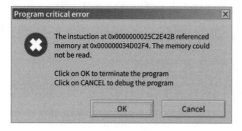

**note** 이 오류가 무엇을 의미하는지 지금 당장 알 필요는 없습니다. 지금은 운영체제 지식을 알아야만 해결할 수 있는 문제들이 많다는 것만 인지해도 충분합니다.

뛰어난 개발자 중 운영체제 지식을 그저 고루한 이론으로 치부하거나 알 필요가 없다고 말하는 사람은 거의 없습니다. 다수의 기업에서 운영체제에 대한 이해를 필수적인 기초 역량으로 요구하고, 채용 과정에서 기술 면접 등을 통해 검증하는 것도 이러한 이유 때문입니다.

## 마무리

▶ **2가지 키워드로 정리하는 핵심 포인트**

- **운영체제**는 실행할 프로그램에 필요한 자원을 할당하고, 프로그램이 올바르게 실행되도록 돕는 특별한 프로그램입니다.

- 운영체제와의 대화를 통해 하드웨어와 프로그램을 더 깊이 이해하고 **문제 해결**의 실마리를 찾을 수 있습니다.

▶ **확인 문제**

**1.** 빈칸에 알맞은 단어를 채워 보세요.

> 운영체제는 실행할 프로그램에 (　　　　)을 할당하고, 프로그램이 올바르게 실행되도록 돕는 프로그램입니다.

**2.** 운영체제에 대한 설명으로 옳지 않은 것을 고르세요.

① 운영체제를 이해하면 하드웨어와 프로그램을 더 깊이 이해할 수 있습니다.
② 운영체제는 사용자 영역에 적재됩니다.
③ 운영체제는 시스템 자원을 관리하는 프로그램입니다.
④ 운영체제는 사용자가 실행하는 프로그램이 올바르게 실행되도록 돕습니다.

`hint` 2. 운영체제는 커널 영역에 적재됩니다.

# 운영체제의 큰 그림

커널   이중 모드   시스템 호출   운영체제 서비스

커널이란 무엇인지 이해하고, 여러분이 개발하고 실행하는 응용 프로그램이 어떻게 운영체제의 도움을 받으며 실행되는지 학습해 봅시다. 그리고 운영체제가 응용 프로그램에 어떤 서비스를 제공하는지도 알아보겠습니다.

## 시작하기 전에

운영체제는 사용자를 위한 프로그램이 아닌 사용자가 실행하는 프로그램을 위한 프로그램입니다. 즉, 사용자가 실행하는 응용 프로그램이 올바르게 실행되도록 돕고 필요한 자원을 할당해 주는 프로그램이지요.

이번 절에서는 운영체제에서 매우 중요한 개념인 **커널**에 대해 알아보고, 응용 프로그램이 운영체제로부터 어떻게 도움을 받으며 실행되는지를 이해하기 위해 **이중 모드**와 **시스템 호출**이라는 개념을 알아보겠습니다. 마지막으로 운영체제가 응용 프로그램에 제공하는 서비스 종류에는 어떤 것들이 있는지 알아보겠습니다.

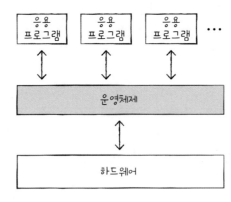

## 운영체제의 심장, 커널

운영체제는 현존하는 프로그램 중 규모가 가장 큰 프로그램 중 하나입니다. 대표적인 운영체제인 리눅스를 구성하는 소스 코드는 천만 줄이 넘지요. 또 세상에는 다양한 운영체제가 있습니다. 그래서 운영체제가 응용 프로그램에 제공하는 기능들, 달리 말해 운영체제 서비스 또한 매우 다양합니다.

스마트폰이 사용자에게 제공하는 서비스 종류는 다양하지만, 그중에서도 전화, 문자, 인터넷 기능처럼 가장 핵심적인 서비스가 있습니다. 마찬가지로 운영체제가 응용 프로그램에 제공하는 서비스 종류는 다양하지만, 그중에서도 가장 핵심적인 서비스들이 있습니다. 곧 자세히 설명하겠지만, 자원에 접근하고 조작하는 기능, 프로그램이 올바르고 안전하게 실행되게 하는 기능이 운영체제의 핵심 서비스에 속합니다. 이러한 운영체제의 핵심 서비스를 담당하는 부분을 **커널**<sup>kernel</sup>이라고 합니다.

운영체제가 설치된 모든 기기에는 커널이 있습니다. 커널은 마치 사람의 심장, 혹은 자동차의 엔진과도 같습니다. 어떤 커널을 사용하는지에 따라 여러분이 실행하고 개발하는 프로그램이 하드웨어를 이용하는 양상이 달라지고, 결과적으로 컴퓨터 전체의 성능도 달라질 수 있습니다.

이 책을 비롯한 대부분의 운영체제 전공서는 운영체제의 핵심부, 즉 커널을 설명합니다. 따라서 앞으로 필자가 운영체제를 지칭할 때는 특별히 언급하지 않는 한 커널을 지칭한다고 봐도 무방합니다.

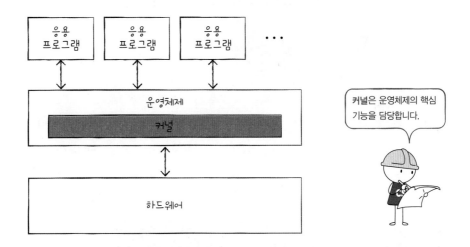

운영체제가 제공하는 서비스 중 커널에 포함되지 않는 서비스도 있는데, 대표적으로 사용자 인터페이스가 있습니다. **사용자 인터페이스**<sup>UI; User Interface</sup>는 윈도우의 바탕화면과 같이 사용자가 컴퓨터와 상호작용할 수 있는 통로입니다.

운영체제가 제공하는 사용자 인터페이스의 종류에는 **그래픽 유저 인터페이스**<sup>GUI; Graphical User Interface</sup>와 **커맨드 라인 인터페이스**<sup>CLI; Command Line Interface</sup>가 있습니다. 전자는 윈도우 바탕화면이나 스마트폰의

화면처럼 그래픽을 기반으로 컴퓨터와 상호작용할 수 있는 인터페이스이고, 후자는 명령어를 기반으로 컴퓨터와 상호작용할 수 있는 인터페이스입니다.

여러분이 윈도우 운영체제 컴퓨터를 사용할 때 마우스를 이용해 다양한 프로그램을 실행할 수 있는 것은 윈도우 운영체제가 그래픽 유저 인터페이스를 지원하기 때문입니다. 또 여러분이 안드로이드 스마트폰 속 다양한 앱을 터치하여 실행할 수 있는 것은 안드로이드 운영체제가 그래픽 유저 인터페이스를 지원하기 때문입니다.

**그래픽 유저 인터페이스**

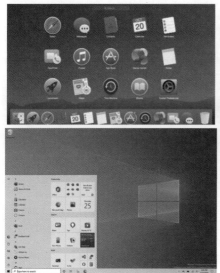

반면 커맨드 라인 인터페이스는 명령어를 기반으로 컴퓨터와 상호작용하는 인터페이스이기 때문에 아이콘이나 다채로운 그래픽 화면이 없습니다. 사용자는 컴퓨터를 사용하기 위해 정해진 명령어를 입력함으로써 컴퓨터와 상호작용할 수 있습니다.

**커맨드 라인 인터페이스**

```
minchul@minchul:~$ ll
total 92
drwxr-x--- 10 minchul minchul  4096 Mar 23 18:55 ./
drwxr-xr-x  3 root    root     4096 Feb 20 23:12 ../
-rw-------  1 minchul minchul  8902 Mar 22 00:42 .bash_history
-rw-r--r--  1 minchul minchul   220 Feb 20 23:08 .bash_logout
-rw-r--r--  1 minchul minchul  3796 Feb 21 02:38 .bashrc
drwx------ 10 minchul minchul  4096 Feb 20 23:47 .cache/
drwx------ 12 minchul minchul  4096 Mar  4 15:09 .config/
drwxr-xr-x  2 minchul minchul  4096 Feb 20 23:13 Desktop/
drwxr-xr-x  2 minchul minchul  4096 Feb 20 23:13 Documents/
drwxr-xr-x  2 minchul minchul  4096 Feb 20 23:13 Downloads/
drwx------  3 minchul minchul  4096 Feb 20 23:13 .local/
-rw-r--r--  1 minchul minchul   807 Feb 20 23:08 .profile
drwxr-xr-x  2 minchul minchul  4096 Feb 20 23:13 Public/
-rw-r--r--  1 minchul minchul     0 Feb 20 23:17 .sudo_as_admin_successful
-rw-------  1 minchul minchul 16765 Mar 20 01:30 .viminfo
-rw-rw-r--  1 minchul minchul    78 Feb 21 02:42 .vimrc
drwxrwxr-x  7 minchul minchul  4096 Mar 17 19:55 workspace/
-rw-------  1 minchul minchul    53 Mar 23 18:55 .Xauthority
minchul@minchul:~$
```

이러한 사용자 인터페이스는 운영체제가 제공하는 서비스이지만, 이는 그저 컴퓨터와 상호작용하기 위한 통로일 뿐 커널에 속한 기능은 아닙니다. 실제로 같은 커널을 사용하더라도 사용자 인터페이스는 다를 수 있습니다.

## 이중 모드와 시스템 호출

운영체제는 사용자가 실행하는 응용 프로그램이 하드웨어 자원에 직접 접근하는 것을 방지하여 자원을 보호합니다. 만약 응용 프로그램이 CPU, 메모리, 하드 디스크 등에 마음대로 접근하고 조작할 수 있다면 자원이 무질서하게 관리될 것이고, 응용 프로그램이 조금만 실수해도 컴퓨터 전체에 큰 악영향을 끼칠 수 있습니다.

그래서 운영체제는 응용 프로그램들이 자원에 접근하려고 할 때 오직 자신을 통해서만 접근하도록 하여 자원을 보호합니다. 비유하자면 운영체제는 응용 프로그램의 자원 접근을 대행하는 일종의 문지기 역할을 하는 셈입니다. 응용 프로그램이 자원에 접근하기 위해서는 운영체제에 도움을 요청해야 합니다. 이때 '운영체제에 도움을 요청한다'는 말은 '운영체제 코드를 실행하려고 한다'는 말과 같습니다. 응용 프로그램의 요청을 받은 운영체제는 응용 프로그램 대신 자원에 접근하여 요청한 작업을 수행합니다.

예를 들어 응용 프로그램이 실행 과정에서 하드 디스크에 접근하여 데이터를 저장하려면 운영체제에 도움을 요청해야 하고, 운영체제는 커널 영역 내의 하드 디스크에 데이터를 저장하는 코드를 실행하여 응용 프로그램의 작업을 대신 수행해 줍니다.

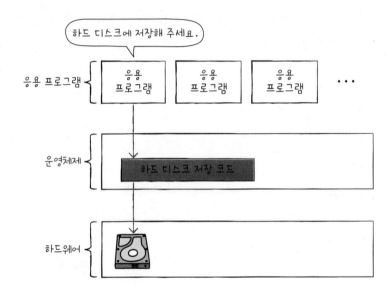

이러한 운영체제의 문지기 역할은 이중 모드로써 구현됩니다. **이중 모드**<sup>dual mode</sup>란 CPU가 명령어를 실행하는 모드를 크게 사용자 모드와 커널 모드로 구분하는 방식입니다. CPU는 명령어를 사용자 모드로써 실행할 수 있고, 커널 모드로써 실행할 수 있습니다.

**사용자 모드**<sup>user mode</sup>는 운영체제 서비스를 제공받을 수 없는 실행 모드입니다. 즉, 커널 영역의 코드를 실행할 수 없는 모드입니다. 일반적인 응용 프로그램은 기본적으로 사용자 모드로 실행됩니다. 사용자 모드로 실행 중인 CPU는 입출력 명령어와 같이 하드웨어 자원에 접근하는 명령어를 실행할 수 없습니다. 그래서 사용자 모드로 실행되는 일반적인 응용 프로그램은 자원에 접근할 수 없습니다.

반면 **커널 모드**kernel mode는 운영체제 서비스를 제공받을 수 있는 실행 모드입니다. 즉, 커널 영역의 코드를 실행할 수 있는 모드입니다. CPU가 커널 모드로 명령어를 실행하면 자원에 접근하는 명령어를 비롯한 모든 명령어를 실행할 수 있습니다. 운영체제는 커널 모드로 실행되기 때문에 자원에 접근할 수 있습니다.

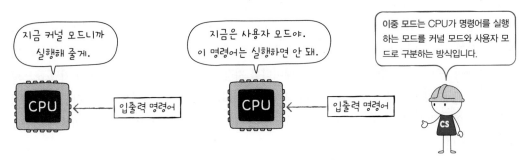

note CPU가 사용자 모드로 실행 중인지, 커널 모드로 실행 중인지는 플래그 레지스터 속 슈퍼바이저 플래그를 보면 알 수 있습니다. 04장 106쪽의 표를 참고하세요.

요컨대 사용자 모드로 실행되는 프로그램이 자원에 접근하는 운영체제 서비스를 제공받으려면 운영체제에 요청을 보내 커널 모드로 전환되어야 합니다. 이때 운영체제 서비스를 제공받기 위한 요청을 **시스템 호출**system call (시스템 콜)이라고 합니다. 사용자 모드로 실행되는 프로그램은 시스템 호출을 통해 커널 모드로 전환하여 운영체제 서비스를 제공받을 수 있습니다.

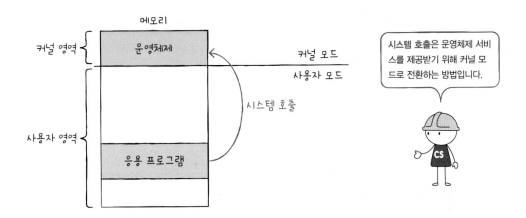

시스템 호출은 일종의 인터럽트입니다. 정확히는 소프트웨어적인 인터럽트입니다. 인터럽트는 입출력장치에 의해 발생하기도 하지만 인터럽트를 발생시키는 특정 명령어에 의해 발생하기도 하는데, 이를 **소프트웨어 인터럽트**라고 합니다.

그래서 CPU가 시스템 호출을 처리하는 순서는 04장에서 설명한 인터럽트 처리 순서와 유사합니다. 시스템 호출을 발생시키는 명령어가 실행되면 CPU는 지금까지의 작업을 백업하고, 커널 영역 내에 시스템 호출을 수행하는 코드(인터럽트 서비스 루틴)를 실행한 뒤 다시 기존에 실행하던 응용 프로그램으로 복귀하여 실행을 계속해 나갑니다.

시스템 호출의 작동 예를 들어 보겠습니다. 한 응용 프로그램이 하드 디스크에 데이터를 저장하려 한다고 가정해 보겠습니다. 이를 위해 응용 프로그램은 하드 디스크에 접근해야겠죠? 하지만 사용자 모드로 실행되는 동안에는 자원(하드 디스크)에 접근할 수 없기에 커널 모드로 전환해야 합니다. 이를 위해 응용 프로그램은 ❶ 하드 디스크에 데이터를 저장하는 시스템 호출을 발생시켜 커널 모드로 전환하고, ❷ 운영체제 내의 '하드 디스크에 데이터를 저장하는 코드'를 실행함으로써 하드 디스크에 접근할 수 있습니다. ❸ 그리고 하드 디스크에 접근이 끝났다면 다시 사용자 모드로 복귀하여 실행을 계속해 나갑니다.

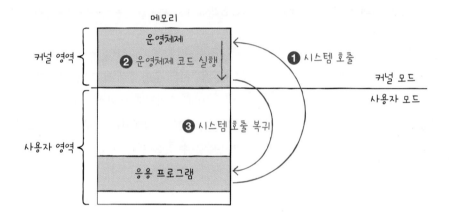

일반적으로 응용 프로그램은 실행 과정에서 운영체제 서비스들을 매우 빈번하게 이용합니다. 그 과정에서 빈번하게 시스템 호출을 발생시키고 사용자 모드와 커널 모드를 오가며 실행됩니다.

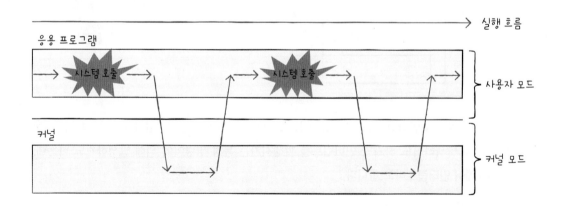

# 운영체제의 핵심 서비스

이 책에서 다룰 운영체제의 핵심 서비스는 프로세스 관리, 자원 접근 및 할당, 파일 시스템 관리입니다.

## 프로세스 관리

실행 중인 프로그램을 **프로세스**<sup>process</sup>라고 합니다. 윈도우의 [작업 관리자]를 열어 [프로세스] 항목을 보면 굉장히 많은 프로세스가 실행 중인 것을 알 수 있습니다. 이처럼 여러분이 컴퓨터를 사용하는 동안 메모리 안에서는 새로운 프로세스들이 마구 생성되고, 사용되지 않는 프로세스는 메모리에서 삭제됩니다.

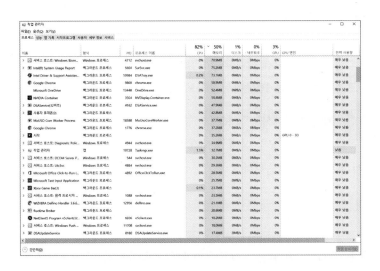

일반적으로 하나의 CPU는 한 번에 하나의 프로세스만 실행할 수 있기에 CPU는 이 프로세스들을 조금씩 번갈아 가며 실행합니다. 다시 말해 CPU는 한 프로세스를 실행하다가 다른 프로세스로 실행을 전환하고, 그 프로세스를 실행하다가 또 다른 프로세스로 실행을 전환하는 것을 반복합니다.

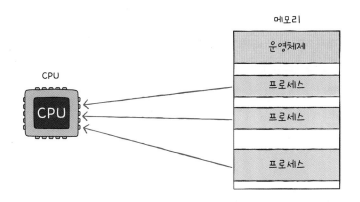

이때 각 프로세스는 상태도, 사용하고자 하는 자원도 다양합니다. 입출력장치를 주로 사용하는 프로세스도 있고, 입출력장치는 거의 사용하지 않고 주로 CPU만 사용하는 프로세스도 있습니다. 또 당장 실행할 수 있는 프로세스가 있는 반면, 당장 실행이 불가능한 프로세스도 있습니다.

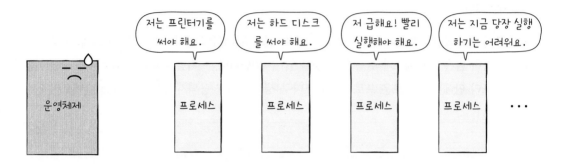

그래서 운영체제는 다양한 프로세스를 일목요연하게 관리하고 실행할 수 있어야 합니다. 운영체제가 다양한 프로세스를 어떻게 관리하고 실행하는지는 10장에서 알아보겠습니다.

추가로, 여러 프로세스가 동시에 실행되는 환경에서는 '프로세스 동기화'가 필수적이고, 프로세스가 꼼짝도 못하고 더 이상 실행되지 못하는 상황인 '교착 상태'를 해결해야 합니다. 이것들이 무엇을 의미하는지는 각각 12장과 13장에서 자세히 다루겠습니다.

## 자원 접근 및 할당

모든 프로세스는 실행을 위해 자원을 필요로 합니다. 그리고 운영체제는 프로세스들이 사용할 자원에 접근하고 조작함으로써 프로세스에 필요한 자원을 할당해 줍니다. 앞서 컴퓨터의 네 가지 핵심 부품에 대해 배웠죠? 운영체제가 CPU, 메모리, (보조기억장치와) 입출력장치를 어떻게 관리하고, 결과적으로 어떤 기능을 제공하는지 알아봅시다.

### CPU

일반적으로 메모리에는 여러 프로세스가 적재되고, 하나의 CPU는 한 번에 하나의 프로세스만 실행할 수 있습니다. 그래서 하나의 프로세스가 CPU를 이용하고 있다면 다른 프로세스는 기다려야 합니다. 이에 운영체제는 프로세스들에 공정하게 CPU를 할당하기 위해 어떤 프로세스부터 CPU를 이용하게 할 것인지, 얼마나 오래 CPU를 이용하게 할지를 결정할 수 있어야 합니다. 이를 **CPU 스케줄링**이라고 하는데, 이와 관련해서는 11장에서 자세히 알아보겠습니다.

### 메모리

메모리에 적재된 프로세스들은 크기도, 적재되는 주소도 가지각색입니다. 같은 프로세스라 할지라도 실행할 때마다 적재되는 주소가 달라질 수 있지요. 그래서 운영체제는 새로운 프로세스가 적재될 때마다 어느 주소에 적재해야 할지를 결정해야 합니다.

때로는 메모리가 이미 꽉 차 있어 꼭 실행해야 할 프로세스를 적재할 공간이 없는 경우도 있고, 메모리에 공간이 남았는 데도 불구하고 프로세스를 적재하지 못하는 상황도 발생합니다.

운영체제가 프로세스에게 어떻게 메모리를 할당하는지, 그리고 메모리가 부족할 경우 이를 어떻게 극복하는지는 14장에서 다루겠습니다.

### 입출력장치

인터럽트 서비스 루틴은 운영체제가 제공하는 기능으로 커널 영역에 있습니다. 입출력장치가 발생시키는 하드웨어 인터럽트도 마찬가지입니다. 입출력장치가 CPU에 하드웨어 인터럽트 요청 신호를 보내면 CPU는 하던 일을 잠시 백업한 뒤 커널 영역에 있는 인터럽트 서비스 루틴을 실행합니다. 이처럼 운영체제는 인터럽트를 처리하는 프로그램, 즉 인터럽트 서비스 루틴을 제공함으로써 입출력 작업을 수행합니다.

### 파일 시스템 관리

여러분이 컴퓨터를 사용할 때는 여러 파일을 열고, 생성하고, 삭제하곤 합니다. 그리고 이 파일들을 한데 묶어 디렉터리(폴더)로 관리합니다. 자칫 당연해 보이는 이런 **파일 시스템**file system도 운영체제가 지원하는 핵심 서비스입니다. 운영체제가 보조기억장치 속 데이터를 어떻게 파일과 디렉터리로 관리하는지는 15장에서 자세히 알아보겠습니다.

이번 절을 정리해 보겠습니다.

운영체제의 핵심 서비스를 제공하는 부분을 커널이라고 했습니다. 그리고 사용자 프로세스가 커널의 서비스를 제공받기 위해서는(커널 영역의 코드를 실행하기 위해서는) 사용자 모드에서 커널 모드로 전환해야 하고, 이는 시스템 호출을 통해 이루어진다고 했습니다. 즉, 시스템 호출은 커널 모드로써 운영체제의 서비스를 제공 받을 수 있는 방법이라고 했지요. 그리고 이 책에서 다룰 대표적인 커널의 서비스로는 프로세스 관리, 자원 접근 및 할당, 파일 시스템 관리가 있습니다.

그렇다면 10장에서 운영체제의 프로세스 관리부터 하나씩 알아보겠습니다.

## 가상 머신과 이중 모드의 발전

이중 모드는 커널 모드와 사용자 모드, 두 가지 모드를 지원하는 실행 모드이지만, 가상 머신을 통한 가상화를 지원하는 현대 CPU는 두 가지 모드 이상을 지원합니다.

**가상 머신**<sup>virtual machine</sup>이란 이름 그대로 소프트웨어적으로 만들어낸 가상 컴퓨터입니다. 가상 머신을 설치하면 새로운 운영체제와 응용 프로그램을 설치하고 실행할 수 있습니다. 가령 아래 사진과 같이 윈도우 운영체제에 가상 머신을 설치하면 가상 머신상에 리눅스 운영체제와 그를 기반으로 여러 응용 프로그램들을 설치하고 실행할 수 있습니다.

### 가상 머신 만들기

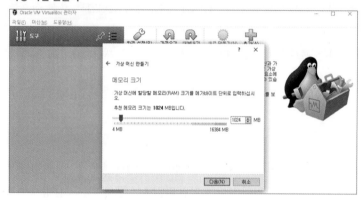

### 가상 머신에 새로운 운영체제(리눅스) 설치하기

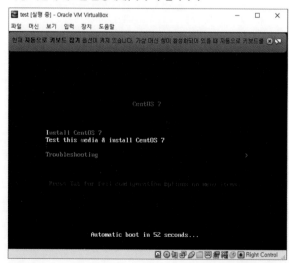

이때 여러분의 컴퓨터에 설치된 운영체제에서 가상 머신을 설치 및 실행한다면, 그 가상 머신 또한 응용 프로그램입니다. 그래서 사용자 모드로 작동하지요. 마찬가지로 가상 머신상에 설치된 운영체제(아래 예시 그림에서는 리눅스 운영체제) 또한 사용자 모드로 작동합니다. 가상 머신에 설치된 응용 프로그램(아래 예시 그림에서는 웹 브라우저)이 운영체제 서비스를 제공받기 위해서는 커널 모드로 전환되어야 하는데, 가상 머신에 설치된 운영체제도 사용자 모드로 작동하면 운영체제 서비스를 제공받기 어렵겠죠?

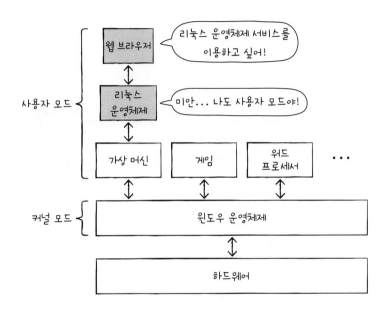

그래서 가상화를 지원하는 CPU는 커널 모드와 사용자 모드 이외에 가상 머신을 위한 모드인 하이퍼바이저 모드를 따로 둡니다. 이로써 가상 머신 상에서 작동하는 응용 프로그램들은 하이퍼바이저 모드로써 가상 머신에 설치된 운영체제로부터 운영체제 서비스를 받을 수 있습니다.

운영체제

# 시스템 호출의 종류

시스템 호출은 운영체제 서비스를 제공받기 위한 방법이므로 시스템 호출 종류만 잘 파악해도 해당 운영체제를 깊이 이해할 수 있습니다. 이곳에서는 유닉스, 리눅스 등의 운영체제(POSIX 운영체제)에서 사용하는 대표적인 시스템 호출의 종류에 대해 알아보겠습니다. 아직은 운영체제를 본격적으로 학습하기 전이니 '이런 것이 있구나' 하는 정도로만 살펴보세요. 이 책을 완독한다면 아래의 시스템 호출이 무엇을 의미하는지 모두 알게 될 것입니다.

**시스템 호출의 종류**

| 종류 | 시스템 호출 | 설명 |
|---|---|---|
| 프로세스 관리 | fork() | 새 자식 프로세스 생성 |
| | execve() | 프로세스 실행(메모리 공간을 새로운 프로그램의 내용으로 덮어씌움) |
| | exit() | 프로세스 종료 |
| | waitpid() | 자식 프로세스가 종료할 때까지 대기 |
| 파일 관리 | open() | 파일 열기 |
| | close() | 파일 닫기 |
| | read() | 파일 읽기 |
| | write() | 파일 쓰기 |
| | stat() | 파일 정보 획득 |
| 디렉터리 관리 | chdir() | 작업 디렉터리 변경 |
| | mkdir() | 디렉터리 생성 |
| | rmdir() | 비어 있는 디렉터리 삭제 |
| 파일 시스템 관리 | mount() | 파일 시스템 마운트 |
| | umount() | 파일 시스템 마운트 해제 |

개발자가 작성하는 프로그래밍 언어들은 내부적으로 위와 같은 시스템 호출을 통해 실행됩니다. 가령 C 언어에서 무언가를 화면에 출력하라는 코드인 printf도 내부적으로 시스템 호출을 통해 실행되고, 사용자로부터 무언가를 입력받으라는 코드인 scanf도 내부적으로 시스템 호출을 통해 실행됩니다.

운영체제는 제공하는 서비스가 매우 다양하기에 시스템 호출의 종류도 다양합니다. 아래 링크 system_calls 항목에 리눅스 시스템 호출의 종류를 정리해 두었으니 참고하세요.

URL https://github.com/kangtegong/self-learning-cs

## 마무리

▶ **4가지 키워드로 정리하는 핵심 포인트**

• **커널**은 운영체제의 핵심 기능을 담당합니다.

• **이중 모드**는 CPU가 명령어를 실행하는 모드를 커널 모드와 사용자 모드로 구분하는 방식입니다.

• **시스템 호출**은 운영체제의 서비스를 제공받기 위해 커널 모드로 전환하는 방법입니다.

• 대표적인 **운영체제 서비스**로 프로세스 관리, 자원 접근 및 할당, 파일 시스템 관리가 있습니다.

▶ **확인 문제**

**1.** 빈칸에 알맞은 단어를 작성하세요.

> (          )은 운영체제의 핵심 기능을 담당하는 부분을 의미합니다.

**2.** 이중 모드와 시스템 호출에 대해 옳지 않은 것을 고르세요.

① 운영체제의 핵심 서비스는 커널 모드로 실행됩니다.
② 일반적인 응용 프로그램은 사용자 모드로 실행됩니다.
③ 시스템 호출을 통해 사용자 모드에서 커널 모드로 전환할 수 있습니다.
④ 시스템 호출은 인터럽트와 아무런 연관이 없습니다.

**3.** 운영체제의 핵심 서비스가 아닌 것을 고르세요.

① 프로세스 관리
② 자원 접근 및 할당
③ 사용자 인터페이스 제공
④ 파일 시스템 관리

이제 본격적으로 운영체제를 학습해 봅시다. 대망의 첫 주제는 프로세스와 스레드입니다. 프로세스와 스레드는 개발할 때 자주 등장하는 운영체제의 핵심 개념이니 집중해서 읽기 바랍니다.

# 프로세스와 스레드

- 프로세스 제어 블록이란 무엇인지 이해합니다.

- 문맥 교환의 정의와 과정을 학습합니다.

- 프로세스는 메모리에 어떻게 배치되는지 학습합니다.

- 프로세스 상태와 프로세스 계층 구조를 학습합니다.

- 스레드의 개념을 이해하고, 멀티프로세스와 멀티스레드의 차이를 이해합니다.

# 10-1 프로세스 개요

프로세스 　프로세스 제어 블록 　문맥 교환 　프로세스 사용자 영역

프로세스 관리는 운영체제의 핵심 서비스입니다. 운영체제가 관리하는 프로세스가 무엇인지 알아보고 프로세스가 실행되는 과정들을 살펴봅시다.

## 시작하기 전에

지금까지는 단순히 '실행 중인 프로그램'이라고 표현했지만, 이 프로그램을 **프로세스**process라고 합니다. 프로그램은 실행되기 전까지는 그저 보조기억장치에 있는 데이터 덩어리일 뿐이지만, 보조기억장치에 저장된 프로그램을 메모리에 적재하고 실행하는 순간 그 프로그램은 프로세스가 됩니다. 그리고 이 과정을 '프로세스를 생성한다'라고 표현합니다.

이번 절에서는 프로세스를 직접 눈으로 확인해 보고, 프로세스의 개념을 알아보겠습니다.

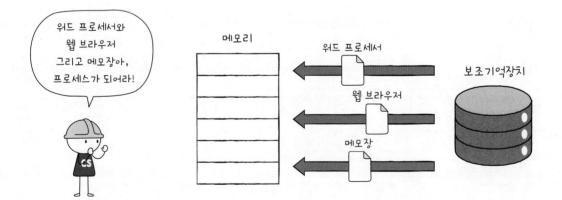

# 프로세스 직접 확인하기

컴퓨터가 부팅되는 순간부터 수많은 프로세스들이 실행됩니다. 윈도우에서는 작업 관리자의 [프로세스] 탭에서 확인할 수 있고, 유닉스 체계의 운영체제에서는 ps 명령어로 확인할 수 있습니다.

## 윈도우 작업 관리자

| 🗔 작업 관리자 | | | | | | | — □ ✕ |
|---|---|---|---|---|---|---|---|
| 파일(F) 옵션(O) 보기(V) | | | | | | | |
| 프로세스 성능 앱 기록 시작프로그램 사용자 세부 정보 서비스 | | | | | | | |
| | | | 17% | 18% | 0% | 0% | 4% |
| 이름 | | 상태 | CPU | 메모리 | 디스크 | 네트워크 | GPU | GPU 엔진 |
| 앱 (6) | | | | | | | |
| > ⬤ Google Chrome(12) | | | 1.0% | 836.2MB | 0.1MB/s | 0Mbps | 0% | GPU 0 - 3D |
| > 📝 메모장 | | | 0% | 2.1MB | 0MB/s | 0Mbps | 0% |
| > 📝 메모장 | | | 0% | 2.2MB | 0MB/s | 0Mbps | 0% |
| > 📝 메모장 | | | 0% | 2.1MB | 0MB/s | 0Mbps | 0% |
| > 🗔 작업 관리자 | | | 0.6% | 32.4MB | 0MB/s | 0Mbps | 0% |
| > ✂ 캡처 도구 | | | 1.3% | 3.5MB | 0MB/s | 0Mbps | 0% |
| 백그라운드 프로세스 (127) | | | | | | | |
| > 🔲 64-bit Synaptics Pointing Enha... | | | 0% | 2.8MB | 0MB/s | 0Mbps | 0% |
| ⬤ AhnLab Safe Transaction Appli... | | | 0.3% | 10.2MB | 0.1MB/s | 0Mbps | 0% |
| ⬤ AhnLab Safe Transaction Appli... | | | 0.1% | 1.3MB | 0.1MB/s | 0Mbps | 0% |
| > 🔲 Antimalware Service Executable | | | 0.8% | 235.4MB | 0MB/s | 0Mbps | 0% |
| > 🔲 AnySign For PC Launcher(32비... | | | 0.3% | 11.4MB | 0MB/s | 0Mbps | 0% |
| ⬤ AnySign For PC(32비트) | | | 0% | 11.2MB | 0MB/s | 0Mbps | 0% |
| ⌃ 간단히(D) | | | | | | | 작업 끝내기(E) |

## ps 명령어

```
[root@localhost ~]# ps -ef
UID        PID  PPID  C STIME TTY       TIME     CMD
root         1     0  0 May17 ?     00:00:53 /lib/systemd/systemd --system --deserialize 40
root         2     0  0 May17 ?     00:00:00 [kthreadd]
root         3     2  0 May17 ?     00:00:00 [rcu_gp]
root         4     2  0 May17 ?     00:00:00 [rcu_par_gp]
root         6     2  0 May17 ?     00:00:00 [kworker/0:0H-kb]
root         8     2  0 May17 ?     00:00:00 [mm_percpu_wq]
root         9     2  0 May17 ?     00:00:06 [ksoftirqd/0]
root        10     2  0 May17 ?     00:00:42 [rcu_sched]
```

실제로 컴퓨터를 켜고 확인해 보면 여러분이 실행한 프로세스 외에도 알 수 없는 여러 프로세스가 실행되고 있는 것을 볼 수 있습니다. 그중에는 사용자가 볼 수 있는 공간에서 실행되는 프로세스도 있지만, 보이지 않는 공간에서 실행되는 프로세스도 있습니다. 전자는 사용자가 보는 앞에서 실행되는 프로세스라는 점에서 **포그라운드 프로세스**foreground process라고 하고, 후자는 사용자가 보지 못하는 뒤

편에서 실행되는 프로세스라는 점에서 **백그라운드 프로세스**<sup>background process</sup>라고 합니다.

백그라운드 프로세스 중에는 사용자와 직접 상호작용할 수 있는 백그라운드 프로세스도 있지만, 사용자와 상호작용하지 않고 그저 묵묵히 정해진 일만 수행하는 백그라운드 프로세스도 있습니다. 이러한 백그라운드 프로세스를 유닉스 체계의 운영체제에서는 **데몬**<sup>daemon</sup>이라고 부르고, 윈도우 운영체제에서는 **서비스**<sup>service</sup>라고 부릅니다.

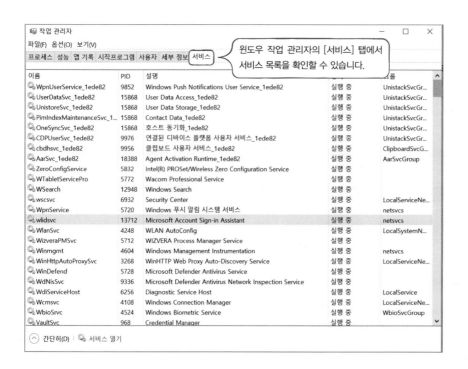

## 프로세스 제어 블록

모든 프로세스는 실행을 위해 CPU를 필요로 하지만, CPU 자원은 한정되어 있습니다. 즉 모든 프로세스가 CPU를 동시에 사용할 수는 없지요. 그렇기에 프로세스들은 차례대로 돌아가며 한정된 시간만큼만 CPU를 이용합니다. 자신의 차례가 되면 정해진 시간만큼 CPU를 이용하고, 시간이 끝났음을 알리는 인터럽트(타이머 인터럽트)가 발생하면 자신의 차례를 양보하고 다음 차례가 올 때까지 기다립니다.

note 타이머 인터럽트는 클럭 신호를 발생시키는 장치에 의해 주기적으로 발생하는 하드웨어 인터럽트입니다. 타임아웃 인터럽트라고도 부릅니다.

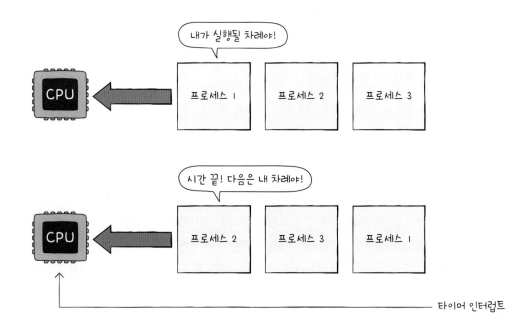

운영체제는 빠르게 번갈아 수행되는 프로세스의 실행 순서를 관리하고, 프로세스에 CPU를 비롯한 자원을 배분합니다. 이를 위해 운영체제는 **프로세스 제어 블록**PCB; Process Control Block (이하 **PCB**)을 이용합니다.

프로세스 제어 블록은 프로세스와 관련된 정보를 저장하는 자료 구조입니다. 이는 마치 상품에 달린 태그와도 같지요. 옷이나 가전제품에 달려 있는 태그에 해당 제품을 식별하기 위한 정보가 있는 것처럼 프로세스 제어 블록에는 해당 프로세스를 식별하기 위해 꼭 필요한 정보들이 저장됩니다.

프로세스 제어 블록을 흔히 PCB로 줄여 부르기도 합니다. 따라서 이 책에서도 프로세스 제어 블록을 PCB로 지칭하겠습니다.

메모리는 커널 영역과 사용자 영역으로 나누어져 있다고 했었죠? PCB는 커널 영역에 생성됩니다. 옷가게 점원이 수많은 옷들 사이에서 태그로 특정 옷을 식별하고 해당 옷과 관련된 정보를 판단하는 것처럼 운영체제도 수많은 프로세스들 사이에서 PCB로 특정 프로세스를 식별하고 해당 프로세스를 처리하는 데 필요한 정보를 판단합니다.

PCB는 프로세스 생성 시에 만들어지고 실행이 끝나면 폐기됩니다. 다시 말해 '새로운 프로세스가 생성되었다'는 말은 '운영체제가 PCB를 생성했다'는 말과 같고, '프로세스가 종료되었다'는 말은 '운영체제가 해당 PCB를 폐기했다'는 말과 같습니다.

이런 PCB에는 어떤 정보들이 담길까요? PCB에 담기는 정보는 운영체제마다 차이가 있지만, 대표적인 정보는 아래와 같습니다.

### 프로세스 ID

**프로세스 ID** <sup>PID; Process ID</sup> (이하 **PID**)는 특정 프로세스를 식별하기 위해 부여하는 고유한 번호입니다. 마치 학교의 학번, 회사의 사번과도 같은 존재이지요. 같은 일을 수행하는 프로그램이라 할지라도 두 번 실행하면 PID가 다른 두 개의 프로세스가 생성됩니다. 윈도우 작업 관리자에서 아래와 같이 PID를 확인할 수 있습니다.

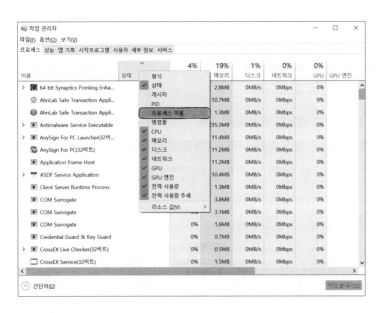

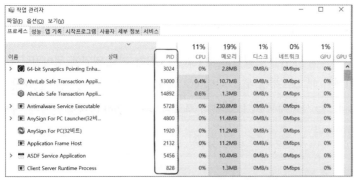

### 레지스터 값

프로세스는 자신의 실행 차례가 돌아오면 이전까지 사용했던 레지스터의 중간값들을 모두 복원합니다. 그래야만 이전까지 진행했던 작업들을 그대로 이어 실행할 수 있으니까요. 그래서 PCB 안에는 해당 프로세스가 실행하며 사용했던 프로그램 카운터를 비롯한 레지스터 값들이 담깁니다.

### 프로세스 상태

프로세스 상태와 관련해서는 다음 절에서 자세히 배우겠지만, 현재 프로세스가 어떤 상태인지도 PCB에 기록되어야 합니다. 현재 프로세스가 입출력장치를 사용하기 위해 기다리고 있는 상태인지, CPU를 사용하기 위해 기다리고 있는 상태인지, 아니면 CPU를 이용하고 있는 상태인지 등의 프로세스 상태 정보가 PCB에 저장됩니다.

### CPU 스케줄링 정보

프로세스가 언제, 어떤 순서로 CPU를 할당받을지에 대한 정보도 PCB에 기록됩니다.

### 메모리 관리 정보

프로세스마다 메모리에 저장된 위치가 다릅니다. 그래서 PCB에는 프로세스가 어느 주소에 저장되어 있는지에 대한 정보가 있어야 합니다. PCB에는 베이스 레지스터, 한계 레지스터 값과 같은 정보들이 담깁니다. 또한 프로세스의 주소를 알기 위한 또 다른 중요 정보 중 하나인 페이지 테이블 정보도 PCB에 담깁니다.

> **note** 페이지 테이블과 관련해서는 14장에서 다룰 예정입니다. 지금은 'PCB에는 프로세스의 메모리 주소를 알 수 있는 정보들이 담기는구나' 정도로 이해해도 무방합니다.

### 사용한 파일과 입출력장치 목록

프로세스가 실행 과정에서 특정 입출력장치나 파일을 사용하면 PCB에 해당 내용이 명시됩니다. 즉, 어떤 입출력장치가 이 프로세스에 할당되었는지, 어떤 파일들을 열었는지에 대한 정보들이 PCB에 기록됩니다.

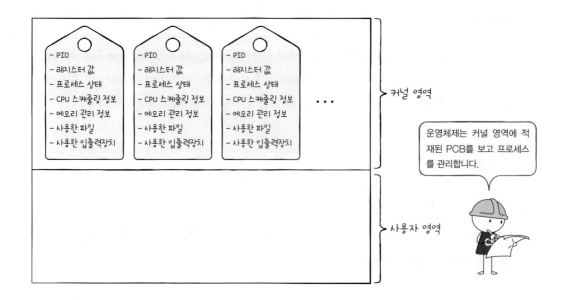

커널 영역

사용자 영역

> 운영체제는 커널 영역에 적재된 PCB를 보고 프로세스를 관리합니다.

## 문맥 교환

하나의 프로세스에서 다른 프로세스로 실행 순서가 넘어가면 어떤 일이 일어날까요? 가령 프로세스 A가 운영체제로부터 CPU를 할당받아 실행되다가 시간이 다 되어 프로세스 B에 CPU 사용을 양보한다고 가정해 봅시다.

이런 상황에서 바로 직전까지 실행되던 프로세스 A는 프로그램 카운터를 비롯한 각종 레지스터 값, 메모리 정보, 실행을 위해 열었던 파일이나 사용한 입출력장치 등 지금까지의 중간 정보를 백업해야 합니다. 그래야만 다음 차례가 왔을 때 이전까지 실행했던 내용에 이어 다시 실행을 재개할 수 있을 테니까요.

이러한 중간 정보, 즉 하나의 프로세스 수행을 재개하기 위해 기억해야 할 정보를 **문맥**context이라고 합니다. 하나의 프로세스 문맥은 해당 프로세스의 PCB에 표현되어 있습니다. PCB에 기록되는 정보들을 문맥이라고 봐도 무방합니다. 실행 문맥을 잘 기억해 두면 언제든 해당 프로세스의 실행을 재개할 수 있기 때문에 프로세스가 CPU를 사용할 수 있는 시간이 다 되거나 예기치 못한 상황이 발생하여 인터럽트가 발생하면 운영체제는 해당 프로세스의 PCB에 문맥을 백업합니다. 그리고 뒤이어 실행할 프로세스 B의 문맥을 복구합니다. 이렇게 자연스럽게 실행되는 프로세스가 바뀌는 것이지요.

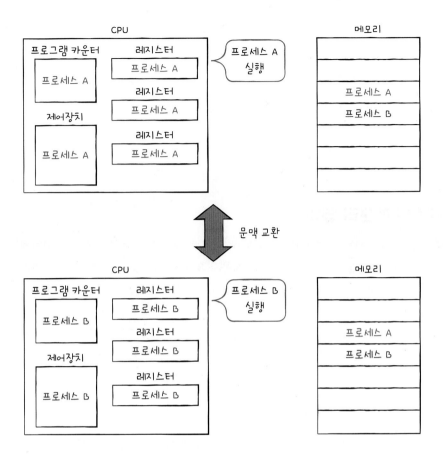

이처럼 기존 프로세스의 문맥을 PCB에 백업하고, 새로운 프로세스를 실행하기 위해 문맥을 PCB로
부터 복구하여 새로운 프로세스를 실행하는 것을 **문맥 교환**context switching이라고 합니다. 이를 그림으
로 표현하면 아래와 같습니다.

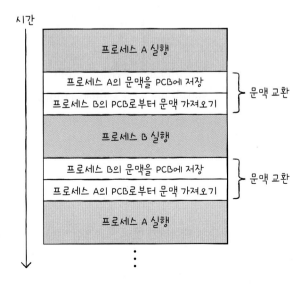

문맥 교환은 여러 프로세스가 끊임없이 빠르게 번갈아 가며 실행되는 원리입니다. 문맥 교환이 자주 일어나면 프로세스는 그만큼 빨리 번갈아 가며 수행되기 때문에 여러분의 눈에는 프로세스들이 동시에 실행되는 것처럼 보입니다.

**note** 문맥 교환을 너무 자주 하면 오버헤드가 발생할 수 있기 때문에 문맥 교환이 자주 일어난다고 해서 반드시 좋은 건 아닙니다.

## 프로세스의 메모리 영역

프로세스가 생성되면 커널 영역에 PCB가 생성된다고 했습니다. 그렇다면 사용자 영역에는 프로세스가 어떻게 배치될까요? 하나의 프로세스는 사용자 영역에 크게 **코드 영역, 데이터 영역, 힙 영역, 스택 영역**으로 나뉘어 저장됩니다. 이 내용은 프로그래밍에 있어 매우 중요한 내용이니 특별히 집중해서 읽기 바랍니다.

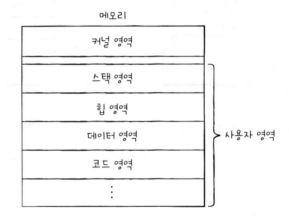

### 코드 영역

**코드 영역**code segment은 **텍스트 영역**text segment이라고도 부릅니다. 이곳에는 말 그대로 실행할 수 있는 코드, 즉 기계어로 이루어진 명령어가 저장됩니다. 코드 영역에는 데이터가 아닌 CPU가 실행할 명령어가 담겨 있기 때문에 쓰기가 금지되어 있습니다. 다시 말해 코드 영역은 읽기 전용read-only 공간입니다.

### 데이터 영역

**데이터 영역**data segment은 잠깐 썼다가 없앨 데이터가 아닌 프로그램이 실행되는 동안 유지할 데이터가 저장되는 공간입니다. 이런 데이터로는 **전역 변수**global variable가 대표적입니다. 프로그래밍을 접하지 않았다면 전역 변수라는 용어가 생소할 수 있겠으나, 전역 변수는 12장에서 한 번 더 설명할 예정이니 '프로그램이 실행되는 동안 유지되며, 프로그램 전체에서 접근할 수 있는 변수'로 기억해 주세요.

코드 영역과 데이터 영역은 그 크기가 변하지 않습니다. 프로그램을 구성하는 명령어들이 갑자기 바뀔 일이 없으니 코드 영역의 크기가 변할 리 없고, 데이터 영역에 저장될 내용은 프로그램이 실행되는 동안에만 유지될 데이터니까요. 그래서 코드 영역과 데이터 영역은 '크기가 고정된 영역'이라는 점에서 **정적 할당 영역**이라고도 부릅니다. 반면 힙 영역과 스택 영역은 프로세스 실행 과정에서 그 크기가 변할 수 있는 영역입니다. 그래서 이 두 영역을 **동적 할당 영역**이라고도 부르지요.

## 힙 영역

**힙 영역**heap segment은 프로그램을 만드는 사용자, 즉 프로그래머가 직접 할당할 수 있는 저장 공간입니다. 프로그래밍 과정에서 힙 영역에 메모리 공간을 할당했다면 언젠가는 해당 공간을 반환해야 합니다. 메모리 공간을 반환한다는 의미는 '더 이상 해당 메모리 공간을 사용하지 않겠다'라고 운영체제에 말해주는 것과 같습니다.

메모리 공간을 반환하지 않는다면 할당한 공간은 메모리 내에 계속 남아 메모리 낭비를 초래합니다. 이런 문제를 **메모리 누수**memory leak라고 합니다. 많은 개발자가 자주 마주치는 문제 중 하나이지요.

```
693848==ERROR: LeakSanitizer: detected memory leaks  ←— 888바이트의 메모리가 낭비되었습니다.

Direct leak of 888 byte(s) in 1 object(s) allocated from:
    #0 0xffff8222ea30 in __interceptor_malloc (/lib/aarch64-linux-gnu/libasan.so.5+0xeda30)
    #1 0xaaaacfbea224 in load_symtab /home/ubuntu/leak/uftrace/utils/symbol.c:410
    #2 0xaaaacfbf6234 in load_module_symbol /home/ubuntu/leak/uftrace/utils/symbol.c:1060
    #3 0xaaaacfbf68f4 in load_module_symtab /home/ubuntu/leak/uftrace/utils/symbol.c:1096
    #4 0xaaaacfbf6fe8 in load_module_symtabs /home/ubuntu/leak/uftrace/utils/symbol.c:1172
    #5 0xaaaacfafb3d4 in load_session_symbols /home/ubuntu/leak/uftrace/cmds/record.c:1469
    #6 0xaaaacfb03570 in write_symbol_files /home/ubuntu/leak/uftrace/cmds/record.c:1990
    #7 0xaaaacfb04ee4 in do_main_loop /home/ubuntu/leak/uftrace/cmds/record.c:2094
    #8 0xaaaacfb06028 in command_record /home/ubuntu/leak/uftrace/cmds/record.c:2209
    #9 0xaaaacfa674d0 in main /home/ubuntu/leak/uftrace/uftrace.c:1369
    #10 0xffff812ea08c in __libc_start_main (/lib/aarch64-linux-gnu/atomics/libc.so.6+0x2408c)
    #11 0xaaaacfa5a660  (/home/ubuntu/leak/uftrace/uftrace+0x2a7660)

SUMMARY: AddressSanitizer: 888 byte(s) leaked in 1 allocation(s).
```

## 스택 영역

이번에는 **스택 영역**stack segment을 알아봅시다. 스택 영역은 데이터를 일시적으로 저장하는 공간입니다. 데이터 영역에 담기는 값과는 달리 잠깐 쓰다가 말 값들이 저장되는 공간이지요. 이런 데이터로는 함수의 실행이 끝나면 사라지는 매개 변수, 지역 변수가 대표적입니다.

**note** 매개 변수, 지역 변수라는 용어가 생소하다면 단순히 '일시적으로 사용할 데이터' 정도로 생각해도 무방합니다.

일시적으로 저장할 데이터는 스택 영역에 PUSH되고, 더 이상 필요하지 않은 데이터는 POP됨으로써 스택 영역에서 사라집니다.

힙 영역과 스택 영역은 실시간으로 그 크기가 변할 수 있기 때문에 **동적 할당 영역**이라고 부릅니다. 그래서 일반적으로 힙 영역은 메모리의 낮은 주소에서 높은 주소로 할당되고, 스택 영역은 높은 주소에서 낮은 주소로 할당됩니다. 그래야만 힙 영역과 스택 영역에 데이터가 쌓여도 새롭게 할당되는 주소가 겹칠 일이 없겠죠.

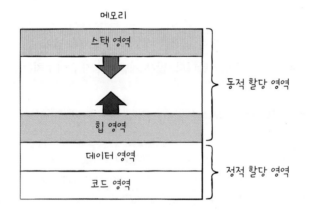

## ▶ 4가지 키워드로 정리하는 핵심 포인트

- **프로세스**는 실행 중인 프로그램입니다. 프로세스의 종류에는 포그라운드 프로세스와 백그라운드 프로세스가 있습니다.

- 운영체제는 **프로세스 제어 블록**을 통해 여러 프로세스를 관리합니다.

- 프로세스 간에 실행을 전환하는 것을 **문맥 교환**이라고 합니다.

- **프로세스 사용자 영역**에 크게 코드 영역, 데이터 영역, 스택 영역, 힙 영역으로 나뉘어 배치됩니다.

## ▶ 확인 문제

**1.** 프로세스와 관련한 설명 중 옳지 않은 것을 고르세요.

① 실행되는 프로그램을 프로세스라고 합니다.
② 프로세스가 생성되면 커널 영역에 PCB가 생성됩니다.
③ 프로세스들은 문맥 교환을 통해 번갈아 가며 수행됩니다.
④ 프로세스는 반드시 사용자와 상호작용할 수 있어야 합니다.

**2.** 문맥 교환과 관련한 설명 중 옳지 않은 것을 고르세요.

① 문맥 교환은 자주 수행될수록 좋습니다.
② 문맥 교환 과정에서 직전에 수행되던 프로세스의 문맥이 백업됩니다.
③ 문맥 교환 과정에서 다음에 수행할 프로세스의 문맥이 복구됩니다.
④ 문맥은 PCB에 기록됩니다.

프로세스 상태    부모 프로세스    자식 프로세스    프로세스 계층 구조

프로세스들은 각자의 상태를 가지고 계층적인 구조를 이루고 있습니다. 프로세스 상태란 무엇인지, 프로세스 계층 구조란 무엇인지 알아보고 코드를 통해 이들을 확인해 보겠습니다.

## 시작하기 전에

윈도우 운영체제를 사용해 봤다면 보기만 해도 아찔한 아래와 같은 화면을 본 적이 있을 겁니다. 이는 해당 프로세스 상태가 '응답 없음'을 알려주는 화면입니다.

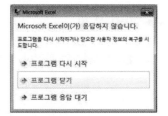

이번에는 윈도우 작업 관리자의 [세부 정보] 탭에서 프로세스의 [상태] 탭을 한 번 볼까요? 어떤 프로세스는 '실행 중' 상태이고, 어떤 프로세스는 '일시 중단됨' 상태입니다.

이렇듯 프로세스는 모두 저마다의 상태가 있습니다. 운영체제는 이런 프로세스의 상태를 PCB에 기록하여 관리합니다. 그리고 많은 운영체제는 이처럼 동시에 실행되는 수많은 프로세스를 계층적으로 관리합니다. 이번 절에서는 프로세스들의 상태와 계층적 관리에 대해 자세히 알아보겠습니다.

# 프로세스 상태

여러분이 컴퓨터를 사용할 때 여러 프로세스들이 빠르게 번갈아 가면서 실행된다고 했습니다. 그 과정에서 하나의 프로세스는 여러 상태를 거치며 실행됩니다. 그리고 운영체제는 프로세스의 상태를 PCB를 통해 인식하고 관리합니다. 프로세스의 상태를 표현하는 방식은 운영체제마다 조금씩 차이가 있지만, 프로세스가 가질 수 있는 대표적인 상태는 아래와 같습니다.

## 생성 상태

프로세스를 생성 중인 상태를 **생성 상태**(new)라고 합니다. 이제 막 메모리에 적재되어 PCB를 할당받은 상태를 말하죠. 생성 상태를 거쳐 실행할 준비가 완료된 프로세스는 곧바로 실행되지 않고 준비 상태가 되어 CPU의 할당을 기다립니다.

## 준비 상태

**준비 상태**(ready)는 당장이라도 CPU를 할당받아 실행할 수 있지만, 아직 자신의 차례가 아니기에 기다리고 있는 상태입니다. 준비 상태 프로세스는 차례가 되면 CPU를 할당받아 실행 상태가 됩니다.

note 준비 상태인 프로세스가 실행 상태로 전환되는 것을 디스패치(dispatch)라고 합니다.

## 실행 상태

**실행 상태**(running)는 CPU를 할당받아 실행 중인 상태를 의미합니다. 실행 상태인 프로세스는 할당된 일정 시간 동안만 CPU를 사용할 수 있습니다. 이때 프로세스가 할당된 시간을 모두 사용한다면(타이머 인터럽트가 발생하면) 다시 준비 상태가 되고, 실행 도중 입출력장치를 사용하여 입출력장치의 작업이 끝날 때까지 기다려야 한다면 대기 상태가 됩니다.

## 대기 상태

프로세스는 실행 도중 입출력장치를 사용하는 경우가 있습니다. 입출력 작업은 CPU에 비해 처리 속도가 느리기에, 입출력 작업을 요청한 프로세스는 입출력장치가 입출력을 끝낼 때까지(입출력 완료 인터럽트를 받을 때까지) 기다려야 합니다. 이렇게 입출력장치의 작업을 기다리는 상태를 **대기 상태**(blocked)라고 합니다. 입출력 작업이 완료되면 해당 프로세스는 다시 준비 상태로 CPU 할당을 기다립니다.

## 종료 상태

**종료 상태**(terminated)는 프로세스가 종료된 상태입니다. 프로세스가 종료되면 운영체제는 PCB와 프로세스가 사용한 메모리를 정리합니다.

다음은 프로세스 상태를 도표로 정리한 것입니다.

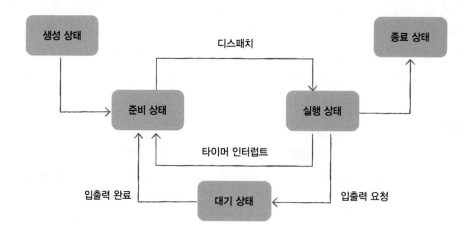

위와 같은 도표를 **프로세스 상태 다이어그램**process state diagram이라고 합니다. 이처럼 컴퓨터 내의 여러 프로세스는 생성, 준비, 실행, 대기, 종료 상태를 거치며 실행됩니다. 운영체제는 이 상태를 PCB에 기록하며 프로세스들을 관리하는 것이지요.

**＋ 여기서 잠깐** **대기 상태의 일반적인 정의**

프로세스가 대기 상태가 되는 이유에 입출력 작업만 있는 것은 아닙니다. 조금 더 일반적으로 표현하자면 특정 이벤트가 일어나길 기다릴 때 프로세스는 대기 상태가 됩니다. 다만, 프로세스가 대기 상태가 되는 대부분의 원인이 입출력 작업이기 때문에 '프로세스가 입출력 작업을 하면 대기 상태가 된다'고 생각해도 무방합니다.

## 프로세스 계층 구조

프로세스는 실행 도중 시스템 호출을 통해 다른 프로세스를 생성할 수 있습니다. 이때 새 프로세스를 생성한 프로세스를 **부모 프로세스**parent process, 부모 프로세스에 의해 생성된 프로세스를 **자식 프로세스**child process라고 합니다.

부모 프로세스와 자식 프로세스는 엄연히 다른 프로세스이기에 각기 다른 PID를 가집니다. 일부 운영체제에서는 자식 프로세스의 PCB에 부모 프로세스의 PID인 **PPID**Parent PID가 기록되기도 합니다.

부모 프로세스로부터 생성된 자식 프로세스는 실행 과정에서 또 다른 자식 프로세스를 생성할 수 있고, 그 자식 프로세스는 실행 과정에서 또 다른 자식 프로세스를 생성할 수 있습니다. 많은 운영체제는 이처럼 프로세스가 프로세스를 낳는 계층적인 구조로써 프로세스들을 관리합니다. 컴퓨터가 부팅

될 때 실행되는 최초의 프로세스가 자식 프로세스들을 생성하고, 생성된 자식 프로세스들이 새로운 프로세스들을 낳는 형식으로 여러 프로세스가 동시에 실행되는 것이지요.

이 과정을 도표로 그리면 아래와 같은 트리 구조를 띄는데, 이를 **프로세스 계층 구조**라고 합니다.

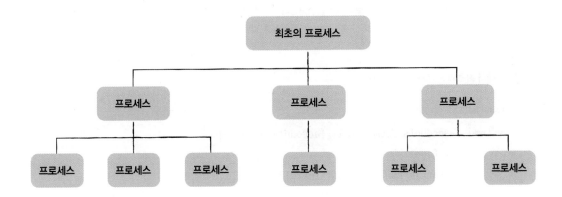

예를 들어 사용자가 컴퓨터를 켜고 로그인 창을 통해 성공적으로 로그인해서 bash 셸(사용자 인터 페이스)로 Vim이라는 문서 편집기 프로그램을 실행했다고 가정해 봅시다.

이 경우 ❶ 사용자가 컴퓨터를 켠 순간에 생성된 최초 프로세스는 로그인을 담당하는 프로세스를 자식 프로세스로 생성한 것이고, ❷ 로그인 프로세스는 사용자 인터페이스(bash 셸) 프로세스를 자식 프로세스로 생성한 것이고, ❸ 사용자 인터페이스 프로세스는 Vim 프로세스를 생성한 셈입니다. 이를 도표로 그리면 아래와 같습니다.

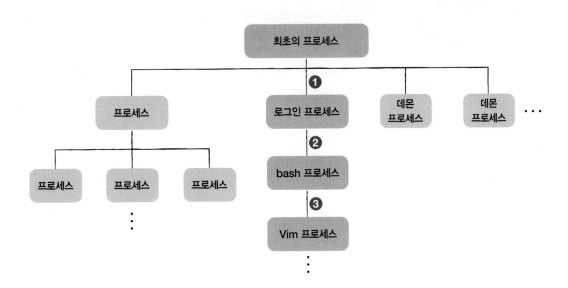

note 데몬이나 서비스 또한 최초 프로세스의 자식 프로세스입니다.

**+ 여기서 잠깐**   **최초의 프로세스**

모든 프로세스의 가장 위에 있는 최초의 프로세스는 무엇일까요? 최초의 프로세스는 유닉스 운영체제에서는 init, 리눅스 운영체제에서는 systemd, macOS에서는 launchd라고 합니다. 최초의 프로세스 PID는 항상 1번이며, 모든 프로세스 최상단에 있는 부모 프로세스입니다. 직접 확인해 볼까요?

pstree 명령어는 프로세스 계층 구조를 보여주는 명령어입니다. 리눅스에서 pstree 명령어를 입력하면 systemd가 최상단에 있다는 것을 확인할 수 있고, macOS에서 pstree 명령어를 입력하면 launchd가 최상단에 있는 것을 확인할 수 있습니다.

**리눅스에서 최초의 프로세스 확인하기**

```
[root@localhost ~]# pstree
systemd─┬─accounts-daemon───2*[{accounts-daemon}]
        ├─2*[agetty]
        ├─containerd───9*[{containerd}]
        ├─cron
        ├─dbus-daemon
        ├─2*[dnsmasq]
        ├─dockerd───10*[{dockerd}]
...
```

**macOS에서 최초의 프로세스 확인하기**

```
minchul-Mac-mini:~ minchul$ pstree
-+= 00001 root /sbin/launchd
 |--- 00053 root /usr/sbin/syslogd
 |--- 00054 root /usr/libexec/UserEventAgent (System)
 |--- 00056 root /usr/libexec/wifiFirmwareLoader
 |--- 00057 root
...
```

## 프로세스 생성 기법

부모 프로세스가 자식 프로세스를 어떻게 만들어 내고, 자식 프로세스는 어떻게 자신만의 코드를 실행하는지 조금 더 자세히 알아봅시다.

**note** 이하 내용은 윈도우 운영체제와는 관련이 없으나 수많은 운영체제의 핵심 개념이니 꼭 알아두세요.

결론부터 말하면, 부모 프로세스를 통해 생성된 자식 프로세스들은 **복제와 옷 갈아입기**를 통해 실행됩니다. 조금 더 정확하게, 부모 프로세스는 **fork**를 통해 자신의 복사본을 자식 프로세스로 생성해 내고, 만들어진 복사본(자식 프로세스)은 **exec**를 통해 자신의 메모리 공간을 다른 프로그램으로 교체합니다. fork와 exec에 대해 조금 더 자세히 알아봅시다.

fork와 exec는 시스템 호출입니다. 부모 프로세스는 fork 시스템 호출을 통해 자신의 복사본을 자식 프로세스로 생성합니다. 즉, fork는 자기 자신 프로세스의 복사본을 만드는 시스템 호출입니다. 자식 프로세스는 부모 프로세스의 복사본이기 때문에 부모 프로세스의 자원들, 이를테면 메모리 내의 내용, 열린 파일의 목록 등이 자식 프로세스에 상속됩니다(복사된 자식 프로세스라 할지라도 PID 값이나 저장된 메모리 위치는 다릅니다).

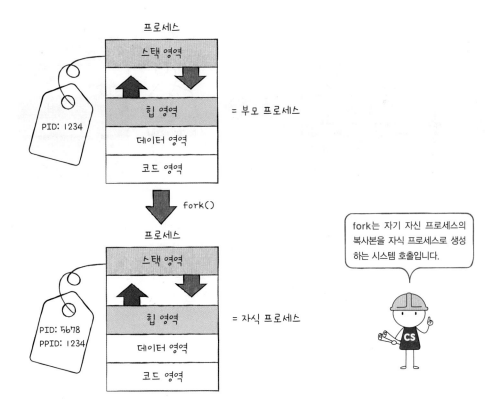

fork는 자기 자신 프로세스의 복사본을 자식 프로세스로 생성하는 시스템 호출입니다.

fork를 통해 복사본이 만들어진 뒤에 자식 프로세스는 exec 시스템 호출을 통해 새로운 프로그램으로 전환됩니다. exec는 자신의 메모리 공간을 새로운 프로그램으로 덮어쓰는 시스템 호출입니다. 다시 말해 새로운 프로그램 내용으로 전환하여 실행하는 시스템 호출입니다.

메모리 공간에 새로운 프로그램 내용이 덮어 써진다는 점에서 이는 자식 프로세스가 새로운 옷으로 갈아입었다고도 볼 수 있습니다. exec를 호출하면 코드 영역과 데이터 영역의 내용이 실행할 프로그램의 내용으로 바뀌고, 나머지 영역은 초기화됩니다.

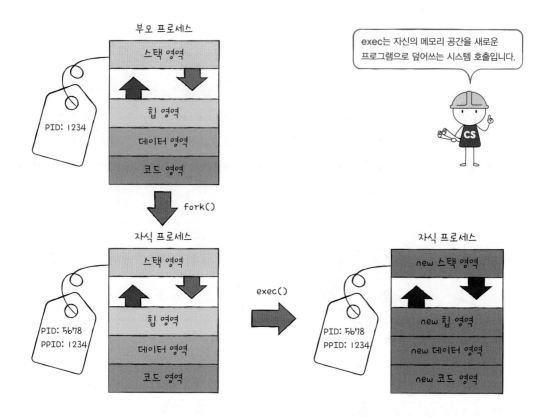

예를 들어, 사용자가 bash 셸에서 ls라는 명령어를 쳤다고 가정해 봅시다. 셸 프로세스는 fork를 통해 자신과 동일한 프로세스를 생성하고, 그로부터 탄생한 자식 프로세스(셸의 복제 프로세스)는 exec를 통해 ls 명령어를 실행하기 위한 프로세스로 전환되어 실행됩니다. 그렇게 셸의 복사본으로 탄생한 자식 프로세스는 ls 명령어를 실행하기 위한 프로세스로 바뀌고, 메모리 공간에는 ls 명령어를 실행하기 위한 내용들이 채워집니다.

정리하면, 부모가 자식 프로세스를 실행하며 프로세스 계층 구조를 이루는 과정은 fork과 exec가 반복되는 과정이라 볼 수 있습니다. 쉽게 말해 부모 프로세스로부터 자식 프로세스가 복사되고, 자식 프로세스는 새로운 프로그램으로 옷을 갈아입고, 또 그 자식 프로세스로부터 자식 프로세스가 복사되고, 옷을 갈아입는 방식으로 여러 프로세스가 계층적으로 실행되는 것입니다.

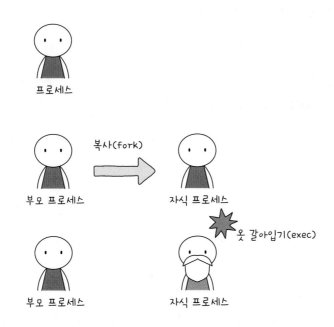

부모 프로세스가 자식 프로세스를 fork한 뒤에 부모 프로세스, 자식 프로세스 누구도 exec를 호출하지 않는 경우도 있습니다. 이 경우 부모 프로세스와 자식 프로세스는 같은 코드를 병행하여 실행하는 프로세스가 됩니다.

여기까지 프로세스에 대해 알아보았습니다. 아직 한 단계가 더 남아 있습니다. 지금까지 배운 내용들을 간단한 소스 코드로 학습해 보는 단계입니다. 하드웨어의 큰 그림을 그리고 작동 원리를 학습했었던 컴퓨터 구조 편과는 달리, 운영체제 편은 코드와 맞닿아 있는 부분이 많습니다. 프로그래밍 언어 입문서만 가볍게 학습한다면 놓치기 쉬운 중요한 내용들도 많이 포함되어 있지요. 그렇기 때문에 프로그래밍 언어를 학습해 본 적이 있는 독자라면 필자가 제시하는 아래 링크 속 소스 코드를 직접 실행해 보는 연습을 해보길 권합니다.

C/C++, Python, Java 등의 프로그래밍 언어로 프로세스를 다루는 예제들은 아래 링크 process 항목에 첨부해 두겠습니다.

**예제 코드 다운로드하기**

URL https://github.com/kangtegong/self-learning-cs

## ▶ 4가지 키워드로 정리하는 핵심 포인트

- **프로세스 상태**에는 생성, 준비, 실행, 대기, 종료가 있습니다.

- 프로세스가 다른 프로세스를 생성한 경우 프로세스를 생성한 프로세스를 **부모 프로세스**, 생성된 프로세스를 **자식 프로세스**라고 부릅니다.

- 많은 운영체제는 프로세스가 프로세스를 낳는 **프로세스 계층 구조**로 프로세스들을 관리합니다.

## ▶ 확인 문제

**1.** 다음은 프로세스 상태를 보여주는 프로세스 상태 다이어그램입니다. ❶부터 ❺까지 올바른 상태를 적어 보세요.

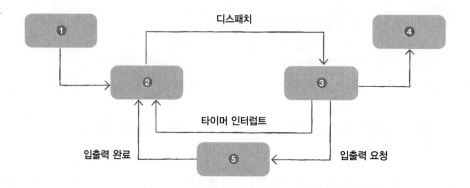

**2.** 최초 프로세스가 로그인 프로세스를 생성하고, 로그인 프로세스는 bash 프로세스를, bash 프로세스는 Vim 프로세스를 생성했다고 가정해 보겠습니다.

- bash 프로세스의 부모 프로세스는 무엇인가요? ( ❶ )
- bash 프로세스의 자식 프로세스는 무엇인가요? ( ❷ )
- Vim 프로세스의 부모 프로세스는 무엇인가요? ( ❸ )

**3.** fork와 exec에 대한 설명으로 옳지 않은 것을 고르세요.

① fork 시스템 호출을 하면 새로운 폴더가 생성됩니다.

② fork 시스템 호출을 하면 부모 프로세스의 복제본이 자식 프로세스로서 생성됩니다.

③ exec 시스템 호출을 하면 프로세스의 메모리 공간이 다른 프로세스의 내용으로 변경됩니다.

④ 많은 운영체제는 fork와 exec을 통해 프로세스 계층 구조를 형성합니다.


**4.** 프로세스 상태에 대한 설명으로 옳은 것을 고르세요.

① 생성 상태는 프로세스가 입출력 장치의 작업을 기다리는 상태입니다.

② 실행 상태는 프로세스가 종료되는 상태입니다.

③ 종료 상태는 프로세스가 이제 막 생성된 상태입니다.

④ 준비 상태는 CPU를 할당받기를 기다리고 있는 상태입니다.

hint 2. bash는 로그인 프로세스의 자식 프로세스이고, vim은 bash 프로세스의 자식 프로세스입니다.

3. fork 시스템 호출과 폴더 생성은 관련이 없습니다.

4. 준비 상태는 CPU를 할당받기를 기다리고 있는 상태입니다.

# 10-3 스레드

스레드 멀티프로세스 멀티스레드

스레드는 프로세스를 구성하는 실행의 흐름 단위입니다. 이 말이 정확히 무엇을
의미하는지, 그리고 멀티스레드와 멀티프로세스의 차이가 무엇인지 알아봅시다.

## 시작하기 전에

스레드<sup>thread</sup>는 실행의 단위입니다. 조금 더 정확하게 표현하자면, 스레드란 프로세스를 구성하는 실행의 흐름 단위입니다. 그리고 하나의 프로세스는 여러 개의 스레드를 가질 수 있습니다. 스레드를 이용하면 하나의 프로세스에서 여러 부분을 동시에 실행할 수 있습니다.

여러분이 개발자로서 일을 하게 된다면 반드시 스레드를 다루게 될 날이 올 것입니다. 하지만 스레드와 관련한 내용은 프로그래밍 기본서만 가볍게 학습하면 놓치기 쉬운 부분이기도 합니다. 이번 절을 통해 스레드와 멀티스레드란 무엇인지, 그리고 멀티스레드는 멀티프로세스와 어떤 차이가 있는지를 학습해 보겠습니다.

한 프로세스를 여러 개의 스레드로 동시에 실행할 수 있습니다.

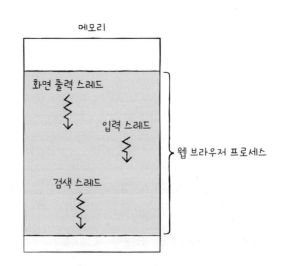

## 프로세스와 스레드

전통적인 관점에서 보면 하나의 프로세스는 한 번에 하나의 일만을 처리했습니다. 앞선 절에서도 한 번에 하나의 작업을 처리하는 프로세스를 상정했었지요. 가령 웹 브라우저, 게임, 워드 프로세서 프로세스가 있을 때 이 모든 프로세스가 하나의 실행 흐름을 가지고 한 번에 하나의 부분만 실행되는 프로세스를 가정했습니다. '실행의 흐름 단위가 하나'라는 점에서 이렇게 실행되는 프로세스들은 **단일 스레드 프로세스**라고 볼 수 있습니다.

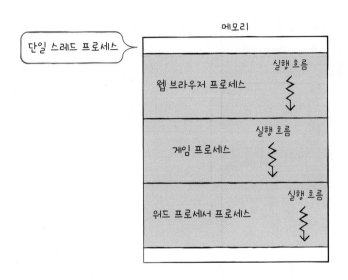

하지만 **스레드**라는 개념이 도입되면서 하나의 프로세스가 한 번에 여러 일을 동시에 처리할 수 있게 되었습니다. 즉, 프로세스를 구성하는 여러 명령어를 동시에 실행할 수 있게 된 것이지요.

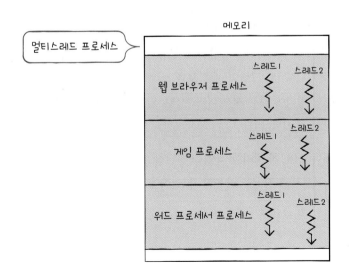

이런 점에서 볼 때 스레드는 '프로세스를 구성하는 실행 단위'라고 볼 수 있습니다. 이 말이 조금 추상적으로 들릴 수도 있겠지만, 스레드의 구성 요소를 파악하면 조금 더 분명히 와닿을 것입니다. 스레드는 프로세스 내에서 각기 다른 스레드 ID, 프로그램 카운터 값을 비롯한 레지스터 값, 스택으로 구성됩니다. 각자 프로그램 카운터 값을 비롯한 레지스터 값, 스택을 가지고 있기에 스레드마다 각기 다른 코드를 실행할 수 있습니다.

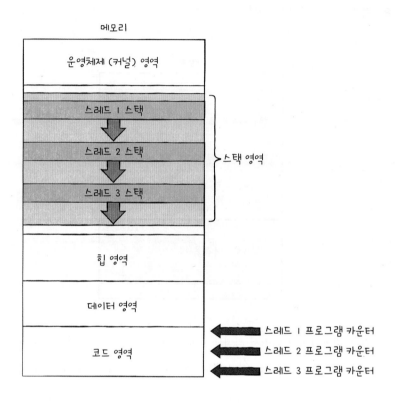

여기서 중요한 점은 프로세스의 스레드들은 실행에 필요한 최소한의 정보(프로그램 카운터를 포함한 레지스터, 스택)만을 유지한 채 프로세스 자원을 공유하며 실행된다는 점입니다. 프로세스의 자원을 공유한다는 것이 스레드의 핵심입니다. 위 그림의 예를 보면 스레드 1만의 코드/데이터/힙 영역이 있고, 스레드 2만의 코드/데이터/힙 영역이 있는 게 아니라는 의미입니다.

정리하면, 프로세스가 실행되는 프로그램이라면 스레드는 프로세스를 구성하는 실행의 흐름 단위입니다. 실제로 최근 많은 운영체제는 CPU에 처리할 작업을 전달할 때 프로세스가 아닌 스레드 단위로 전달합니다. 그리고 스레드는 프로세스 자원을 공유한 채 실행에 필요한 최소한의 정보만으로 실행됩니다.

**+ 여기서 잠깐 | 리눅스 운영체제에서 프로세스 vs 스레드**

많은 운영체제가 프로세스와 스레드를 구분하지만, 프로세스와 스레드 간에 명확한 구분을 짓지 않는 운영체제도 있습니다. 대표적으로 리눅스가 그러합니다. 리눅스는 프로세스와 스레드 모두 실행의 문맥(context of execution)이라는 점에서 동등하다고 간주하고 이 둘을 크게 구분 짓지 않습니다. 프로세스와 스레드라는 말 대신 태스크(task)라는 이름으로 통일하여 명명하지요.

아래 그림은 "프로세스와 스레드의 개념을 조금 더 분명히 구분 지을 필요가 있다"는 말에 대한 리눅스 운영체제 창시자 리누스 토르발스(Linus Torvalds)의 반응입니다. 이번 장에서 배운 프로세스와 스레드를 바라보는 운영체제 창시자의 철학을 엿볼 수 있는 흥미로운 읽을거리이니 전문을 읽어 보고 싶은 독자들은 아래 링크를 참고하길 바랍니다.

URL https://lkml.iu.edu/hypermail/linux/kernel/9608/0191.html

```
On Mon, 5 Aug 1996, Peter P. Eiserloh wrote:
>
> We need to keep a clear the concept of threads.  Too many people
> seem to confuse a thread with a process.  The following discussion
> does not reflect the current state of Linux, but rather is an
> atte
```
> 프로세스와 스레드를 별개의 것으로 구분할 이유가 없다. 전통적으로는 그렇게 해왔지만, 개인적으로 그것은 역사적인 짐과도 같다고 생각한다.

```
NO!

There is NO reason to think that "threads" and "processes" are separate
entities. That's how it's traditionally done, but I personally think it's a
major mistake to think that way. The only reason to think that way is
historical baggage.

Both threads and processes are really just one thing: a "context of
execution". Trying to artificially distinguish different cases is just
self-limiting.
```
> 프로세스와 스레드는 그냥 "실행의 문맥"일 뿐이다.

```
A "context of execution", hereby called COE, is just the conglomerate of
all the state of that COE. That state includes things like CPU state
(registers etc), MMU state (page mappings), permission state (uid, gid)
and various "communication states" (open files, signal handlers etc).
```

## 멀티프로세스와 멀티스레드

하나의 프로세스에 여러 스레드가 있을 수 있다는 말을 조금 더 자세히 알아봅시다. 컴퓨터는 실행 과정에서 여러 프로세스가 동시에 실행될 수 있고, 그 프로세스를 이루는 스레드는 여러 개 있을 수 있다고 했습니다. 이때 여러 프로세스를 동시에 실행하는 것을 **멀티프로세스**<sup>multiprocess</sup>, 그리고 여러 스레드로 프로세스를 동시에 실행하는 것을 **멀티스레드**<sup>multithread</sup>라고 합니다.

여기서 한 가지 궁금증이 생깁니다. 동일한 작업을 수행하는 단일 스레드 프로세스 여러 개를 실행하는 것과 하나의 프로세스를 여러 스레드로 실행하는 것은 무엇이 다를까요?

예를 들어 "hello, os"를 화면에 출력하는 간단한 프로그램이 있다고 해 봅시다. 이 프로그램을 세 번 fork하여 실행하면 화면에는 "hello, os"가 세 번 출력됩니다. 이 프로그램 내에 "hello, os"를 출력하는 스레드를 세 개 만들어 실행해도 화면에는 "hello, os"가 세 번 출력됩니다. 이 둘은 무엇이 다를까요? "hello, os"가 세 번 출력된다는 결과는 같은데 말이죠.

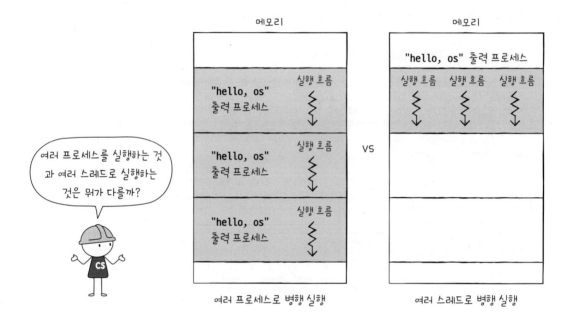

여기에는 큰 차이가 있습니다. 프로세스끼리는 기본적으로 자원을 공유하지 않지만, 스레드끼리는 같은 프로세스 내의 자원을 공유한다는 점입니다.

프로세스를 fork하여 같은 작업을 하는 동일한 프로세스 두 개를 동시에 실행하면 코드 영역, 데이터 영역, 힙 영역 등을 비롯한 모든 자원이 복제되어 메모리에 적재됩니다. 한 마디로 PID, 저장된 메모리 주소를 제외하면 모든 것이 동일한 프로세스 두 개가 통째로 메모리에 적재되는 것이지요. fork를 세 번, 네 번 하면 마찬가지로 메모리에는 같은 프로세스가 통째로 세 개, 네 개 적재됩니다. 이는 어찌 보면 낭비입니다. 같은 프로그램을 실행하기 위해 메모리에 동일한 내용들이 중복해서 존재하는 것이니까요.

**note** fork를 한 직후 같은 프로세스를 통째로 메모리에 중복 저장하지 않으면서 동시에 프로세스끼리 자원을 공유하지 않는 방법도 있습니다. 이를 **쓰기 시 복사**(copy on write) 기법이라고 하는데, 이는 14장의 〈좀 더 알아보기〉에서 설명하겠습니다.

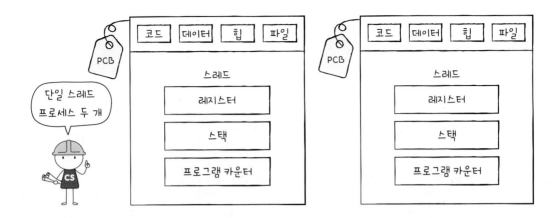

이에 반해 스레드들은 각기 다른 스레드 ID, 프로그램 카운터 값을 포함한 레지스터 값, 스택을 가질 뿐 프로세스가 가지고 있는 자원을 공유합니다. 즉, 같은 프로세스 내의 모든 스레드는 아래 그림처럼 동일한 주소 공간의 코드, 데이터, 힙 영역을 공유하고, 열린 파일과 같은 프로세스 자원을 공유합니다. 여러 프로세스를 병행 실행하는 것보다 메모리를 더 효율적으로 사용할 수 있겠지요. 또한 서로 다른 프로세스들은 기본적으로 자원을 공유하지 않기 때문에 서로가 남남처럼 독립적으로 실행되는 반면, 스레드는 프로세스의 자원을 공유하기 때문에 서로 협력과 통신에 유리합니다.

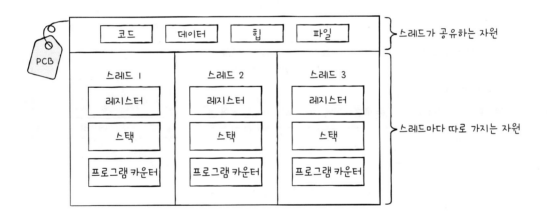

프로세스의 자원을 공유한다는 특성은 때론 단점이 될 수도 있는데, 멀티프로세스 환경에서는 하나의 프로세스에 문제가 생겨도 다른 프로세스에는 지장이 적거나 없지만, 멀티스레드 환경에서는 하나의 스레드에 문제가 생기면 프로세스 전체에 문제가 생길수 있습니다. 모든 스레드는 프로세스의 자원을 공유하고, 하나의 스레드에 문제가 생기면 다른 스레드도 영향을 받기 때문입니다.

스레드끼리는 프로세스 내의 자원을 공유합니다.

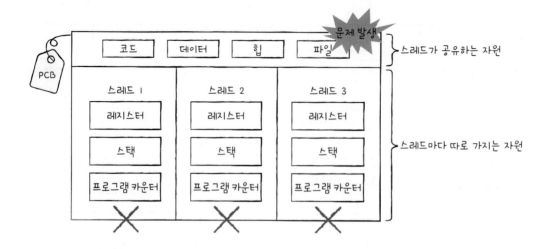

+ 여기서 잠깐    **프로세스 간 통신**

프로세스끼리는 '기본적으로' 자원을 공유하지 않지만, 프로세스끼리도 충분히 자원을 공유하고 데이터를 주고받을 수 있습니다. 프로세스 간의 자원을 공유하고 데이터를 주고받는 것을 프로세스 간 통신(IPC; Inter-Process Communication)이라고 부릅니다. IPC라고 줄여 부르는 경우가 많지요.

'통신'이라는 말을 들으면 네트워크를 통해 데이터를 주고 받는 방식만을 떠올리기 쉽지만, 같은 컴퓨터 내의 서로 다른 프로세스나 스레드끼리 데이터를 주고받는 것도 통신으로 간주합니다. 가령 프로세스 A는 'hello.txt' 파일에 새로운 값을 쓰는 프로세스, 프로세스 B는 'hello.txt' 파일을 읽는 프로세스라면 두 프로세스는 'hello.txt' 파일 속 데이터를 주고받으므로 프로세스 간의 통신이 이루어져야 합니다. 이는 파일을 통한 프로세스 간 통신으로 볼 수 있습니다.

또 프로세스들은 서로 공유하는 메모리 영역을 두어 데이터를 주고받을 수 있습니다. 프로세스들이 공유할 수 있는 메모리 영역을 공유 메모리(shared memory)라고 합니다.

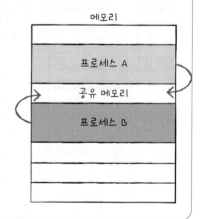

가령 프로세스 A와 B가 공유하는 메모리 영역 내에 'name'이라는 전역 변수가 있다고 가정해 봅시다. 프로세스 A가 name 안에 값을 저장한 뒤, 프로세스 B가 name 변수 값을 읽어들인다면 두 프로세스는 전역 변수 name을 통해 서로 값을 주고받았다고 볼 수 있습니다.

이 외에도 프로세스들은 소켓, 파이프 등을 통해 통신할 수 있습니다. 즉, 프로세스들끼리 데이터를 교환하는 것은 모든 자원을 처음부터 공유하고 있는 스레드에 비하면 다소 까다로운 것일 뿐 불가능한 것은 아닙니다.

이상으로 스레드에 대해 학습해 보았습니다. 앞선 절과 마찬가지로 지금까지 배운 내용들을 간단한 소스 코드로 학습해 보길 권합니다. C/C++, Python, Java와 같은 언어로 스레드를 다루는 예제들은 아래 링크 thread 항목을 참고하세요.

**예제 코드 다운로드하기**

URL https://github.com/kangtegong/self-learning-cs

## 마무리

▶ **3가지 키워드로 정리하는 핵심 포인트**

- **스레드**는 프로세스 내의 실행 흐름 단위입니다.

- 여러 프로세스를 동시에 실행하는 것을 **멀티프로세스**라고 하고, 여러 스레드로 프로세스를 동시에 실행하는 것을 **멀티스레드**라고 합니다.

▶ **확인 문제**

**1.** 스레드와 관련한 설명으로 옳지 않은 것을 고르세요.

① 스레드는 프로세스 내의 실행의 흐름 단위입니다.
② 프로세스 내의 스레드들은 각기 다른 코드/데이터/힙 영역을 가지고 있습니다.
③ 프로세스 내의 스레드들은 각기 다른 프로그램 카운터값을 가지고 있습니다.
④ 프로세스 내의 스레드들은 각기 다른 스택을 가지고 있습니다.

**2.** 멀티프로세스와 멀티스레드의 차이를 설명하는 내용입니다. 아래 글에서 제시된 단어 중 옳은 것을 고르세요.

> 프로세스끼리는 기본적으로 자원을 (공유하지 않지만, 공유하지만), 프로세스 내의 스레드끼리는 같은 프로세스 내의 자원을 (공유하지 않습니다, 공유합니다).

모든 프로세스는 운영체제로부터 자원을 할당받습니다. 프로세스마다 필요로 하는 자원은 각기 다르지만, 모든 프로세스가 공통으로 사용하는 자원이 있다면 그건 CPU입니다. 따라서 운영 체제가 프로세스에게 분배하는 자원 중 가장 중요한 자원은 CPU라고 볼 수 있습니다. 이번 장 에서는 운영체제가 프로세스에 CPU를 나누어주는 방법인 스케줄링에 대해 알아보겠습니다.

# CPU 스케줄링

**학습목표**

- 프로세스 우선순위를 이해합니다.
- 스케줄링 큐의 개념과 필요성을 학습합니다.
- 선점형 스케줄링과 비선점형 스케줄링의 차이를 이해합니다.
- 다양한 CPU 스케줄링 알고리즘을 학습합니다.

# 11-1 CPU 스케줄링 개요

핵심 키워드

CPU 스케줄링  우선순위  스케줄링 큐  준비 큐  대기 큐
선점형 스케줄링  비선점형 스케줄링

운영체제는 CPU를 어떻게 프로세스에 배분하는지 알아봅시다. 이번 절은 다음 절을 이해하기 위한 배경 지식을 설명하는 절이라고 생각해도 좋습니다.

## 시작하기 전에

모든 프로세스는 CPU를 필요로 하고 모든 프로세스는 먼저 CPU를 사용하고 싶어 합니다. 이러한 프로세스들에게 공정하고 합리적으로 CPU 자원을 할당하기 위해 운영체제는 어떤 프로세스에 CPU를 할당할지, 어떤 프로세스를 기다리게 할지를 결정합니다.

이렇게 운영체제가 프로세스들에게 공정하고 합리적으로 CPU 자원을 배분하는 것을 **CPU 스케줄링**CPU scheduling이라고 합니다. CPU 스케줄링은 컴퓨터 성능과도 직결되는 대단히 중요한 문제입니다. 프로세스들에게 현명하게 CPU를 배분하지 못하면 반드시 실행되어야 할 프로세스들이 실행되지 못하거나, 당장 급하지 않은 프로세스들만 주로 실행되는 등 무질서한 상태가 발생할 수도 있기 때문입니다.

# 프로세스 우선순위

여러분이 운영체제라고 가정해 봅시다. 당장이라도 실행할 수 있는 준비 상태인 프로세스들이 서로 먼저 CPU를 이용할 거라며 여러분을 졸라대고 있습니다. 이때 프로세스들에게 공정하게 CPU를 배분하려면 어떻게 해야 할까요?

아주 단순하게 생각해 봤을 때 CPU를 사용하고 싶어 하는 프로세스들이 차례로 돌아가며 CPU를 이용하게 하는 방법이 있습니다. 즉, 여러분에게 "CPU를 사용하고 싶어요!"라고 먼저 말한 프로세스 순서대로 CPU를 이용하게 하는 방법입니다. 언뜻 들으면 합리적인 방식인 것 같지만, 사실 이는 좋은 방법이 아닙니다.

그 이유는 프로세스마다 **우선순위**가 다르기 때문입니다. 우선순위가 높은 프로세스란 빨리 처리해야 하는 프로세스들을 의미합니다. 우선순위가 높은 프로세스에는 대표적으로 입출력 작업이 많은 프로세스가 있습니다. 입출력 작업이 많은 프로세스를 먼저 실행하는 것이 왜 더 효율적일까요?

이를 이해하려면 일반적인 프로세스가 어떤 과정을 거치며 실행되는지를 생각해 보아야 합니다. 대부분의 프로세스들은 CPU와 입출력장치를 모두 사용하며 실행됩니다. 달리 말하면 프로세스는 실행 상태와 대기 상태를 반복하며 실행됩니다. 예를 들어 워드 프로세서는 CPU를 사용하여 명령어를 실행하고, 사용자로부터 입력받은 내용을 보조기억장치에 저장하고, CPU를 사용하여 명령어를 실행하고, 사용자가 입력한 내용을 화면에 출력하는 과정을 반복하며 실행됩니다.

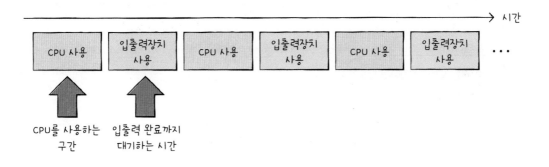

그런데 프로세스 종류마다 입출력장치를 이용하는 시간과 CPU를 이용하는 시간의 양에는 차이가 있습니다. 비디오 재생이나 디스크 백업 작업을 담당하는 프로세스와 같이 입출력 작업이 많은 프로세스도 있고, 복잡한 수학 연산, 컴파일, 그래픽 처리 작업을 담당하는 프로세스와 같이 CPU 작업이 많은 프로세스도 있습니다. 전자를 **입출력 집중 프로세스**I/O bound process라고 하고, 후자를 **CPU 집중 프로세스**CPU bound process라고 합니다. 입출력 집중 프로세스는 실행 상태보다는 입출력을 위한 대기 상태에 더 많이 머무르게 됩니다. 반대로 CPU 집중 프로세스는 대기 상태보다는 실행 상태에 더 많이 머무르게 되지요.

CPU를 이용하는 작업을 **CPU 버스트**(CPU burst)라 하고, 입출력장치를 기다리는 작업을 **입출력 버스트**(I/O burst)라 부릅니다. 즉, 프로세스는 일반적으로 CPU 버스트와 입출력 버스트를 반복하며 실행된다고 볼 수 있습니다. 그래서 입출력 집중 프로세스는 입출력 버스트가 많은 프로세스, CPU 집중 프로세스는 CPU 버스트가 많은 프로세스라고 정의할 수 있습니다.

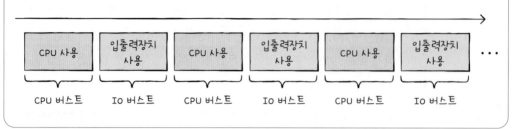

CPU 집중 프로세스는 CPU를 많이 사용해야 하는 프로세스이고, 입출력 집중 프로세스는 그렇지 않은 프로세스인데, CPU 집중 프로세스와 입출력 집중 프로세스가 모두 동일한 빈도로 CPU를 사용하는 것은 비합리적입니다.

CPU 집중 프로세스와 입출력 집중 프로세스가 동시에 CPU 자원을 요구했다고 가정해 봅시다. 이러한 경우 입출력 집중 프로세스를 가능한 한 빨리 실행시켜 입출력장치를 끊임없이 작동시키고, 그다음 CPU 집중 프로세스에 집중적으로 CPU를 할당하는 것이 더 효율적입니다. 입출력장치가 입출력 작업을 완료하기 전까지는 입출력 집중 프로세스는 어차피 대기 상태가 될 예정이기 때문에 입출력 집중 프로세스를 얼른 먼저 처리해 버리면 다른 프로세스가 CPU를 사용할 수 있기 때문입니다.

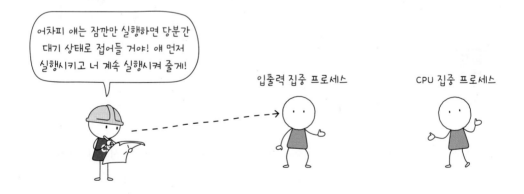

이렇듯 모든 프로세스가 CPU를 차례대로 돌아가며 사용하는 것보다 각각의 상황에 맞게 CPU를 배분하는 것이 더 효율적입니다.

상황에 맞게, 그리고 프로세스의 중요도에 맞게 프로세스가 CPU를 이용할 수 있도록 하기 위해 운영체제는 프로세스마다 **우선순위**priority를 부여합니다. 운영체제는 각 프로세스의 PCB에 우선순위를 명시하고, PCB에 적힌 우선순위를 기준으로 먼저 처리할 프로세스를 결정합니다. 그렇게 자연스레 우선순위가 높은 프로세스는 더 빨리, 더 자주 실행됩니다.

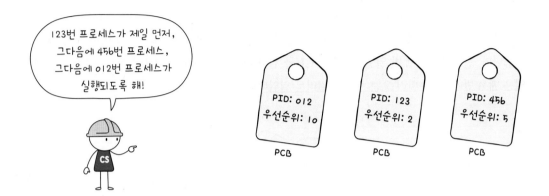

**+ 여기서 잠깐**　　**프로세스 우선순위 직접 확인하기**

우선순위가 높은 대표적인 프로세스는 입출력 작업이 많은 프로세스이지만, 이외에도 우선순위가 높은 프로세스로는 실시간 프로세스, 일부 백그라운드 프로세스 등 다양합니다. 어떤 프로세스의 우선순위가 높고, 어떤 프로세스의 우선순위가 낮은지 직접 확인해 보세요. 유닉스, 리눅스, macOS 등의 유닉스 체계 운영체제에서는 ps -el 명령을 통해 확인이 가능합니다. nice 명령을 통해 일부 프로세스의 우선순위를 변경할 수도 있지요.

```
minchul@minchul:~$ ps -el

F S  UID  PID PPID  C PRI  NI ADDR SZ WCHAN  TTY      TIME CMD

4 S    0    1    0  4  80   0 - 41422 -       ?    00:00:03 systemd

1 S    0    2    0  0  80   0 -     0 -       ?    00:00:00 kthreadd

1 I    0    3    2  0  60 -20 -     0 -       ?    00:00:00 rcu_gp

1 I    0    4    2  0  60 -20 -     0 -       ?    00:00:00 rcu_par_gp

1 I    0    5    2  0  80   0 -     0 -       ?    00:00:00 kworker/0:0-events

1 I    0    6    2  0  60 -20 -     0 -       ?    00:00:00 kworker/0:0H-mmc_complete

                                    ⌇
```

윈도우에서는 Process Explorer라는 소프트웨어를 통해 우선순위 확인과 변경이 가능합니다.

## 스케줄링 큐

PCB에 우선순위가 적혀 있다고는 하지만, CPU를 사용할 다음 프로세스를 찾기 위해 운영체제가 일일이 모든 프로세스의 PCB를 뒤적거리는 것은 비효율적입니다. CPU를 원하는 프로세스들은 한두 개가 아니고, CPU를 요구하는 새로운 프로세스는 언제든 생길 수 있으니까요.

이는 비단 CPU 자원에만 국한된 상황이 아닙니다. 메모리에 적재되고 싶어 하는 프로세스도 얼마든지 있을 수 있고, 특정 입출력장치와 보조기억장치를 사용하길 원하는 프로세스도 여러 개가 있을 수 있습니다. 운영체제가 매번 일일이 모든 PCB를 검사하여 먼저 자원을 이용할 프로세스를 결정하는 일은 매우 번거로울뿐더러 오랜 시간이 걸리는 일입니다.

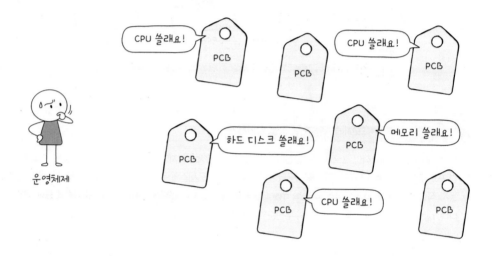

그래서 운영체제는 프로세스들에 '줄을 서서 기다릴 것'을 요구합니다. CPU를 사용하고 싶은 프로세스들, 메모리에 적재되고 싶은 프로세스들, 특정 입출력장치를 사용하고 싶은 프로세스들을 모두 줄 세우는 것이죠. 그리고 운영체제는 이 줄을 **스케줄링 큐** scheduling queue로 구현하고 관리합니다.

> **note** 큐는 자료 구조 관점에서 보았을 때는 먼저 삽입된 데이터가 먼저 나가는 선입선출(First In First Out) 자료 구조이지만, 스케줄링에서 이야기하는 큐는 반드시 선입선출 방식일 필요는 없습니다.

즉, 운영체제는 메모리로 적재되고 싶은(새로 생성되는) 프로세스들을 큐에 삽입하여 줄을 세우고, CPU를 이용하고 싶은 프로세스들 또한 큐에 삽입하여 줄을 세우고, 특정 입출력장치를 이용하고 싶은 프로세스들 역시 큐에 삽입하여 줄을 세웁니다.

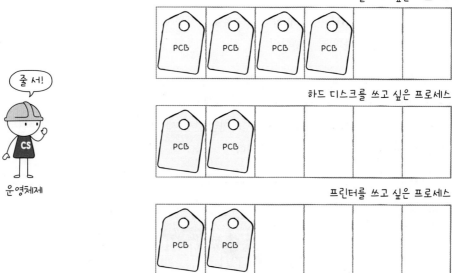

CPU를 쓰고 싶은 프로세스

PCB PCB PCB PCB

하드 디스크를 쓰고 싶은 프로세스

PCB PCB

프린터를 쓰고 싶은 프로세스

PCB PCB

줄 서!

CS

운영체제

운영체제가 관리하는 대부분의 자원은 이렇듯 큐로 관리됩니다. 그래서 운영체제가 관리하는 줄, 즉 큐에는 다양한 종류가 있습니다. 대표적인 큐로 준비 큐와 대기 큐가 있습니다. **준비 큐**ready queue는 CPU를 이용하고 싶은 프로세스들이 서는 줄을 의미하고, **대기 큐**waiting queue는 입출력장치를 이용하기 위해 대기 상태에 접어든 프로세스들이 서는 줄을 의미합니다.

실행 시간 완료(타이머 인터럽트)

준비 상태

준비 큐

디스패치

실행 상태

입출력 완료(인터럽트)

대기 상태

대기 큐

입출력장치 요청

준비 큐는 CPU를 이용하기 위해 기다리는 줄이고, 대기 큐는 입출력장치를 이용하기 위해 기다리는 줄입니다.

준비 상태에 있는 프로세스들의 PCB는 준비 큐의 마지막에 삽입되어 CPU를 사용할 차례를 기다립니다. 운영체제는 PCB들이 큐에 삽입된 순서대로 프로세스를 하나씩 꺼내어 실행하되, 그중 우선순위가 높은 프로세스를 먼저 실행합니다.

우선순위가 낮은 프로세스들이 먼저 큐에 삽입되어 줄을 섰다고 할지라도 우선순위가 높은 프로세스는 그들보다 먼저 처리될 수 있습니다. 이런 점에서 봤을 때 높은 우선순위를 가진 프로세스는 마치 VIP와도 같습니다. 이처럼 프로세스들로 하여금 줄을 세우면서 동시에 높은 우선순위부터 실행하는 구체적인 방식은 다음 절에서 다루겠습니다.

대기 상태에 있는 프로세스도 마찬가지입니다. 같은 장치를 요구한 프로세스들은 같은 대기 큐에서 기다립니다. 예를 들어 하드 디스크 사용을 요구한 프로세스는 하드 디스크 대기 큐에서 입출력 작업이 완료되기를 기다리고, 프린터 사용을 요구한 프로세스는 프린터 대기 큐에서 입출력 작업이 완료되기를 기다리는 것이지요.

입출력이 완료되어 완료 인터럽트가 발생하면 운영체제는 대기 큐에서 작업이 완료된 PCB를 찾고, 이 PCB를 준비 상태로 변경한 뒤 대기 큐에서 제거합니다. 당연히 해당 PCB는 준비 큐로 이동합니다.

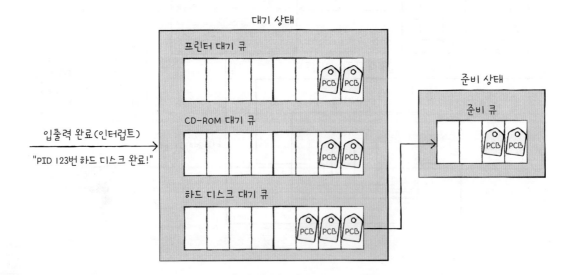

10장에서 배운 프로세스 상태 다이어그램을 기억하나요? 운영체제가 유지하는 여러 큐에 대해 알았다면 프로세스 상태 다이어그램을 아래와 같이 조금 더 세밀하게 완성할 수 있습니다.

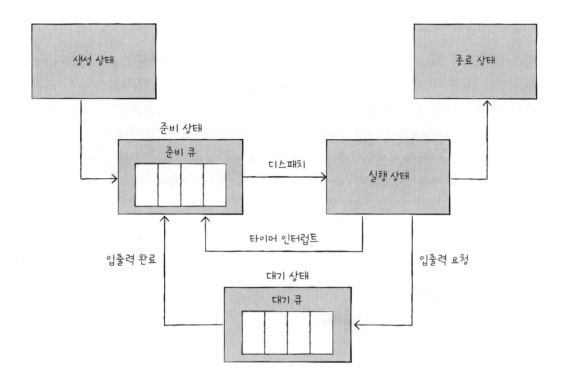

## 선점형과 비선점형 스케줄링

다시 여러분이 운영체제라고 가정해 봅시다. 여러분이 프로세스에 CPU를 사용하도록 허락하여, 해당 프로세스는 CPU를 잘 사용하고 있다고 해 보죠. 그런데 갑자기 다른 급한 프로세스가 CPU를 지금 당장 사용하길 요청한다면 여러분은 어떻게 할 건가요?

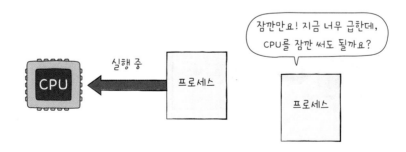

이런 상황에서 여러분이 택할 수 있는 방법은 두 가지입니다. 지금 CPU를 사용 중인 프로세스로부터 CPU 자원을 빼앗아 다른 프로세스에 할당할 수도 있고, CPU를 사용 중인 프로세스의 작업이 끝날 때까지 다른 급한 프로세스를 기다리게 할 수도 있습니다. 이 방법을 각각 선점형 스케줄링과 비선점형 스케줄링이라고 합니다.

선점이란 '남보다 앞서서 차지함'을 의미합니다. **선점형 스케줄링** preemptive scheduling은 프로세스가 CPU를 비롯한 자원을 사용하고 있더라도 운영체제가 프로세스로부터 자원을 강제로 빼앗아 다른 프로세스에 할당할 수 있는 스케줄링 방식을 의미합니다. 다시 말해 어느 하나의 프로세스가 자원 사용을 독점할 수 없는 스케줄링 방식이지요. 지금까지 필자가 설명한 스케줄링 방식이 선점형 스케줄링의 일종입니다. 프로세스마다 정해진 시간만큼 CPU를 사용하고, 정해진 시간을 모두 소비하여 타이머 인터럽트가 발생하면 운영체제가 해당 프로세스로부터 CPU 자원을 빼앗아 다음 프로세스에 할당하는 방식은 선점형 스케줄링의 일종으로 볼 수 있습니다.

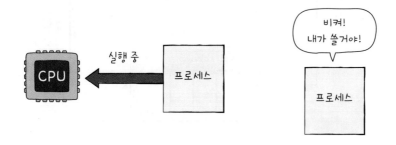

반면 **비선점형 스케줄링** non-preemptive scheduling이란 하나의 프로세스가 자원을 사용하고 있다면 그 프로세스가 종료되거나 스스로 대기 상태에 접어들기 전까진 다른 프로세스가 끼어들 수 없는 스케줄링 방식을 의미합니다. 다시 말해 비선점형 스케줄링은 하나의 프로세스가 자원 사용을 독점할 수 있는 스케줄링 방식이라고 할 수 있습니다. 만약 비선점형 스케줄링 방식으로 자원을 이용하는 프로세스가 있다면 다른 프로세스들은 그 프로세스의 사용이 모두 끝날 때까지 기다려야 합니다.

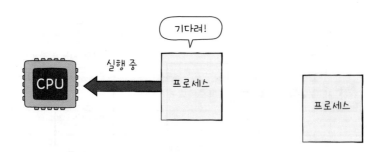

현재 대부분의 운영체제는 선점형 스케줄링 방식을 차용하고 있지만, 선점형 스케줄링과 비선점형 스케줄링은 각기 장단점을 가지고 있습니다. **선점형 스케줄링**은 더 급한 프로세스가 언제든 끼어들어 사용할 수 있는 스케줄링 방식이므로 어느 한 프로세스의 자원 독점을 막고 프로세스들에 골고루 자원을 배분할 수 있다는 장점이 있지만, 그만큼 문맥 교환 과정에서 오버헤드가 발생할 수 있습니다.

반면 **비선점형 스케줄링**은 문맥 교환의 횟수가 선점형 스케줄링보다 적기 때문에 문맥 교환에서 발생하는 오버헤드는 선점형 스케줄링보다 적지만, 하나의 프로세스가 자원을 사용 중이라면 당장 자원을 사용해야 하는 상황에서도 무작정 기다리는 수밖에 없습니다. 모든 프로세스가 골고루 자원을 사용할 수 없다는 단점이 있지요.

> 하나의 프로세스가 자원을 사용하고 있을 때 다른 프로세스가 해당 자원을 빼앗을 수 있는 스케줄링을 선점 스케줄링, 빼앗을 수 없는 스케줄링을 비선점 스케줄링이라고 합니다.

CPU 스케줄링에 대해 여러분들이 알아야 하는 배경지식은 여기까지입니다. 그렇다면 다음 절에서 실제 운영체제가 사용하는 스케줄링 알고리즘에는 어떤 것들이 있는지 알아보도록 합시다.

## 마무리

### ▶ 7가지 키워드로 정리하는 핵심 포인트

- **CPU 스케줄링**은 공정하고 합리적으로 CPU 자원을 배분하는 방법을 의미합니다.

- 프로세스는 **우선순위**를 가지고 있고, 이는 PCB에 명시됩니다.

- 운영체제는 효율적인 스케줄링을 위해 **스케줄링 큐**를 사용합니다.

- **준비 큐**는 CPU 할당을 기다리는 프로세스들을 위한 큐를 의미합니다.

- **대기 큐**는 입출력장치를 기다리는 프로세스들을 위한 큐를 의미합니다.

- **선점형 스케줄링**은 프로세스가 이용 중인 자원을 빼앗을 수 있습니다.

- **비선점형 스케줄링**은 프로세스가 이용 중인 자원을 빼앗을 수 없습니다.

### ▶ 확인 문제

**1.** 프로세스 스케줄링에 대해 옳지 않은 것을 고르세요.

① 운영체제는 우선순위를 토대로 프로세스들을 스케줄링합니다.
② 운영체제는 스케줄링 큐를 사용하여 스케줄링할 프로세스들을 관리합니다.
③ 준비 큐에는 준비 상태인 프로세스들이, 대기 큐에는 대기 상태인 프로세스들이 삽입됩니다.
④ 선점형 스케줄링은 프로세스가 이용 중인 자원을 빼앗을 수 없는 방식을 의미합니다.

**2.** ❶과 ❷에 알맞은 말을 써넣으세요.

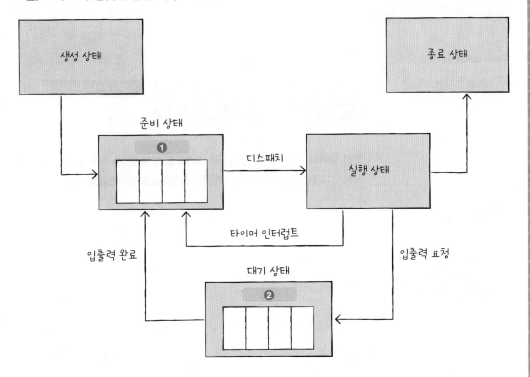

**3.** 선점형 스케줄링과 비선점형 스케줄링에 대해 옳지 않은 것을 고르세요.

① 선점형 스케줄링은 어느 한 프로세스가 자원을 독점할 수 없는 스케줄링 방식입니다.

② 선점형 스케줄링은 문맥 교환 과정의 오버헤드가 비선점형 스케줄링에 비해 적습니다.

③ 비선점형 스케줄링은 어느 한 프로세스가 자원을 독점할 수 있는 스케줄링 방식입니다.

④ 비선점형 스케줄링은 문맥 교환 과정의 오버헤드가 선점형 스케줄링에 비해 적습니다.

hint 1. 선점형 스케줄링은 프로세스가 이용 중인 자원을 빼앗을 수 있는 스케줄링 방식입니다.

2. 323쪽 그림을 참조하세요.

3. 선점형 스케줄링은 문맥 교환 과정의 오버헤드가 비선점형 스케줄링에 비해 더 큽니다.

# 11-2 CPU 스케줄링 알고리즘

핵심 키워드

선입 선처리 스케줄링   최단 작업 우선 스케줄링   라운드 로빈 스케줄링

우선순위 스케줄링   다단계 피드백 큐 스케줄링

앞선 절에서 배운 개념들을 토대로 스케줄링 알고리즘을 배워 봅시다. 여러 전공
서에서 다루는 가장 기본적인 스케줄링 알고리즘을 알아보겠습니다.

## 시작하기 전에

이제부터 여러 스케줄링 알고리즘을 소개할 텐데, 미리 언급하자면 이번 절에 등장하는 스케줄링 알
고리즘들을 하나하나 암기하기 위해 노력하지 않아도 괜찮습니다. CPU 스케줄링 알고리즘의 종류는
매우 다양하고 운영체제 저마다 서로 다른 스케줄링 알고리즘을 사용하고 있습니다. 이 책에서 다루
지 못한 스케줄링 알고리즘도 있지요. 중요한 것은 각 스케줄링 알고리즘에서 사용된 '아이디어'이지,
'용어'가 아닙니다. 그러므로 각 스케줄링 알고리즘들의 작동 방식과 장단점을 이해하는 데에만 집중
하여 학습하길 바랍니다.

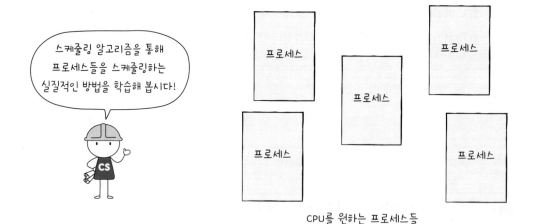

CPU를 원하는 프로세스들

# 스케줄링 알고리즘의 종류

스케줄링 알고리즘의 종류는 매우 다양합니다. 운영체제도 저마다 다른 스케줄링 알고리즘을 사용하고 있지요. 여기서는 일곱 가지 스케줄링 알고리즘을 설명할텐데, 여러 가지 아이디어 중 하나로 읽어주기 바랍니다.

### 선입 선처리 스케줄링

**선입 선처리 스케줄링**은 **FCFS 스케줄링**First Come First Served Scheduling이라고도 부릅니다. 이는 단순히 준비 큐에 삽입된 순서대로 프로세스들을 처리하는 비선점형 스케줄링 방식입니다. 즉, 선입 선처리 스케줄링은 CPU를 먼저 요청한 프로세스부터 CPU를 할당하는 스케줄링 방식입니다. 선입 선처리 스케줄링은 언뜻 보기에는 가장 공정해 보이지만, 때때로 프로세스들이 기다리는 시간이 매우 길어질 수 있다는 점에서 부작용이 있는 방식입니다.

가령 CPU를 오래 사용하는 프로세스가 먼저 도착하면 다른 프로세스는 그 프로세스가 CPU를 사용하는 동안 무작정 기다리는 수밖에 없습니다. 예를 들어 17ms 동안 CPU를 이용하는 프로세스 A, 5ms 동안 CPU를 이용하는 프로세스 B, 2ms 동안 CPU를 이용하는 프로세스 C가 차례로 준비 큐에 삽입된다면 프로세스 C는 고작 2ms를 실행하기 위해 22ms(17ms+5ms)라는 긴 시간을 기다려야만 합니다. 이런 현상을 **호위 효과**convoy effect라고 합니다.

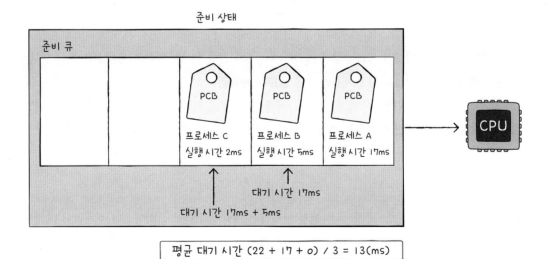

## 최단 작업 우선 스케줄링

호위 효과를 방지하려면 어떻게 해야 할까요? 단순하게 생각해 보면 CPU 사용 시간이 긴 프로세스는 나중에 실행하고, CPU 사용 시간이 짧은 간단한 프로세스를 먼저 실행하면 되겠죠?

앞서 보여준 예시에서는 프로세스 A의 CPU 사용 시간이 매우 길기 때문에 B와 C는 무작정 오래 기다릴 수밖에 없었습니다. 만약 CPU 사용 시간이 짧은 C와 B부터 실행한다면 C는 더 이상 기다릴 필요가 없고, B는 2ms, A는 7ms만 기다리면 됩니다.

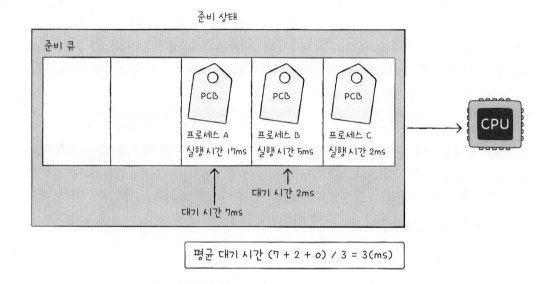

이렇게 준비 큐에 삽입된 프로세스들 중 CPU 이용 시간의 길이가 가장 짧은 프로세스부터 실행하는 스케줄링 방식을 **최단 작업 우선 스케줄링** 혹은 **SJF 스케줄링**<sup>Shortest Job First Scheduling</sup>이라고 합니다. 최단 작업 우선 스케줄링은 기본적으로 비선점형 스케줄링 알고리즘으로 분류되지만, 선점형으로 구현될 수도 있습니다. **선점형 최단 작업 우선 스케줄링**이 뒤에 언급할 최소 잔여 시간 우선 스케줄링입니다.

## 라운드 로빈 스케줄링

**라운드 로빈 스케줄링**<sup>round robin scheduling</sup>은 선입 선처리 스케줄링에 타임 슬라이스라는 개념이 더해진 스케줄링 방식입니다. **타임 슬라이스**란 각 프로세스가 CPU를 사용할 수 있는 정해진 시간을 의미합니다. 즉, 라운드 로빈 스케줄링은 정해진 타임 슬라이스만큼의 시간 동안 돌아가며 CPU를 이용하는 선점형 스케줄링입니다.

큐에 삽입된 프로세스들은 삽입된 순서대로 CPU를 이용하되 정해진 시간만큼만 CPU를 이용하고, 정해진 시간을 모두 사용하였음에도 아직 프로세스가 완료되지 않았다면 다시 큐의 맨 뒤에 삽입됩니다. 이때 문맥 교환이 발생하지요.

만약 CPU 사용 시간이 11ms, 3ms, 7ms인 프로세스 A, B, C를 타임 슬라이스가 4ms인 라운드 로빈 스케줄링을 한다면 아래 그림과 같이 수행됩니다.

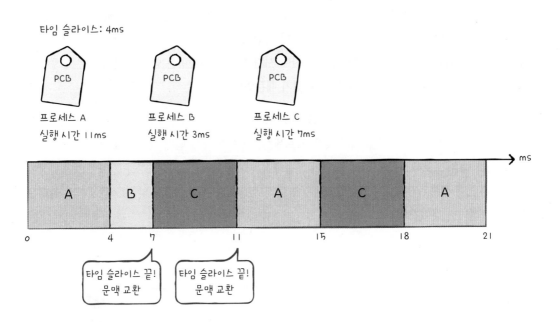

라운드 로빈 스케줄링에서는 타임 슬라이스 크기가 매우 중요합니다. 타임 슬라이스가 지나치게 크면 사실상 선입 선처리 스케줄링과 다를 바 없어 호위 효과가 생길 여지가 있고, 타임 슬라이스가 지나치게 작으면 문맥 교환에 발생하는 비용이 커 CPU는 프로세스를 처리하는 일보다 프로세스를 전환하는 데에 온 힘을 다 쓸 여지가 있기 때문입니다.

### 최소 잔여 시간 우선 스케줄링

**최소 잔여 시간 우선 스케줄링** 혹은 **SRT**Shortest Remaining Time **스케줄링**은 최단 작업 우선 스케줄링 알고리즘과 라운드 로빈 알고리즘을 합친 스케줄링 방식입니다. 최단 작업 우선 스케줄링은 작업 시간이 짧은 프로세스부터 처리하는 스케줄링 알고리즘이고, 라운드 로빈 알고리즘은 정해진 타임 슬라이스만큼 돌아가며 CPU를 사용하는 선점형 스케줄링 알고리즘입니다. 최소 잔여 시간 우선 스케줄링 하에서 프로세스들은 정해진 타임 슬라이스만큼 CPU를 사용하되, CPU를 사용할 다음 프로세스로는 남아있는 작업 시간이 가장 적은 프로세스가 선택됩니다.

## 우선순위 스케줄링

**우선순위 스케줄링**priority scheduling은 프로세스들에 우선순위를 부여하고, 가장 높은 우선순위를 가진 프로세스부터 실행하는 스케줄링 알고리즘입니다.

**note** 우선순위가 같은 프로세스들은 선입 선처리로 스케줄링됩니다.

앞서 설명한 최단 작업 우선 스케줄링, 최소 잔여 시간 우선 스케줄링 알고리즘은 넓은 의미에서 우선순위 스케줄링의 일종으로 볼 수 있습니다. 최단 작업 우선 스케줄링은 작업 시간이 짧은 프로세스에 높은 우선순위를 부여하는 방식이고, 최소 잔여 시간 우선 스케줄링은 남은 시간이 짧은 프로세스에 높은 우선순위를 부여하는 방식이라 볼 수 있기 때문입니다.

다만, 우선순위 스케줄링은 근본적인 문제를 내포하고 있습니다. 우선순위가 높은 프로세스를 우선하여 처리하는 방식이기에 우선순위가 낮은 프로세스는 (준비 큐에 먼저 삽입되었음에도 불구하고) 우선순위가 높은 프로세스들에 의해 실행이 계속해서 연기될 수 있습니다. 이를 **기아**starvation 현상이라고 합니다. 우선순위가 높은 프로세스만 계속 먼저 실행되니 우선순위가 낮은 프로세스의 실행은 계속 뒤로 밀리는 것이지요.

이를 방지하기 위한 대표적인 기법으로 **에이징**aging이 있습니다. 이는 오랫동안 대기한 프로세스의 우선순위를 점차 높이는 방식입니다. 말하자면 대기 중인 프로세스의 우선순위를 마치 나이 먹듯 점차 증가시키는 방법입니다. 에이징 기법을 적용하면 우선순위가 낮아 마냥 기다리기만 하는 프로세스가 없어집니다. 우선순위가 낮더라도 언젠가는 높은 우선순위가 될 테니까요.

## 다단계 큐 스케줄링

다단계 큐 스케줄링은 앞서 설명한 우선순위 스케줄링의 발전된 형태입니다. **다단계 큐 스케줄링**multilevel queue scheduling 은 우선순위별로 준비 큐를 여러 개 사용하는 스케줄링 방식입니다. 다단계 큐 스케줄링 하에서는 우선순위가 가장 높은 큐에 있는 프로세스들을 먼저 처리하고, 우선순위가 가장 높은 큐가 비어 있으면 그다음 우선순위 큐에 있는 프로세스들을 처리합니다.

아래 그림을 살펴보면 우선순위 0에 삽입된 프로세스들, 우선순위 1에 삽입된 프로세스들, 우선순위 2에 삽입된 프로세스들 순서대로 CPU를 할당받아 실행됩니다.

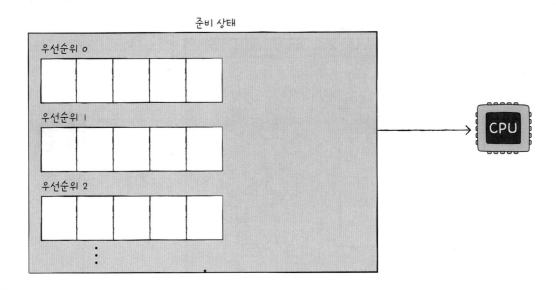

이렇게 큐를 여러 개 두면 프로세스 유형별로 우선순위를 구분하여 실행하는 것이 편리해집니다. 가령 어떤 큐에는 우선순위가 비교적 높아야 하는 입출력 집중 프로세스가 삽입될 수 있고, 어떤 큐에는 우선순위가 비교적 낮아도 상관없는 CPU 집중 프로세스가 삽입될 수 있습니다. 또 어떤 큐에는 (우선순위가 비교적 높아야 하는) 백그라운드 프로세스들을 삽입할 수 있고, 어떤 큐에는 (우선순위가 비교적 낮아도 무방한) 사용자와의 상호작용이 잦은 프로세스들을 삽입할 수 있습니다.

또한 큐별로 타임 슬라이스를 여러 개 지정할 수도 있고, 큐마다 다른 스케줄링 알고리즘을 사용할 수도 있습니다. 예를 들어 어떤 큐에서의 타임 슬라이스는 크게, 어떤 큐에서의 타임 슬라이스는 작게 사용하고, 어떤 큐에서는 선입 선처리 스케줄링을 사용하고, 어떤 큐에서는 라운드 로빈 스케줄링을 사용할 수 있습니다.

## 다단계 피드백 큐 스케줄링

다단계 피드백 큐 스케줄링은 다단계 큐 스케줄링의 발전된 형태입니다. 앞서 설명한 다단계 큐 스케줄링에서는 프로세스들이 큐 사이를 이동할 수 없습니다. 그러나 이런 방식대로라면 우선순위가 낮은 프로세스는 계속 연기될 여지가 있습니다. 즉, 다시 한번 기아 현상이 발생할 수 있습니다. 언제 높은 우선순위의 프로세스가 들어올지 모르는데, 우선순위가 낮은 프로세스 입장에서는 매우 불리하겠죠. 이를 보완한 스케줄링 알고리즘이 **다단계 피드백 큐 스케줄링**multilevel feedback queue scheduling 입니다.

다단계 피드백 큐 스케줄링은 다단계 큐 스케줄링과 비슷하게 작동하지만, 한 가지가 다릅니다. 바로 프로세스들이 큐 사이를 이동할 수 있다는 점입니다. 다단계 피드백 큐 스케줄링에서 새로 준비 상태가 된 프로세스가 있다면 우선 우선순위가 가장 높은 우선순위 큐에 삽입되고 일정 시간(타임 슬라이스) 동안 실행됩니다.

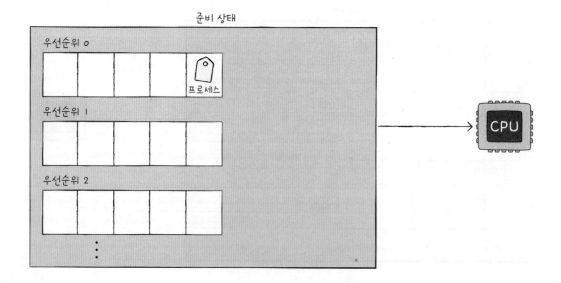

그리고 만약 프로세스가 해당 큐에서 실행이 끝나지 않는다면 다음 우선순위 큐에 삽입되어 실행됩니다. 그리고 또 해당 큐에서 실행이 끝나지 않는다면 프로세스는 또 다음 우선순위 큐에 삽입되고, 결국 CPU를 오래 사용해야 하는 프로세스는 점차 우선순위가 낮아집니다.

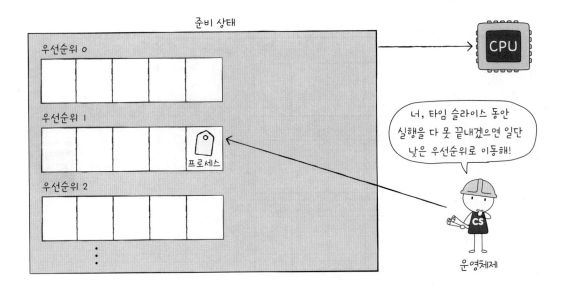

즉, CPU를 비교적 오래 사용해야 하는 CPU 집중 프로세스들은 자연스레 우선순위가 낮아지고, CPU를 비교적 적게 사용하는 입출력 집중 프로세스들은 자연스레 우선순위가 높은 큐에서 실행이 끝납니다.

다단계 피드백 큐 스케줄링은 프로세스들이 큐 사이를 이동할 수 있는 방식이기 때문에 낮은 우선순위 큐에서 너무 오래 기다리고 있는 프로세스가 있다면 점차 우선순위가 높은 큐로 이동시키는 에이징 기법을 적용하여 기아 현상을 예방할 수 있습니다.

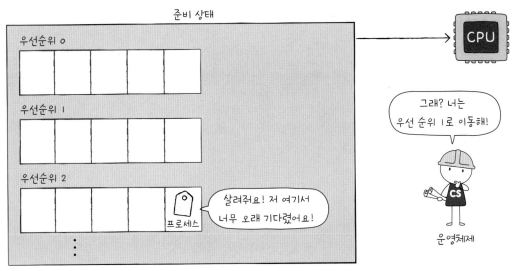

즉, 다단계 피드백 큐 스케줄링 알고리즘은 어떤 프로세스의 CPU 이용 시간이 길면 낮은 우선순위 큐로 이동시키고, 어떤 프로세스가 낮은 우선순위 큐에서 너무 오래 기다린다면 높은 우선순위 큐로 이동시킬 수 있는 알고리즘입니다.

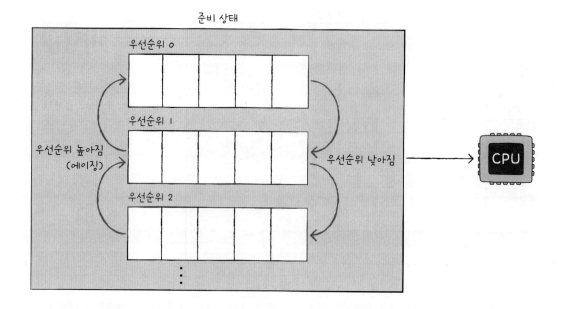

다단계 피드백 큐 스케줄링은 구현이 복잡하지만, 가장 일반적인 CPU 스케줄링 알고리즘으로 알려져 있습니다.

## 마무리

### ▶ 5가지 키워드로 정리하는 핵심 포인트

- **선입 선처리 스케줄링** 알고리즘은 준비 큐에 삽입된 순서대로 CPU를 할당합니다.

- **최단 작업 우선 스케줄링** 알고리즘은 준비 큐에 삽입된 프로세스들 중 CPU 사용 시간의 길이가 가장 짧은 프로세스부터 CPU를 할당합니다.

- **라운드 로빈 스케줄링** 알고리즘은 정해진 시간만큼만 돌아가며 CPU를 할당합니다.

- **우선순위 스케줄링** 알고리즘은 가장 높은 우선순위를 가진 프로세스에 CPU를 할당합니다.

- **다단계 피드백 큐 스케줄링** 알고리즘은 프로세스들이 큐 사이를 이동할 수 있는 다단계 큐 스케줄링입니다.

### ▶ 확인 문제

**1.** 준비 큐에 프로세스 A, B, C, D 순으로 삽입되었다고 가정했을 때, 선입 선처리 스케줄링 알고리즘을 적용한다면 어떤 프로세스 순서대로 CPU를 할당받게 될까요?

① A-D-B-C      ② B-C-A-D      ③ A-B-C-D      ④ D-C-B-A

**2.** 다음 보기에서 올바른 정의를 찾아 써 보세요.

> **보기** 기아 현상, 에이징, 타임 슬라이스

- 우선순위가 낮아 실행이 계속 연기되는 문제를 무엇이라고 하나요? ( **❶** )
- 우선순위가 낮아 실행이 계속 연기되는 문제를 해결하기 위해 점차 우선순위를 높이는 기법을 무엇이라고 하나요? ( **❷** )

# Chapter 12

동시다발적으로 실행되는 수많은 프로세스는 서로 협력하기도 하고, 자원을 두고 경쟁하기도 합니다. 이번 장에서는 프로세스가 동시에 실행될 때 반드시 거쳐야 할 동기화에 대해 학습해 보겠습니다. 동기화란 무엇인지, 그리고 동시에 실행되는 프로세스들을 올바르게 실행하기 위해서는 무엇을 고려해야 하는지 알아봅시다.

# 프로세스 동기화

- 동기화란 무엇인지 알아봅니다.

- 공유 자원과 임계 구역 문제를 이해합니다.

- 임계 구역 문제를 해결하기 위한 동기화 기법들을 학습합니다.

# 12-1 동기화란

핵심 키워드

동기화   공유 자원   임계 구역   상호 배제

운영체제의 프로세스 관리 서비스 중 가장 중요한 두 가지를 꼽자면 스케줄링과 동기화입니다. 지난 장에서 스케줄링을 학습했다면 이번에는 동기화에 대해 알아 봅시다.

## 시작하기 전에

동시다발적으로 실행되는 프로세스들은 공동의 목적을 올바르게 수행하기 위해 서로 협력하며 영향을 주고 받기도 합니다. 이렇게 협력하여 실행되는 프로세스들은 실행 순서와 자원의 일관성을 보장해야 하기에 반드시 **동기화**synchronization되어야 합니다.

이번 절에서 동기화란 무엇인지 개념을 정리하고, 프로세스를 동기화하지 않을 경우 발생할 수 있는 문제들을 통해 동기화가 왜 필요한지 알아봅니다.

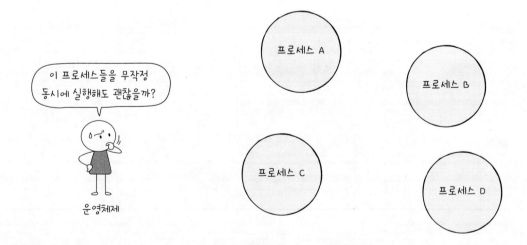

## 동기화의 의미

동시다발적으로 실행되는 많은 프로세스는 서로 데이터를 주고받으며 협력하며 실행될 수 있습니다. 예를 들어 워드 프로세서에는 사용자로부터 입력을 받는 프로세스와 입력한 내용의 맞춤법을 검사하는 프로세스, 입력한 내용을 화면에 출력해 주는 프로세스 등이 있습니다. 이 프로세스들은 각기 다른 독립적인 프로세스이지만 공동의 목표를 위해 서로 협력하는 존재입니다.

이렇게 협력적으로 실행되는 프로세스들은 아무렇게나 마구 동시에 실행해서는 안 됩니다. 올바른 실행을 위해서는 **동기화**가 필수입니다.

프로세스 동기화란 무엇일까요? 국어 사전에 따르면 '정보 · 통신 분야에서의 동기화란 작업들 사이의 수행 시기를 맞추는 것'을 의미한다고 나와 있습니다. 다시 말해 **프로세스 동기화**란 프로세스들 사이의 수행 시기를 맞추는 것을 의미합니다. 프로세스들 사이의 수행 시기를 맞추는 것은 무엇을 의미할까요? 크게 아래 두 가지를 일컫습니다.

- 실행 순서 제어: 프로세스를 올바른 순서대로 실행하기
- 상호 배제: 동시에 접근해서는 안 되는 자원에 하나의 프로세스만 접근하게 하기

> **note** 프로세스뿐만 아니라 스레드도 동기화 대상입니다. 정확히 말하면 실행의 흐름을 갖는 모든 것은 동기화의 대상입니다. 다만 이 책에서는 대부분의 전공서 표현에 따라 '프로세스 동기화'라고 칭하겠습니다.

> 동기화는 특정 자원에 접근할 때 한 개의 프로세스만 접근하게 하거나, 프로세스를 올바른 순서대로 실행하게 하는 것을 의미합니다.

즉, 동기화에는 ❶ 실행 순서 제어를 위한 동기화가 있고, ❷ 상호 배제를 위한 동기화가 있습니다. 아직은 다소 모호할 수 있지만 이는 예시로 이해하면 쉽습니다.

**첫째, 실행 순서 제어를 위한 동기화에 대해 알아봅시다.**

가령 Writer라는 프로세스와 Reader라는 프로세스가 동시에 실행 중이라고 가정해 보겠습니다. Writer 프로세스는 Book.txt 파일에 값을 저장하는 프로세스이고, Reader 프로세스는 Book.txt 파일에 저장된 값을 읽어 들이는 프로세스라고 가정해 보죠.

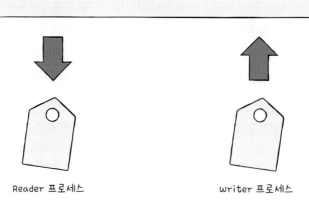

Reader 프로세스        Writer 프로세스

이 두 프로세스는 무작정 아무 순서대로 실행되어서는 안 됩니다. Reader 프로세스는 Writer 프로세스 실행이 끝나야 비로소 실행할 수 있기 때문입니다. Writer 프로세스가 Book.txt에 값을 저장하기도 전에 Reader 프로세스가 Book.txt를 읽는 것은 올바른 실행 순서가 아닙니다. 다시 말해 Reader 프로세스는 'Book.txt 안에 값이 존재한다'는 특정 조건이 만족되어야만 실행을 이어나갈 수 있습니다. 이렇게 동시에 실행되는 프로세스를 올바른 순서대로 실행하는 것이 첫 번째 프로세스 동기화입니다.

**둘째, 상호 배제를 위한 동기화에 대해서도 알아봅시다.**

**상호 배제**<sup>mutual exclusion</sup>는 공유가 불가능한 자원의 동시 사용을 피하기 위해 사용하는 알고리즘입니다. 이 또한 간단한 예시를 들어 보겠습니다. 가령 계좌에 10만 원이 저축되어 있다고 가정해 봅시다. 그리고 프로세스 A는 현재 저축된 금액에 2만 원을 넣는 프로세스, 프로세스 B는 현재 저축된 금액에 5만 원을 넣는 프로세스라고 가정해 봅시다.

프로세스 A가 실행되는 과정을 조금 더 자세히 표현해 보면 아래와 같이 나타낼 수 있습니다.

❶ 계좌의 잔액을 읽어 들인다.
❷ 읽어 들인 잔액에 2만 원을 더한다.
❸ 더한 값을 저장한다.

마찬가지로 프로세스 B가 실행되는 과정은 아래와 같은 순서로 나타낼 수 있습니다.

❶ 계좌의 잔액을 읽어 들인다.
❷ 읽어 들인 잔액에 5만 원을 더한다.
❸ 더한 값을 저장한다.

이제 프로세스 A와 B가 동시에 실행되었다고 가정해 봅시다. 여러분은 당연히 실행 결과 17만 원이 계좌에 남을 것을 기대할 것입니다. 하지만 동기화가 제대로 이루어지지 않은 경우 아래와 같이 전혀 엉뚱한 결과가 나올 수 있습니다.

**동기화가 이루어지지 않은 경우**

| 프로세스 A | 프로세스 B | 현재 잔액 |
|---|---|---|
| 잔액을 읽어 들인다 | | 10만 원 |
| 읽어 들인 값에서 2만 원을 더한다 | | 10만 원 |
| 문맥 교환 | | 10만 원 |
| | 잔액을 읽어 들인다 | 10만 원 |
| | 읽어 들인 값에서 5만 원을 더한다 | 10만 원 |
| | 문맥 교환 | 10만 원 |
| 더한 값 저장 | | 12만 원 |
| | 더한 값 저장 | 15만 원 |
| | | **최종 잔액 = 15만 원?** |

왜 이런 일이 발생했을까요? A와 B는 '잔액'이라는 데이터를 동시에 사용하는데, A가 끝나기도 전에 B가 잔액을 읽어 버렸기 때문에 엉뚱한 결과가 나온 것입니다. A와 B를 올바르게 실행하기 위해서는 한 프로세스가 잔액에 접근했을 때 다른 프로세스는 기다려야 합니다. 아래와 같이 말이지요.

**동기화가 이루어진 경우**

| 프로세스 A | 프로세스 B | 현재 잔액 |
|---|---|---|
| 잔액을 읽어 들인다 | | 10만 원 |
| 읽어 들인 값에서 2만 원을 더한다 | | 10만 원 |
| 문맥 교환 | 기다림(아직은 잔액 읽지 않음) | 10만 원 |
| 더한 값 저장 | | 12만 원 |
| | 잔액을 읽어 들인다 | 12만 원 |
| | 읽어 들인 값에서 5만 원을 더한다 | 12만 원 |
| | 문맥 교환 | 12만 원 |
| | 더한 값 저장 | 17만 원 |
| | | **최종 잔액 = 17만 원** |

이렇게 동시에 접근해서는 안 되는 자원에 동시에 접근하지 못하게 하는 것이 **상호 배제를 위한 동기화**입니다.

## 생산자와 소비자 문제

상호 배제를 위한 동기화에 대해 조금만 더 알아봅시다. 이와 관련된 고전적이고 유명한 문제로 **생산자와 소비자 문제**가 있습니다. 생산자와 소비자 문제는 물건을 계속해서 생산하는 프로세스인 생산자와 물건을 계속해서 소비하는 프로세스인 소비자로 이루어져 있습니다.

> **note** 생산자와 소비자는 동시에 실행되는 스레드가 될 수도 있습니다.

생산자와 소비자는 '총합'이라는 데이터를 공유하고 있습니다. 생산자는 버퍼에 물건을 넣은 후, 물건의 총합에 해당하는 변수를 1 증가시키고, 소비자는 버퍼에 물건을 빼낸 후 물건의 총합에 해당하는 변수를 1 감소시킵니다.

**생산자**

```
생산자 () {
        버퍼에 데이터 삽입
        '총합' 변수 1 증가
}
```

**소비자**

```
소비자 () {
        버퍼에서 데이터 빼내기
        '총합' 변수 1 감소
}
```

물건이 처음에 10개 있었다고 가정해 봅시다. 다시 말해 물건의 총합 변수를 10으로 초기화해 봅시다.

```
총합 = 10

생산자 () {
        버퍼에 데이터 삽입
        '총합' 변수 1 증가
}
소비자 () {
        버퍼에서 데이터 빼내기
        '총합' 변수 1 감소
}
```

위와 같은 상태에서 생산자를 100,000번, 소비자를 100,000번 동시에 실행해 보기로 하죠. 실행 결과 총합은 몇이 될까요? 언뜻 보기에 코드는 아무런 문제가 없어 보입니다. 생산자는 그저 버퍼에 데이터를 넣고 총합을 1 증가시킬 뿐이고, 소비자는 버퍼에서 데이터를 빼고 총합을 1 감소시킬 뿐이니까요. 여러분은 총합 변수가 계속 10개로 머물러 있을 것으로 기대할 것입니다.

하지만 막상 생산자와 소비자를 동시에 실행해 보면 예상치 못한 결과를 받을 수 있습니다. 총합이 10이 아닌 다른 수가 되거나 실행 중 오류가 나기도 합니다. 아래 내용은 생산자와 소비자 코드를 실제로 구현하고 실행한 결과입니다. 아래 링크 producer_consumer 항목을 참고하세요.

**예제 코드 다운로드하기**
URL https://github.com/kangtegong/self-learning-cs/tree/main/producer_consumer

```
초기 합계 : 10
producer, consumer 스레드 실행 이후 합계 : 63078
```

```
초기 합계 : 10
producer, consumer 스레드 실행 이후 합계 : -13750
```

이는 생산자 프로세스와 소비자 프로세스가 제대로 동기화되지 않았기 때문에 발생한 문제입니다. 생산자와 소비자는 '총합'이라는 데이터를 동시에 사용하는데, 앞서의 예제에서는 소비자가 생산자의 작업이 끝나기도 전에 총합을 수정했고, 생산자가 소비자의 작업이 끝나기도 전에 총합을 수정했기 때문에 엉뚱한 결과가 발생한 것이지요. 한 마디로 계좌 잔액 문제와 생산자 소비자 문제는 동시에 접근해서는 안 되는 자원에 동시에 접근했기에 발생한 문제라고 볼 수 있습니다.

## 공유 자원과 임계 구역

그렇다면 동시에 접근해서는 안 되는 자원이란 무엇일까요?

계좌 잔액 문제와 생산자 소비자 문제의 예시에서 동시에 실행되는 프로세스들은 전역 변수 '잔액', '총합'이라는 공동의 자원을 두고 작업을 했습니다. 이러한 자원을 **공유 자원** shared resource이라고 합니다. 공유 자원은 전역 변수가 될 수도 있고, 파일이 될 수도 있고, 입출력장치, 보조기억장치가 될 수도 있습니다.

그리고 이 공유 자원 중에는 두 개 이상의 프로세스를 동시에 실행하면 문제가 발생하는 자원이 있습니다. 앞서 보여준 계좌 잔액 문제에서 '잔액' 변수, 그리고 생산자 소비자 문제에서 '총합' 변수가 이런 자원에 해당합니다. 이렇게 동시에 실행하면 문제가 발생하는 자원에 접근하는 코드 영역을 **임계 구역** critical section이라고 합니다.

두 개 이상의 프로세스가 임계 구역에 진입하고자 하면 둘 중 하나는 대기해야 합니다. 임계 구역에 먼저 진입한 프로세스의 작업이 마무리되면 그제서야 비로소 기다렸던 프로세스가 임계 구역에 진입합니다.

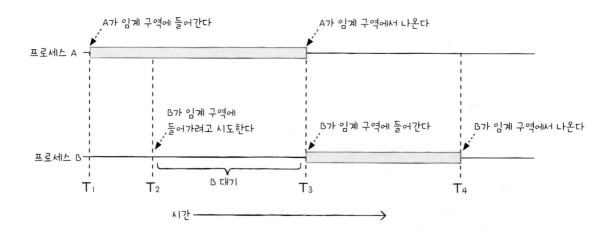

공동으로 이용하는 변수, 파일, 장치 등의 자원을 공유 자원이라고 하고, 공유 자원에 접근하는 코드 중 동시에 실행하면 문제가 발생하는 코드 영역을 임계 구역이라고 합니다.

임계 구역은 두 개 이상의 프로세스가 동시에 실행되면 안 되는 영역이지만, 잘못된 실행으로 인해 여러 프로세스가 동시 다발적으로 임계 구역의 코드를 실행하여 문제가 발생하는 경우가 있습니다. 이를 **레이스 컨디션** race condition이라고 합니다.

레이스 컨디션이 발생하면 계좌 잔액 문제나 생산자와 소비자 문제처럼 데이터의 일관성이 깨지는 문제가 발생합니다. 즉, 계좌 잔액 문제와 생산자와 소비자 문제는 레이스 컨디션의 사례로 볼 수 있습니다.

레이스 컨디션이 발생하는 근본적인 이유를 따져 봅시다. 03장에서 '고급 언어는 실행 과정에서 저급 언어로 변환되어 실행된다'고 했던 것을 기억하나요?

가령 생산자 소비자 문제에서 '총합을 1 증가시킨다' 혹은 '총합을 1 감소시킨다'라는 코드는 고급 언어 한 줄로 작성할 수 있지만, 이는 컴퓨터 내부에서 대략 다음과 같이 여러 줄의 저급 언어로 변환되어 실행됩니다.

| 총합++; | // 총합 변수를 1 증가시키는 코드 |
|---|---|

| r1 = 총합; | // 총합 변수를 레지스터에 저장 |
|---|---|
| r1 = r1 + 1; | // 레지스터 값 1 증가 |
| 총합= r1 | // 레지스터 값을 총합 변수에 저장 |

| 총합--; | // 총합 변수를 1 감소시키는 코드 |
|---|---|

| r2 = 총합; | // 총합 변수를 레지스터에 저장 |
|---|---|
| r2 = r2 - 1; | // 레지스터 값 1 감소 |
| 총합= r2 | // 레지스터 값을 총합 변수에 저장 |

컴퓨터는 고급 언어가 아닌 저급 언어를 실행하기 때문에 여러 줄의 저급 언어로 변환된 고급 언어 한 줄을 실행하는 과정에서 문맥 교환이 일어날 수 있습니다. 저급 언어를 실행하는 과정에서 문맥 교환이 일어난다면 아래와 같은 문제가 발생합니다.

| 프로세스 A | 프로세스 B | 현재 총합 | 현재 r1 | 현재 r2 |
|---|---|---|---|---|
| r1 = 총합 | | 10 | 10 | |
| r1 = r1 + 1 | | 10 | 11 | |
| 문맥 교환 | | 10 | 11 | |
| | r2 = 총합 | 10 | 11 | 10 |
| | r2 = r2 - 1 | 10 | 11 | 9 |
| | 문맥 교환 | 10 | 11 | 9 |
| 총합 = r1 | | 11 | 11 | 9 |
| 문맥 교환 | | 11 | 11 | 9 |
| | 총합 = r2 | 9 | 11 | 9 |
| | | 최종 총합 = 9 | | |

이때, 상호 배제를 위한 동기화는 이와 같은 일이 발생하지 않도록 두 개 이상의 프로세스가 임계 구역에 동시에 접근하지 못하도록 관리하는 것을 의미합니다.

운영체제는 이러한 임계 구역 문제를 아래 세 가지 원칙 하에 해결합니다. 달리 말해 상호 배제를 위한 동기화를 위해서는 아래 세 가지 원칙이 반드시 지켜져야만 합니다.

- **상호 배제**mutual exclusion: 한 프로세스가 임계 구역에 진입했다면 다른 프로세스는 임계 구역에 들어올 수 없다.
- **진행** progress: 임계 구역에 어떤 프로세스도 진입하지 않았다면 임계 구역에 진입하고자 하는 프로세스는 들어갈 수 있어야 한다.
- **유한 대기**bounded waiting: 한 프로세스가 임계 구역에 진입하고 싶다면 그 프로세스는 언젠가는 임계 구역에 들어올 수 있어야 한다(임계 구역에 들어오기 위해 무한정 대기해서는 안 된다).

다음 절에서는 운영체제가 이 원칙들을 토대로 어떻게 상호 배제를 위한 동기화를 이루는지, 나아가 어떻게 실행 순서 제어를 위한 동기화를 이루는지 알아보겠습니다.

## 마무리

### ▶ 4가지 키워드로 정리하는 핵심 포인트

- **동기화**는 특정 자원에 접근할 때 한 개의 프로세스만 접근하게 하거나 프로세스를 올바른 순서대로 실행하게 하는 것을 의미합니다.

- **공유 자원**은 공동으로 사용하는 자원으로, 전역 변수가 될 수도 있고, 파일이 될 수도 있고, 입출력장치, 보조기억장치가 될 수도 있습니다.

- **임계 구역**은 공유 자원에 접근하는 코드 중 동시에 실행하면 문제가 발생하는 코드 영역을 의미합니다. 임계 구역에 진입한 프로세스가 있다면 다른 프로세스는 임계 구역 밖에서 기다려야 합니다.

- **상호 배제**는 한 프로세스가 임계 구역에서 작업 중이면 다른 프로세스가 임계 구역에 들어갈 수 없도록 제어하는 것입니다.

### ▶ 확인 문제

**1.** 동기화의 의미에 대한 옳은 설명을 다음 보기에서 찾아 쓰세요.

> **보기** 상호 배제, 실행 순서 제어, 임계 구역

- ( **①** )를 위한 동기화: 프로세스를 올바른 순서대로 실행하기
- ( **②** )를 위한 동기화: 동시에 접근해서는 안 되는 자원에 하나의 프로세스만 접근하게 하기

**2.** 임계 구역에 대한 설명으로 옳지 않은 것을 고르세요.

① 임계 구역에서 여러 개의 프로세스가 동시에 실행해도 무방합니다.
② 임계 구역에서 여러 프로세스가 동시에 실행할 경우 레이스 컨디션이 발생합니다.
③ 임계 구역에서 실행되는 프로세스가 있다면 다른 프로세스는 기다려야 합니다.
④ 운영체제는 임계 구역을 관리합니다.

# 동기화 기법

뮤텍스 락    세마포    모니터

프로세스를 동기화하지 않으면 겉보기에 아무런 문제 없어 보이는 코드도 예기치 못하게 작동할 수 있습니다. 이번 절에서는 동기화를 위한 대표적인 도구인 뮤텍스 락, 세마포, 모니터에 대해 알아보겠습니다.

## 시작하기 전에

앞서 동기화의 의미와 동기화를 하지 않았을 때 발생할 수 있는 대표적인 문제 상황, 그리고 공유 자원과 임계 구역에 대해서 설명했습니다.

그렇다면 프로세스의 동기화는 어떻게 이루어질까요? 어떻게 해야 임계 구역에 오직 하나의 프로세스만 진입하게 하고, 올바른 실행 순서를 보장할 수 있을까요? 이를 위해 동기화를 위한 대표적인 도구인 **뮤텍스 락, 세마포, 모니터**를 학습해 보겠습니다.

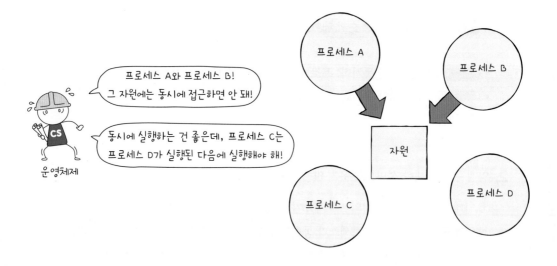

# 뮤텍스 락

임계 구역 문제와 이를 해결하기 위한 동기화를 옷 가게에서 탈의실을 이용하는 것에 비유해 봅시다. 옷 가게에서 마음에 드는 옷이 있으면 손님은 탈의실에 들어가서 옷을 입어볼 수 있습니다. 이때 탈의실에는 한 명의 인원만 들어갈 수 있습니다. 손님들은 탈의실이라는 자원을 이용하고 탈의실 안에는 손님 한 명씩만 들어올 수 있으니, 손님은 '프로세스', 탈의실은 '임계 구역'이라고 할 수 있습니다.

만일 밖에서 탈의실에 사람이 있는지 없는지 알 수 없는 상황이라면 여러분은 어떻게 탈의실이 이용 중임을 알 수 있나요? 일단 탈의실을 열어 보고 자물쇠가 걸려 있다면 탈의실 안에 사람이 있다고 판단하고 기다립니다. 자물쇠가 걸려 있지 않다면 탈의실을 이용하면 되는 것입니다.

이 자물쇠 기능을 코드로 구현한 것이 **뮤텍스 락**Mutex lock; MUTual EXclusion lock입니다. 뮤텍스 락은 동시에 접근해서는 안 되는 자원에 동시에 접근하지 않도록 만드는 도구, 다시 말해 상호 배제를 위한 동기화 도구입니다.

임계 구역에 진입하는 프로세스는 '내가 지금 임계 구역에 있음'을 알리기 위해 뮤텍스 락을 이용해 임계 구역에 자물쇠를 걸어둘 수 있고, 다른 프로세스는 임계 구역이 잠겨 있다면 기다리고, 잠겨 있지 않다면 임계 구역에 진입할 수 있습니다.

뮤텍스 락의 매우 단순한 형태는 하나의 전역 변수와 두 개의 함수로 구현할 수 있습니다.

- 자물쇠 역할: 프로세스들이 공유하는 전역 변수 lock
- 임계 구역을 잠그는 역할: acquire 함수
- 임계 구역의 잠금을 해제하는 역할: release 함수

**acquire 함수**는 프로세스가 임계 구역에 진입하기 전에 호출하는 함수입니다. 만일 임계 구역이 잠겨 있다면 임계 구역이 열릴 때까지(lock이 false가 될 때까지) 임계 구역을 반복적으로 확인하고, 임계 구역이 열려 있다면 임계 구역을 잠그는(lock을 true로 바꾸는) 함수입니다.

**release 함수**는 임계 구역에서의 작업이 끝나고 호출하는 함수입니다. 현재 잠긴 임계 구역을 열어주는(lock을 false로 바꾸는) 함수라고 보면 됩니다.

```
acquire() {
    while (lock == true)      /* 만약 임계 구역이 잠겨 있다면 */
        ;                     /* 임계 구역이 잠겨 있는지를 반복적으로 확인 */
    lock = true;              /* 만약 임계 구역이 잠겨 있지 않다면 임계 구역 잠금 */
}


release() {
    lock = false;            /* 임계 구역 작업이 끝났으니 잠금 해제 */
}
```

acquire와 release 함수를 아래와 같이 임계 구역 전후로 호출함으로써 하나의 프로세스만 임계 구역에 진입할 수 있습니다.

```
acquire();         // 자물쇠 잠겨 있는지 확인, 잠겨 있지 않다면 잠그고 들어가기
// 임계 구역       // 임계 구역에서의 작업 진행
release();         // 자물쇠 반환
```

앞서 언급한 생산자 소비자 문제 또한 아래와 같이 뮤텍스로 구현할 수 있겠죠?

```
acquire();
// '총합' 변수 접근
release();
```

이렇게 되면 프로세스는

- 락을 획득할 수 없다면(임계 구역에 진입할 수 없다면) 무작정 기다리고,
- 락을 획득할 수 있다면(임계 구역에 진입할 수 있다면) 임계 구역을 잠근 뒤 임계 구역에서의 작업을 진행하고,
- 임계 구역에서 빠져나올 때엔 다시 임계 구역의 잠금을 해제함으로써

임계 구역을 보호할 수 있습니다.

참고로 acquire 함수를 다시 보면 임계 구역이 잠겨 있을 경우 프로세스는 반복적으로 lock을 확인하는 것을 알 수 있습니다.

```
while (lock == true)    /* 만약 임계 구역이 잠겨 있다면 */
        ;               /* 임계 구역이 잠겨 있는지를 반복적으로 확인 */
```

이는 마치 탈의실 문이 잠겨 있는지 쉴 새 없이 반복하며 확인해 보는 것과 같습니다. 이런 대기 방식을 **바쁜 대기**<sup>busy wait</sup>라고 합니다.

> note C/C++, python 등의 일부 프로그래밍 언어에서는 사용자가 직접 acquire, release 함수를 구현하지 않도록 뮤텍스 락 기능을 제공합니다. 물론 실제 프로그래밍 언어가 제공하는 뮤텍스 락은 앞서 소개한 구현보다 훨씬 정교하게 설계되어 있습니다.

## 세마포

**세마포**<sup>semaphore</sup>는 뮤텍스 락과 비슷하지만, 조금 더 일반화된 방식의 동기화 도구입니다. 뮤텍스 락은 하나의 공유 자원에 접근하는 프로세스를 상정한 방식입니다. 즉 탈의실이 하나 있는 경우를 가정하고 만든 동기화 도구인 것이죠. 하지만 탈의실이 여러 개 있는 상황처럼 공유 자원이 여러 개 있을 경우 (각 공유 자원에는 하나의 프로세스만 진입이 가능할지라도) 여러 개의 프로세스가 각각 공유 자원에 접근이 가능해야 합니다.

예를 들어 옷가게에 탈의실이 세 개 있다고 생각해 보죠. 여전히 하나의 탈의실에는 한 사람만 들어갈 수 있지만 이 경우에는 세 명이 동시에 탈의실을 이용할 수 있습니다. 또 가령, 한 번에 하나의 프로세스만 이용할 수 있는 프린터 세 대가 있는 상황을 보겠습니다. 하나의 프린터를 사용할 수 있는 프로세스는 하나이지만, 총 세 개의 프로세스가 공유 자원(세 대의 프린터)을 이용할 수 있습니다.

이처럼 세마포는 공유 자원이 여러 개 있는 상황에서도 적용이 가능한 동기화 도구입니다.

> note 엄밀히 말하면 세마포의 종류에도 **이진 세마포**(binary semaphore)와 **카운팅 세마포**(counting semaphore)가 있지만, 이진 세마포는 뮤텍스 락과 비슷한 개념이므로 이 책에서는 여러 공유 자원을 다룰 수 있는 카운팅 세마포를 다루겠습니다.

세마포는 아래 그림과 같은 철도 신호기에서 유래한 단어입니다. 기차는 신호기가 내려가 있을 때는 '멈춤' 신호로 간주하고 잠시 멈춥니다. 반대로 신호기가 올라와 있을 때는 '가도 좋다'는 신호로 간주하고 다시 움직이기 시작합니다. 세마포는 이와 같이 '멈춤' 신호와 '가도 좋다'는 신호로서 임계 구역을 관리합니다. 즉, 프로세스는 임계 구역 앞에서 멈춤 신호를 받으면 잠시 기다리고, 가도 좋다는 신호를 받으면 그제서야 임계 구역에 들어가게 됩니다.

세마포가 어떻게 구현되는지 간략하게 살펴봅시다. 세마포는 뮤텍스 락과 비슷하게 하나의 변수와 두 개의 함수로 단순하게 구현할 수 있습니다.

- 임계 구역에 진입할 수 있는 프로세스의 개수(사용 가능한 공유 자원의 개수)를 나타내는 **전역 변수 S**
- 임계 구역에 들어가도 좋은지, 기다려야 할지를 알려주는 **wait 함수**
- 임계 구역 앞에서 기다리는 프로세스에 '이제 가도 좋다'고 신호를 주는 **signal 함수**

---

**+ 여기서 잠깐**　**세마포 변수와 함수 이름**

참고로 이 책은 세마포 변수와 함수 이름을 각각 S, wait, signal로 나타내지만, 변수 이름과 함수 이름은 전공서마다 다를 수 있습니다. 일부 전공서에서는 세마포를 처음 개발한 네덜란드의 컴퓨터과학자 에츠허르 다익스트라(Edsger W. Dijkstra)의 모국어에 근거해 wait와 signal 함수를 P, V로 명명하기도 하고, 일부 전공서에서는 철도 신호기에 근거해 down, up으로 명명하기도 합니다. 다만 변수와 함수를 어떻게 지칭하든지 원리와 작동 방식은 모두 동일합니다.

---

뮤텍스 락을 사용할 때 임계 구역 진입 전후로 acquire()와 release()를 호출했듯이 세마포도 임계 구역 진입 전후로 wait()와 signal()을 호출합니다.

```
wait()
// 임계 구역
signal()
```

변수 S는 임계 구역에 진입할 수 있는 프로세스의 개수, 혹은 사용 가능한 공유 자원의 개수라고 했죠? 이를 토대로 생각해 보았을 때 wait 함수는 아래와 같이 만듭니다.

```
wait () {
    while ( S <= 0 )    /* ❶ */
    ;                   /* ❷ */
    S--;                /* ❸ */
}
```

❶ 만일 임계 구역에 진입할 수 있는 프로세스 개수가 0 이하라면

❷ 사용할 수 있는 자원이 있는지 반복적으로 확인하고,

❸ 임계 구역에 진입할 수 있는 프로세스 개수가 하나 이상이면 S를 1 감소시키고 임계 구역 진입한다.

signal 함수는 다음과 같이 만듭니다.

```
signal () {
    S++;                /* ❶ */
}
```

❶ 임계 구역에서의 작업을 마친 뒤 S를 1 증가시킨다.

가령 세 개의 프로세스 P1, P2, P3가 두 개의 공유 자원에 P1, P2, P3 순서로 접근한다고 가정해 봅시다. 공유 자원이 두 개 있으니 변수 S는 2가 되겠죠? 그렇다면 아래와 같은 순서로 실행됩니다.

| P1 | P2 | P3 |
|---|---|---|
| wait() | wait() | wait() |
| // 임계 구역 | // 임계 구역 | // 임계 구역 |
| signal() | signal() | signal() |

❶ 프로세스 P1 wait 호출. S는 현재 2이므로 S를 1 감소시키고 임계 구역 진입

❷ 프로세스 P2 wait 호출. S는 현재 1이므로 S를 1 감소시키고 임계 구역 진입

❸ 프로세스 P3 wait 호출. S는 현재 0이므로 무한히 반복하며 S 확인

❹ 프로세스 P1 임계 구역 작업 종료. signal() 호출. S를 1 증가

❺ 프로세스 P3 S가 1이 됨을 확인. S는 현재 1이므로 S를 1 감소시키고 임계 구역 진입

여기서 한 가지 문제가 있습니다. 이는 앞서 설명한 뮤텍스 락에도 해당되는 문제인데, 사용할 수 있는 공유 자원이 없는 경우 프로세스는 무작정 무한히 반복하며 S를 확인해야 합니다. 이는 마치 탈의실 문이 잠겨 있는지 아닌지 계속 반복해서 확인하는 것과 같습니다. 이렇게 바쁜 대기를 반복하며 확인할 시간에 CPU는 더 생산성 있는 작업을 할 수 있을 텐데, CPU 주기를 낭비한다는 점에서 손해입니다.

그래서 실제로 세마포는 다른 더 좋은 방법을 사용합니다. wait 함수는 만일 사용할 수 있는 자원이 없을 경우 해당 프로세스 상태를 대기 상태로 만들고, 그 프로세스의 PCB를 세마포를 위한 대기 큐에 집어넣습니다. 그리고 다른 프로세스가 임계 구역에서의 작업이 끝나고 signal 함수를 호출하면 signal 함수는 대기 중인 프로세스를 대기 큐에서 제거하고, 프로세스 상태를 준비 상태로 변경한 뒤 준비 큐로 옮겨줍니다.

이를 간단한 코드로 나타내면 아래와 같습니다.

```
wait() {
    S--;
    if ( S < 0 ) {
        add this process to Queue;      /* ❶ */
        sleep();                        /* ❷ */
    }
}
```

❶ 해당 프로세스 PCB를 대기 큐에 삽입한다.
❷ 대기 상태로 접어든다.

```
signal() {
    S++;
    if ( S <= 0 ) {
        remove a process p from Queue;      /* ❶ */
        wakeup(p);                          /* ❷ */
    }
}
```

❶ 대기 큐에 있는 프로세스 p를 제거한다.
❷ 프로세스 p를 대기 상태에서 준비 상태로 만든다.

예시를 통해 알아보겠습니다. 앞선 예시와 마찬가지로 공유 자원은 두 개, 접근하려는 프로세스는 P1, P2, P3 세 개이고, P1, P2, P3 순서로 임계 구역에 접근한다고 가정해 봅시다. 공유 자원이 두 개이니 S는 2입니다.

| P1 | P2 | P3 |
|----|----|----|
| wait() | wait() | wait() |
| // 임계 구역 | // 임계 구역 | // 임계 구역 |
| signal() | signal() | signal() |

❶ 프로세스 P1 wait 호출. S를 1 감소시키면 S는 1이므로 임계 구역 진입

❷ 프로세스 P2 wait 호출. S를 1 감소시키면 S는 0이므로 임계 구역 진입

❸ 프로세스 P3 wait 호출. S를 1 감소시키면 S는 −1이므로 본인의 PCB를 대기 큐에 넣고 대기 상태로 전환

❹ 프로세스 P1 임계 구역 작업 종료, signal() 호출. S를 1 증가하면 0이므로 대기 상태였던 P3 를 대기 큐에서 꺼내 준비 큐로 옮겨줌

❺ 깨어난 프로세스 P3 임계 구역 진입

❻ 프로세스 P2 임계 구역 작업 종료, signal() 호출. S가 1 증가하면 1

❼ 프로세스 P3 임계 구역 작업 종료, signal() 호출. S가 1 증가하면 2

이해가 가나요? 조금 복잡하게 느껴질 수는 있지만, 위 과정을 외울 필요는 없습니다. 변수 S가 무엇을 의미하는지, wait, signal 함수의 코드가 무엇을 의미하는지만 안다면 위 과정과 그림은 여러분도 충분히 그릴 수 있습니다. 지금으로서는 원리를 납득하는 데만 집중하세요.

지난 절에서 동기화의 정의에 대해 설명했을 때 '동시에 접근해서는 안되는 자원에 동시에 접근하지 않도록 제어하는 것'도 동기화(상호 배제를 위한 동기화)이지만, '특정 조건이 만족되어야만 실행할 수 있는 상황에서 올바른 순서대로 실행하게 하는 것' 또한 동기화(실행 순서 제어를 위한 동기화)라고 했습니다. 지금까지 설명한 내용은 세마포를 이용한 상호 배제를 위한 동기화 기법이었다면 이번에는 세마포를 이용해 프로세스의 순서를 제어하는 방법에 대해 알아보도록 합시다. 세마포를 이용하면 동시에 실행되는 프로세스의 실행 순서도 여러분이 원하는 대로 제어할 수 있습니다.

방법은 간단합니다. 세마포의 변수 S를 0으로 두고 먼저 실행할 프로세스 뒤에 signal 함수, 다음에 실행할 프로세스 앞에 wait 함수를 붙이면 됩니다.

| P1 | P2 |
|---|---|
|  | wait() |
| // 임계 구역 | // 임계 구역 |
| signal() |  |

이 경우, P1이 먼저 실행되면 P1이 임계 구역에 먼저 진입하는 것은 자명한 일이고, P2가 먼저 실행되더라도 P2는 wait 함수를 만나므로 P1이 임계 구역에 진입합니다. 그리고 P1이 임계 구역의 실행을 끝내고 signal을 호출하면 그제서야 P2가 임계 구역에 진입합니다. 즉, P1이 먼저 실행되든 P2가 먼저 실행되든 반드시 P1, P2 순서대로 실행됩니다.

> **note** 세마포도 뮤텍스 락과 마찬가지로 많은 프로그래밍 언어에서 제공합니다.

## 모니터

세마포는 그 자체로 매우 훌륭한 프로세스 동기화 도구이지만, 사용하기가 조금 불편한 면이 있습니다. 매번 임계 구역에 앞뒤로 일일이 wait와 signal 함수를 명시하는 것은 번거로운 일이기 때문입니다. 더군다나 자칫 아래처럼 잘못된 코드로 인해 예기치 못한 결과를 얻을 수도 있습니다. 설마 저런 것을 헷갈릴까 싶은 독자들이 있을지 모르나 코드가 방대해지고 복잡해지면 아래와 같은 상황은 얼마든지 발생할 수 있습니다.

**세마포의 잘못된 사용 예시**

이에 최근에 등장한 동기화 도구가 **모니터**monitor입니다. 모니터는 세마포에 비하면 사용자가 사용하기에 훨씬 편리한 도구입니다. 다음 그림으로 이해해 보겠습니다. 모니터는 그림처럼 공유 자원과 공유 자원에 접근하기 위한 인터페이스(통로)를 묶어 관리합니다. 그리고 프로세스는 반드시 인터페이스를 통해서만 공유 자원에 접근하도록 합니다.

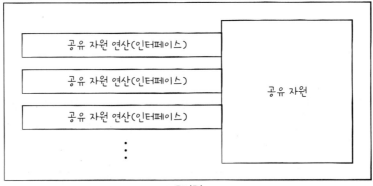

모니터

이를 위해 모니터를 통해 공유 자원에 접근하고자 하는 프로세스를 큐에 삽입하고, 큐에 삽입된 순서대로 하나씩 공유 자원을 이용하도록 합니다. 즉, 모니터는 공유 자원을 다루는 인터페이스에 접근하기 위한 큐(모니터에 진입하기 위한 큐)를 만들고, 모니터 안에 항상 하나의 프로세스만 들어오도록 하여 상호 배제를 위한 동기화를 제공합니다.

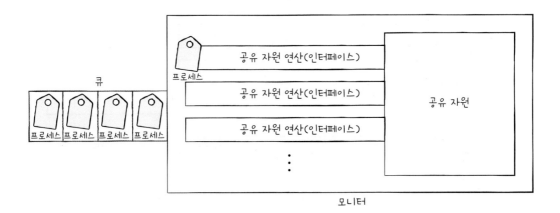

모니터

이 밖에도 모니터는 세마포와 마찬가지로 실행 순서 제어를 위한 동기화도 제공합니다. 특정 조건을 바탕으로 프로세스를 실행하고 일시 중단하기 위해 모니터는 **조건 변수**condition variable를 사용하는데, 조건 변수는 프로세스나 스레드의 실행 순서를 제어하기 위해 사용하는 특별한 변수입니다.

note 모니터가 조건 변수를 사용한다고는 하지만 조건 변수와 모니터는 별개의 개념입니다.

조건 변수로는 wait와 signal 연산을 수행할 수 있습니다. 우선 wait는 호출한 프로세스의 상태를 대기 상태로 전환하고 일시적으로 조건 변수에 대한 대기 큐에 삽입하는 연산입니다. 여기서 헷갈리면 안 되는 점은 모니터에 진입하기 위해 삽입되는 큐(상호 배제를 위한 큐)와 wait가 호출되어 실행이 중단된 프로세스들이 삽입되는 큐(조건 변수에 대한 큐)는 다르다는 점입니다. 전자는 모니터에 한 번에 하나의 프로세스만 진입하도록 하기 위해 만들어진 큐이고, 후자는 모니터에 이미 진입한 프로세스의 실행 조건이 만족될 때까지 잠시 실행이 중단되어 기다리기 위해 만들어진 큐입니다.

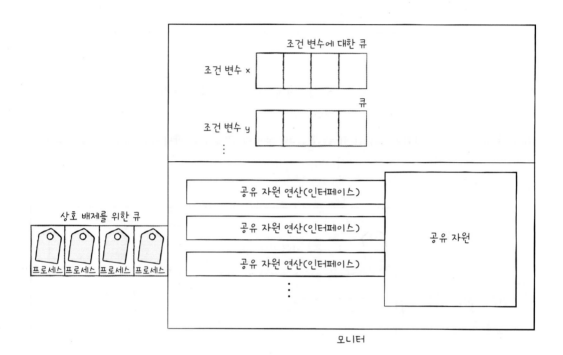

모니터에 진입한 어떤 프로세스가 x.wait( )를 통해 조건 변수 x에 대한 wait를 호출했다고 가정해 보겠습니다. 그 프로세스는 다음 그림처럼 조건 변수 x에 대한 큐에 삽입되므로 모니터는 다시 비게 됩니다. 그렇기에 다른 프로세스가 모니터 안에 들어올 수 있는 것이지요.

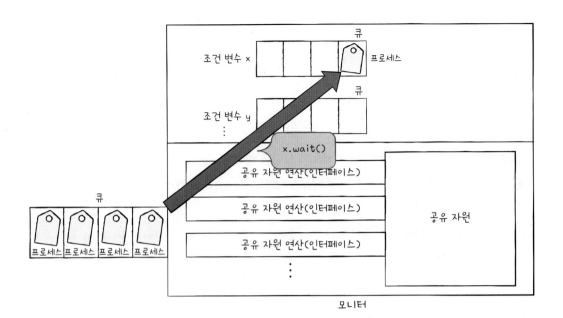

wait 연산으로 일시 중지된 프로세스는 다른 프로세스의 signal 연산을 통해 실행이 재개될 수 있습니다. 즉, signal은 wait를 호출하여 큐에 삽입된 프로세스의 실행을 재개하는 연산입니다. 가령 어떤 프로세스가 x.signal()을 통해 조건 변수 x에 대한 signal을 호출했다고 가정해 보겠습니다. 이를 통해 조건 변수 x에 대해 대기 상태에 있던 프로세스가 깨어나 모니터 안으로 다시 들어올 수 있게 됩니다.

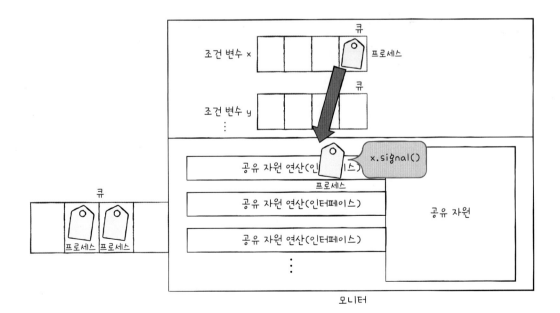

모니터 안에는 하나의 프로세스만이 있을 수 있다고 했죠? 따라서 wait를 호출했던 프로세스는 signal을 호출한 프로세스가 모니터를 떠난 뒤에 실행되거나, signal을 호출한 프로세스의 실행을 일시 중단하고 자신이 실행된 뒤 다시 signal을 호출한 프로세스의 수행을 재개합니다. 중요한 점은 모니터는 조건 변수를 이용하여 아래와 같은 프로세스 실행 순서 제어를 위한 동기화를 제공한다는 사실입니다.

❶ 특정 프로세스가 아직 실행될 조건이 되지 않았을 때에는 wait를 통해 실행을 중단한다.
❷ 특정 프로세스가 실행될 조건이 충족되었을 때에는 signal을 통해 실행을 재개한다.

지금까지 동기화의 개념과 이를 위한 도구를 학습해 보았습니다. C/C++, Java, Python 등의 프로그래밍 언어를 학습해 본 적이 있는 독자라면 지금까지 학습한 이론이 어떻게 실제 소스 코드로 구현되는지 심화 학습을 해 보길 권합니다. 아래 링크 synchronization 항목을 참고하기 바랍니다.

URL https://github.com/kangtegong/self-learning-cs

## 마무리

### ▶ 3가지 키워드로 정리하는 핵심 포인트

- **뮤텍스 락**은 임계 구역을 잠금으로써 프로세스 간의 상호 배제를 이룹니다.

- **세마포**는 공유 자원이 여러 개 있는 임계 구역 문제도 해결할 수 있는 동기화 도구입니다.

- **모니터**는 세마포에 비해 사용자가 사용하기 편리한 동기화 도구로 조건 변수를 사용합니다.


### ▶ 확인 문제

**1.** 뮤텍스 락과 세마포에 대한 설명으로 옳지 않은 것을 고르세요.

① 뮤텍스 락은 임계 구역을 잠근 뒤 임계 구역에 진입함으로써 상호 배제를 위한 동기화를 이룹니다.
② 세마포는 공유 자원이 여러 개 있는 상황에서도 이용할 수 있습니다.
③ 세마포를 이용해 프로세스 실행 순서 제어를 위한 동기화도 이룰 수 있습니다.
④ 세마포를 이용하면 반드시 바쁜 대기를 해야 합니다.


**2.** 조건 변수 x와 y가 있다고 가정해 보겠습니다. 스레드 A는 실행 과정에서 x.wait를 호출하였고 스레드 B는 y.wait를 호출했습니다. 스레드 C가 y.signal을 호출했을 때 스레드 A와 B 중 실행이 재개되는 스레드는 무엇일까요?


**3.** 빈칸에 들어갈 알맞은 말을 보기에서 골라 써 보세요.

> **보기** 실행 순서 제어, 상호 배제, 입출력장치

> 세마포를 이용하면 동시에 실행되는 프로세스 혹은 스레드 간에 ( **❶** )를 위한 동기화와 ( **❷** )를 위한 동기화를 할 수 있습니다.

# 13

동시에 실행되는 여러 프로세스는 각자가 필요한 자원을 할당받아 실행됩니다. 그 과정에서 때로는 프로세스들이 꼼짝도 못하고 정지해 버리는 교착 상태가 발생할 수 있습니다. 이번 장에서는 교착 상태란 무엇인지, 그리고 운영체제는 교착 상태를 어떻게 해결하는지에 대해 알아보겠습니다.

# 교착 상태

**학습목표**

- 교착 상태가 무엇인지 이해합니다.
- 교착 상태는 어떤 상황에서 발생하는지 이해합니다.
- 교착 상태를 예방하고, 회피하고, 검출하는 방법에 대해 학습합니다.

# 13-1 교착 상태란

교착 상태를 해결하는 것 또한 운영체제가 맡는 중요한 임무 중 하나입니다. 교착 상태란 무엇이며, 그를 표현하는 자원 할당 그래프와 교착 상태의 발생 원인을 예시를 통해 알아보겠습니다.

## 시작하기 전에

아래 그림처럼 도심 속 도로에서 차가 꽉 막혀 꼼짝달싹 못하는 상황을 보신 적이 있을 겁니다. 이렇게 교통이 마비되어 버리면 복구되기까지 오랜 시간이 걸릴 뿐더러, 심한 경우 교통 경찰이 직접 와서 마비를 해결해야 합니다.

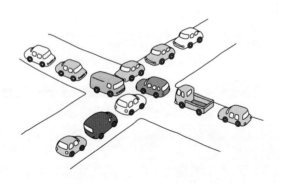

프로세스 실행 과정에도 이와 비슷한 문제가 있습니다. 프로세스를 실행하기 위해서는 자원이 필요한데, 두 개 이상의 프로세스가 각자 가지고 있는 자원을 무작정 기다린다면 그 어떤 프로세스도 더 이상 진행할 수 없는 교착 상태가 됩니다. **교착 상태**는 정확히 무엇이며, 언제 어떻게 발생하는지 알아보겠습니다.

# 식사하는 철학자 문제

**식사하는 철학자 문제**dining philosophers problem는 교착 상태를 설명하기 위한 아주 고전적이고 재미있는 문제 상황입니다. 이 유명한 문제는 교착 상태가 어떤 상황에서 왜 발생하는지, 나아가 교착 상태를 어떻게 해결할 수 있는지를 엿볼 수 있는 가상의 문제 시나리오입니다.

자, 동그란 원탁에 다섯 명의 철학자가 앉아 있습니다. 이 철학자들 앞에는 맛있는 식사가 있고, 철학자들 사이 사이에는 식사에 필요한 포크가 있습니다. 그리고 철학자들 앞에 있는 식사는 두 개의 포크로 먹을 수 있는 음식이라 가정하겠습니다.

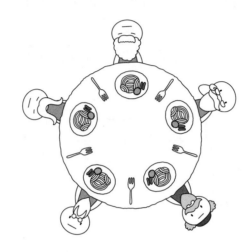

그리고 이 철학자들은 아래와 같은 순서로 식사를 합니다.

❶ 계속 생각을 하다가 왼쪽 포크가 사용 가능하면 집어든다.
❷ 계속 생각을 하다가 오른쪽 포크가 사용 가능하면 집어든다.
❸ 왼쪽과 오른쪽 포크를 모두 집어들면 정해진 시간동안 식사를 한다.
❹ 식사 시간이 끝나면 오른쪽 포크를 내려놓는다.
❺ 오른쪽 포크를 내려놓은 뒤 왼쪽 포크를 내려놓는다.
❻ 다시 ❶번부터 반복한다.

과연 이 철학자들은 식사를 무사히 마칠 수 있을까요? 언뜻 보면 위 순서에는 아무런 문제가 없어 보입니다. 실제로도 한두 명의 철학자가 식사할 때는 아무런 문제가 없습니다.

하지만 모든 철학자가 동시에 포크를 집어 식사를 하면 어떤 철학자도 식사를 할 수 없고 영원히 생각만 하는 상황이 발생할 수 있습니다. 모든 철학자가 왼쪽 포크를 집어들면 모두가 오른쪽 포크를 집어들 수 없기 때문이죠. 다시 말해 모든 철학자는 다른 철학자가 포크를 내려놓을 때까지 기다립니다.

이렇게 일어나지 않을 사건을 기다리며 진행이 멈춰 버리는 현상을 **교착 상태**<sup>deadlock</sup>라고 합니다.

식사하는 철학자 문제에서 철학자는 프로세스 혹은 스레드, 포크는 자원, 생각하는 행위는 자원을 기다리는 것에 빗대어 볼 수 있습니다. 그리고 포크는 한 번에 하나의 프로세스 혹은 스레드만 접근할 수 있으니 임계 구역이라고 볼 수 있지요.

이는 마치 게임 프로세스는 자원 A를 점유한 채 웹 브라우저 프로세스가 점유하고 있는 자원 B의 사용이 끝나길 기다리고, 웹 브라우저 프로세스는 자원 B를 점유한 채 게임 프로세스의 자원 A 사용이 끝나길 기다리는 상황과 같습니다. 이 경우 게임과 웹 브라우저 프로세스는 상대방이 가진 자원을 기다리기만 하다가 결국 실행 한 번 못하는 상황이 벌어집니다. 이를 교착 상태라고 합니다.

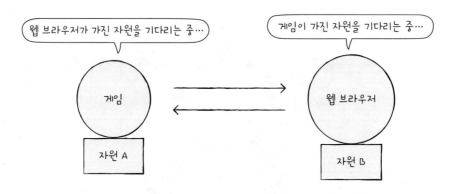

교착 상태는 아주 다양한 상황에서 발생합니다. 앞서 배운 뮤텍스 락에서도 교착 상태는 발생할 수 있습니다. 예를 들어 프로세스 A는 임계 구역 진입 전 lock1을 잠그고(lock1 = true;), 프로세스 B는 임계 구역 진입 전 lock2를 잠갔다고(lock2 = true;) 가정해 보겠습니다. 만일 프로세스 A는 lock2가 false가 되길 기다리고, 프로세스 B는 lock1이 false가 되길 기다린다면 교착 상태가 발생합니다.

```
lock1 = true;
while (lock2 == true)
;
// 임계 구역 작업
lock1 = false;
```

```
lock2 = true;
while (lock1 == true)
;
// 임계 구역 작업
lock2 = false;
```

이러한 교착 상태를 해결하기 위해서는 첫째, 교착 상태가 발생했을 때의 상황을 정확히 표현해 보고, 둘째, 교착 상태가 일어나는 근본적인 이유에 대해 알아야 합니다. 그렇다면 우선 교착 상태가 발생했을 때의 상황을 한 눈에 보기 쉽게 그래프로 표현하는 방법부터 알아보도록 합시다.

# 자원 할당 그래프

교착 상태는 **자원 할당 그래프**resource-allocation graph를 통해 단순하게 표현할 수 있습니다. 자원 할당 그래프는 어떤 프로세스가 어떤 자원을 사용하고 있고, 또 어떤 프로세스가 어떤 자원을 기다리고 있는지를 표현하는 간단한 그래프입니다.

자원 할당 그래프는 아래와 같은 규칙으로 그려집니다.

**첫째, 프로세스는 원으로, 자원의 종류는 사각형으로 표현합니다.**

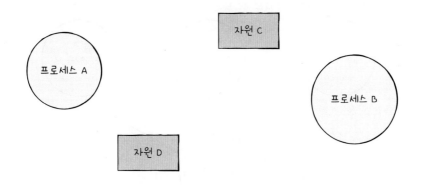

**둘째, 사용할 수 있는 자원의 개수는 자원 사각형 내에 점으로 표현합니다.**

같은 자원이라 할지라도 사용 가능한 자원의 개수는 여러 개 있을 수 있습니다. 예를 들어, 하드 디스크가 세 개 있는 경우 자원의 종류는 하드 디스크 하나이지만, 사용 가능한 하드 디스크 개수는 세 개입니다. 따라서 하드 디스크는 사각형 안에 세 개의 점으로 표현합니다. 또한 CPU가 두 개 있는 경우 자원의 종류는 CPU 하나이지만, 사용 가능한 CPU 개수는 두 개이므로 CPU 사각형 안에 두 개의 점으로 표현합니다.

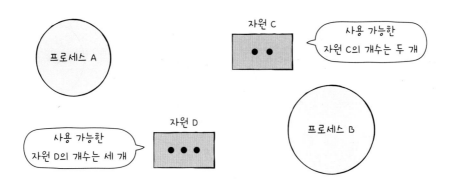

**셋째, 프로세스가 어떤 자원을 할당받아 사용 중이라면 자원에서 프로세스를 향해 화살표를 표시합니다.**

예를 들어, 아래 그림은 '하드 디스크 자원 하나는 프로세스 A에 할당되었고, CPU는 프로세스 B, C에 할당되었음'을 표현한 자원 할당 그래프입니다. 프로세스가 자원 이용을 끝내고 운영체제에 자원을 반납하면 화살표는 삭제됩니다.

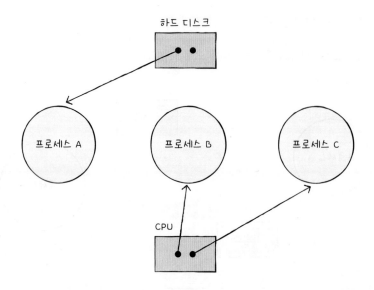

**넷째, 프로세스가 어떤 자원을 기다리고 있다면 프로세스에서 자원으로 화살표를 표시합니다.**

아래 그림은 '프로세스 D가 CPU의 할당을 기다리고 있음'을 나타낸 그래프라고 볼 수 있습니다.

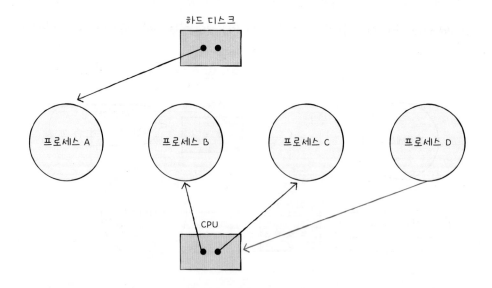

생각보다 간단하죠? 간단한 예를 하나 더 봅시다. 아래와 같은 자원 할당 그래프는 무엇을 의미할까요? '현재 사용 가능한 SSD 자원은 세 개, CPU 자원은 두 개, 프린터는 한 개 있는데, 프로세스 A는 SSD를 할당받아 사용 중이고, 프로세스 B와 C는 CPU를 할당받아 사용 중이며, 프로세스 D는 프린터를 사용 중이다. 그리고 프로세스 E는 프린터 자원을, 프로세스 F는 CPU의 할당을 기다리고 있다'라고 볼 수 있습니다.

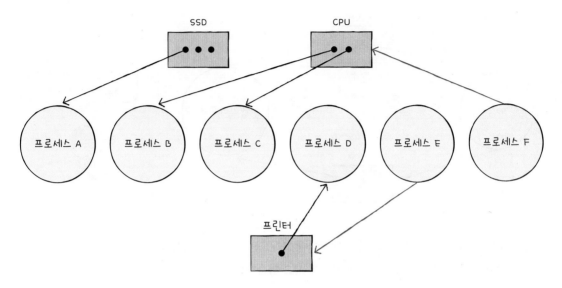

앞서 설명한 식사하는 철학자 문제도 자원 할당 그래프로 표현해 봅시다. 식사하는 철학자 문제에서 포크는 자원, 철학자는 프로세스와 같다고 했습니다. 식사하는 철학자 문제는 모든 철학자가 왼쪽 포크를 든 채 오른쪽 포크를 기다리고 있는 상황이니 아래와 같이 표현할 수 있습니다.

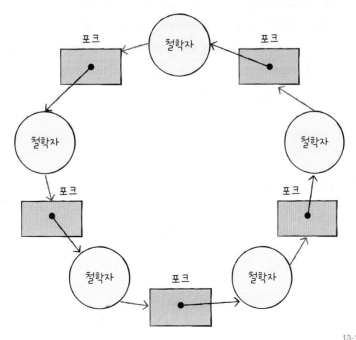

또 다른 교착 상태를 자원 할당 그래프로 표현해 봅시다. 게임 프로세스는 자원 A를 할당받은 채 웹 브라우저 프로세스가 할당받은 자원 B의 사용이 끝나길 기다리고 있고, 웹 브라우저 프로세스는 자원 B를 할당받은 채 게임 프로세스가 할당받은 자원 A의 사용이 끝나길 기다리는 상황을 자원 할당 그래프로 표현해 보겠습니다.

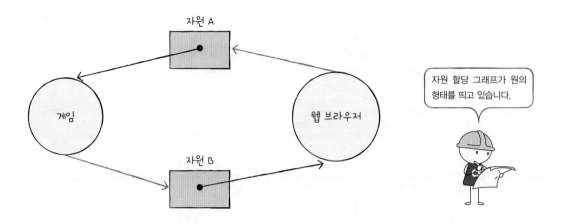

눈치가 빠른 독자라면 벌써 교착 상태가 일어난 그래프의 특징을 눈치챘을 것입니다. 교착 상태가 발생한 상황은 자원 할당 그래프가 원의 형태를 띄고 있습니다.

그럼 이제 교착 상태가 발생하는 근본적인 이유에 대해 자세히 알아보겠습니다.

## 교착 상태 발생 조건

다시 식사하는 철학자 문제로 돌아와 봅시다. 이러한 교착 상태는 왜 발생했을까요? 교착 상태가 발생할 조건에는 네 가지가 있습니다. 바로 **상호 배제, 점유와 대기, 비선점, 원형 대기**입니다. 즉, 아래 조건 중 하나라도 만족하지 않는다면 교착 상태가 발생하지 않지만, 아래 조건이 모두 만족될 때 교착 상태가 발생할 가능성이 생긴다고 보면 됩니다.

### 상호 배제

우선 교착 상태가 발생한 근본적인 원인은 해당 자원을 한 번에 하나의 프로세스만 이용 가능했기 때문입니다. 조금 우스운 예시이지만, 만일 식사하는 철학자 문제에서 하나의 포크를 여러 명이 동시에 사용할 수 있었다면 교착 상태는 발생하지 않았겠지요.

프로세스도 마찬가지로 한 프로세스가 사용하는 자원을 다른 프로세스가 사용할 수 없을 때, 즉 **상호 배제**mutual exclusion 상황에서 교착 상태가 발생할 수 있습니다.

## 점유와 대기

식사하는 철학자 문제에서 누구도 식사를 이어나갈 수 없었던 이유는 '왼쪽 포크를 들고' 다른 철학자의 포크를 기다렸기 때문입니다. 다시 말해 자원을 보유한 채 다른 자원을 기다렸기 때문에 문제가 발생했습니다. 프로세스도 마찬가지로 어떠한 자원을 할당받은 상태에서 다른 자원을 할당받기를 기다린다면 교착 상태가 발생할 수 있습니다. 이렇게 '자원을 할당받은 상태에서 다른 자원을 할당받기를 기다리는 상태'를 **점유와 대기**hold and wait라고 합니다.

## 비선점

만일 철학자들 중 누군가가 다른 철학자의 포크를 강제로 빼앗을 수 있었다면 교착 상태는 발생하지 않았을 것입니다. 하지만 식사하는 철학자 문제에서 철학자들은 모두 점잖게 그저 포크를 기다리기만 했었죠.

이처럼 교착 상태가 발생하게 된 또 하나의 근본적인 문제는 프로세스가 자원을 **비선점**nonpreemptive하고 있었기 때문입니다. 비선점 자원은 그 자원을 이용하는 프로세스의 작업이 끝나야만 비로소 이용할 수 있습니다. 즉, 어떤 프로세스도 다른 프로세스의 자원을 강제로 빼앗지 못했기 때문에 교착 상태가 발생했다고 볼 수 있습니다.

## 원형 대기

교착 상태가 발생한 마지막 이유는 프로세스들과 프로세스가 요청 및 할당받은 자원이 원의 형태를 이루었기 때문입니다. 다시 말해 자원 할당 그래프가 원의 형태로 그려지면 교착 상태가 발생할 수 있습니다. 이렇게 프로세스들이 원의 형태로 자원을 대기하는 것을 **원형 대기**circular wait라고 합니다.

> **note** 자원 할당 그래프가 원의 형태로 그려지면 교착 상태가 발생할 '수' 있다고 표현한 이유가 있습니다. 자원 할당 그래프가 원의 형태를 띄지 않는다면 교착 상태는 발생하지 않으나, 원의 형태를 띈다고 해서 반드시 교착 상태가 발생하는 것은 아닙니다.

교착 상태가 무엇이며, 어떻게 표현하는지, 그리고 교착 상태가 어떤 상황에서 발생하는지까지 알았습니다. 다음 절에서는 이러한 교착 상태를 예방하고, 회피하고, 검출하는 방법을 알아보겠습니다.

## ▶ 4가지 키워드로 정리하는 핵심 포인트

- **교착 상태**는 일어나지 않을 사건을 기다리며 무한히 대기하는 현상을 의미합니다.

- **식사하는 철학자 문제**는 교착 상태의 발생을 보여 주는 예시입니다.

- **자원 할당 그래프**를 이용해 교착 상태를 표현할 수 있습니다.

- **교착 상태 발생 조건**은 상호 배제, 점유와 대기, 비선점, 원형 대기입니다.

## ▶ 확인 문제

**1.** 교착 상태에 대한 설명으로 옳지 않은 것을 고르세요.

① 교착 상태는 다양한 상황에서 발생할 수 있습니다.
② 교착 상태는 자원 할당 그래프로 표현할 수 있습니다.
③ 교착 상태는 일어나지 않을 사건을 기다리며 무한히 대기하는 현상을 의미합니다.
④ 식사하는 철학자 문제에서 단 한 명의 철학자가 식사를 해도 교착 상태가 발생합니다.

**2.** 교착 상태가 발생할 수 있는 네 가지 조건을 모두 써 보세요.

( ⬚⬚⬚⬚ , ⬚⬚⬚⬚ , ⬚⬚⬚⬚ , ⬚⬚⬚⬚ )

**3.** 다음 자원 할당 그래프 중 교착 상태가 발생할 위험이 있는 그래프는 ①과 ② 중 무엇인가요?

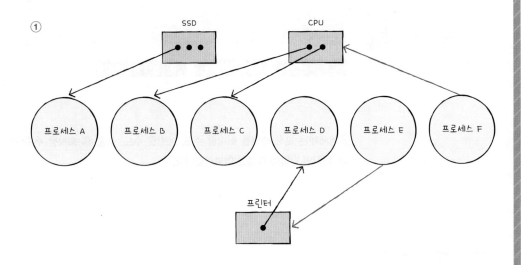

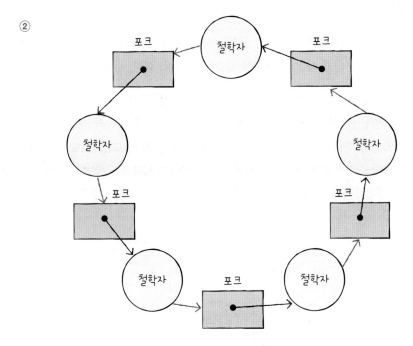

hint 1. 식사하는 철학자 문제에서 모든 철학자가 동시에 식사를 하려고 하면 교착 상태가 발생합니다.

3. 자원 할당 그래프가 원의 형태를 띄고 있는 경우 교착 상태가 발생할 위험이 있습니다.

교착 상태 예방　　교착 상태 회피　　교착 상태 검출 후 회복

운영체제는 교착 상태를 회피할 수도, 예방할 수도, 검출 후 회복할 수도 있습니다. 각각의 방법에 대해 알아보겠습니다.

## 시작하기 전에

교착 상태는 마치 차로 꽉 찬 도로처럼 꼼짝도 못하는 상황이라고 했습니다. 운영체제는 이러한 교착 상태를 어떻게 해결할까요? 크게 세 가지 방법이 있습니다. 예방, 회피, 검출 후 회복입니다.

운영체제는 애초에 교착 상태가 일어나지 않도록 교착 상태 발생 조건에 부합하지 않게 자원을 분배하여 교착 상태를 **예방**할 수 있고, 교착 상태가 발생하지 않을 정도로 조금씩 자원을 할당하다가 교착 상태의 위험이 있다면 자원을 할당하지 않는 방식으로 교착 상태를 **회피**할 수도 있습니다. 그리고 자원을 제약 없이 할당하다가 교착 상태가 **검출**되면 교착 상태를 **회복**하는 방법을 취할 수도 있습니다. 이 절에서는 이 방법들에 대해 알아보겠습니다.

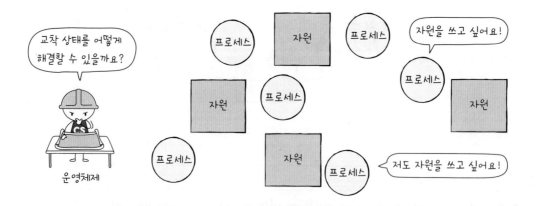

# 교착 상태 예방

**교착 상태를 예방**하는 방법은 13-1절에서 설명한 교착 상태 발생 필요 조건 네 가지 중 하나를 충족하지 못하게 하는 방법과 같습니다. 즉, 프로세스들에 자원을 할당할 때 상호 배제, 점유와 대기, 비선점, 원형 대기 중 하나의 조건이라도 만족시키지 않게 할당하면 교착 상태는 발생하지 않습니다.

### 우선 자원의 상호 배제를 없애 볼까요?

자원의 상호 배제를 없앤다는 말의 의미는 모든 자원을 공유 가능하게 만든다는 말과 같습니다. 다만 이 방식대로면 이론적으로는 교착 상태를 없앨 수 있지만, 현실적으로 모든 자원의 상호 배제를 없애기는 어렵기에 이 방식을 현실에서 사용하기에는 다소 무리가 있습니다.

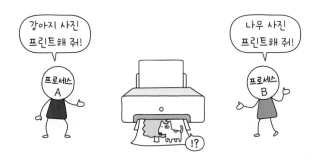

### 그렇다면 점유와 대기를 없애 봅시다.

이는 마치 식사하는 철학자 문제 속 철학자들로 하여금 한 손에 포크를 들고 다른 포크를 기다리지 못하게 금지하는 것과 같습니다. 포크를 두 개 동시에 들게 하거나, 아니면 아예 들지 못하게 하는 것이지요. 점유와 대기를 없애면 운영체제는 특정 프로세스에 자원을 모두 할당하거나, 아예 할당하지 않는 방식으로 배분합니다.

이 방식도 이론적으로는 교착 상태를 해결할 수 있지만, 단점도 있습니다. 우선 자원의 활용률이 낮아질 우려가 있습니다. 점유와 대기를 금지하면 한 프로세스에 필요한 자원들을 몰아주고, 그 다음에 다른 프로세스에 필요한 자원들을 몰아줘야 합니다. 이는 당장 자원이 필요해도 기다릴 수밖에 없는 프로세스와 사용되지 않으면서 오랫동안 할당되는 자원을 다수 양산하기 때문에 자원의 활용률이 낮아집니다.

게다가 점유와 대기를 금지하면 많은 자원을 사용하는 프로세스가 불리해집니다. 자원을 많이 사용하는 프로세스는 자원을 적게 사용하는 프로세스에 비해 동시에 자원을 사용할 타이밍을 확보하기가 어렵기 때문입니다. 이는 결국 많은 자원을 필요로 하는 프로세스가 무한정 기다리게 되는 기아 현상을 야기할 우려가 있습니다.

**이번에는 비선점 조건을 없애 보겠습니다.**

비선점 조건을 없애면 자원을 이용 중인 프로세스로부터 해당 자원을 빼앗을 수 있습니다. 식사하는 철학자 문제에서 철학자의 포크를 빼앗을 수만 있다면 교착 상태는 발생하지 않듯 자원의 비선점 조건을 없애면 교착 상태는 발생하지 않습니다.

이 방식은 선점하여 사용할 수 있는 일부 자원에 대해서는 효과적입니다. 가령 CPU는 프로세스들이 선점할 수 있는 대표적인 자원입니다. 한 프로세스가 CPU를 이용하다가 일정 시간이 지나면 아직 작업이 모두 끝나지 않았다고 할지라도 다른 프로세스가 CPU를 할당받아 사용할 수 있기 때문입니다.

하지만 모든 자원이 이렇게 선점 가능한 것은 아닙니다. 한 프로세스의 작업이 끝날 때까지 다른 프로세스가 기다려야 하는 자원도 얼마든지 있습니다. 예를 들어 한 번에 하나의 프로세스만 이용 가능한 프린터 자원이 있다고 생각해 보세요. 한 프로세스가 이 프린터를 이용하는 도중에 다른 프로세스가 프린터 자원을 빼앗아 사용하기란 어렵겠죠? 그렇기에 비선점 조건을 없애 모든 자원을 빼앗을 수 있도록 하여 교착 상태를 예방하는 방법은 다소 범용성이 떨어지는 방안입니다.

**마지막으로 원형 대기 조건을 없애 봅시다.**

원형 대기를 없애는 방법은 간단합니다. 모든 자원에 번호를 붙이고, 오름차순으로 자원을 할당하면 원형 대기는 발생하지 않습니다.

예를 들어, 식사하는 철학자 문제에서 모든 포크에 1번부터 5번까지 번호를 붙이고, 철학자들로 하여금 번호가 낮은 포크에서 높은 포크 순으로 집어들게 한다면 원형 대기는 발생하지 않습니다. 5번 포크를 집어들고 1번 포크를 집어들 수 없기 때문이지요.

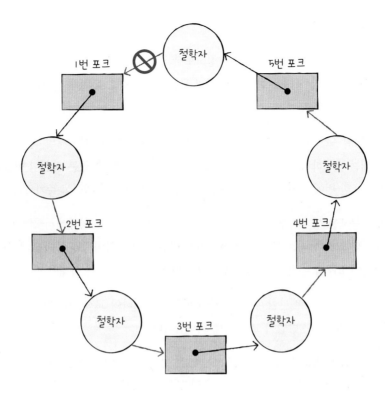

이는 마치 철학자들이 원형 식탁이 아닌 사각형 식탁에서 일렬로 앉아 식사하는 상황과 유사합니다. 이 경우 철학자들이 동시에 포크를 들어도 문제될 것이 없습니다.

원형 대기를 없앰으로써 교착 상태를 예방하는 방식은 앞선 세 방식에 비하면 비교적 현실적이고 실용적인 방식이지만, 역시 단점은 있습니다. 모든 컴퓨터 시스템 내에 존재하는 수많은 자원에 번호를 붙이는 일은 그리 간단한 작업이 아니거니와 각 자원에 어떤 번호를 붙이는지에 따라 특정 자원의 활용률이 떨어질 수 있습니다.

이렇듯 교착 상태의 발생 조건을 원천적으로 제거하여 교착 상태를 사전에 방지하는 예방 방식은 교착 상태가 발생하지 않음을 보장할 수는 있지만 여러 부작용이 따릅니다.

# 교착 상태 회피

**교착 상태 회피**는 교착 상태가 발생하지 않을 정도로만 조심 조심 자원을 할당하는 방식입니다. 교착 상태 회피 방식에서는 교착 상태를 한정된 자원의 무분별한 할당으로 인해 발생하는 문제로 간주합니다.

프로세스들에 할당할 수 있는 자원이 충분한 상황에서 프로세스들이 한두 개의 적은 자원만을 요구한다면 교착 상태는 발생하지 않습니다. 반면 프로세스들에 할당할 수 있는 자원이 한정된 상황에서 모든 프로세스들이 한 번에 많은 자원을 요구하면 교착 상태가 발생할 위험이 증가합니다.

식사하는 철학자 문제를 생각해 봅시다. 포크가 100개, 1,000개 있는 상태에서 철학자들이 한두 개의 포크를 요구하면 교착 상태는 발생하지 않습니다. 반면 포크의 양이 충분하지 않은 상태에서 철학자들이 모두 자신이 요구할 수 있는 최대의 포크(두 개)를 요구하면 교착 상태가 발생합니다.

그렇기 때문에 프로세스들에 배분할 수 있는 자원의 양을 고려하여 교착 상태가 발생하지 않을 정도의 양만큼만 자원을 배분하는 방법이 교착 상태 회피입니다.

교착 상태를 회피하는 방법을 학습하기 위해서는 안전 상태와 불안전 상태, 그리고 안전 순서열이라는 용어를 알아야 합니다. 교착 상태가 발생하지 않고 모든 프로세스가 정상적으로 자원을 할당받고 종료될 수 있는 상태를 **안전 상태**<sup>safe state</sup>라고 부르고, 교착 상태가 발생할 수도 있는 상황을 **불안전 상태**<sup>unsafe state</sup>라고 부릅니다.

**안전 순서열**<sup>safe sequence</sup>은 교착 상태 없이 안전하게 프로세스들에 자원을 할당할 수 있는 순서를 의미합니다. 예를 들어 웹 브라우저, 메모장, 게임 프로세스가 동시에 운영체제에 자원을 요청한 상황에서 웹 브라우저-메모장-게임 프로세스 순서대로 자원을 할당하면 교착 상태가 발생하지 않는다고 가정해 보겠습니다. 이 경우 웹 브라우저 → 메모장 → 게임이 안전 순서열이 됩니다. 안전 순서열이 있는 상태를 안전 상태라고 볼 수 있습니다.

이렇게 교착 상태 없이 안전하게 프로세스들에 자원을 할당할 수 있는 순서를 안전 순서열이라고 하고 안전 순서열대로 프로세스들에 자원을 배분하여 교착 상태가 발생하지 않는 상태를 **안전 상태**라고 합니다.

반면 **불안전 상태**는 안전 순서열이 없는 상황입니다. 시스템이 불안전 상태에 놓이면 교착 상태가 발생할 수 있는 위험이 있습니다.

안전 순서열이 존재하는 상태를 안전 상태, 안전 순서열이 없는 상태를 불안전 상태라고 합니다.

안전 상태와 불안전 상태, 안전 순서열은 용어의 정의보다 예시를 통해 이해하는 것이 좋습니다. 가령 현재 컴퓨터 시스템에 총 열두 개의 어떠한 자원이 있고, P1, P2, P3 세 개의 프로세스가 실행 중이며, 각각 다섯 개, 두 개, 두 개의 자원을 할당받아 사용 중이라고 가정해 보겠습니다. 운영체제가 프로세스에 배분할 수 있는 자원은 세 개 남은 셈입니다. 그리고 P1, P2, P3은 각각 최대 열 개, 네 개, 아홉 개의 자원을 요구할 수 있다고 가정해 봅시다.

note 프로세스와 스레드는 자원을 사용하기 위해 ❶ 우선 자원을 운영체제에게 요청하고, ❷ 운영체제로부터 자원을 할당받아 사용하고, ❸ 자원의 사용이 끝났다면 자원을 반환합니다. 이 점에 유의하며 읽어 봅시다.

현재 상황은 아래와 같이 간단한 표로 표현할 수 있습니다.

| 프로세스 | 요구량 | 현재 사용량 |
|---|---|---|
| P1 | 10 | 5 |
| P2 | 4 | 2 |
| P3 | 9 | 2 |

- 할당 가능 자원: **12**
- 할당한 자원(P1, P2, P3 현재 사용량의 총합): **9**
- 남은 자원(할당 가능 자원 – 할당한 자원): **3**

이 상태는 안전 상태입니다. P2 → P1 → P3이라는 안전 순서열이 있기 때문이지요.

프로세스 P1, P2, P3이 모두 최대로 자원을 요구한 최악의 상황(P1, P2, P3이 각각 다섯 개, 두 개, 일곱 개의 자원을 요구한 상황)을 가정해 볼까요?

P2는 이미 자원 두 개를 가지고 있으므로 남은 자원에서 두 개를 배분하면 됩니다.

| 프로세스 | 최대 요구량 | 현재 사용량 |
|---|---|---|
| P1 | 10 | 5 |
| P2 | 4 | 2 + 2 |
| P3 | 9 | 2 |

- 할당 가능 자원: **12**
- 할당한 자원(P1, P2, P3 현재 사용량의 총합): **9 + 2 = 11**
- 남은 자원(할당 가능 자원 – 할당한 자원): **3 – 2 = 1**

요구한 네 개의 자원을 할당받은 P2는 정상적으로 작업을 끝내고 가지고 있던 자원을 반환합니다. 그러면 남은 자원은 다섯 개가 됩니다.

| 프로세스 | 최대 요구량 | 현재 사용량 |
|---------|------------|------------|
| P1 | 10 | 5 |
| ~~P2~~ | ~~4~~ | ~~2 + 2~~ |
| P3 | 9 | 2 |

종료, 자원 반환

- 할당 가능 자원: **12**
- 할당한 자원(P1, P2, P3 현재 사용량의 총합): **11 − 4 = 7**
- 남은 자원(할당 가능 자원 − 할당한 자원): **1 + 4 = 5** ←

이번에는 P1에 남은 자원 다섯 개를 할당하면 P1 또한 작업을 정상적으로 완료할 수 있습니다.

| 프로세스 | 최대 요구량 | 현재 사용량 |
|---------|------------|------------|
| P1 | 10 | 5 + 5 |
| ~~P2~~ | ~~4~~ | ~~2 + 2~~ |
| P3 | 9 | 2 |

- 할당 가능 자원: **12**
- 할당한 자원(P1, P2, P3 현재 사용량의 총합): **7 + 5 = 12**
- 남은 자원(할당 가능 자원 − 할당한 자원): **5 − 5 = 0**

P1이 작업을 정상적으로 마치고 자원을 반환하면 이제 P3에 자원을 할당하면 됩니다.

| 프로세스 | 최대 요구량 | 현재 사용량 |
|---------|------------|------------|
| ~~P1~~ | ~~10~~ | ~~5 + 5~~ |
| ~~P2~~ | ~~4~~ | ~~2 + 2~~ |
| P3 | 9 | 2 |

종료, 자원 반환

- 할당 가능 자원: **12**
- 할당한 자원(P1, P2, P3 현재 사용량의 총합): **12 − 10 = 2**
- 남은 자원(할당 가능 자원 − 할당한 자원): **0 + 10 = 10** ←

즉, P2 → P1 → P3이라는 안전 순서열대로 자원을 배분하면 P1, P2, P3 모두 자원을 할당받고 교착 상태 없이 올바르게 작업을 마칠 수 있습니다.

이번에는 조금 다른 상황을 생각해 봅시다. 앞서 언급했던 동일한 상황에서 이번에는 운영체제가 P3에 먼저 선뜻 자원을 하나 내주었다고 생각해 봅시다. 그러면 P1, P2, P3 세 개의 프로세스는 각각 다섯 개, 두 개, 세 개의 자원을 보유하게 되었고, 운영체제가 배분할 수 있는 자원은 두 개 남습니다.

| 프로세스 | 최대 요구량 | 현재 사용량 |
|---|---|---|
| P1 | 10 | 5 |
| P2 | 4 | 2 |
| P3 | 9 | 3 |

- 할당 가능 자원: **12**
- 할당한 자원(P1, P2, P3 현재 사용량의 총합): **10**
- 남은 자원(할당 가능 자원 − 할당한 자원): **2**

이 상황은 불안전 상태입니다. 즉, 교착 상태가 발생할 위험이 있습니다.

P1, P2, P3이 모두 최대로 자원을 요구한 최악의 상황(P1이 다섯 개, P2는 두 개, P3은 여섯 개의 자원을 요구한 상황)을 가정해 봅시다.

아래와 같이 P2에 두 개의 자원을 배분하여 P2 작업을 올바르게 끝낸다고 해도, P2 작업 이후 반환된 자원 네 개로는 P1의 요구도 P3의 요구도 들어줄 수 없습니다. P1과 P3은 서로가 보유하고 있는 자원만을 바라보며 무한정 기다릴 수밖에 없습니다. 불안전 상태로 교착 상태가 발생한 것이지요.

| 프로세스 | 최대 요구량 | 현재 사용량 |
|---|---|---|
| P1 | 10 | 5 |
| P2 | 4 | 2 + 2 |
| P3 | 9 | 3 |

- 할당 가능 자원: **12**
- 할당한 자원(P1, P2, P3 현재 사용량의 총합): **10 + 2 = 12**
- 남은 자원(할당 가능 자원 − 할당한 자원): **2 − 2 = 0**

| 프로세스 | 최대 요구량 | 현재 사용량 |
|---|---|---|
| P1 | 10 | 5 |
| P2 | 4 | 2 + 2 |
| P3 | 9 | 3 |

종료, 자원 반환

- 할당 가능 자원: **12**
- 할당한 자원(P1, P2, P3 현재 사용량의 총합): **12 − 4 = 8**
- 남은 자원(할당 가능 자원 − 할당한 자원): **0 + 4 = 4** ←

즉, 운영체제가 교착 상태를 회피하기 위해서는 시스템 상태가 안전 상태에서 안전 상태로 움직이는 경우에만 자원을 할당하면 됩니다. 즉, 교착 상태 회피 방식은 항시 안전 상태를 유지하도록 자원을 할당하는 방식이라 보면 되겠습니다.

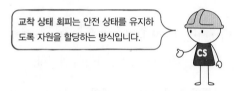

교착 상태 회피는 안전 상태를 유지하도록 자원을 할당하는 방식입니다.

## 교착 상태 검출 후 회복

교착 상태 예방과 회피는 교착 상태 발생을 막기 위한 노력이었다면, **교착 상태 검출 후 회복**은 교착 상태 발생을 인정하고 사후에 조치하는 방식입니다.

검출 후 회복 방식에서 운영체제는 프로세스들이 자원을 요구할 때마다 그때그때 모두 할당하며, 교착 상태 발생 여부를 주기적으로 검사합니다. 그리고 교착 상태가 검출되면 그때 비로소 다음과 같은 방식으로 회복합니다.

### 선점을 통한 회복

선점을 통한 회복은 교착 상태가 해결될 때까지 한 프로세스씩 자원을 몰아주는 방식입니다. 교착 상태가 해결될 때까지 다른 프로세스로부터 자원을 강제로 빼앗고 한 프로세스에 할당하는 방식이지요.

## 프로세스 강제 종료를 통한 회복

프로세스 강제 종료를 통한 회복은 가장 단순하면서 확실한 방식입니다. 운영체제는 교착 상태에 놓인 프로세스를 모두 강제 종료할 수도 있고, 교착 상태가 없어질 때까지 한 프로세스씩 강제 종료할 수도 있습니다. 전자는 한 방에 교착 상태를 해결할 수 있는 가장 확실한 방식이지만 그만큼 많은 프로세스들이 작업 내역을 잃게 될 가능성이 있고, 후자는 작업 내역을 잃는 프로세스는 최대한 줄일 수 있지만 교착 상태가 없어졌는지 여부를 확인하는 과정에서 오버헤드를 야기합니다.

지금까지 교착 상태와 해결 방법에 대해 알아보았습니다. 마지막 여담을 이야기하자면, 실은 교착 상태를 아예 무시하는 방법도 있습니다. 드물게 발생하는 잠재적 문제를 무시로 대처하는 방식으로 **타조 알고리즘**<sup>ostrich algorithm</sup>이라는 거창한 이름을 가진 방식이지요.

note 타조가 문제에 처했을 때 머리를 땅에 묻고 모른 체하는 모습에서 따 온 이름이지만, 실제로 타조가 이렇게 행동하지는 않습니다.

완벽을 추구하는 과학자나 수학자 입장에서는 납득할 수 없는 방식일지 모르나, 문제 발생의 빈도나 심각성에 따라 최대 효율을 추구하는 엔지니어 입장에서는 때때로 이 방식이 적합할 때도 많습니다.

▶ **3가지 키워드로 정리하는 핵심 포인트**

- **교착 상태 예방**은 교착 상태의 발생 조건 중 하나를 충족하지 못하게 하는 방법입니다.

- **교착 상태 회피**는 안전 상태를 유지할 수 있는 경우에만 자원을 할당하는 방법입니다.

- **교착 상태 검출 후 회복**은 교착 상태 발생 여부를 주기적으로 검사하고, 교착 상태가 발생하면 그때그때 회복하는 방식입니다.

▶ **확인 문제**

**1.** 교착 상태를 회복하는 방법에 대해 옳지 않은 것을 고르세요.

① 교착 상태가 발생하는 조건 중 하나를 충족하지 않게 하면 교착 상태를 예방할 수 있습니다.
② 교착 상태가 발생했다면 이를 회복할 수 없습니다.
③ 안전 상태를 유지할 수 있는 경우에만 자원을 할당하면 교착 상태를 회피할 수 있습니다.
④ 교착 상태의 검출 및 회피 방식에서 운영체제는 주기적으로 교착 상태의 발생 여부를 검사합니다.

**2.** 아래와 같은 상황에서 프로세스 P2에 자원 두 개를 나누어 줬다고 가정해 보겠습니다. 프로세스 P2가 실행을 올바르게 종료한 뒤 자원을 반납하면 남은 자원은 몇 개가 될까요?

| 프로세스 | 요구량 | 현재 사용량 |
|---|---|---|
| P1 | 10 | 5 |
| P2 | 4 | 2 |
| P3 | 9 | 2 |

- 할당 가능 자원: **12**
- 할당한 자원(P1, P2, P3 현재 사용량의 총합): **9**
- 남은 자원(할당 가능 자원 – 할당한 자원): **3**

**3.** 교착 상태에 대한 대처 방법 중 타조 알고리즘에 대한 설명으로 옳은 것을 고르세요.

① 교착 상태를 회피하는 방법입니다.

② 교착 상태를 무시하는 방법입니다.

③ 교착 상태를 검출하고 회복하는 방법입니다.

④ 교착 상태를 예방하는 방법입니다.


**4.** 교착 상태 예방에 대한 설명으로 옳지 않은 것을 고르세요.

① 상호 배제 조건을 없앰으로써 교착 상태를 예방할 수 있습니다.

② 점유와 대기 조건을 없앰으로써 교착 상태를 예방할 수 있습니다.

③ 비선점 조건을 없앰으로써 교착 상태를 예방할 수 있습니다.

④ 원형 대기 조건을 추가함으로써 교착 상태를 예방할 수 있습니다.


**hint** 2. P2에 자원 두 개를 할당하면 남은 자원은 3-2=1개가 되며, P2가 실행을 성공적으로 종료하여 자원을 반납하면
1+4=5개가 됩니다.

3. 타조 알고리즘은 교착 상태가 발생해도 이를 무시하는 방법입니다.

4. 원형으로 대기하면 교착 상태가 발생할 수 있습니다.

누군가 필자에게 운영체제의 가장 핵심적인 역할을 두 가지 꼽으라 한다면 프로세스 관리와 메모리 관리입니다. 운영체제가 메모리를 어떻게 관리하는지에 따라 프로그램 실행 양상과 컴퓨터 전체의 성능이 좌우되기 때문입니다. 지금까지 운영체제의 프로세스 관리에 대해 알아보았다면 이번에는 큰 주제를 전환하여 운영체제의 메모리 관리 기법에 대해 알아보겠습니다.

# 가상 메모리

학습목표

- 스와핑이 무엇인지 이해합니다.

- 연속 메모리 할당 기법과 외부 단편화 문제를 이해합니다.

- 가상 메모리 관리 기법인 페이징의 개념과 작동을 이해합니다.

- 요구 페이징의 개념과 페이지 교체 알고리즘을 이해합니다.

- 스래싱과 그를 해결하기 위한 프레임 할당에 대해 이해합니다.

# 14-1 연속 메모리 할당

스와핑　　최초 적합　　최적 적합　　최악 적합　　외부 단편화

이번 절에서는 기본적인 메모리 관리 기법인 스와핑과 메모리에 프로세스를 할당하는 방식, 그리고 연속 메모리 할당의 부작용인 외부 단편화에 대해 학습해 보겠습니다.

## 시작하기 전에

지금까지는 메모리 내에 프로세스들이 연속적으로 배치되는 상황을 가정했습니다. 즉, 아래 그림과 같이 프로세스 A는 A의 크기만큼 메모리 주소를 할당받아 연속적으로 배치되고, 프로세스 B는 프로세스 A 이후에 또 B의 크기만큼 연속적인 메모리 주소를 할당받아 배치되는 식으로 말이지요.

이렇게 프로세스에 연속적인 메모리 공간을 할당하는 방식을 **연속 메모리 할당** 방식이라고 합니다. 이번 절에서는 이와 같이 프로세스들을 메모리에 연속적으로 할당할 때 무엇을 고려해야 하는지, 그리고 어떤 잠재적인 문제가 있는지 알아보겠습니다.

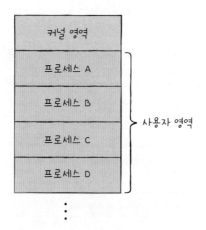

## 스와핑

메모리에 적재된 프로세스들 중에는 현재 실행되지 않는 프로세스가 있을 수 있습니다. 입출력 작업의 요구로 대기 상태가 된 프로세스라던지, 오랫동안 사용되지 않은 프로세스가 이런 프로세스들에속합니다. 이러한 프로세스들을 임시로 보조기억장치 일부 영역으로 쫓아내고, 그렇게 해서 생긴 메모리상의 빈 공간에 또 다른 프로세스를 적재하여 실행하는 방식을 **스와핑**swapping이라고 합니다.

이때 프로세스들이 쫓겨나는 보조기억장치의 일부 영역을 **스왑 영역**swap space이라고 합니다. 그리고현재 실행되지 않는 프로세스가 메모리에서 스왑 영역으로 옮겨지는 것을 **스왑 아웃**swap-out, 반대로스왑 영역에 있던 프로세스가 다시 메모리로 옮겨오는 것을 **스왑 인**swap-in이라고 합니다. 스왑 아웃되었던 프로세스가 다시 스왑 인될 때는 스왑 아웃되기 전의 물리 주소와는 다른 주소에 적재될 수있습니다.

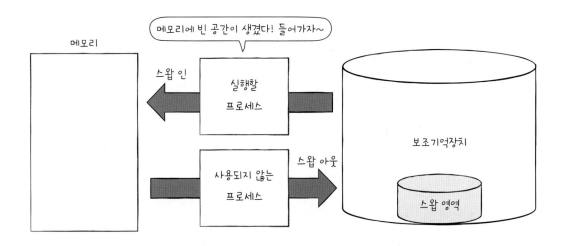

스와핑은 메모리에서 사용되지 않는 일부 프로세스를 보조기억장치로 내보내고 실행할 프로세스를메모리로 들여보내는 메모리 관리 기법입니다.

스와핑을 이용하면 프로세스들이 요구하는 메모리 주소 공간의 크기가 실제 메모리 크기보다 큰 경우에도 프로세스들을 동시 실행할 수 있습니다. 다음 그림을 보겠습니다. 프로세스 A, B, C, D의 크기를 합하면 메모리의 크기보다 크지만, 스와핑을 통해 네 개의 프로세스를 동시에 실행할 수 있다는것을 알 수 있습니다.

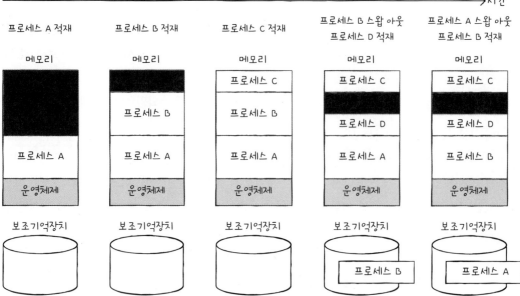

| 프로세스 A 적재 | 프로세스 B 적재 | 프로세스 C 적재 | 프로세스 B 스왑 아웃<br>프로세스 D 적재 | 프로세스 A 스왑 아웃<br>프로세스 B 적재 |

**note** 그림 속 검은색 부분은 프로세스를 적재할 수 있는 메모리 영역을 나타냅니다.

➕ **여기서 잠깐** 스왑 영역 확인하기

유닉스와 리눅스, macOS에서는 free, top 명령어 등을 통해 스왑 영역의 크기를 확인할 수 있습니다. 스왑 영역의 크기
와 사용 여부는 사용자가 임의로 설정할 수 있습니다.

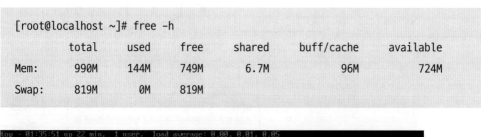

```
[root@localhost ~]# free -h
            total      used      free    shared   buff/cache   available
Mem:         990M      144M      749M      6.7M          96M        724M
Swap:        819M        0M      819M
```

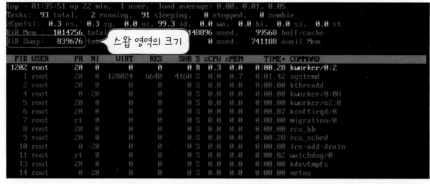

# 메모리 할당

프로세스는 메모리 내의 빈 공간에 적재되어야 합니다. 메모리 내에 빈 공간이 여러 개 있다면 프로세스를 어디에 배치해야 할까요? 비어 있는 메모리 공간에 프로세스를 연속적으로 할당하는 방식을 알아봅시다.

여기에는 대표적으로 **최초 적합**, **최적 적합**, **최악 적합**의 세 가지 방식이 있습니다. 이는 그림과 함께 이해하는 것이 좋습니다. 가령 아래와 같은 상황에서 20MB 크기의 프로세스를 적재하고 싶다고 해 봅시다. 메모리의 사용자 영역은 총 200MB라고 가정해 보죠. 프로세스를 적재할 수 있는 빈 공간은 빈 공간 A, 빈 공간 B, 빈 공간 C 세 군데가 있습니다.

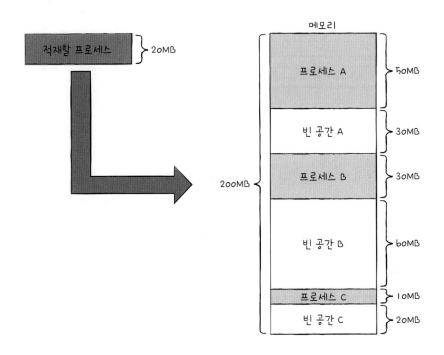

## 최초 적합

**최초 적합**first fit은 운영체제가 메모리 내의 빈 공간을 순서대로 검색하다가 적재할 수 있는 공간을 발견하면 그 공간에 프로세스를 배치하는 방식입니다. 즉 운영체제가 빈 공간 A → 빈 공간 B → 빈 공간 C 순으로 빈 공간을 검색했다면 프로세스는 빈 공간 A에 적재됩니다. 최초 적합 방식은 프로세스가 적재될 수 있는 공간을 발견하는 즉시 메모리를 할당하는 방식이므로 검색을 최소화할 수 있고 결과적으로 빠른 할당이 가능합니다.

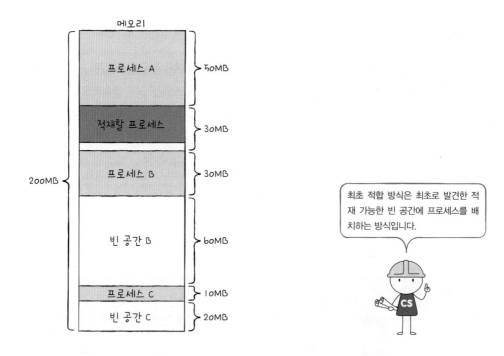

메모리

프로세스 A — 50MB

적재할 프로세스 — 30MB

프로세스 B — 30MB

빈 공간 B — 60MB

프로세스 C — 10MB

빈 공간 C — 20MB

200MB

최초 적합 방식은 최초로 발견한 적재 가능한 빈 공간에 프로세스를 배치하는 방식입니다.

## 최적 적합

**최적 적합** best fit은 운영체제가 빈 공간을 모두 검색해 본 후, 프로세스가 적재될 수 있는 공간 중 가장 작은 공간에 프로세스를 배치하는 방식입니다. 앞선 예시에서 프로세스가 적재될 수 있는 빈 공간 중 가장 작은 공간은 빈 공간 C입니다. 그렇기에 최적 적합 방식으로 메모리를 할당하면 프로세스는 빈 공간 C에 할당됩니다.

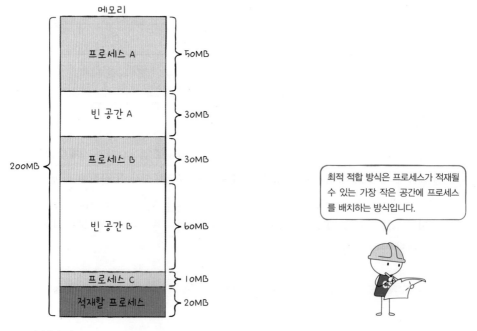

메모리

프로세스 A — 50MB

빈 공간 A — 30MB

프로세스 B — 30MB

빈 공간 B — 60MB

프로세스 C — 10MB

적재할 프로세스 — 20MB

200MB

최적 적합 방식은 프로세스가 적재될 수 있는 가장 작은 공간에 프로세스를 배치하는 방식입니다.

## 최악 적합

**최악 적합**worst fit은 운영체제가 빈 공간을 모두 검색해 본 후, 프로세스가 적재될 수 있는 공간 중 가장 큰 공간에 프로세스를 배치하는 방식입니다. 앞선 예시에서 프로세스가 적재될 수 있는 빈 공간 중 가장 큰 공간은 빈 공간 B입니다. 그렇기에 최악 적합 방식으로 메모리를 할당하면 프로세스는 빈 공간 B에 할당됩니다.

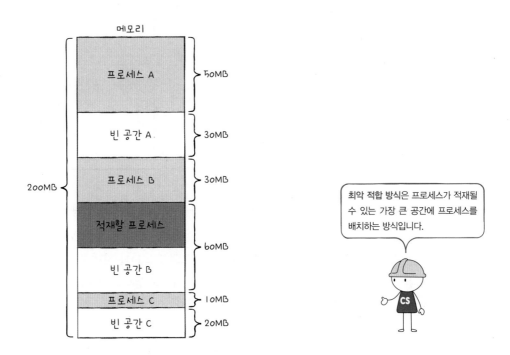

최악 적합 방식은 프로세스가 적재될 수 있는 가장 큰 공간에 프로세스를 배치하는 방식입니다.

# 외부 단편화

프로세스를 메모리에 연속적으로 배치하는 연속 메모리 할당은 언뜻 들으면 당연하게 느껴질 수 있지만, 사실 이는 메모리를 효율적으로 사용하는 방법이 아닙니다. 왜냐하면 연속 메모리 할당은 **외부 단편화**external fragmentation라는 문제를 내포하고 있기 때문입니다. 외부 단편화가 무엇이며 왜 발생하는지 알아보겠습니다.

아무런 프로세스도 적재되지 않은 상태의 메모리 전체를 그려 보면 오른쪽 그림과 같이 표현할 수 있습니다. 커널 영역에는 운영체제가 적재되어 있고, 사용자 영역에는 어떠한 프로세스도 적재되어 있지 않습니다.

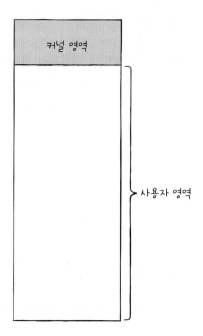

이제 사용자 영역에 하나둘씩 프로세스들이 적재되는 상황을 상상해 봅시다. 설명의 편의를 위해 사용자 영역의 크기는 200MB이라고 가정해 보겠습니다. 사용자 영역에 크기가 50MB인 프로세스 A, 30MB인 프로세스 B, 100MB인 프로세스 C, 20MB인 프로세스 D를 차례대로 적재해야 한다면 이 프로세스들을 메모리에 어떻게 배치하는 것이 좋을까요? 간단히 생각해 보았을 때 아래와 같이 적재할 수 있습니다.

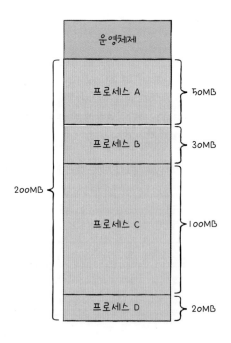

이제 프로세스 B와 D의 실행이 끝났다고 해 봅시다. 이 프로세스들은 더 이상 메모리에 남아 있을 필요가 없습니다. 프로세스 B와 D가 메모리를 떠나면 아래와 같이 프로세스 B와 D가 있던 자리에는 빈 공간이 생깁니다.

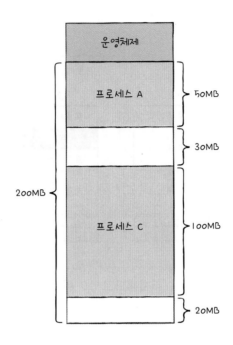

여기서 질문을 드리겠습니다. 현재 메모리에 남아 있는 빈 공간의 총합은 몇 MB일까요? 너무 당연한 질문을 하는 것 같이 느낄 수도 있겠습니다. 답은 50MB입니다.

그렇다면 두 번째 질문을 드리겠습니다. 위 그림과 같은 상황에서 50MB 크기의 프로세스를 적재할 수 있을까요? 불가능합니다. 빈 공간의 총합은 50MB일지라도 어느 빈 공간에도 50MB 크기의 프로세스가 적재될 수 없기 때문이죠.

프로세스들이 메모리에 연속적으로 할당되는 환경에서는 위와 같이 프로세스들이 실행되고 종료되기를 반복하며 메모리 사이 사이에 빈 공간들이 생깁니다. 프로세스 바깥에 생기는 이러한 빈 공간들은 분명 빈 공간이지만 그 공간보다 큰 프로세스를 적재하기 어려운 상황을 초래하고, 결국 메모리 낭비로 이어집니다. 이러한 현상을 **외부 단편화**external fragmentation라고 합니다.

> 외부 단편화는 프로세스를 할당하기 어려울 만큼 작은 메모리 공간들로 인해 메모리가 낭비되는 현상을 의미합니다.

실은 앞서 설명한 스와핑과 메모리 할당을 설명한 예시에서도 외부 단편화는 발생했습니다. 392쪽의 그림 일부를 다시 볼까요? 프로세스 B가 스왑 아웃되고 프로세스 B보다 작은 프로세스 D가 적재되었을 때 외부 단편화가 발생하는 것을 볼 수 있습니다. 아래 그림에서 검은색으로 칠한 부분이 외부 단편화가 발생한 부분입니다.

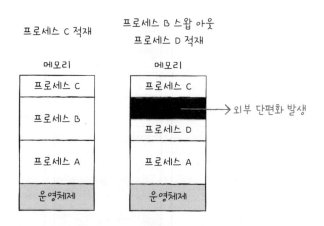

이번에는 394쪽의 그림을 다시 봅시다. '적재할 프로세스' 바로 아래에 작은 빈 공간이 생겼지요? 이또한 외부 단편화가 발생한 예라고 볼 수 있습니다.

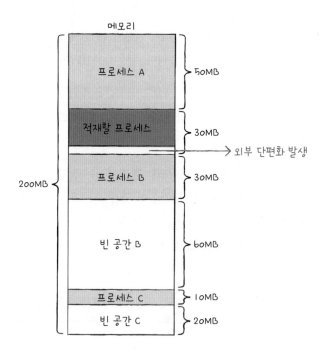

앞 예시들에서는 메모리에 프로세스가 몇 개 없는 간단한 상황을 가정했기에 외부 단편화가 큰 문제가 아닌 것처럼 보일 수 있지만, 실제로는 이보다 메모리 용량도 크고 적재되는 프로세스도 많기 때문에 외부 단편화로 인해 낭비되는 공간은 더욱 큽니다. 그렇기에 외부 단편화 문제는 반드시 해결해야 할 문제입니다.

외부 단편화를 해결할 수 있는 대표적인 방안으로 메모리를 **압축**<sup>compaction</sup>하는 방법이 있습니다. 메모리 조각 모음이라고도 부르지요. 압축은 여기저기 흩어져 있는 빈 공간들을 하나로 모으는 방식으로 메모리 내에 저장된 프로세스를 적당히 재배치시켜 여기저기 흩어져 있는 작은 빈 공간들을 하나의 큰 빈 공간으로 만드는 방법입니다.

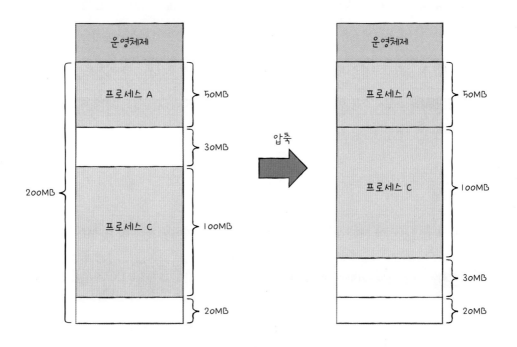

다만 압축 방식은 여러 단점이 있습니다. 작은 빈 공간들을 하나로 모으는 동안 시스템은 하던 일을 중지해야 하고, 메모리에 있는 내용을 옮기는 작업은 많은 오버헤드를 야기하며, 어떤 프로세스를 어떻게 움직여야 오버헤드를 최소화하며 압축할 수 있는지에 대한 명확한 방법을 결정하기 어렵습니다. 이에 외부 단편화를 없앨 수 있는 또 다른 해결 방안이 등장했는데, 이것이 오늘날까지도 사용되는 가상 메모리 기법, 그 중에서도 페이징 기법입니다. 다음 절에서는 페이징에 대해 자세히 알아보겠습니다.

## 마무리

### ▶ 5가지 키워드로 정리하는 핵심 포인트

- **스와핑**은 메모리에서 사용되지 않는 일부 프로세스를 보조기억장치로 내보내고 실행할 프로세스를 메모리로 들여보내는 메모리 관리 기법입니다.

- **최초 적합** 방식은 최초로 발견한 적재 가능한 빈 공간에 프로세스를 배치하는 방식입니다.

- **최적 적합** 방식은 프로세스가 적재될 수 있는 가장 작은 공간에 프로세스를 배치하는 방식입니다.

- **최악 적합** 방식은 프로세스가 적재될 수 있는 가장 큰 공간에 프로세스를 배치하는 방식입니다.

- **외부 단편화**는 프로세스를 할당하기 어려울 만큼 작은 메모리 공간들로 인해 메모리가 낭비되는 현상을 의미합니다.

### ▶ 확인 문제

**1.** 메모리 할당 방식에 대한 설명으로 올바른 것을 다음 보기에서 찾아 써 보세요.

> **보기** 최초 적합, 최적 적합, 최악 적합

- ( **①** ): 최초로 발견한 적재 가능한 빈 공간에 프로세스를 배치하는 방식
- ( **②** ): 프로세스가 적재될 수 있는 가장 큰 공간에 프로세스를 배치하는 방식
- ( **③** ): 프로세스가 적재될 수 있는 가장 작은 공간에 프로세스를 배치하는 방식

**2.** 외부 단편화에 대한 설명으로 옳지 않은 것을 고르세요.

① 외부 단편화가 발생하면 메모리가 낭비됩니다.
② 가상 메모리 기법 중 페이징을 이용하면 외부 단편화를 해결할 수 있습니다.
③ 메모리 압축을 통해 외부 단편화를 해결할 수 있습니다.
④ 외부 단편화가 발생한 공간에 모든 프로세스를 배치할 수 있습니다.

**3.** 메모리 스와핑에 대한 설명으로 옳은 것을 고르세요.

① 메모리에서 보조기억장치로 프로세스를 내쫓는 것을 스왑 인이라고 합니다.

② 보조기억장치에서 메모리로 프로세스를 적재하는 것을 스왑 아웃이라고 합니다.

③ CPU를 관리하는 기법입니다.

④ 메모리에서 사용되지 않는 일부 프로세스를 보조기억장치로 내보내고 실행할 프로세스를 메모리에 적재하는 방식입니다.


**4.** 연속 메모리 할당에 대한 설명으로 옳지 않은 것을 고르세요.

① 외부 단편화가 발생하지 않습니다.

② 프로세스를 메모리에 연속적으로 할당하는 방법입니다.

③ 메모리 스와핑을 이용할 수 있습니다.

④ 최초 적합, 최적 적합, 최악 적합 방식으로 프로세스를 적재할 수 있습니다.

hint 1. 최초 적합은 최초로 발견한 적재 가능한 빈 공간에 프로세스를 배치하는 방식, 최악 적합은 프로세스가 적재될 수 있는 가장 큰 공간에 프로세스를 배치하는 방식, 최적 적합은 프로세스가 적재될 수 있는 가장 작은 공간에 프로세스를 배치하는 방식입니다.

3. 메모리 스와핑은 메모리에서 사용되지 않는 일부 프로세스를 보조기억장치로 내보내고 실행할 프로세스를 메모리에 적재하는 방식입니다.

# 14-2 페이징을 통한 가상 메모리 관리

핵심 키워드

페이징    페이지 테이블    PTBR    TLB

페이징은 현대 운영체제 메모리 관리 기법에 있어 가장 중요한 개념이라고 해도
과언이 아닐 만큼 중요합니다. 페이징이 왜 생겨나게 되었으며 어떤 원리로 작동
하는지 이해해 봅시다.

## 시작하기 전에

프로세스를 메모리에 연속적으로 할당하는 방식은 두 가지 문제를 내포하고 있습니다. 한 가지는 앞
선 절에서 다루었던 외부 단편화이고, 또 하나는 물리 메모리보다 큰 프로세스를 실행할 수 없다는
점입니다. 프로세스를 반드시 메모리에 연속적으로 할당해야 한다면 메모리보다 큰 프로그램은 적재
할 수 없습니다. 4GB 메모리가 설치된 컴퓨터로는 4GB 이상의 프로그램을 실행할 수 없지요.

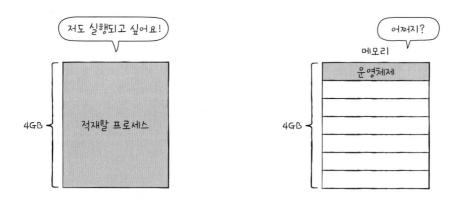

**가상 메모리** virtual memory는 실행하고자 하는 프로그램을 일부만 메모리에 적재하여 실제 물리 메모리
크기보다 더 큰 프로세스를 실행할 수 있게 하는 기술입니다. 이를 가능케 하는 가상 메모리 관리 기
법에는 크게 **페이징과 세그멘테이션**이 있지만, 이 책에서는 현대 대부분의 운영체제가 사용하는 페
이징 기법을 다룹니다. 페이징 기법을 이용하면 물리 메모리보다 큰 프로세스를 실행할 수 있을 뿐만
아니라 앞선 절에서 배운 외부 단편화 문제도 해결할 수 있습니다.

## 페이징이란

연속 메모리 할당 방식에서 외부 단편화가 생긴 근본적인 이유는 각기 다른 크기의 프로세스가 메모리에 연속적으로 할당되었기 때문입니다.

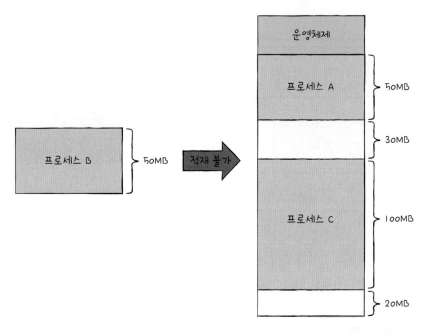

만일 메모리와 프로세스를 일정한 단위로 자르고, 이를 메모리에 불연속적으로도 할당할 수만 있다면 외부 단편화는 발생하지 않습니다. 예를 들어 위 그림에서 메모리 공간과 프로세스들을 10MB 단위의 일정한 크기로 자르고, 잘린 메모리 조각들에 프로세스 조각들을 불연속적으로 적재할 수 있다면 오른쪽 그림과 같이 외부 단편화는 발생하지 않습니다.

이것이 **페이징**paging입니다. 페이징은 프로세스의 논리 주소 공간을 **페이지**page라는 일정한 단위로 자르고, 메모리 물리 주소 공간을 **프레임**frame이라는 페이지와 동일한 크기의 일정한 단위로 자른 뒤 페이지를 프레임에 할당하는 가상 메모리 관리 기법입니다.

> 페이징은 메모리의 물리 주소 공간을 **프레임** 단위로 자르고, 프로세스의 논리 주소 공간을 **페이지** 단위로 자른 뒤 각 페이지를 프레임에 할당하는 가상 메모리 관리 기법입니다.

| 운영체제 |
|:---:|
| 프로세스 A |
| 프로세스 A |
| 프로세스 A |
| 프로세스 A |
| 프로세스 A |
| 프로세스 B |
| 프로세스 B |
| 프로세스 B |
| 프로세스 C |
| 프로세스 C |
| 프로세스 C |
| 프로세스 C |
| 프로세스 C |
| 프로세스 C |
| 프로세스 C |
| 프로세스 C |
| 프로세스 C |
| 프로세스 C |
| 프로세스 B |
| 프로세스 B |

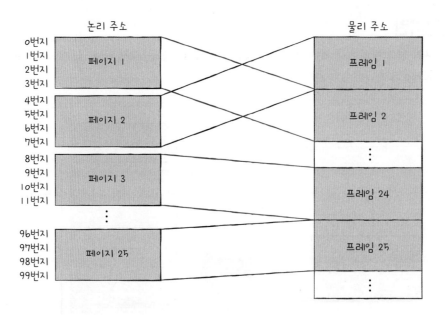

앞선 절에서 스와핑을 학습했었지요. 페이징에서도 스와핑을 사용할 수 있습니다. 페이징을 사용하는 시스템에서는 프로세스 전체가 스왑 아웃/스왑 인되는 것이 아닌 페이지 단위로 스왑 아웃/스왑 인됩니다. 즉, 메모리에 적재될 필요가 없는 페이지들은 보조기억장치로 스왑 아웃되고, 실행에 필요한 페이지들은 메모리로 스왑 인되는 것이지요. 페이징 시스템에서의 스왑 아웃은 **페이지 아웃**<sup>page</sup> <sup>out</sup>, 스왑 인은 **페이지 인**<sup>page in</sup>이라고 부르기도 합니다.

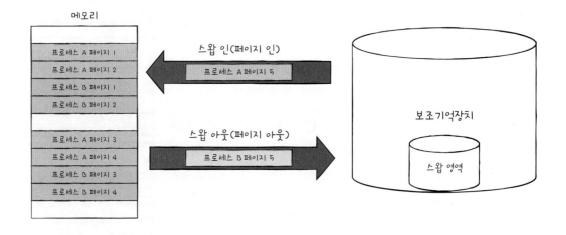

이는 다르게 말하면 한 프로세스를 실행하기 위해 프로세스 전체가 메모리에 적재될 필요가 없다는 말과 같습니다. 프로세스를 이루는 페이지 중 실행에 필요한 일부 페이지만을 메모리에 적재하고, 당

장 실행에 필요하지 않은 페이지들은 보조기억장치에 남겨둘 수 있습니다. 이와 같은 방식을 통해 물리 메모리보다 더 큰 프로세스를 실행할 수 있습니다.

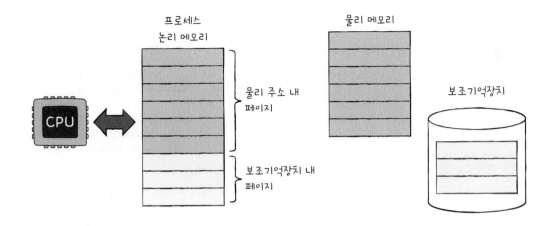

## 페이지 테이블

그런데 여기서 문제가 있습니다. 프로세스가 메모리에 불연속적으로 배치되어 있다면 CPU 입장에서 이를 순차적으로 실행할 수가 없습니다. 프로세스를 이루는 페이지가 어느 프레임에 적재되어 있는지 CPU가 모두 알고 있기란 어렵기 때문입니다. 즉, 프로세스가 메모리에 불연속적으로 배치되면 CPU 입장에서 '다음에 실행할 명령어 위치'를 찾기가 어려워집니다.

이를 해결하기 위해 페이징 시스템은 프로세스가 비록 (실제 메모리 내의 주소인) 물리 주소에 불연속적으로 배치되더라도 (CPU가 바라보는 주소인) 논리 주소에는 연속적으로 배치되도록 **페이지 테이블** page table을 이용합니다.

페이지 테이블은 페이지 번호와 프레임 번호를 짝지어 주는 일종의 이정표입니다. CPU로 하여금 페이지 번호만 보고 해당 페이지가 적재된 프레임을 찾을 수 있게 합니다. 다시 말해 페이지 테이블은 현재 어떤 페이지가 어떤 프레임에 할당되었는지를 알려줍니다.

프로세스마다 각자의 프로세스 테이블이 있습니다. 가령 프로세스 A의 페이지 테이블이 아래와 같다면 CPU는 이를 보고 '0번 페이지는 3번 프레임에, 1번 페이지는 5번 프레임에, 2번 페이지는 2번 프레임에 할당되어 있다'라는 사실을 알 수 있습니다.

> **페이지 테이블**의 페이지 번호를 이용해 페이지가 적재된 프레임을 찾을 수 있습니다.

프로세스 A
페이지 테이블

| 페이지 번호 | 프레임 번호 |
|---|---|
| 0 | 3 |
| 1 | 5 |
| 2 | 2 |

| 커널 영역 | |
|---|---|
| | 0번 프레임 |
| | 1번 프레임 |
| 2번 페이지 | 2번 프레임 |
| 0번 페이지 | 3번 프레임 |
| | 4번 프레임 |
| 1번 페이지 | 5번 프레임 |

위와 같은 방식으로 비록 물리 주소상에서는 프로세스들이 분산되어 저장되어 있더라도 CPU 입장에서 바라본 논리 주소는 연속적으로 보일 수 있습니다. 즉 프로세스들이 메모리에 분산되어 저장되어 있더라도 CPU는 논리 주소를 그저 순차적으로 실행하면 됩니다.

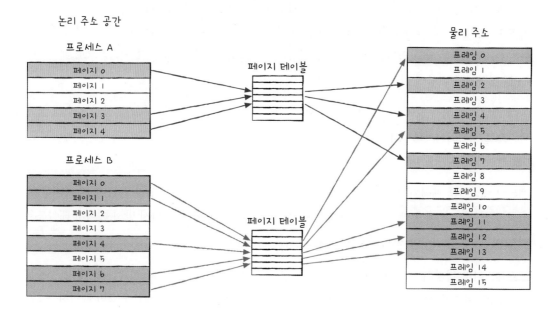

페이징은 외부 단편화 문제를 해결할 수 있지만, **내부 단편화**(internal fragmentation)라는 문제를 야기할 수 있습니다. 페이징은 프로세스의 논리 주소 공간을 페이지라는 일정한 크기 단위로 자른다고 했습니다. 그런데 모든 프로세스가 페이지 크기에 딱 맞게 잘리는 것은 아닙니다. 다시 말해 모든 프로세스 크기가 페이지의 배수는 아닙니다. 가령 페이지 크기가 10KB인데, 프로세스의 크기가 108KB라고 해볼까요? 이 경우 마지막 페이지는 2KB만큼의 크기가 남습니다. 이러한 메모리 낭비를 내부 단편화라고 합니다.

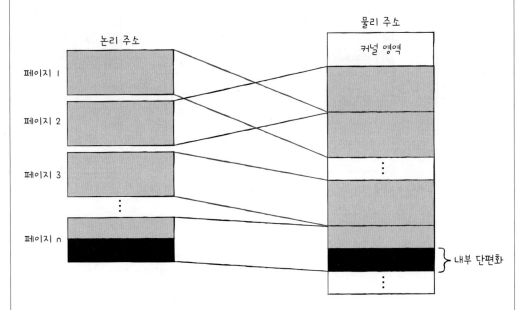

내부 단편화는 하나의 페이지 크기보다 작은 크기로 발생합니다. 그렇기에 하나의 페이지 크기가 작다면 발생하는 내부 단편화의 크기는 작아질 것으로 기대할 수 있습니다. 하지만 하나의 페이지 크기를 너무 작게 설정하면 그만큼 페이지 테이블의 크기도 커지기 때문에 페이지 테이블이 차지하는 공간이 낭비됩니다. 그렇기에 내부 단편화를 적당히 방지하면서 너무 크지 않은 페이지 테이블이 만들어지도록 페이지의 크기를 조정하는 것이 중요합니다. 참고로, 리눅스의 경우 아래와 같이 간단한 명령으로 페이지 크기를 알아낼 수 있습니다.

```
[root@localhost ~]# getconf PAGESIZE
4096
```

참고로 리눅스를 포함한 일부 운영체제에서는 위와 같이 기본적으로 설정된 페이지 크기보다 더 큰 크기의 페이지도 일부 허용하며 메모리에 유지하는 경우도 있습니다. 기본적으로 설정된 페이지보다 큰 페이지를 대형 페이지(huge page)라고 합니다.

프로세스마다 각자의 페이지 테이블을 가지고 있고 각 프로세스의 페이지 테이블들은 메모리에 적재되어 있습니다. 그리고 CPU 내의 **페이지 테이블 베이스 레지스터**[PTBR: Page Table Base Register] (이하 **PTBR**)는 각 프로세스의 페이지 테이블이 적재된 주소를 가리키고 있습니다.

예를 들어 프로세스 A가 실행될 때 PTBR은 프로세스 A의 페이지 테이블을 가리키고, CPU는 프로세스 A의 페이지 테이블을 통해 프로세스 A의 페이지가 적재된 프레임을 알 수 있습니다. 마찬가지로 프로세스 B가 실행될 때는 PTBR이 프로세스 B의 페이지 테이블을 가리키고 CPU는 프로세스 B의 페이지 테이블을 통해 프로세스 B의 페이지가 적재된 프레임을 알 수 있습니다.

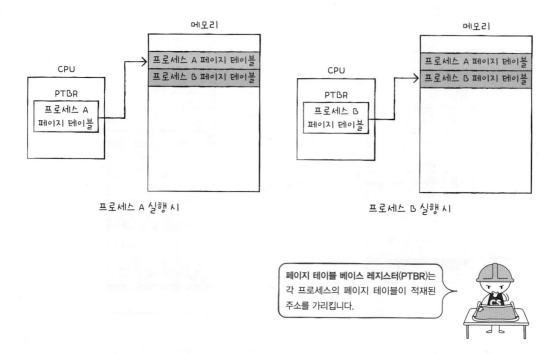

note 이러한 각 프로세스들의 페이지 테이블 정보들은 각 프로세스의 PCB에 기록됩니다. 그리고 프로세스의 문맥 교환이 일어날 때 다른 레지스터와 마찬가지로 함께 변경됩니다.

그런데 이렇게 페이지 테이블을 메모리에 두면 문제가 있습니다. 메모리 접근 시간이 두 배로 늘어난다는 점입니다. 메모리에 있는 페이지 테이블을 보기 위해 한 번, 그렇게 알게 된 프레임에 접근하기 위해 한 번, 이렇게 총 두 번의 메모리 접근이 필요하기 때문이죠.

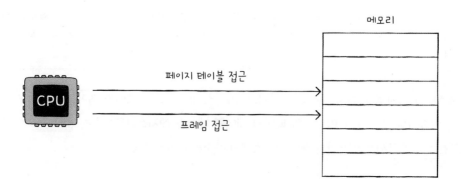

이와 같은 문제를 해결하기 위해 CPU 곁에(일반적으로 MMU 내에) **TLB** Translation Lookaside Buffer라는 페이지 테이블의 캐시 메모리를 둡니다. 여러분이 사용하는 컴퓨터의 CPU 곁에는 TLB가 있습니다. TLB는 페이지 테이블의 캐시이기 때문에 페이지 테이블의 일부 내용을 저장합니다. 참조 지역성에 근거해 주로 최근에 사용된 페이지 위주로 가져와 저장하지요.

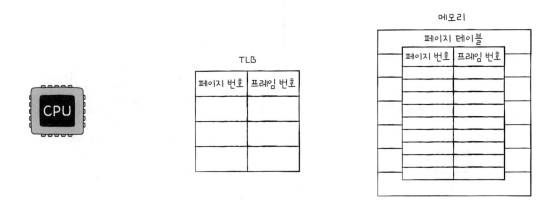

CPU가 발생한 논리 주소에 대한 페이지 번호가 TLB에 있을 경우 이를 **TLB 히트** TLB hit라고 합니다. 이 경우에는 페이지가 적재된 프레임을 알기 위해 메모리에 접근할 필요가 없습니다. 그렇기에 메모리 접근을 한 번만 하면 됩니다. 하지만 만일 페이지 번호가 TLB에 없을 경우 어쩔 수 없이 페이지가 적재된 프레임을 알기 위해 메모리 내의 페이지 테이블에 접근하는 수밖에 없겠죠. 이를 **TLB 미스** TLB miss라고 합니다.

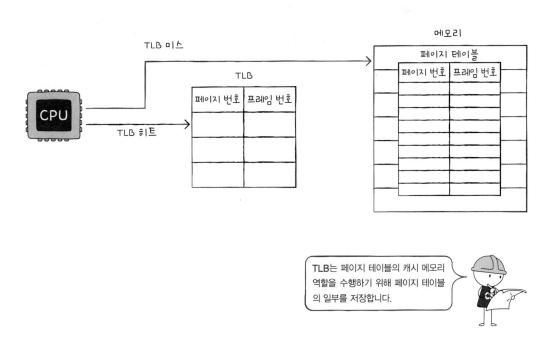

TLB는 페이지 테이블의 캐시 메모리 역할을 수행하기 위해 페이지 테이블의 일부를 저장합니다.

## 페이징에서의 주소 변환

하나의 페이지 혹은 프레임은 여러 주소를 포괄하고 있습니다. 그렇기에 특정 주소에 접근하려면 아래와 같은 두 가지 정보가 필요합니다.

- 어떤 페이지 혹은 프레임에 접근하고 싶은지
- 접근하려는 주소가 그 페이지 혹은 프레임으로부터 얼마나 떨어져 있는지

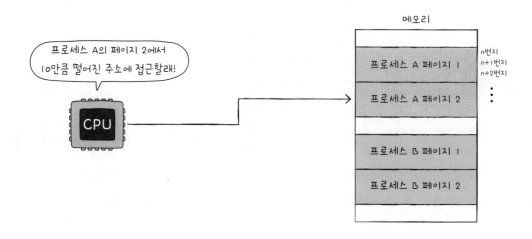

그렇기에 페이징 시스템에서는 모든 논리 주소가 기본적으로 **페이지 번호**page number와 **변위**offset로 이루어져 있습니다. 가령 CPU가 32비트 주소를 내보냈다면 이 중 N비트는 페이지 번호, 32-N비트는 변위, 이런 식으로 말이지요.

페이지 번호는 말 그대로 접근하고자 하는 페이지 번호입니다. 페이지 테이블에서 해당 페이지 번호를 찾으면 페이지가 어떤 프레임에 할당되었는지를 알 수 있습니다. 변위는 접근하려는 주소가 프레임의 시작 번지로부터 얼만큼 떨어져 있는지를 알기 위한 정보입니다. 즉, 논리 주소 〈페이지 번호, 변위〉는 페이지 테이블을 통해 물리 주소 〈프레임 번호, 변위〉로 변환됩니다.

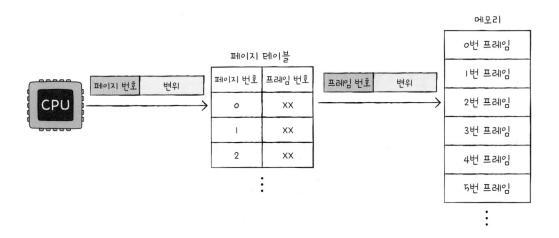

**note** 논리 주소의 변위와 물리 주소의 변위 값은 같습니다.

위 과정은 말보다 예제를 통해 이해하는 것이 빠릅니다. 가령 CPU와 페이지 테이블, 메모리의 상태가 현재 아래와 같다고 해 봅시다. 하나의 페이지/프레임이 네 개의 주소로 구성되어 있는 간단한 상황을 가정했습니다.

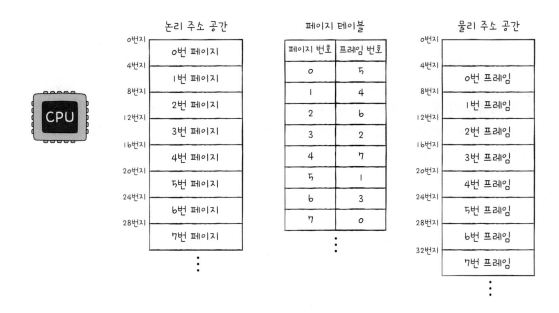

CPU가 5번 페이지, 변위 2라는 논리 주소(⟨5, 2⟩)에 접근하고 싶어 한다고 가정해 봅시다. CPU가 접근하게 될 물리 주소는 어디일까요? 페이지 테이블을 보세요. 5번 페이지는 현재 1번 프레임에 있습니다. 그렇다면 CPU는 1번 프레임, 변위 2에 접근하게 됩니다. 1번 프레임은 8번지부터 시작하지요? 즉, CPU는 10번지에 접근하게 됩니다.

# 페이지 테이블 엔트리

페이지 테이블을 조금 자세히 들여다봅시다. 페이지 테이블의 각 엔트리, 다시 말해 페이지 테이블의 각각의 행들을 **페이지 테이블 엔트리**PTE; Page Table Entry라고 합니다.

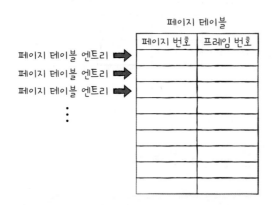

지금까지는 페이지 테이블 엔트리에 담기는 정보로 페이지 번호, 프레임 번호만을 설명했지만, 실은 페이지 테이블 엔트리에는 이외에도 다른 중요한 정보들이 있습니다. 대표적인 것이 유효 비트, 보호 비트, 참조 비트, 수정 비트입니다.

**유효 비트**valid bit는 현재 해당 페이지에 접근 가능한지 여부를 알려줍니다. 페이지 테이블 엔트리에서 프레임 번호 다음으로 중요한 정보라고도 볼 수 있습니다. 페이징에서도 스와핑을 사용할 수 있다고 했었지요? 일반적으로 프로세스를 이루는 모든 페이지가 메모리에 있지 않습니다. 일부 페이지는 보조기억장치(스왑 영역)에 있는 경우가 많습니다. 유효 비트는 현재 페이지가 메모리에 적재되어 있는지 아니면 보조기억장치에 있는지를 알려주는 비트입니다. 즉, 페이지가 메모리에 적재되어 있다면 유효 비트가 1, 페이지가 메모리에 적재되어 있지 않다면 유효 비트가 0이 됩니다.

페이지 테이블

| | 페이지 번호 | 프레임 번호 | 유효 비트 |
|---|---|---|---|
| 메모리에 적재된 페이지 ➡ | | | 1 |
| 메모리에 적재되지 않은 페이지 ➡ | | | 0 |
| 메모리에 적재된 페이지 ➡ | | | 1 |
| | | | 1 |
| | | | 0 |
| | | | 0 |
| | | | 1 |
| | | | 1 |
| | | | 0 |

만일 CPU가 유효 비트가 0인 메모리에 적재되어 있지 않은 페이지로 접근하려고 하면 어떻게 될까요? 이 경우 **페이지 폴트** page fault라는 예외(Exception)가 발생합니다. 페이지 폴트는 다음 절에서도 등장하는 매우 중요한 용어이니 기억하는 것이 좋습니다.

CPU가 페이지 폴트를 처리하는 과정은 하드웨어 인터럽트를 처리하는 과정과 유사합니다.

❶ CPU는 기존의 작업 내역을 백업합니다.

❷ 페이지 폴트 처리 루틴을 실행합니다.

❸ 페이지 처리 루틴은 원하는 페이지를 메모리로 가져온 뒤 유효 비트를 1로 변경해 줍니다.

❹ 페이지 폴트를 처리했다면 이제 CPU는 해당 페이지에 접근할 수 있게 됩니다.

유효 비트는 해당 페이지가 메모리에 적재되어 있는지 여부를 알려주는 비트로, 페이지가 메모리에 적재되어 있지 않으면 페이지 폴트가 발생합니다.

**보호 비트** protection bit는 페이지 보호 기능을 위해 존재하는 비트입니다. 보호 비트를 통해 해당 페이지가 읽고 쓰기가 모두 가능한 페이지인지, 혹은 읽기만 가능한 페이지인지를 나타낼 수 있습니다. 가령 비트가 0일 경우 이 페이지는 읽기만 가능한 페이지임을 나타내고, 1일 경우 읽고 쓰기가 모두 가능한 페이지임을 나타내는 것이지요. 앞서 프로세스를 이루는 요소 중 코드 영역은 읽기 전용 영역이라고 설명한 것을 기억하나요? 이러한 읽기 전용 페이지에 쓰기를 시도하면 운영체제가 이를 막아줍니다. 이와 같은 방식으로 페이지들을 보호합니다.

페이지 테이블

| | 페이지 번호 | 프레임 번호 | 유효 비트 | 보호 비트 |
|---|---|---|---|---|
| 읽기 전용 페이지 ➡ | | | | 0 |
| 읽기/쓰기 페이지 ➡ | | | | 1 |
| 읽기 전용 페이지 ➡ | | | | 0 |
| | | | | 1 |
| | | | | 1 |
| | | | | 1 |
| | | | | 1 |
| | | | | 1 |
| | | | | 0 |

보호 비트는 세 개의 비트로 조금 더 복잡하게 구현할 수도 있습니다. 읽기(Read)를 나타내는 r, 쓰기(Write)를 나타내는 w, 실행(eXecute)을 나타내는 x의 조합으로 읽기, 쓰기, 실행하기 권한의 조합을 나타낼 수도 있지요. 가령 보호 비트가 100으로 설정된 페이지의 경우 r은 1, w와 x는 0이므로 이 페이지는 읽기만 가능합니다. 보호 비트가 110으로 설정된 페이지의 경우 이 페이지는 읽고 쓰기만 가능하고 실행은 불가능합니다. 그리고 111로 설정된 페이지는 읽기, 쓰기, 실행이 모두 가능합니다.

페이지 테이블

참조 비트reference bit는 CPU가 이 페이지에 접근한 적이 있는지 여부를 나타냅니다. 적재 이후 CPU가 읽거나 쓴 페이지는 참조 비트가 1로 세팅되고, 적재 이후 한 번도 읽거나 쓴 적이 없는 페이지는 0으로 유지됩니다.

페이지 테이블

참조 비트는 페이지에 접근한 적이 있는지를 나타냅니다.

**수정 비트**modified bit는 해당 페이지에 데이터를 쓴 적이 있는지 없는지 수정 여부를 알려줍니다. **더티 비트**dirty bit라고도 부르지요. 이 비트가 1이면 변경된 적이 있는 페이지, 0이면 변경된 적이 없는 페이지(한 번도 접근한 적 없거나 읽기만 했던 페이지)임을 나타냅니다.

페이지 테이블

| 페이지 번호 | 프레임 번호 | 유효 비트 | 보호 비트 r | 보호 비트 w | 보호 비트 x | 참조 비트 | 수정 비트 |
|---|---|---|---|---|---|---|---|
| | | | | | | | 1 |
| | | | | | | | 1 |
| | | | | | | | 0 |
| | | | | | | | 1 |
| | | | | | | | 1 |
| | | | | | | | 1 |
| | | | | | | | 1 |
| | | | | | | | 0 |
| | | | | | | | 0 |

수정된 적 있는 페이지 ➡ (1행)
수정된 적 있는 페이지 ➡ (2행)
수정된 적 없는 페이지 ➡ (3행)

수정 비트는 왜 존재하는 것일까요? 수정 비트는 페이지가 메모리에서 사라질 때 보조기억장치에 쓰기 작업을 해야 하는지, 할 필요가 없는지를 판단하기 위해 존재합니다.

CPU는 메모리를 읽기도 하지만 메모리에 값을 쓰기도 합니다. CPU가 한 번도 접근하지 않았거나 읽기만 한 페이지의 경우 보조기억장치에 저장된 해당 페이지의 내용과 메모리에 저장된 페이지 내용은 아래 그림과 같이 서로 같은 값을 가지고 있습니다. 이렇게 한 번도 수정된 적이 없는 페이지가 스왑 아웃될 경우 아무런 추가 작업 없이 새로 적재된 페이지로 덮어쓰기만 하면 됩니다. 어차피 똑같은 페이지가 보조기억장치에 저장되어 있으니까요.

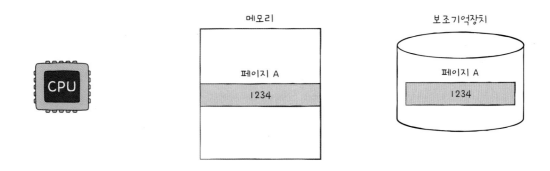

하지만 CPU가 쓰기 작업을 수행한 페이지(수정 비트가 1인 페이지)의 경우 보조기억장치에 저장된 페이지의 내용과 메모리에 저장된 페이지의 내용은 서로 다른 값을 갖게 됩니다.

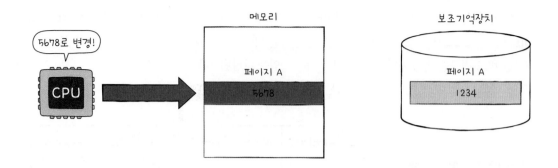

이렇게 수정된 적이 있는 페이지가 스왑 아웃될 경우 변경된 값을 보조기억장치에 기록하는 작업이 추가되어야 합니다. 이 작업이 필요한 페이지인지 아닌지를 판단하기 위해 페이지 테이블 엔트리에 수정 비트를 두는 것입니다.

수정 비트는 해당 페이지가 수정된 적이 있는지를 나타냅니다.

많은 전공서는 지금까지 설명한 정도로만 페이지 테이블 엔트리를 설명하지만, 실제 페이지 테이블 엔트리에는 이외에도 다양한 정보가 있습니다. 페이지 테이블에 무엇이 저장되는지만 알아도 실제로 CPU가 메모리에 어떻게 접근하며 가상 메모리를 어떻게 다루는지 알 수 있습니다. 관심 있는 독자들은 아래 링크 page_table 항목을 참고하기 바랍니다.

URL https://github.com/kangtegong/self-learning-cs

외부 단편화 문제를 해결한다는 점 이외에도 페이징이 제공하는 이점은 다양합니다. 대표적인 것이 프로세스 간에 페이지를 공유할 수 있다는 점입니다. 프로세스 간 페이지를 공유하는 사례로는 공유 라이브러리 등 다양하지만, 대표적인 예시로 **쓰기 시 복사**copy on write가 있습니다.

10장에서 멀티프로세스를 설명했을 때 '프로세스를 fork하여 동일한 프로세스 두 개가 복제되면 코드 및 데이터 영역을 비롯한 모든 자원이 복제되어 메모리에 적재된다'라고 한 것을 기억하나요? 그러고는 '프로세스를 통째로 메모리에 중복 저장하지 않으면서 프로세스끼리 자원을 공유하지 않는 방법도 있다'는 말을 덧붙였죠.

유닉스나 리눅스와 같은 운영체제에서 fork 시스템 호출을 하면 부모 프로세스의 복사본이 자식 프로세스로서 만들어집니다. '프로세스 간에는 기본적으로 자원을 공유하지 않는다'는 프로세스의 전통적인 개념에 입각하면 새롭게 생성된 자식 프로세스의 코드 및 데이터 영역은 부모 프로세스가 적재된 메모리 공간과는 전혀 다른 메모리 공간에 생성됩니다. 한 마디로 부모 프로세스의 메모리 영역이 다른 영역에 자식 프로세스로서 복제되고, 각 프로세스의 페이지 테이블은 자신의 고유한 페이지가 할당된 프레임을 가리키지요. 하지만 이 복사 작업은 프로세스 생성 시간을 늦출 뿐만 아니라 불필요한 메모리 낭비를 야기합니다.

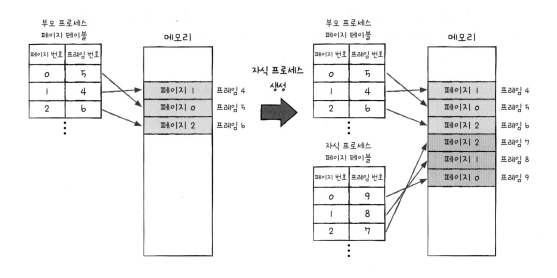

반면 쓰기 시 복사에서는 부모 프로세스와 동일한 자식 프로세스가 생성되면 다음 그림과 같이 자식 프로세스로 하여금 부모 프로세스와 동일한 프레임을 가리킵니다. 이로써 굳이 부모 프로세스의 메모리 공간을 복사하지 않고도 동일한 코드 및 데이터 영역을 가리킬 수 있습니다. 만일 부모 프로세스와 자식 프로세스가 메모리에 어떠한 데이터도 쓰지 않고 그저 읽기 작업만 이어 나간다면 이 상태가 지속됩니다.

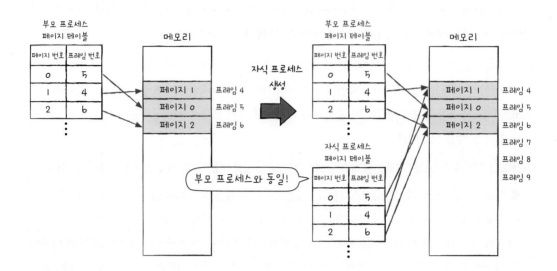

그런데 프로세스 간에는 자원을 공유하지 않는다고 했죠? 부모 프로세스 혹은 자식 프로세스 둘 중 하나가 페이지에 쓰기 작업을 하면 그 순간 해당 페이지가 별도의 공간으로 복제됩니다. 각 프로세스는 자신의 고유한 페이지가 할당된 프레임을 가리키지요. 이것이 **쓰기 시 복사**입니다. 이러한 쓰기 시 복사를 통해 프로세스 생성 시간을 줄이는 것은 물론 메모리 공간 절약도 가능합니다.

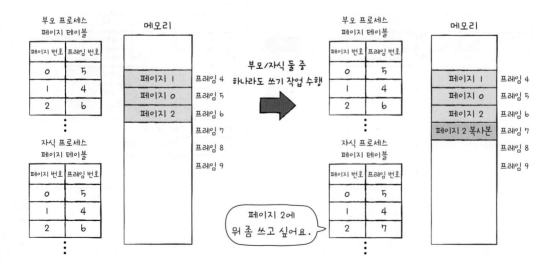

운영체제

## 계층적 페이징

페이지 테이블의 크기는 생각보다 작지 않습니다. 프로세스의 크기가 커지면 자연히 프로세스 테이블의 크기도 커지기 때문에 프로세스를 이루는 모든 페이지 테이블 엔트리를 메모리에 두는 것은 큰 메모리 낭비입니다. 이에 프로세스를 이루는 모든 페이지 테이블 엔트리를 항상 메모리에 유지하지 않을 수 있는 방법이 등장했는데, 이것이 **계층적 페이징** hierarchical paging입니다.

계층적 페이징은 페이지 테이블을 페이징하여 여러 단계의 페이지를 두는 방식입니다. 여러 단계의 페이지를 둔다는 점에서 **다단계 페이지 테이블** multilevel page table 기법이라고도 부르지요. 프로세스의 페이지 테이블을 여러 개의 페이지로 자르고, 바깥쪽에 페이지 테이블을 하나 더 두어 잘린 페이지 테이블의 페이지들을 가리키게 하는 방식입니다. 말이 조금 헷갈리지요? 간단합니다. 한 프로세스의 페이지 테이블이 다음과 같다고 가정해 봅시다. 계층적 페이징 기법을 사용하지 않으면 이 프로세스 테이블은 전체가 메모리에 있어야 합니다.

페이지 테이블

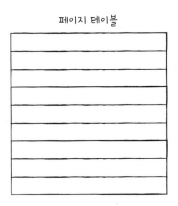

이 페이지 테이블을 여러 개의 페이지로 쪼개고, 이 페이지들을 가리키는 페이지 테이블(그림 속 Outer 페이지 테이블)을 두는 방식이 계층적 페이징입니다.

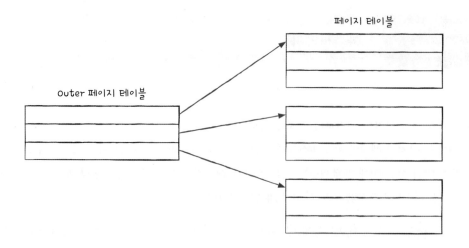

페이지 테이블을 이렇게 계층적으로 구성하면 모든 페이지 테이블을 항상 메모리에 유지할 필요가 없습니다. 페이지 테이블들 중 몇 개는 보조기억장치에 있어도 무방하며, 추후 해당 페이지 테이블을 참조해야 할 때가 있으면 그때 메모리에 적재하면 그만입니다. 막대한 크기의 페이지 테이블로 인해 낭비되는 공간을 줄일 수 있겠죠?

**note** 다만 CPU와 가장 가까이 위치한 페이지 테이블(Outer 페이지 테이블)은 항상 메모리에 유지해야 합니다.

계층적 페이징을 사용하는 경우 CPU가 발생하는 논리 주소도 달라집니다. 계층적 페이징을 사용하지 않을 경우 논리 주소는 앞서 학습했듯이 다음과 같은 형태로 만들어집니다.

하지만 계층적 페이징을 이용하는 환경에서의 논리 주소는 아래와 같은 형태로 만들어집니다. **바깥 페이지 번호**에 해당하는 항목은 CPU와 근접한 곳에 위치한(바깥에 위치한) 페이지 테이블 엔트리를 가리키고, **안쪽 페이지 번호**는 첫 번째 페이지 테이블 바깥에 위치한 두 번째 페이지 테이블, 즉 페이지 테이블의 페이지 번호를 가리킵니다.

| 바깥 페이지 번호 | 안쪽 페이지 번호 | 변위 |
|---|---|---|

이러한 논리 주소를 토대로 주소 변환은 다음과 같이 이루어집니다.

**❶** 바깥 페이지 번호를 통해 **페이지 테이블의 페이지**를 찾기
**❷** **페이지 테이블의 페이지**를 통해 **프레임 번호**를 찾고 변위를 더함으로서 물리 주소 얻기

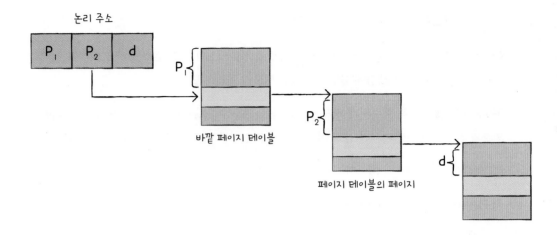

위에서는 두 개의 계층으로 페이지 테이블을 구성하는(2단계 페이징) 예시를 들었으나 페이지 테이블의 계층은 세 개, 네 개, 그 이상의 계층으로도 구성될 수 있습니다. 다만 페이지 테이블의 계층이 늘어날수록 페이지 폴트가 발생했을 경우 메모리 참조 횟수가 많아지므로 계층이 많다고 해서 반드시 좋다고 볼 수는 없습니다.

## ▶ 4가지 키워드로 정리하는 핵심 포인트

- **페이징**은 물리 주소 공간을 프레임 단위로 자르고 프로세스의 논리 주소 공간을 페이지 단위로 자른 뒤 각 페이지를 프레임에 할당하는 가상 메모리 관리 기법입니다.

- **페이지 테이블**을 통해 페이지가 적재된 프레임을 찾을 수 있습니다. 페이지 테이블에는 페이지 번호와 프레임 번호뿐 아니라 유효 비트, 보호 비트, 접근 비트, 수정 비트 등이 있습니다.

- **PTBR**은 각 프로세스의 페이지 테이블이 적재된 주소를 가리킵니다.

- **TLB**는 페이지 테이블의 캐시 메모리 역할을 수행하기 위해 페이지 테이블의 일부를 저장합니다.

## ▶ 확인 문제

**1.** 페이징에 대한 설명으로 옳지 않은 것을 골라보세요.

① 페이징은 가상 메모리 관리 기법입니다.

② 페이징을 이용하면 물리 메모리보다 큰 프로세스도 실행할 수 있습니다.

③ PTBR은 각 프로세스가 적재된 페이지 테이블을 가리킵니다.

④ TLB 히트가 발생하면 CPU는 메모리에 두 번 접근해야 합니다.

**2.** 다음 그림은 페이지 테이블 엔트리를 간략화한 표입니다. 그림에 대한 설명으로 옳지 않은 것을 골라 보세요.

| 페이지 번호 | 프레임 번호 | 유효 비트 | 보호 비트 | | | 참조 비트 | 수정 비트 |
|---|---|---|---|---|---|---|---|
| | | | r | w | x | | |
| 2 | 3 | 1 | 1 | 1 | 1 | 0 | 1 |

① 2번 페이지는 수정된 적이 있습니다.

② 2번 페이지는 CPU가 읽고 쓰고 실행할 수 있습니다.

③ 2번 페이지는 메모리에 적재되어 있지 않습니다.

④ 2번 페이지는 CPU에 의해 참조된 적이 없습니다.

**3.** 페이지 테이블과 관련한 설명으로 옳지 않은 것을 고르세요.

① 프로세스마다 페이지 테이블을 가지고 있습니다.

② 페이지 테이블을 사용하는 컴퓨터는 페이징 기법을 사용하지 못합니다.

③ PTBR는 각 프로세스의 페이지 테이블을 가리킵니다.

④ 페이지 테이블은 특정 페이지가 어떠한 프레임에 적재되어 있는지 알려줍니다.

**4.** TLB와 관련한 설명으로 옳은 것을 고르세요.

① 페이지 테이블의 캐시 메모리입니다.

② TLB 히트가 일어나면 메모리를 두 번 참조해야 합니다.

③ TLB 미스가 일어나면 메모리를 한 번만 참조해도 무방합니다.

④ TLB는 입출력장치의 일종입니다.

hint 　1. TLB 히트의 경우 메모리 접근을 한 번으로 줄일 수 있습니다.

　2. 2번 페이지의 유효 비트가 1이므로 해당 페이지는 현재 메모리에 적재되어 있습니다.

　3. 페이지 테이블은 페이징 기법을 사용하는 컴퓨터에서 사용합니다.

　4. TLB는 페이지 테이블의 캐시 메모리입니다.

# 페이지 교체와 프레임 할당

요구 페이징    페이지 교체 알고리즘    스래싱    프레임 할당

앞선 절에서 페이징의 기본적인 개념에 대해 학습했다면 이번 절에서는 운영체제 가 수많은 페이지를 어떻게 관리하는지 학습해 보겠습니다.

## 시작하기 전에

가상 메모리를 통해 작은 물리 메모리보다 큰 프로세스도 실행할 수 있다고는 하지만, 그럼에도 불구 하고 여전히 물리 메모리의 크기는 한정되어 있습니다. 운영체제는 프로세스들이 한정된 메모리를 효율적으로 이용할 수 있도록 기존에 메모리에 적재된 불필요한 페이지를 선별하여  보조기억장치로 내보낼 수 있어야 하고, 프로세스들에 적절한 수의 프레임을 할당하여 페이지를 할당할 수 있게 해야 합니다. 이번 절에서는 요구 페이징의 개념과 페이지 교체 알고리즘, 그리고 프레임 할당에 대해 학 습하며 운영체제가 이러한 기능을 어떻게 수행하는지 알아보겠습니다.

메모리에 적재해 주세요~

페이지

이 페이지를 적재하려면 다른 페이지를 내보내야 하는데... 누굴 내보내지?

이 프로세스들은 몇 개의 프레임을 차지하게 할까?

프로세스 A

프로세스 B

메모리

# 요구 페이징

프로세스를 메모리에 적재할 때 처음부터 모든 페이지를 적재하지 않고 필요한 페이지만을 메모리에 적재하는 기법을 **요구 페이징**demand paging이라고 합니다. 이름 그대로 실행에 요구되는 페이지만 적재하는 기법이지요.

요구 페이징의 기본적인 양상은 다음과 같습니다.

❶ CPU가 특정 페이지에 접근하는 명령어를 실행한다.

❷ 해당 페이지가 현재 메모리에 있을 경우(유효 비트가 1일 경우) CPU는 페이지가 적재된 프레임에 접근한다.

❸ 해당 페이지가 현재 메모리에 없을 경우(유효 비트가 0일 경우) 페이지 폴트가 발생한다.

❹ 페이지 폴트 처리 루틴은 해당 페이지를 메모리로 적재하고 유효 비트를 1로 설정한다.

❺ 다시 ❶번을 수행한다.

> 요구 페이징은 페이지가 필요할 때에만 메모리에 적재하는 기법입니다.

참고로 아무런 페이지도 메모리에 적재하지 않은 채 무작정 실행부터 할 수도 있습니다. 이 경우 프로세스의 첫 명령어를 실행하는 순간부터 페이지 폴트가 계속 발생하게 되고, 실행에 필요한 페이지가 어느 정도 적재된 이후부터는 페이지 폴트 발생 빈도가 떨어집니다.

이를 **순수 요구 페이징**pure demand paging 기법이라고 합니다.

다시 요구 페이징 이야기로 돌아와서, 위와 같은 요구 페이징 시스템이 안정적으로 작동하려면 필연적으로 다음 두 가지를 해결해야 합니다. 하나는 **페이지 교체**이고, 다른 하나는 **프레임 할당**입니다. 프레임 할당은 조금 뒤에 설명하기로 하고 우선 페이지 교체에 대해 알아봅시다.

요구 페이징 기법으로 페이지들을 적재하다 보면 언젠가 메모리가 가득 차게 됩니다. 이때는 당장 실행에 필요한 페이지를 적재하기 위해 메모리에 적재된 페이지를 보조기억장치로 내보내야 합니다. 메모리에 적재된 많고 많은 페이지 중 어떤 페이지를 내보내는 것이 최선일까요? 이를 결정하는 방법이 페이지 교체 알고리즘입니다. 즉 쫓아낼 페이지를 결정하는 방법을 **페이지 교체 알고리즘**이라 합니다.

# 페이지 교체 알고리즘

좋은 페이지 교체 알고리즘은 무엇일까요? 일반적으로 페이지 폴트를 가장 적게 일으키는 알고리즘을 좋은 알고리즘으로 평가합니다. 페이지 폴트가 일어나면 보조기억장치로부터 필요한 페이지를 가져와야 하기 때문에 메모리에 적재된 페이지를 가져오는 것보다 느려지기 때문이지요.

가령 한 알고리즘을 통해 고른 페이지를 스왑 아웃시켰을 때 페이지 폴트가 자주 발생하면 이는 좋은 알고리즘이 아닙니다. "한 페이지 교체 알고리즘을 선택했더니 페이지 폴트가 자주 발생했다"는 말은 "보조기억장치로 내쫓을 페이지를 잘못 골랐다"는 뜻으로, 내보내면 안 되는 페이지를 보조기억장치로 내보냈다는 의미와 같기 때문이죠. 이는 당연히 컴퓨터의 성능을 저해하는 나쁜 알고리즘일 겁니다. 반면 어떤 알고리즘을 통해 고른 페이지를 스왑 아웃시켜도 페이지 폴트가 자주 발생하지 않는다면 이는 컴퓨터의 성능 저하를 방지하는 좋은 알고리즘으로 평가할 수 있습니다.

그렇기에 페이지 교체 알고리즘을 제대로 이해하려면 **페이지 폴트 횟수**를 알 수 있어야 합니다. 그리고 페이지 폴트 횟수는 **페이지 참조열**page reference string을 통해 알 수 있습니다. 페이지 참조열의 개념은 간단합니다. CPU가 참조하는 페이지들 중 연속된 페이지를 생략한 페이지열을 의미합니다. 가령 CPU가 아래와 같은 순서로 페이지에 접근했다고 가정해 보죠.

```
2 2 2 3 5 5 5 3 3 7
```

여기서 연속된 페이지를 생략한 페이지열, 다시 말해 아래 숫자열이 페이지 참조열입니다.

```
2 3 5 3 7
```

연속된 페이지를 생략하는 이유는 중복된 페이지를 참조하는 행위는 페이지 폴트를 발생시키지 않기 때문입니다. CPU가 특정 페이지에 열 번 연속으로 접근한다고 해서 한 번 접근하는 것보다 페이지 폴트가 많이 발생하지 않는 것처럼요. 페이지 교체 알고리즘을 평가할 때 관심있게 고려할 것은 오직 페이지 폴트의 발생 횟수이기 때문에 어차피 페이지 폴트가 일어나지 않을 연속된 페이지에 대한 참조는 고려하지 않는 겁니다. 자, 이제 대표적인 페이지 교체 알고리즘에 대해 하나씩 알아보고 페이지 참조열을 바탕으로 각 알고리즘들의 성능을 평가해 봅시다.

## FIFO 페이지 교체 알고리즘

첫 번째로 소개할 알고리즘은 **FIFO 페이지 교체 알고리즘**First-In First-Out Page Replacement Algorithm입니다. 이는 가장 단순한 방법입니다. 이름 그대로 메모리에 가장 먼저 올라온 페이지부터 내쫓는 방식으로,

쉽게 말해 "오래 머물렀다면 나가라"는 알고리즘입니다.

예제를 통해 조금 더 자세히 알아봅시다. 가령 프로세스가 사용할 수 있는 프레임이 세 개 있다고 가정하고 페이지 참조열이 아래와 같다고 해 봅시다.

```
2 3 1 3 5 2 3 4 2 3
```

그렇다면 FIFO 페이지 교체 알고리즘은 아래와 같은 순서대로 진행되어 총 네 번의 페이지 폴트가 발생합니다. 페이지가 초기에 적재될 때 발생할 수 있는 페이지 폴트는 고려하지 않고, 적재된 페이지를 교체하기 위해 발생한 페이지 폴트만을 페이지 폴트로 간주했습니다.

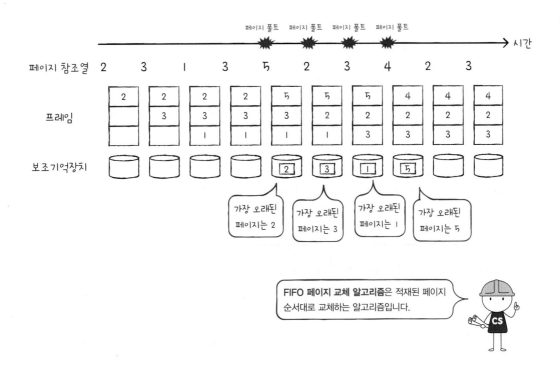

FIFO 페이지 교체 알고리즘은 적재된 페이지 순서대로 교체하는 알고리즘입니다.

FIFO 페이지 교체 알고리즘은 아이디어와 구현이 간단하지만, 마냥 좋은 것은 아닙니다. 프로그램 실행 초기에 적재된 페이지 속에는 프로그램 실행 초기에 잠깐 실행되다가 이후에 사용되지 않을 페이지도 있겠지만, 프로그램 실행 내내 사용될 내용을 포함하고 있을 수도 있습니다. 이런 페이지는 메모리에 먼저 적재되었다고 해서 내쫓아서는 안 되겠죠.

**+ 여기서 잠깐** **2차 기회 페이지 교체 알고리즘**

FIFO 페이지 교체 알고리즘은 자칫 자주 참조되는 페이지가 먼저 적재되었다는 이유만으로 내쫓길 수 있다는 문제가 있었습니다. **2차 기회 페이지 교체 알고리즘**(second chance page replacement algorithm)은 이러한 부작용을 어느 정도 개선한 FIFO 페이지 교체 알고리즘의 변형입니다. 이름 그대로 한 번 더 기회를 주는 알고리즘이지요.

2차 기회 페이지 교체 알고리즘은 FIFO 페이지 교체 알고리즘과 같이 기본적으로 메모리에서 가장 오래 머물렀던 페이지를 대상으로 내보낼 페이지를 선별합니다. 차이가 있다면 만일 페이지의 참조 비트가 1일 경우, 당장 내쫓지 않고 참조 비트를 0으로 만든 뒤 현재 시간을 적재 시간으로 설정합니다. 메모리에 가장 오래 머물렀다고 할지라도 참조 비트가 1이라는 의미는 CPU가 접근한 적이 있다는 의미이므로 한 번의 기회를 더 주는 셈이지요. 메모리에 가장 오래 머무른 페이지의 참조 비트가 0일 경우 이 페이지는 가장 오래된 페이지이면서 동시에 사용되지 않은 페이지라고 볼 수 있으므로 보조기억장치로 내보내면 됩니다.

예를 들어 보겠습니다. 다섯 개의 프레임을 가진 메모리에 페이지가 3, 1, 5, 2, 4 순으로 적재되었고, 각각의 참조 비트가 아래 그림과 같다고 가정해 보겠습니다.

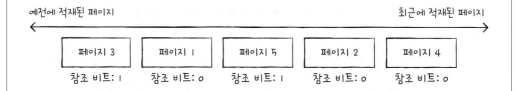

이런 상황에서 페이지 6이 새롭게 적재되어야 한다고 해 봅시다. 기존 FIFO 페이지 교체 알고리즘대로였다면 보조기억장치로 내보낼 페이지는 페이지 3입니다. 하지만 2차 기회 페이지 교체 알고리즘은 페이지 3의 참조 비트를 보고, 1일 경우 이를 0으로 변경한 뒤 최근에 적재된 페이지로 간주합니다. 한 번의 기회를 더 주는 것이지요.

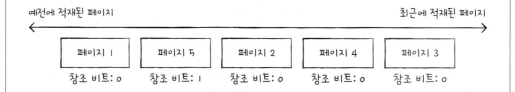

위 그림에 따르면 다음으로 가장 오랫동안 메모리에 머물렀던 페이지는 페이지 1입니다. 참조 비트가 0이군요. 즉, 페이지 1은 오랫동안 메모리에 머물러 있었으면서 동시에 CPU가 접근하지 않은 페이지인 셈입니다. 이 경우 페이지 1을 내보내고 페이지 1이 적재되었던 프레임에 페이지 6을 적재하면 됩니다.

## 최적 페이지 교체 알고리즘

최적 페이지 교체 알고리즘은 CPU에 의해 참조되는 횟수를 고려하는 페이지 교체 알고리즘입니다. 잘 생각해 보면 메모리에 오랫동안 남아야 할 페이지는 자주 사용될 페이지고, 반대로 메모리에 없어도 될 페이지는 오랫동안 사용되지 않을 페이지인데, 오랜 기간 메모리에 있었던 페이지라고 해서 보조기억장치로 내쫓는 건 비합리적이라고 볼 수 있습니다.

따라서 보조기억장치로 내보내야 할 페이지는 앞으로 사용 빈도가 가장 낮은 페이지이므로, 앞으로의 사용 빈도가 가장 낮은 페이지를 교체하는 알고리즘을 페이지 교체 알고리즘으로 삼는 것이 가장 합리적입니다. 이 알고리즘이 **최적 페이지 교체 알고리즘**optimal page replacement algorithm입니다.

최적 페이지 교체 알고리즘은 앞으로의 사용 빈도가 가장 낮은 페이지를 교체하는 알고리즘입니다.

위에서 들었던 예시를 다시 가져와 보겠습니다. 프로세스가 사용할 수 있는 프레임이 세 개 있고, 페이지 참조열이 아래와 같다고 해 봅시다.

```
2 3 1 3 5 2 3 4 2 3
```

최적 페이지 교체 알고리즘은 아래 그림과 같이 총 두 번의 페이지 폴트가 발생합니다. FIFO 알고리즘에 비하면 페이지 폴트 빈도가 훨씬 낮아진 것을 확인할 수 있죠.

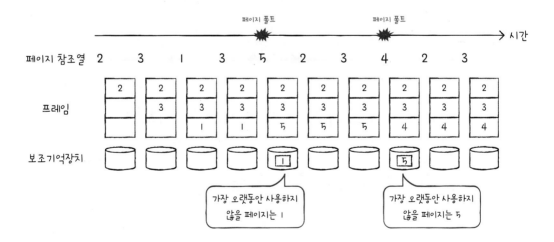

최적 페이지 교체 알고리즘은 이름 그대로 가장 낮은 페이지 폴트율을 보장하는 알고리즘입니다. 그렇기에 최적 페이지 교체 알고리즘은 위 예시뿐 아니라 다른 페이지 참조열을 바탕으로 실험해 보아도 타 페이지 교체 알고리즘에 비해 페이지 폴트 발생 빈도가 가장 낮습니다.

다만, 최적 페이지 교체 알고리즘은 실제 구현이 어렵습니다. 최적 페이지 교체 알고리즘은 앞으로 오랫동안 사용되지 않을 페이지를 내보내는 알고리즘입니다. 하지만 '앞으로 오랫동안 사용되지 않을 페이지'를 예측하기란 어렵습니다. 프로세스가 앞으로 메모리 어느 부분을 어떻게 참조할지 미리 알아야 하는데, 이는 현실적으로 불가능에 가깝기 때문입니다. 따라서 최적 페이지 교체 알고리즘은 그 자체를 운영체제에서 사용하기보다는, 주로 다른 페이지 교체 알고리즘의 이론상 성능을 평가하기 위한 목적으로 사용됩니다. 즉, 최적 페이지 교체 알고리즘을 실행했을 때 발생하는 페이지 폴트 횟수를 페이지 폴트의 하한선으로 간주하고, 최적 페이지 교체 알고리즘에 비해 얼만큼 페이지 폴트 횟수가 발생하느냐를 통해 페이지 교체 알고리즘을 평가하기 위해 사용하지요.

## LRU 페이지 교체 알고리즘

최적 페이지 교체 알고리즘은 구현하기 어려워도 이와 비슷한 알고리즘은 만들 수 있습니다. 가장 오랫동안 사용되지 '않을' 페이지를 교체하는 알고리즘을 구현하기 어렵다면, 이를 조금 변형한 가장 오랫동안 사용되지 '않은' 페이지를 교체하는 알고리즘은 구현이 가능합니다. 이 알고리즘이 **LRU 페이지 교체 알고리즘**LRU; Least Recently Used Page Replacement Algorithm입니다.

LRU 페이지 교체 알고리즘은 '최근에 사용되지 않은 페이지는 앞으로도 사용되지 않을 것'이라는 아이디어를 토대로 만들어진 알고리즘입니다. 페이지마다 마지막으로 사용한 시간을 토대로 최근에 가장 사용이 적었던 페이지를 교체합니다. 429쪽의 예시를 다시 한번 가져와 보겠습니다. LRU 알고리즘은 다음과 같이 작동합니다. 이 예시에서는 페이지 폴트가 3회 발생했습니다.

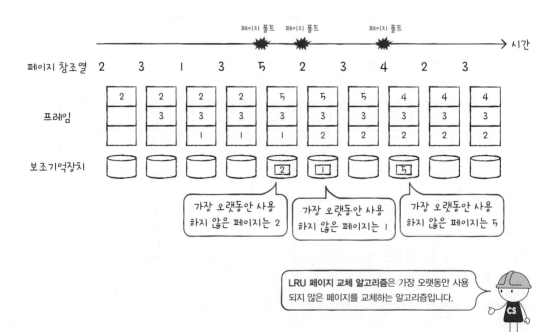

이외에도 페이지 교체 알고리즘의 종류는 매우 다양합니다. 바로 위에서 설명한 LRU 페이지 교체 알고리즘만 하더라도 많은 파생 알고리즘이 있습니다. 다만 페이지 교체 알고리즘을 처음 접한 독자라면 페이지 교체 알고리즘을 단순 암기하기보다는 페이지 교체 알고리즘을 왜 사용하는지, 무엇이 좋은 페이지 교체 알고리즘인지, 대표적인 페이지 교체 알고리즘들의 기본적인 아이디어는 무엇인지를 이해하는 데에 중점을 두길 권합니다.

## 스래싱과 프레임 할당

페이지 폴트가 자주 발생하는 이유에 나쁜 페이지 교체 알고리즘만 있는 건 아닙니다. 프로세스가 사용할 수 있는 프레임 수가 적어도 페이지 폴트는 자주 발생합니다. (사실 이것이 더 근본적인 이유라고 볼 수 있습니다.) 반대로 프로세스가 사용할 수 있는 프레임 수가 많으면 일반적으로 페이지 폴트 빈도는 감소합니다. 극단적으로 프레임이 무한히 많은 컴퓨터와 프레임이 한 개 있는 컴퓨터를 비교해 보세요. 전자는 페이지를 수용할 공간이 넉넉하여 모든 프로세스의 페이지가 메모리에 적재될 수 있기 때문에 페이지 폴트 발생 빈도가 적지만, 후자는 새로운 페이지를 참조할 때마다 페이지 폴트가 발생합니다.

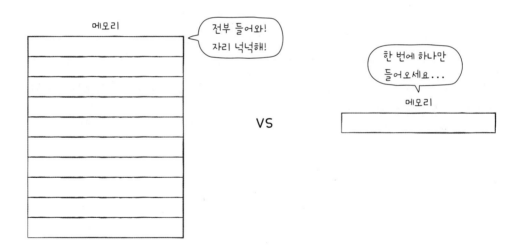

이처럼 프레임이 부족하면 CPU는 페이지 폴트가 자주 발생할 수밖에 없습니다. 실행의 맥이 탁 탁 끊기고, 결과적으로 CPU의 이용률도 떨어집니다. CPU가 쉴새 없이 프로세스를 실행해야 컴퓨터 전체의 생산성도 올라갈 텐데, 페이지 교체에 너무 많은 시간을 쏟으면 당연히 성능에도 큰 악영향이 초래됩니다. 이처럼 프로세스가 실제 실행되는 시간보다 페이징에 더 많은 시간을 소요하여 성능이 저해되는 문제를 **스래싱**thrashing이라고 합니다.

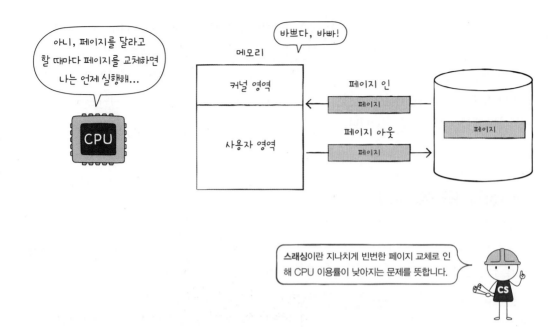

스래싱을 그래프로 표현하면 아래와 같습니다. 세로축인 CPU 이용률을 통해 CPU가 얼마나 쉴 새 없이 일을 하고 있는지를 알 수 있습니다. 이 값이 높으면 CPU는 현재 일을 쉬지 않고 하고 있다는 의미이고, 이 값이 낮다면 CPU는 현재 일을 많이 하고 있지 않다는 것을 의미하지요. 가로축인 멀티 프로그래밍의 정도를 통해 메모리에 올라와 있는 프로세스의 수를 알 수 있습니다. 메모리에서 동시 실행되는 프로세스의 수를 **멀티프로그래밍의 정도**degree of multiprogramming라고 합니다. 멀티프로그래밍 의 정도가 높다면 현재 메모리에는 많은 프로세스가 동시에 실행 중이고, 낮다면 현재 메모리에는 적 은 프로세스가 동시에 실행 중이라고 이해하면 됩니다.

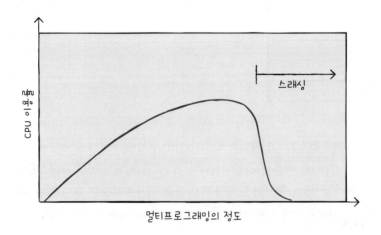

이 그래프는 동시에 실행되는 프로세스의 수(멀티프로그래밍의 정도)를 늘린다고 해서 CPU 이용률이 그에 비례해서 증가하는 것이 아님을 나타냅니다. 동시에 실행되는 프로세스 수가 어느 정도 증가하면 CPU 이용률이 높아지지만, 필요 이상으로 늘리면 각 프로세스들이 사용할 수 있는 프레임 수가 적어지기 때문에 페이지 폴트가 지나치게 빈번히 발생하고, 이에 따라 CPU 이용률이 떨어져 전체적인 성능이 저해되는 것이지요. 아무리 CPU의 성능이 뛰어나도 동시에 실행되는 프로세스를 수용할 물리 메모리가 너무 작다면 전체 컴퓨터의 성능이 안 좋아지는 이유는 이러한 이유 때문입니다.

스래싱이 발생하는 근본적인 원인은 각 프로세스가 필요로 하는 최소한의 프레임 수가 보장되지 않았기 때문입니다. 가령 프로세스 A를 무리 없이 실행하기 위해서는 최소 열 개의 프레임이 필요한데도 불구하고 프로세스 A가 다섯 개의 프레임만 이용할 수 있다면 이 프로세스는 페이지 폴트가 자주 발생합니다. 스래싱 발생 위험이 높아지지요. 그렇기에 운영체제는 각 프로세스들이 무리 없이 실행하기 위한 최소한의 프레임 수를 파악하고 프로세스들에 적절한 수만큼 프레임을 할당해 줄 수 있어야 합니다.

우선 가장 단순한 형태의 **프레임 할당 방식**부터 생각해 봅시다. 모든 프로세스에 균등하게 프레임을 제공하는 방식을 생각해 볼까요? 가령 세 개의 프로세스에 총 300개의 프레임을 할당할 수 있다면 각 프로세스에 100개의 프레임을 할당하는 방식이지요. 이러한 프레임 할당 방식을 **균등 할당** equal allocation이라고 합니다.

하지만 짐작할 수 있다시피 이는 그리 권장할 만한 방법이 아닙니다. 실행되는 프로세스들의 크기는 각기 다른데, 천편일률적으로 동일한 프레임 개수를 할당하는 것은 비합리적이겠죠. 가령 크기가 상대적으로 큰 워드 프로세서와 상대적으로 작은 메모장이 동시에 실행된다면 워드 프로세서에 프레임을 더 많이 할당해 주고, 메모장에는 상대적으로 적은 프레임을 할당하는 것이 더 합리적입니다. 이렇게 프로세스의 크기가 크면 프레임을 많이 할당하고 프로세스 크기가 작으면 프레임을 적게 나눠주는 방식을 **비례 할당** proportional allocation이라고 합니다.

**note** 균등 할당과 비례 할당 방식은 프로세스의 실행 과정을 고려하지 않고 단순히 프로세스의 크기와 물리 메모리의 크기만을 고려한 방식이라는 점에서 **정적 할당 방식**이라고도 합니다.

> 균등 할당은 모든 프로세스에 동일한 프레임을 배분하는 방식,
> 비례 할당은 프로세스 크기에 따라 프레임을 배분하는 방식입니다.

하지만 비례 할당 또한 완벽한 방식은 아닙니다. 프로세스의 크기가 클지라도 막상 실행해 보니 많은 프레임을 필요로 하지 않는 경우도 있습니다. 반대로 프로세스의 크기가 작아도 실행해 보니 많은 프레임을 필요로 하는 경우도 있습니다. 즉, 하나의 프로세스가 실제로 얼마나 많은 프레임이 필요할지는 결국 실행해 봐야 아는 경우가 많습니다.

프로세스를 실행하는 과정에서 배분할 프레임을 결정하는 방식에는 크게 **작업 집합 모델**<sup>working set model</sup>을 사용하는 방식과 **페이지 폴트 빈도**<sup>PFF; Page-Fault Frequency</sup>를 사용하는 방식이 있습니다.

> **note** 이 두 개 방식은 프로세스의 실행을 보고 할당할 프레임 수를 결정한다는 점에서 동적 할당 방식이라고도 합니다.

말이 어렵게 느껴질 수는 있지만, 사실 알고 보면 단순합니다. 우선 작업 집합 모델 기반 프레임 할당부터 알아봅시다. 스래싱이 발생하는 이유는 빈번한 페이지 교체 때문입니다. 그렇기에 작업 집합 모델 기반 프레임 할당 방식은 '프로세스가 일정 기간 동안 참조한 페이지 집합'을 기억하여 빈번한 페이지 교체를 방지합니다.

컴퓨터 구조에서 학습한 참조 지역성의 원리를 기억하나요? CPU가 메모리를 참조할 때에는 참조 지역성의 원리에 의거해 주로 비슷한 구역을 집중적으로 참조합니다. 한 프로세스가 100개의 페이지로 이루어졌다고 해서 100개를 모두 고르게 참조하는 것이 아니라, 특정 시간 동안에는 몇몇 개의 페이지(정확히는 몇 개의 페이지 내 주소들)만을 집중적으로 참조하게 되지요.

그렇다면 CPU가 특정 시간 동안 주로 참조한 페이지 개수만큼만 프레임을 할당하면 페이지 교체는 빈번하게 발생하지 않겠죠? 만약 CPU가 어떤 프로세스를 실행하는 동안 3초에 일곱 개의 페이지를 집중적으로 참조했다면 운영체제는 그 프로세스를 위해 그 순간만큼은 최소 일곱 개의 프레임을 할당하면 되겠죠. 또 만약 CPU가 어떤 프로세스를 실행하는 동안 3초에 20개의 페이지를 집중적으로 참조했다면 운영체제는 그 프로세스를 위해 그 순간만큼은 최소 20개의 프레임을 할당하면 됩니다.

실행 중인 프로세스가 일정 시간 동안 참조한 페이지의 집합을 **작업 집합**<sup>working set</sup>이라고 합니다. CPU가 과거에 주로 참조한 페이지를 작업 집합에 포함한다면 운영체제는 작업 집합의 크기만큼만 프레임을 할당해 주면 됩니다.

> 작업 집합 모델 기반 프레임 할당은 작업 집합의 크기만큼만 프레임을 할당하는 방식입니다.

작업 집합을 직접 구해 볼까요? 작업 집합은 실행 중인 프로세스가 일정 시간 동안 참조한 페이지의 집합이라고 했습니다. 그렇기에 작업 집합을 구하려면 아래 두 가지가 필요합니다.

❶ 프로세스가 참조한 페이지
❷ 일정 시간 간격

가령 프로세스가 참조한 페이지가 아래와 같고, 시간 간격($\Delta t$)은 7이었다고 가정해 보겠습니다.

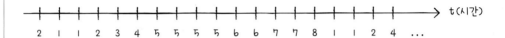

이 경우 시간 t1에서의 작업 집합은 아래와 같이 {5, 6, 7}이 됩니다. 이는 달리 말해 이 프로세스는 시간 t1에 최소 세 개의 프레임이 필요하다고 볼 수 있습니다.

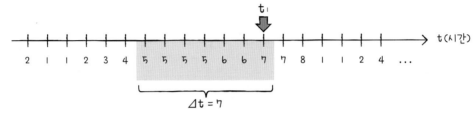

$t = t_1$일 때 작업 집합 = {5, 6, 7}

시간 t2에서의 작업 집합은 {1, 2, 4, 7, 8}입니다. t1에 비해 작업 집합이 늘었습니다. 이 경우 더 많은 프레임(최소 다섯 개의 프레임)이 필요하다고 볼 수 있습니다.

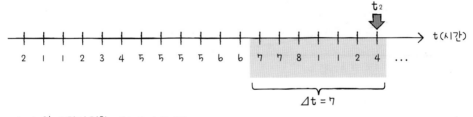

$t = t_2$일 때 작업 집합 = {1, 2, 4, 7, 8}

다음으로 페이지 폴트 빈도를 기반으로 한 프레임 할당도 알아 봅시다. 이는 아래의 두 개의 가정에서 생겨난 아이디어입니다. 어찌 보면 당연한 이야기이지요.

❶ 페이지 폴트율이 너무 높으면 그 프로세스는 너무 적은 프레임을 갖고 있다.
❷ 페이지 폴트율이 너무 낮으면 그 프로세스가 너무 많은 프레임을 갖고 있다.

이를 그래프로 표현하면 아래와 같습니다. 가로축은 한 프로세스에 할당된 프레임 수, 세로축 페이지 폴트 비율을 나타냅니다. 이는 아래와 같이 반비례 관계를 보이는 것을 알 수 있습니다.

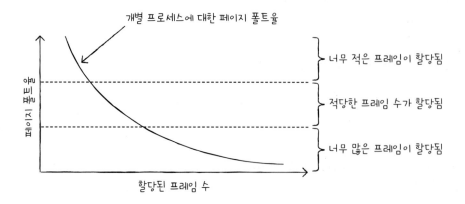

여기서 임의로 페이지 폴트율의 상한선과 하한선을 그어 봅시다.

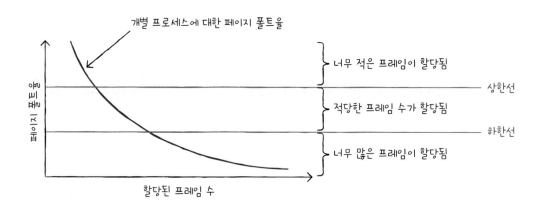

만일 페이지 폴트율이 상한선보다 더 높아지면 그 프로세스는 너무 적은 프레임을 갖고 있다고 볼 수 있습니다. 이 경우 프레임을 더 할당해 주면 됩니다. 반대로 페이지 폴트율이 하한선보다 더 낮아지면 그 프로세스는 너무 많은 프레임을 갖고 있다고 볼 수 있습니다. 따라서 이 경우 다른 프로세스에 할당하기 위해 프레임을 회수합니다. 즉, 페이지 폴트 빈도 기반 프레임 할당 방식은 페이지 폴트율에 상한선과 하한선을 정하고, 이 범위 안에서만 프레임을 할당하는 방식입니다.

> 페이지 폴트율 기반 프레임 할당은 페이지 폴트율에 상한선과 하한선을 정하고, 그 내부 범위 안에서만 프레임을 할당하는 방식입니다.

## ▶ 4가지 키워드로 정리하는 핵심 포인트

- **요구 페이징**은 페이지가 필요할 때에만 메모리에 적재하는 기법입니다.

- **페이지 교체 알고리즘**에는 FIFO, 최적, LRU 페이지 교체 알고리즘 등이 있습니다.

- **스래싱**이란 지나치게 빈번한 페이지 교체로 인해 CPU 이용률이 낮아지는 문제를 뜻합니다.

- **프레임 할당** 방식에는 균등 할당과 비례 할당, 작업 집합 모델 기반과 페이지 폴트율 기반 프레임 할당 방식이 있습니다.

## ▶ 확인 문제

**1.** 프로세스가 사용할 수 있는 프레임이 세 개 있고, 페이지 참조열이 아래와 같다고 가정해 보겠습니다. LRU 페이지 교체 알고리즘으로 이 페이지들을 참조한다면 몇 번의 페이지 폴트가 발생하나요?

```
2 3 1 3 5 2 3 4 2 3
```

**2.** 프레임 할당과 관련한 설명으로 옳지 않은 것을 고르세요.

① 균등 할당은 모든 프로세스에 동일한 프레임을 배분하는 방식입니다.

② 비례 할당은 프로세스 크기에 따라 프레임을 배분하는 방식입니다.

③ 작업 집합 모델 기반 프레임 할당은 작업 집합의 크기만큼만 프레임을 할당하는 방식입니다.

④ 페이지 폴트율 기반 프레임 할당은 페이지 폴트율의 상한선과 무관하게 프레임을 할당하는 방식입니다.

# 15

어느덧 마지막 장입니다. 이번 장의 주제는 파일 시스템입니다. 파일 시스템은 여러분이 사용하는 파일과 디렉터리를 관리하는 운영체제 내부 프로그램입니다. 파일 시스템 덕분에 단지 데이터 덩어리일 뿐인 파일이나 디렉터리를 손쉽게 생성하고 수정하고 삭제할 수 있는 것입니다. 이번 장에서는 파일 시스템이 관리하는 파일과 디렉터리가 무엇인지, 그리고 파일 시스템이 어떻게 보조기억장치에 있는 파일과 디렉터리를 관리하는지 알아보겠습니다.

# 파일 시스템

**학습목표**

- 파일에 대해 이해합니다.
- 디렉터리에 대해 이해합니다.
- 파티셔닝과 포매팅이 무엇인지 이해합니다.
- 파일 시스템의 파일 할당 방법을 학습합니다.
- FAT 파일 시스템과 유닉스 파일 시스템을 학습합니다.

# 파일과 디렉터리

파일　확장자　속성　디렉터리　경로　절대 경로　상대 경로

파일 시스템은 파일과 디렉터리를 관리합니다. 파일 시스템에 관해 본격적인 학습에 앞서 파일 시스템이 관리하는 파일과 디렉터리에 대해 학습해 보겠습니다.

## 시작하기 전에

여러분이 당연하게 사용해 왔던 **파일**과 **디렉터리**는 모두 운영체제 내부 파일 시스템이 관리하는 존재입니다. 파일과 디렉터리는 보조기억장치에 있는 데이터 덩어리일 뿐인데, 운영체제는 이를 어떻게 파일과 디렉터리로 관리하는 것일까요? 이번 절에서는 **파일 시스템**을 본격적으로 학습하기에 앞서 파일과 디렉터리에 대해 학습해 보겠습니다.

# 파일

여러분이 일상적으로 컴퓨터를 이용할 때는 파일 단위로 이용합니다. **파일**<sup>file</sup>이란 하드 디스크나 SSD와 같은 보조기억장치에 저장된 관련 정보의 집합을 의미합니다. 달리 표현하면 파일은 의미 있고 관련 있는 정보를 모은 논리적 단위를 의미합니다.

그렇다면 파일을 이루는 정보에는 어떤 것들이 있을까요? 모든 파일에는 이름과 파일을 실행하기 위한 정보, 그리고 파일 관련 부가 정보가 있습니다. 이 부가 정보를 **속성**<sup>attribute</sup> 또는 **메타데이터**<sup>metadata</sup>라고 부릅니다.

윈도우 운영체제를 사용한다면 파일 속성을 한 번쯤 접해 본 경험이 있을 것입니다. 임의의 파일에서 마우스 오른쪽 버튼을 클릭한 후 [속성]을 선택해 보세요. 다음과 같은 대화상자가 나타납니다. 파일 형식, 위치, 크기 등 파일과 관련된 다양한 정보가 나타나지요? 이러한 정보가 바로 **파일 속성**입니다.

## 파일 속성과 유형

운영체제마다 유지하는 파일 속성은 조금씩 차이가 있지만, 대표적인 속성의 종류는 다음과 같습니다. 운영체제, 그중에서 파일 시스템은 파일별로 다음과 같은 속성을 유지하고 관리합니다.

| 속성 이름 | 의미 |
|---|---|
| 유형 | 운영체제가 인지하는 파일의 종류를 나타낸다. |
| 크기 | 파일의 현재 크기와 허용 가능한 최대 크기를 나타낸다. |
| 보호 | 어떤 사용자가 해당 파일을 읽고, 쓰고, 실행할 수 있는지를 나타낸다. |
| 생성 날짜 | 파일이 생성된 날짜를 나타낸다. |
| 마지막 접근 날짜 | 파일에 마지막으로 접근한 날짜를 나타낸다. |
| 마지막 수정 날짜 | 파일이 마지막으로 수정된 날짜를 나타낸다. |
| 생성자 | 파일을 생성한 사용자를 나타낸다. |
| 소유자 | 파일을 소유한 사용자를 나타낸다. |
| 위치 | 파일의 보조기억장치상의 현재 위치를 나타낸다. |

파일 속성 중 **파일 유형**은 운영체제가 인식하는 파일 종류를 나타냅니다. 같은 이름의 파일일지라도 텍스트 파일, 실행 파일, 음악 파일 등 유형이 다르면 실행 양상도 달라집니다. 그래서 파일을 실행할 운영체제에 파일 유형을 알려주어야 합니다. 파일 유형을 알리기 위해 가장 흔히 사용하는 방식은 파일 이름 뒤에 붙는 **확장자**extension를 이용하는 것입니다. 확장자는 파일 종류가 무엇인지 운영체제에 알려주는 힌트와도 같습니다. 예를 들어 myfile.o는 o라는 확장자를 통해 운영체제에 목적 코드를 담고 있는 목적 파일임을 알려주는 셈이고, myfile.exe는 exe라는 확장자를 통해 운영체제에 실행 파일임을 알려주는 셈입니다.

| 파일 유형 | 대표적인 확장자 |
|---|---|
| 실행 파일 | 없는 경우, exe, com, bin |
| 목적 파일 | obj, o |
| 소스 코드 파일 | c, cpp, cc, java, asm, py |
| 워드 프로세서 파일 | xml, rtf, doc, docx |
| 라이브러리 파일 | lib, a, so, dll |
| 멀티미디어 파일 | mpeg, mov, mp3, mp4, avi |
| 백업/보관 파일 | rar, zip, tar |

## 파일 연산을 위한 시스템 호출

파일을 다루는 모든 작업은 운영체제에 의해 이뤄집니다. 어떤 응용 프로그램도 임의로 파일을 조작할 수 없으며 파일을 다루려면 운영체제에 부탁해야 합니다. 이를 위해 운영체제는 다음과 같은 파일 연산을 위한 **시스템 호출**을 제공합니다.

**❶** 파일 생성

**❷** 파일 삭제

**❸** 파일 열기

**❹** 파일 닫기

**❺** 파일 읽기

**❻** 파일 쓰기

**note** 위 종류들은 외울 필요 없습니다.

## 디렉터리

파일들을 일목요연하게 관리하기 위해 **디렉터리**<sup>directory</sup>를 이용할 수 있습니다. 윈도우 운영체제에서는 디렉터리를 **폴더**<sup>folder</sup>라고 부릅니다.

옛날 운영체제에서는 하나의 디렉터리만 존재했습니다. 모든 파일이 하나의 디렉터리 아래에 있었죠. 이와 같은 디렉터리 구조를 **1단계 디렉터리**<sup>single-level directory</sup>라고 부릅니다.

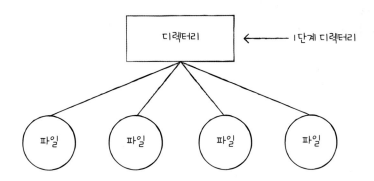

하지만 실제로 이렇게 사용하는 컴퓨터는 거의 없죠. 컴퓨터 용량이 커지다 보니 저장할 수 있는 파일도 많아지고, 1단계 디렉터리로는 많은 파일을 관리하기가 어렵기 때문에 다음과 같이 여러 계층을 가진 **트리 구조 디렉터리**<sup>tree-structured directory</sup>가 생겨나게 되었습니다.

트리 구조 디렉터리는 최상위 디렉터리가 있고 그 아래에 여러 서브 디렉터리(자식 디렉터리)가 있을 수 있습니다. 서브 디렉터리도 또 다른 서브 디렉터리를 가질 수 있지요. 최상위 디렉터리는 흔히 **루트 디렉터리**<sup>root directory</sup>라고 부르고 슬래시(/)로 표현합니다.

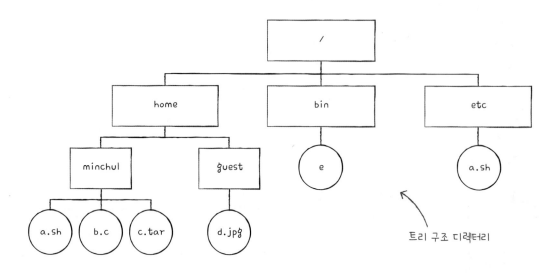

트리 구조 디렉터리

**note** 윈도우 운영체제에서 최상위 디렉터리는 흔히 C:₩로 표현합니다.

그러다 보니 자연스레 생긴 개념이 바로 **경로**<sup>path</sup>입니다. 경로는 디렉터리를 이용해 파일 위치, 나아가 파일 이름을 특정 짓는 정보입니다.

## 절대 경로와 상대 경로

많은 사람이 경험을 통해 알고 있듯 같은 디렉터리에는 동일한 이름의 파일이 존재할 수 없지만, 서로 다른 디렉터리에는 동일한 이름의 파일이 존재할 수 있습니다. 위 그림을 다시 한 번 봅시다. a.sh라는 파일은 minchul 디렉터리에도 있고 etc 디렉터리에도 있습니다. 이는 루트 디렉터리부터 파일까지 경로가 다르기 때문에 동일한 이름임에도 공존할 수 있는 것입니다. 그래서 모든 파일은 루트 디렉터리에서 자기 자신까지 이르는 고유한 경로를 가지고 있고, 이러한 경로를 **절대 경로**<sup>absolute path</sup>라고 부릅니다.

예를 들어 보겠습니다. 위 그림 속 왼쪽의 a.sh는 루트 디렉터리 아래, home 디렉터리 아래, minchul 디렉터리 아래에 있지요? 따라서 a.sh의 절대 경로는 '루트 디렉터리 아래, home 디렉터리 아래, minchul 디렉터리 아래에 있는 a.sh'라고 표현할 수 있습니다. 참고로 유닉스, 리눅스, macOS 등의 운영체제에서 슬래시 기호(/)는 루트 디렉터리를 표시할 뿐만 아니라 디렉터리와 디렉터리 사이의 구분자로도 사용합니다. 디렉터리와 디렉터리 사이의 구분자로 슬래시를 사용한다면 a.sh의 절대 경로는 /home/minchul/a.sh로 표현할 수 있습니다.

**note** 윈도우에서는 디렉터리 구분자로 ₩를 사용합니다. 즉, 윈도우 운영체제에서 a.sh의 절대 경로는 C:₩home₩minchul₩a.sh로 표현됩니다.

경로를 나타내는 또 다른 대중적인 방식으로 **상대 경로**relative path가 있습니다. 절대 경로가 루트 디렉터리부터 시작하는 경로라면 상대 경로는 현재 디렉터리부터 시작하는 경로입니다. 가령 트리 구조 디렉터리 그림에서 현재 디렉터리 경로가 /home이라면 d.jpg 파일의 상대 경로는 guest/d.jpg가 됩니다.

> 절대 경로는 루트 디렉터리부터 시작하는 경로이고,
> 상대 경로는 현재 디렉터리부터 시작하는 경로입니다.

### 디렉터리 연산을 위한 시스템 호출

운영체제가 파일 연산을 위한 시스템 호출을 제공하는 것처럼 운영체제는 디렉터리 연산을 위한 시스템 호출도 제공합니다. 대표적인 종류는 다음과 같습니다.

❶ 디렉터리 생성
❷ 디렉터리 삭제
❸ 디렉터리 열기
❹ 디렉터리 닫기
❺ 디렉터리 읽기

**note** 위 종류들은 외울 필요 없습니다.

### 디렉터리 엔트리

여기까지 읽은 여러분은 아마 파일과 디렉터리는 엄연히 다른 별개의 존재라고 생각할 겁니다. 이쯤에서 중요한 이야기를 하나 하자면, 많은 운영체제에서는 디렉터리를 그저 '특별한 형태의 파일'로 간주합니다. 즉, 디렉터리도 파일입니다. 단지 포함된 정보가 조금 특별할 뿐이지요.

파일이 내부에 해당 파일과 관련된 정보를 담고 있다면, 디렉터리는 내부에 해당 디렉터리에 담겨 있는 대상과 관련된 정보를 담고 있습니다. 그리고 이 정보는 보통 테이블(표) 형태로 구성됩니다. 즉, 디렉터리는 보조기억장치에 테이블 형태의 정보로 저장됩니다.

각각의 엔트리(행)에 담기는 정보는 파일 시스템마다 차이가 있으며, 파일 시스템별 디렉터리 엔트리는 다음 절에서 학습할 예정입니다. 다만 파일 시스템을 막론하고 디렉터리 엔트리가 공통으로 포함하는 정보가 있다면 그것은 디렉터리에 포함된 대상의 이름과 그 대상이 보조기억장치 내에 저장된 위치를 유추할 수 있는 정보가 담긴다는 점입니다. 다시 말해 디렉터리 엔트리만 보아도 해당 디렉터리에 무엇이 담겨 있는지, 그리고 그것들은 보조기억장치의 어디에 있는지를 직간접적으로 알 수 있습니다.

디렉터리 테이블

| 파일 이름 | 위치를 유추할 수 있는 정보 |
|---|---|
|  |  |
|  |  |
|  |  |
|  |  |

운영체제는 이러한 정보를 저장하는 파일을 디렉터리라고 간주합니다.

note  보조기억장치 내의 파일/디렉터리 위치를 나타내는 방법에는 파일 시스템마다 차이가 있습니다. 이 또한 다음 절에서 학습할 예정이니 지금은 디렉터리 테이블에는 위치를 유추할 수 있는 정보가 담긴다고만 이해해 주세요.

파일 시스템에 따라 디렉터리 엔트리에 다음과 같이 파일 속성을 명시하는 경우도 있습니다.

디렉터리 테이블

| 파일 이름 | 위치를 유추할 수 있는 정보 | 생성 시간 | 수정된 시간 | 크기 | ... |
|---|---|---|---|---|---|
|  |  |  |  |  |  |
|  |  |  |  |  |  |
|  |  |  |  |  |  |
|  |  |  |  |  |  |

예를 들어 보겠습니다. 다음과 같은 구조의 디렉터리와 파일이 있다고 가정해 보겠습니다. home 디렉터리에는 minchul 디렉터리와 guest 디렉터리가 있지요?

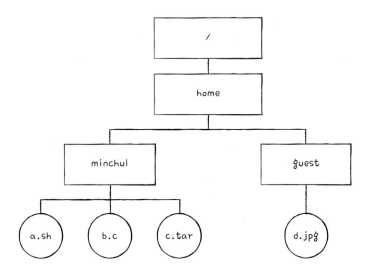

따라서 home 디렉터리는 대략 다음과 같이 구성됩니다. 여기서 ..은 상위 디렉터리, .은 현재 디렉터리를 가리킵니다.

home 디렉터리 테이블

| 파일 이름 | 위치를 유추할 수 있는 정보 |
|---|---|
| .. | |
| . | |
| minchul | |
| guest | |

디렉터리 엔트리를 통해 보조기억장치에 저장된 위치를 알 수 있기 때문에 home 디렉터리에서 minchul 디렉터리가 저장된 곳을 알 수 있고 따라서 그곳으로 이동할 수도 있습니다. 마찬가지로 minchul 디렉터리 엔트리에는 디렉터리에 속한 파일들의 이름(a.sh, b.c, c.tar)과 이들의 위치를 알 수 있는 정보 등이 포함되어 있기 때문에 이 파일들이 보조기억장치 내에 저장된 위치를 알 수 있고 실행할 수 있는 것입니다.

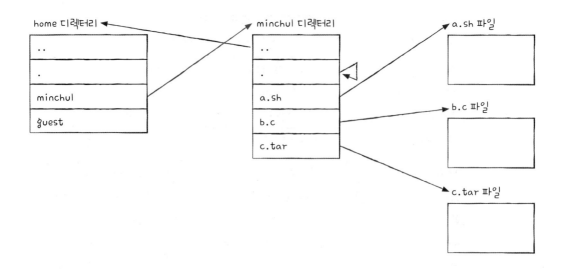

좀 더
알아보기

### 상대 경로를 나타내는 또 다른 방법

대부분의 운영체제는 현재 작업 디렉터리를 마침표(.)로 나타내고, 현재 작업 디렉터리의 상위 디렉터리(부모 디렉터리)를 마침표 두 번(..)으로 나타냅니다. 그리고 흔히 이 기호를 이용해 상대 경로를 표현합니다.

예를 들어 444쪽 그림에서 현재 작업 디렉터리가 /home인 경우 파일 b.c의 상대 경로는 ./minchul/b.c로 나타낼 수 있습니다. 마찬가지로 현재 작업 디렉터리가 /bin인 경우 파일 e는 ./e로 나타낼 수 있습니다.

또 다른 사용 예를 들어보겠습니다. 윈도우, 리눅스, 유닉스, macOS 등 대부분의 운영체제에서는 cd(change directory) 명령을 통해 현재 작업 디렉터리를 이동할 수 있습니다.

가령 윈도우 루트 디렉터리(C:\) 아래에 test라는 디렉터리가 있다고 가정해 볼까요? 루트 디렉터리 아래에 있는 test 디렉터리로 현재 작업 디렉터리를 이동하려면 cd C:\test를 입력하면 됩니다.

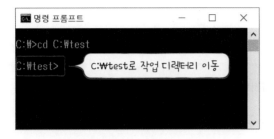

현재 작업 디렉터리가 C:\인 경우 상대 경로인 cd test 또는 cd .\test를 입력해도 test 디렉터리로 이동할 수 있습니다.

이번에는 cd ..을 입력해 보세요. 앞서 마침표 두 번은 부모 디렉터리를 나타내는 기호라고 했습니다. 그래서 cd ..을 입력하면 부모 디렉터리인 루트 디렉터리로 이동합니다.

참고로 루트 디렉터리는 부모 디렉터리가 없기 때문에 루트 디렉터리의 ..은 자기 자신을 의미합니다. 그래서 루트 디렉터리에서 cd ..을 입력해도 현재 작업 디렉터리는 변하지 않습니다.

## 마무리

### ▶ 7가지 키워드로 정리하는 핵심 포인트

- **파일**은 의미 있고 관련 있는 정보를 모은 논리적인 단위입니다.

- 운영체제는 파일의 **확장자**를 통해 파일의 유형을 파악할 수 있습니다.

- 파일의 **속성**에는 파일과 관련된 다양한 부가 정보들이 있습니다.

- **디렉터리**를 이용하면 여러 개의 파일 또는 디렉터리를 묶어 관리할 수 있습니다.

- **경로**는 디렉터리를 이용해 위치를 특정 짓는 정보입니다.

- **절대 경로**는 루트 디렉터리부터 시작하는 경로이고, **상대 경로**는 현재 디렉터리부터 시작하는 경로입니다.

### ▶ 확인 문제

**1.** 파일과 관련한 설명으로 옳지 않은 것을 고르세요.

① 파일은 보조기억장치에 저장된 관련 정보의 집합을 의미합니다.

② 모든 파일에는 고유한 절대 경로가 있습니다.

③ 운영체제는 파일을 다루기 위한 시스템 호출을 제공합니다.

④ 확장자는 파일이 마지막으로 수정된 날짜를 나타내기 위한 정보입니다.

**2.** 다음 그림을 참고하여 질문에 답하세요.

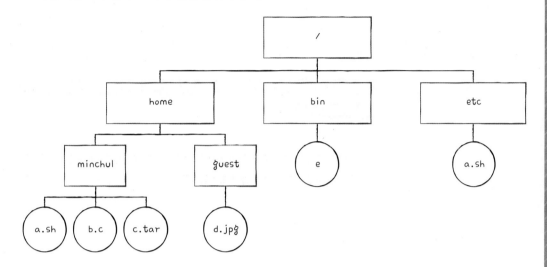

① 현재 작업 디렉터리가 /home일 때 c.tar의 상대 경로는 무엇인가요?

② 현재 작업 디렉터리가 /home일 때 c.tar의 절대 경로는 무엇인가요?


**3.** 디렉터리와 관련한 설명으로 옳지 않은 것을 고르세요.

① 디렉터리는 보조기억장치에 저장되어 있지 않습니다.

② 디렉터리 엔트리에는 해당 디렉터리에 저장된 대상들에 대한 정보가 담깁니다.

③ 운영체제는 디렉터리를 다루는 다양한 시스템 호출을 제공합니다.

④ 최상위 디렉터리를 루트 디렉터리라고 합니다.

hint 2. 절대 경로는 루트 디렉터리부터 시작하는 경로이고, 상대 경로는 현재 디렉터리부터 시작하는 경로입니다.

# 15-2 파일 시스템

파티셔닝   포매팅   연속 할당   연결 할당   색인 할당   FAT 파일 시스템

유닉스 파일 시스템

앞서 학습한 파일과 디렉터리가 보조기억장치에 어떻게 저장되며, 파일 시스템은
이들에 어떻게 접근하는지 학습해 보겠습니다.

## 시작하기 전에

**파일 시스템**은 앞선 절에서 학습한 파일과 디렉터리를 보조기억장치에 일목요연하게 저장하고 접근
할 수 있게 하는 운영체제 내부 프로그램입니다. 이러한 파일 시스템에는 다양한 종류가 있고, 하나
의 컴퓨터에서 여러 파일 시스템을 사용할 수 있습니다.

이번 절에서는 파일 시스템이 파일과 디렉터리를 보조기억장치에 어떻게 할당하고 접근하는지에 관
한 이론적인 내용을 먼저 학습하고, 이러한 이론을 기반으로 만들어진 대표적인 파일 시스템인 **FAT
파일 시스템**과 **유닉스 파일 시스템**을 학습해 보겠습니다.

파일 시스템은
보조기억장치에
파일과 디렉터리를
어떻게 저장하지?

파일 시스템은
보조기억장치에
저장된 파일과 디렉터리에
어떻게 접근할까?

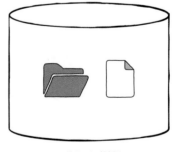

보조기억장치

## 파티셔닝과 포매팅

이제 막 공장에서 생산되어 한 번도 사용된 적이 없는 새 하드 디스크 또는 SSD가 있다고 가정해 봅시다. 여러분은 이 보조기억장치에 곧바로 파일을 생성하거나 저장할 수 없습니다. 왜냐하면 보조기억장치를 사용하려면 **파티션**을 나누는 작업(**파티셔닝**)과 **포맷** 작업(**포매팅**)을 거쳐야 하기 때문입니다.

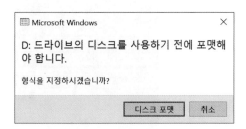

**파티셔닝** partitioning은 저장 장치의 논리적인 영역을 구획하는 작업을 의미합니다. 말이 좀 어렵죠? 알고 보면 간단합니다. 가령 엄청나게 커다란 서랍이 있다고 생각해 보세요. 이 커다란 서랍 안에 마구잡이로 물건들을 보관하면 필요한 물건을 정돈하는 게 쉽지 않습니다.

하지만 서랍 안에 다음과 같이 칸막이를 설치하여 영역을 나누면 물건들을 정리하기가 조금 더 수월합니다.

이렇게 칸막이로 영역을 나누는 작업이 바로 **파티셔닝**입니다. 하드 디스크나 SSD처럼 용량이 큰 저장 장치를 하나 이상의 논리적인 단위로 구획하는 것이지요. 그리고 이렇게 파티셔닝 작업을 통해 나누어진 영역 하나하나를 **파티션** partition이라고 합니다.

여러분 컴퓨터의 파티션을 확인해 볼까요? 윈도우 작업표시줄에 있는 검색창에 '하드 디스크 파티션 만들기 및 포맷'을 입력하면 다음 그림과 같은 결과가 나옵니다.

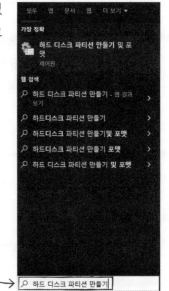

'하드 디스크 파티션 만들기 및 포맷'을 입력합니다.

이곳에 들어가면 여러분 컴퓨터 내의 보조기억장치가 어떻게 파티셔닝되어 운영되는지를 한눈에 볼수 있습니다.

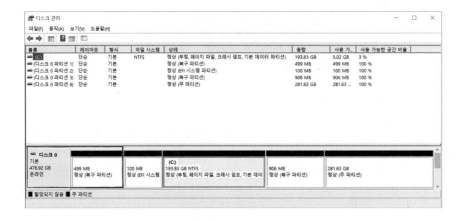

포맷하는 작업, 즉 **포매팅**formatting은 저장 장치를 완전히 삭제하는 것으로 알고 있는 사람들이 많지만, 사실 이는 완벽하게 정확한 표현이라고 보기는 어렵습니다. 포매팅이란 파일 시스템을 설정하여 어떤 방식으로 파일을 저장하고 관리할 것인지를 결정하고, 새로운 데이터를 쓸 준비를 하는 작업을 의미합니다. 즉, 어떤 종류의 파일 시스템을 사용할지는 바로 이때 결정납니다.

note 포매팅의 종류에는 엄밀히 말하면 **저수준 포매팅**과 **논리적 포매팅**이 있습니다. 전자는 저장 장치를 생성할 당시 공장에서 수행되는 물리적인 포매팅이고, 후자는 파일 시스템을 생성하는 포매팅입니다. 이 책에서 설명하는 포매팅은 후자입니다.

가령 USB 메모리를 포매팅할 때 다음과 같은 화면을 볼 수 있습니다. 파일 시스템을 선택하는 항목이 보이지요? 포매팅할 때 **파일 시스템**이 결정된다는 것을 알 수 있습니다.

파일 시스템에는 여러 종류가 있고, 파티션마다 다른 파일 시스템을 설정할 수도 있습니다.

포매팅까지 완료하여 파일 시스템을 설정했다면 이제 여러분은 파일과 디렉터리를 생성할 수 있습니다. 파티셔닝과 포매팅은 동시에 진행되는 경우가 많고, 이미 포매팅까지 완료되어 판매되는 경우도 많기 때문에 개념에 익숙하지 않을 수 있지만, 저장 장치를 관리하거나 운영체제를 설치하는 과정에서 파티셔닝과 포매팅은 자주 접하게 될 키워드이니 기억하는 것이 좋습니다.

## 파일 할당 방법

하드 디스크의 포매팅까지 끝냈다고 가정해 봅시다. 이제 이 저장 장치에 여러분이 사용할 파일을 저장해 보겠습니다. 운영체제는 파일과 디렉터리를 **블록**<sup>block</sup> 단위로 읽고 씁니다. 즉, 하나의 파일이 보조기억장치에 저장될 때는 하나 이상의 블록에 걸쳐 저장됩니다. 하드 디스크의 가장 작은 저장 단위는 섹터이지만, 운영체제는 하나 이상의 섹터를 블록이라는 단위로 묶은 뒤 블록 단위로 파일과 디렉터리를 관리합니다. 파일 시스템이 모든 섹터를 관리하기에는 개수가 너무 많고 크기도 작기 때문입니다.

다음 그림과 같이 하드 디스크 내에 여러 블록이 있다고 해 봅시다. 블록 안에 적힌 번호는 블록의 위치를 식별하는 주소입니다. 이 블록에 여러분이 사용하는 파일을 할당해야 합니다. 크기가 작은 파일은 적은 수의 블록에 걸쳐 저장될 것이고, 크기가 큰 파일은 여러 블록에 걸쳐 저장됩니다.

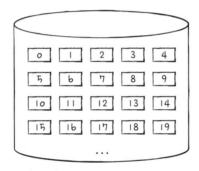

이런 상황에서 파일을 보조기억장치에 할당하는 방법에는 크게 두 가지가 있습니다. **연속 할당**과 **불연속 할당**입니다. 그리고 불연속 할당에는 크게 **연결 할당**, **색인 할당**이 있습니다. 하나씩 살펴보겠습니다.

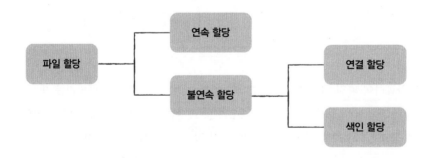

note 연속 할당과 불연속 할당 중 오늘날까지 사용되는 방식은 불연속 할당입니다.

## 연속 할당

**연속 할당** contiguous allocation은 가장 단순한 방식입니다. 이름 그대로 보조기억장치 내 연속적인 블록에 파일을 할당하는 방식이지요. 가령 블록을 세 개, 두 개, 다섯 개 차지하는 정도의 크기를 가진 파일 a, b, c가 있을 때 이 파일들은 다음과 같이 연속적으로 할당됩니다.

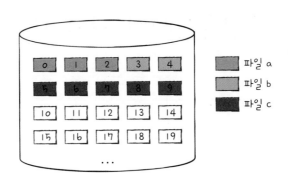

연속으로 할당된 파일에 접근하기 위해서는 파일의 첫 번째 블록 주소와 블록 단위의 길이만 알면 됩니다. 그렇기에 연속 할당을 사용하는 파일 시스템에서는 다음과 같이 디렉터리 엔트리에 파일 이름과 더불어 첫 번째 블록 주소와 블록 단위의 길이를 명시합니다.

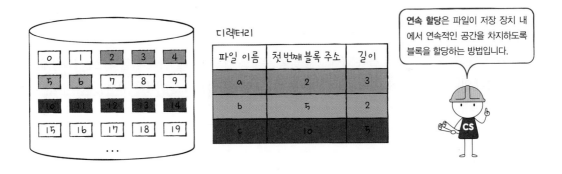

디렉터리

| 파일 이름 | 첫 번째 블록 주소 | 길이 |
|---|---|---|
| a | 2 | 3 |
| b | 5 | 2 |
| c | 10 | 5 |

> **연속 할당**은 파일이 저장 장치 내에서 연속적인 공간을 차지하도록 블록을 할당하는 방법입니다.

연속 할당 방식은 파일을 그저 연속적으로 저장하는 방식이기에 구현이 단순하다는 장점이 있지만, **외부 단편화**를 야기한다는 치명적인 문제가 있습니다. 다음 그림을 보세요. 하드 디스크의 블록들을 일렬로 쭉 나열한 후 파일들을 연속 할당한 그림입니다.

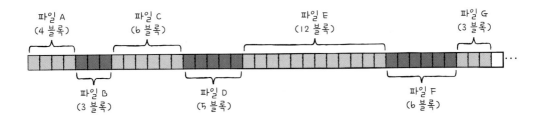

파일 A (4 블록)  파일 C (6 블록)  파일 E (12 블록)  파일 G (3 블록)

파일 B (3 블록)  파일 D (5 블록)  파일 F (6 블록)

여기서 파일 D와 F가 삭제되면 다음과 같이 할당할 수 있는 블록은 총 열한 개가 남지만, 불행히도 크기가 블록 일곱 개 이상을 사용하는 파일은 할당할 수 없습니다. 이것이 연속 할당에서의 외부 단편화입니다.

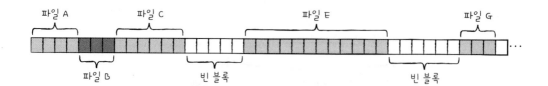

## 연결 할당

연속 할당의 문제를 해결할 수 있는 방식이 **연결 할당**linked allocation입니다. 연결 할당은 각 블록 일부에 다음 블록의 주소를 저장하여 각 블록이 다음 블록을 가리키는 형태로 할당하는 방식입니다. 즉, 파일을 이루는 데이터를 연결 리스트로 관리합니다. 연결 할당은 불연속 할당의 일종이기에 파일이 여러 블록에 흩어져 저장되어도 무방합니다.

note '어떤 블록의 주소를 저장한다'는 말은 '그 블록을 가리킨다'는 말과 같습니다. 어떤 블록의 주소를 알면 해당 블록에 얼마든지 접근할 수 있기 때문입니다. 이는 C언어의 포인터와 같은 개념입니다.

다음 그림을 봅시다. 가령 네 개의 블록으로 구성된 a라는 파일이 있고 10번, 5번, 13번, 2번 블록에 저장되었다고 가정해 보겠습니다. 연결 할당 방식에서는 10번 블록 끝에 5번 블록 주소를, 5번 블록 끝에 13번 블록 주소를, 13번 블록 끝에 2번 블록 주소를 기록합니다. 마지막 블록(2번 블록)에는 다음 블록이 없다는 특별한 표시자를 기록합니다. 다음 예시에서는 −1을 이용했습니다.

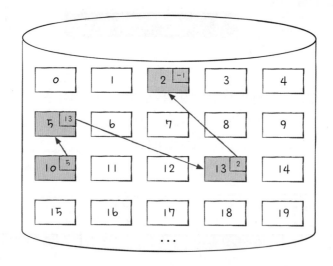

즉, 10번 블록은 5번 블록을, 5번 블록은 13번 블록을, 13번 블록은 2번 블록을 가리키고 있는 셈입니다. 연결 할당을 사용하는 파일 시스템에서는 디렉터리 엔트리에 연속 할당과 마찬가지로 파일 이름과 함께 첫 번째 블록 주소와 블록 단위의 길이를 명시합니다. 디렉터리 엔트리만 보아도 어떤 파일이 어디에 저장되어 있는지 알 수 있겠지요?

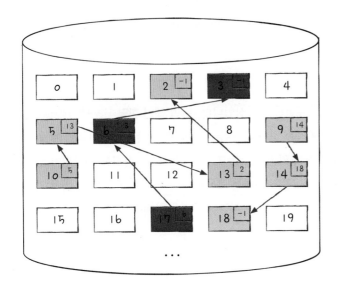

디렉터리

| 파일 이름 | 첫 번째 블록 주소 | 길이 |
|---|---|---|
| a | 10 | 4 |
| b | 9 | 3 |
| c | 17 | 3 |

note 디렉터리 엔트리에 첫 번째 블록 주소와 마지막 블록 주소를 기록할 수도 있습니다.

연결 할당은 외부 단편화 문제를 해결하지만 이 또한 단점이 있습니다.

**첫째, 반드시 첫 번째 블록부터 하나씩 차례대로 읽어야 합니다.**

첫 번째 단점은 파일의 중간 부분부터 접근하고 싶어도 반드시 파일의 첫 번째 블록부터 접근하여 하나씩 차례대로 읽어야 한다는 점입니다. 다시 말해 파일 내 임의의 위치에 접근하는 속도, 즉 **임의 접근**random access 속도가 매우 느립니다. 위 예시에서는 네 개의 블록만을 사용하는 작은 파일을 예로 들었으나, 실제로는 크기가 큰 파일들도 얼마든지 많습니다. 영화 파일 같은 것들 말이지요. 이런 파일의 i번째 블록에 접근하기 위해서는 반드시 첫 번째 블록부터 i번째 블록까지 일일이 순서대로 접근해야만 합니다. 이는 성능 면에서 상당히 비효율적입니다.

**둘째, 하드웨어 고장이나 오류 발생 시 해당 블록 이후 블록은 접근할 수 없습니다.**

두 번째 단점은 하나의 블록 안에 파일 데이터와 다음 블록 주소가 모두 포함되어 있다 보니, 하드웨어 고장이나 오류로 인해 파일을 이루는 블록에 하나라도 문제가 발생하면 그 블록 이후의 블록에 접근할 수 없다는 것입니다. 하드 디스크는 굉장히 정교하고 고장에 예민한 장치입니다. 하드 디스크

헤드는 플래터 위에 대단히 미세한 간격으로 떨어져 있는 만큼 충격을 받으면 자칫 헤드가 플래터에 충돌하여 데이터를 손상시킬 수 있습니다.

그래서 오늘날에는 위 내용을 그대로 구현하기보다는 이를 조금 변형하여 사용합니다. 연결 할당을 변형한 대표적인 파일 시스템이 오늘날까지도 많이 사용하는 FAT 파일 시스템입니다. FAT가 무엇이며 어떻게 위 문제를 해결하는지는 색인 할당을 살펴본 뒤에 바로 설명하겠습니다.

### 색인 할당

연결 할당은 블록 일부에 다음 블록 주소를 표현하는 방식입니다. 반면 **색인 할당**indexed allocation은 파일의 모든 블록 주소를 **색인 블록**index block이라는 하나의 블록에 모아 관리하는 방식입니다. 예를 들어 파일 a의 색인 블록은 4번 블록이고, 파일 a의 데이터는 7번, 13번, 11번 블록에 저장되어 있다고 가정해 보겠습니다. 4번 블록 안에는 파일 a를 구성하는 블록들의 주소인 7, 13, 11이 적혀 있습니다. 파일 a에 순차적으로 접근하고 싶다면 색인 블록에 저장된 주소에 차례대로 접근하면 됩니다.

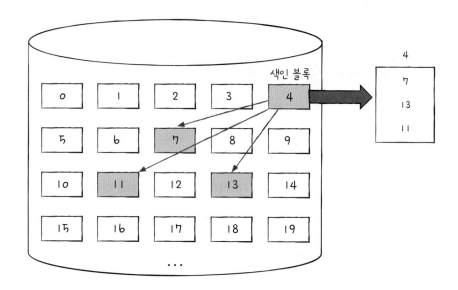

색인 할당은 연결 할당과는 달리 파일 내 임의의 위치에 접근하기 쉽습니다. 파일의 i번째 데이터 블록에 접근하고 싶다면 색인 블록의 i번째 항목이 가리키는 블록에 접근하면 되기 때문입니다.

색인 블록 안에 파일을 구성하는 데이터 블록 주소가 있으므로 색인 블록만 알면 해당 파일 데이터에 접근할 수 있습니다. 그렇기에 색인 할당을 사용하는 파일 시스템에서는 디렉터리 엔트리에 파일 이름과 더불어 **색인 블록 주소**를 명시합니다.

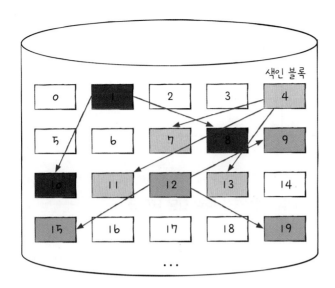

색인 할당을 기반으로 만든 파일 시스템이 유닉스 파일 시스템입니다. 유닉스 파일 시스템에 대해서는 FAT 파일 시스템을 살펴본 뒤 설명하겠습니다(467쪽).

## 파일 시스템 살펴보기

이제 실제 파일 시스템의 모습을 살펴봅시다. 다양한 파일 시스템이 있지만 여러 전공서에서 공통으로 소개하는 파일 시스템은 크게 두 가지입니다. 하나는 USB 메모리, SD 카드 등의 저용량 저장 장치에서 사용되는 **FAT 파일 시스템**이고, 다른 하나는 유닉스 계열 운영체제에서 사용되는 **유닉스 파일 시스템**입니다.

### FAT 파일 시스템

연결 할당의 단점을 보완한 파일 시스템이 FAT 파일 시스템입니다. 앞서 설명한 연결 할당 방식에는 몇 가지 단점이 있었는데 근본적인 원인은 블록 안에 다음 블록의 주소를 저장하였기 때문입니다.

다음 그림은 앞에서 설명한 연결 할당을 단순화한 그림입니다. 가령 파일 a가 네 개의 블록으로 이루어져 있고 a를 구성하는 데이터는 4, 8, 3, 5번 블록에 걸쳐 저장되었다고 해 보죠. 4번 블록이 8번 블록을 가리키고 있고, 8번 블록은 3번 블록을, 3번 블록은 5번 블록을 가리키고 있습니다. 이런 방식은 임의 접근의 성능이 좋지 못하고, 이 블록들 중 하나라도 문제가 발생하면 그 이후의 블록에는 접근할 수 없습니다.

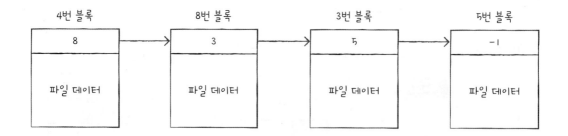

하지만 각 블록에 포함된 다음 블록의 주소들을 한데 모아 테이블 형태로 관리하면 앞서 언급한 단점들을 상당 부분 해소할 수 있습니다. 이러한 테이블을 **파일 할당 테이블**FAT; File Allocation Table(이하 **FAT**)이라고 부릅니다.

다음 FAT를 보세요. 파일의 첫 번째 블록 주소(4번 블록)만 알면 파일의 데이터가 담긴 모든 블록에 접근할 수 있겠지요? 그래서 디렉터리 엔트리에는 파일 이름과 더불어 파일의 첫 번째 블록 주소가 명시됩니다.

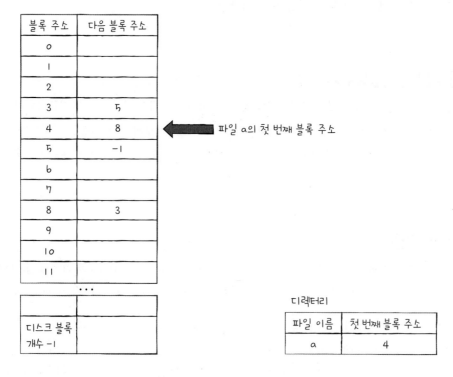

| 블록 주소 | 다음 블록 주소 |
|---|---|
| 0 | |
| 1 | |
| 2 | |
| 3 | 5 |
| 4 | 8 |
| 5 | -1 |
| 6 | |
| 7 | |
| 8 | 3 |
| 9 | |
| 10 | |
| 11 | |
| ... | |
| 디스크 블록 개수 -1 | |

← 파일 a의 첫 번째 블록 주소

디렉터리

| 파일 이름 | 첫 번째 블록 주소 |
|---|---|
| a | 4 |

note 더 이상 다음 블록이 없으면 특별한 표시자를 표기합니다(위 그림에서는 -1로 표기했습니다). 빈 공간은 아직 할당되지 않았음을 의미합니다.

이렇게 FAT를 이용하는 파일 시스템이 바로 **FAT 파일 시스템**입니다. 옛날 마이크로소프트의 운영 체제인 MS-DOS에서 사용되었고 최근까지 USB 메모리, SD 카드와 같은 저용량 저장 장치용 파일 시스템으로 많이 이용되고 있습니다. FAT 파일 시스템은 버전에 따라 FAT12, FAT16, FAT32가 있으며, FAT 뒤에 오는 숫자는 블록을 표현하는 비트 수를 의미합니다.

note 참고로 윈도우에서는 '블록'이라는 용어 대신 **클러스터**라는 용어를 사용합니다. 즉, FAT 뒤에 오는 숫자는 클러스터를 표현하기 위한 비트입니다.

FAT 파일 시스템에서 FAT는 파티션의 앞부분에 만들어집니다. 다음 그림은 FAT(FAT12) 파일 시스템을 사용하는 파티션을 간략화한 도식도입니다. 하드 디스크의 한 파티션을 FAT 파일 시스템으로 포맷하면 해당 파티션이 다음과 같이 구성된다고 이해하면 됩니다. FAT 영역에 FAT가 저장되고, 뒤이어 루트 디렉터리가 저장되는 영역이 있으며, 그 뒤에 서브 디렉터리와 파일들을 위한 영역이 있습니다.

FAT는 하드 디스크 파티션의 시작 부분에 있지만, 실행하는 도중 FAT가 메모리에 캐시될 수 있습니다. FAT가 메모리에 적재된 채 실행되면 기존 연결 할당보다 다음 블록을 찾는 속도가 매우 빨라지고, 결과적으로 앞서 설명한 연결 할당 방식보다 임의 접근에도 유리해집니다. 즉, FAT가 메모리에 적재된 채 실행되면 임의 접근의 성능이 개선됩니다.

이번에는 FAT 파일 시스템의 디렉터리 엔트리를 조금 더 자세히 살펴봅시다. 앞서 FAT 파일 시스템의 디렉터리 엔트리에는 파일 이름과 더불어 파일의 첫 번째 블록 주소가 명시된다고 했습니다. 이 외에도 FAT 파일 시스템의 디렉터리 엔트리에는 파일 속성과 관련한 다양한 정보들이 있습니다.

다음 그림을 보세요. 이처럼 FAT 파일 시스템에서의 디렉터리들은 다음과 같은 형식으로 블록에 저장된다고 보면 됩니다.

| 파일 이름 | 확장자 | 속성 | 예약 영역 | 생성 시간 | 마지막 접근 시간 | 마지막 수정 시간 | 시작 블록 | 파일 크기 |
|---|---|---|---|---|---|---|---|---|

note 속성(File Attribute) 항목은 해당 파일이 읽기 전용 파일인지, 숨김 파일인지, 시스템 파일인지, 일반 파일인지, 디렉터리인지 등을 식별하기 위한 항목입니다.

자, 그렇다면 마지막으로 다음과 같은 디렉터리 구조를 이루는 FAT 파일 시스템에서 /home/
minchul/a.sh 파일을 읽는 과정을 살펴보겠습니다.

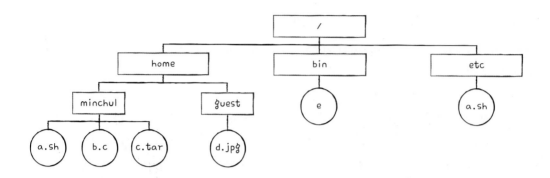

위 디렉터리 구조는 파티션 내에 다음 그림과 같이 저장된다고 가정해 보겠습니다(이해를 돕기 위해
간략화한 그림입니다). FAT 영역에 FAT가 있고, 루트 디렉터리 영역에 루트 디렉터리가 있으며, 데
이터 영역에 기타 서브 디렉터리와 파일들이 있습니다. 디렉터리는 하나의 블록에 저장된다고 가정
하며, FAT 상에서 더 이상의 블록이 없음을 표시하기 위한 표시자로 −1을 사용했습니다.

| 예약 영역 | FAT 영역 | | 루트 디렉터리 영역 | 데이터 영역 | |
|---|---|---|---|---|---|

**FAT**

| 블록 주소 | 다음 블록 주소 |
|---|---|
| 0 | |
| 1 | −1 |
| 2 | 1 |
| 3 | −1 |
| 4 | −1 |
| 5 | −1 |
| 6 | 2 |
| 7 | 14 |
| 8 | 11 |
| 9 | 8 |
| 10 | −1 |
| 11 | 13 |
| 12 | −1 |
| 13 | −1 |
| 14 | 12 |
| 15 | −1 |
| ... | |

**루트 디렉터리**

| 파일 이름 | 첫 번째 블록 주소 |
|---|---|
| home | 3 |
| bin | 5 |
| etc | 10 |

**home 디렉터리**

| 파일 이름 | 첫 번째 블록 주소 |
|---|---|
| minchul | 15 |
| guest | 4 |

**minchul 디렉터리**

| 파일 이름 | 첫 번째 블록 주소 |
|---|---|
| a.sh | 9 |
| b.c | 7 |
| c.tar | 6 |

이제 /home/minchul/a.sh에 접근해 봅시다. a.sh는 루트 디렉터리 아래, home 디렉터리 아래, minchul 디렉터리 아래에 있습니다. 따라서 a.sh에 접근하려면 루트 디렉터리부터 봐야 합니다.

**01** 루트 디렉터리를 보세요. home 디렉터리는 몇 번 블록에 있는지 살펴봅시다. home 디렉터리는 3번 블록에 있습니다.

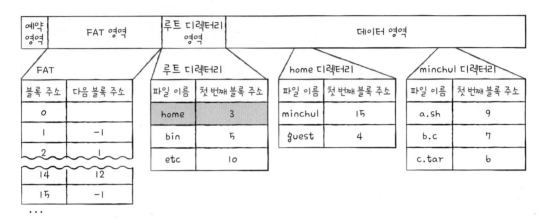

**02** 3번 블록을 읽어 home 디렉터리 내용을 살펴봅시다. 이번에는 minchul 디렉터리가 몇 번 블록에 있는지 살펴봅시다. minchul 디렉터리는 15번 블록에 있습니다.

**03** 15번 블록을 읽어 minchul 디렉터리 내용을 살펴봅니다. 접근하려는 a.sh 파일의 첫 번째 블록 주소가 9번 블록이라는 것을 알 수 있습니다.

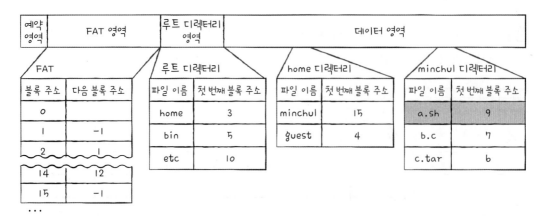

**04** FAT를 보면 a.sh 파일은 9번, 8번, 11번, 13번 블록 순서로 저장되어 있다는 것을 알 수 있습니다. 따라서 파일 시스템은 /home/minchul/a.sh을 읽기 위해 9번, 8번, 11번, 13번 블록에 접근합니다.

| 예약<br>영역 | FAT 영역 | | 루트 디렉터리<br>영역 | 데이터 영역 | | | |
|---|---|---|---|---|---|---|---|

FAT

| 블록 주소 | 다음 블록 주소 |
|---|---|
| 0 | |
| 7 | 14 |
| 8 | 11 |
| 9 | 8 |
| 10 | -1 |
| 11 | 13 |
| 12 | -1 |
| 13 | -1 |
| 14 | 12 |
| 15 | -1 |

. . .

루트 디렉터리

| 파일 이름 | 첫 번째 블록 주소 |
|---|---|
| home | 3 |
| bin | 5 |
| etc | 10 |

home 디렉터리

| 파일 이름 | 첫 번째 블록 주소 |
|---|---|
| minchul | 15 |
| guest | 4 |

minchul 디렉터리

| 파일 이름 | 첫 번째 블록 주소 |
|---|---|
| a.sh | 9 |
| b.c | 7 |
| c.tar | 6 |

## 유닉스 파일 시스템

다음으로 살펴볼 파일 시스템은 색인 할당 기반의 **유닉스 파일 시스템**입니다. 색인 할당은 색인 블록을 기반으로 파일의 데이터 블록들을 찾는 방식이라고 소개했습니다. 유닉스 파일 시스템에서는 이 색인 블록을 **i-node**<sup>index-node</sup>라고 부릅니다.

i-node에는 파일 속성 정보와 열다섯 개의 블록 주소가 저장될 수 있습니다. 앞서 FAT 파일 시스템에서는 파일 속성 정보가 디렉터리 엔트리에 표현되었지요? 유닉스 파일 시스템에서 파일 속성 정보는 i-node에 표현됩니다.

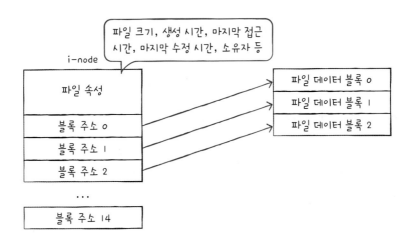

유닉스 파일 시스템에는 파일마다 이러한 i-node가 있고, i-node마다 번호가 부여되어 있습니다. 그리고 i-node들은 다음과 같이 파티션 내 특정 영역에 모여 있습니다. i-node 영역에 i-node들이 있고, 데이터 영역에 디렉터리와 파일들이 있습니다.

| 예약 영역 | i-node 영역 | 데이터 영역 |
|---|---|---|

그런데 여기서 한 가지 문제가 있습니다. i-node의 크기는 유한합니다. i-node 하나는 기본적으로 열다섯 개의 블록 주소를 저장할 수 있기 때문에 i-node 하나는 열다섯 개의 블록을 차지하는 파일까지 가리킬 수 있습니다. 하지만 블록을 20개, 30개, 그 이상 차지하는 큰 파일도 있겠죠? 이 경우 i-node 하나만으로는 파일의 데이터 블록을 모두 가리킬 수 없습니다.

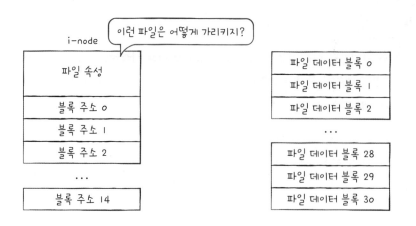

유닉스 파일 시스템은 이러한 문제를 다음과 같이 해결합니다. 글을 먼저 읽고, 그림을 보면서 이해하길 권합니다.

### 첫째, 블록 주소 중 열두 개에는 직접 블록 주소를 저장합니다.

i-node가 가리킬 수 있는 열다섯 개의 블록 주소 중 처음 열두 개에는 파일 데이터가 저장된 블록 주소가 직접적으로 명시됩니다. 파일 데이터가 저장된 블록을 **직접 블록**direct block이라고 합니다. 즉, i-node의 열두 개 주소는 직접 블록 주소를 저장합니다. 이것만으로 파일 데이터 블록을 모두 가리킬 수 있다면 여기서 추가적인 작업이 필요하지 않습니다.

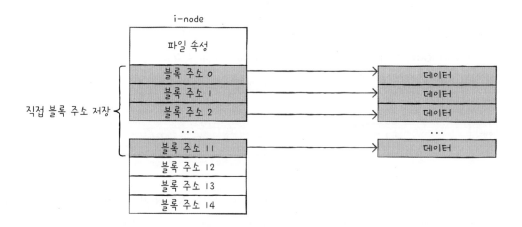

### 둘째, '첫째' 내용으로 충분하지 않다면 열세 번째 주소에 단일 간접 블록 주소를 저장합니다.

열두 개의 블록 주소로 파일의 모든 블록을 가리킬 수 없다면 i-node의 열세 번째 블록 주소를 이용합니다. 열세 번째 블록 주소는 단일 간접 블록의 주소를 저장합니다. **단일 간접 블록**single indirect block이란 파일 데이터가 저장된 블록이 아닌 파일 데이터를 저장한 블록 주소가 저장된 블록을 의미합니다. 이는 말보다 다음 그림으로 이해하기 바랍니다.

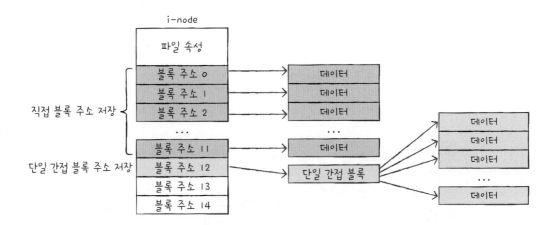

**셋째, '둘째' 내용으로 충분하지 않다면 열네 번째 주소에 이중 간접 블록 주소를 저장합니다.**

열세 개의 블록 주소로 파일의 모든 블록을 가리킬 수 없다면 i-node의 열네 번째 블록 주소를 이용합니다. 열네 번째 블록 주소는 이중 간접 블록 주소를 저장합니다. **이중 간접 블록**double indirect block이란 데이터 블록 주소를 저장하는 블록 주소가 저장된 블록을 의미합니다. 즉, 단일 간접 블록들의 주소를 저장하는 블록이 이중 간접 블록입니다.

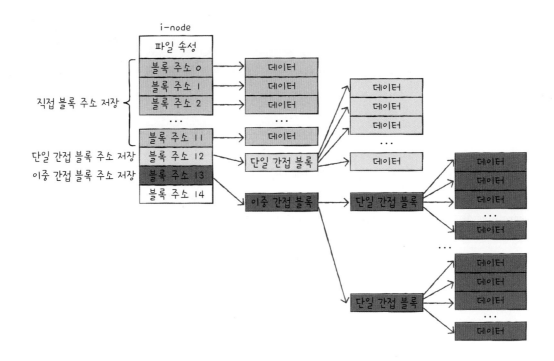

**넷째, '셋째' 내용으로 충분하지 않다면 열다섯 번째 주소에 삼중 간접 블록 주소를 저장합니다.**

열네 개의 블록 주소로 파일 블록을 가리킬 수 없다면 i-node의 열다섯 번째 블록 주소를 이용합니다. 열다섯 번째 블록 주소는 삼중 간접 블록 주소를 저장합니다. **삼중 간접 블록**triple indirect block이란 이중 간접 블록 주소가 저장된 블록입니다. 그림으로 이해하기 바랍니다. 삼중 간접 블록까지 이용하면 웬만한 크기의 파일은 모두 표현할 수 있습니다.

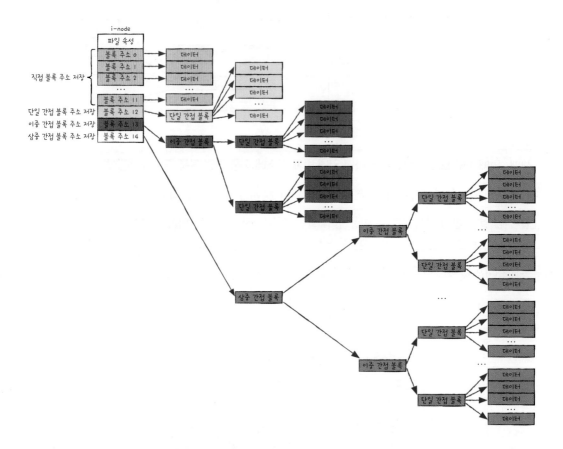

이로써 i-node만 알면 파일 속성뿐만 아니라 파일 크기가 크더라도 파일 데이터를 모두 가리킬 수 있습니다. i-node가 파일의 모든 것을 담고 있다고 해도 과언이 아니지요. 그래서 유닉스 파일 시스템의 디렉터리 엔트리도 다음 그림과 같이 파일 이름과 i-node 번호로 구성됩니다.

| i-node 번호 | 파일 이름 |
|---|---|
|  |  |

마지막으로 다음 그림과 같은 디렉터리 구조를 이루는 유닉스 파일 시스템에서 /home/minchul/
a.sh 파일을 읽는 과정을 살펴보겠습니다.

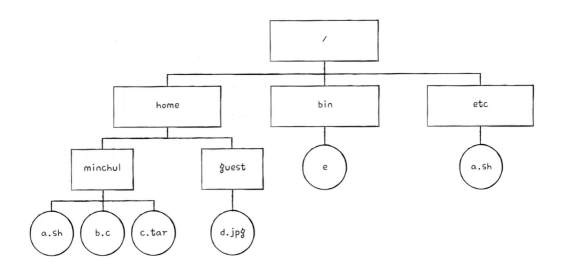

위 디렉터리 구조는 파티션 내에 다음 그림과 같이 저장된다고 가정해 보겠습니다. 다음 그림은 이해
를 돕기 위해 간략화한 그림으로, 각 i-node에는 파일 속성은 제외하고 블록 주소만을 명시했습니다.

파일에 접근하기 위해 파일 시스템은 우선 루트 디렉터리 위치부터 찾습니다. 루트 디렉터리 위치는
루트 디렉터리의 i-node를 보면 알 수 있는데, 유닉스 파일 시스템은 루트 디렉터리의 i-node를
항상 기억하고 있습니다. 다음 그림에서는 2번 i-node가 루트 디렉터리의 i-node라고 가정했습
니다.

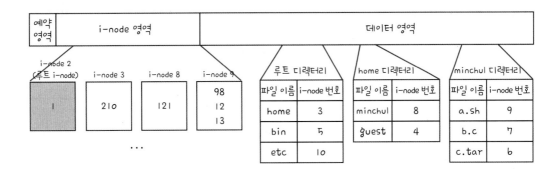

이제 /home/minchul/a.sh에 접근해 봅시다. 읽고자 하는 파일인 a.sh는 루트 디렉터리 아래,
home 디렉터리 아래, minchul 디렉터리 아래에 있습니다.

**01** 2번 i-node에 접근하여 루트 디렉터리의 위치를 파악합니다. 루트 디렉터리는 1번 블록에 있습니다.

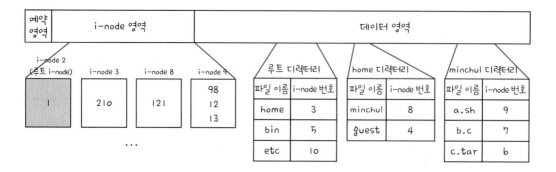

**02** 1번 블록을 읽으면 루트 디렉터리의 내용을 알 수 있습니다. 루트 디렉터리를 보세요. home 디렉터리의 i-node는 3번 i-node입니다.

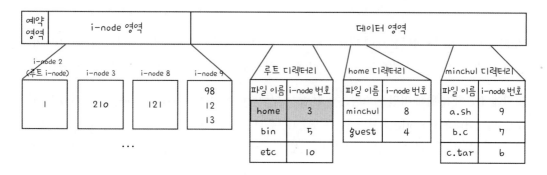

**03** 3번 i-node에 접근하여 home 디렉터리 위치를 파악합니다. home 디렉터리는 210번 블록에 있습니다.

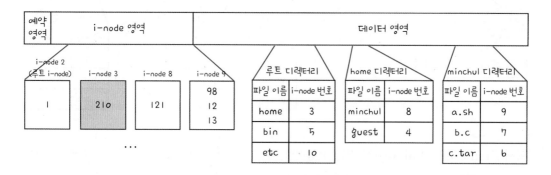

**04** 210번 블록을 읽으면 home 디렉터리 내용을 알 수 있습니다. home 디렉터리를 보세요. minchul 디렉터리의 i-node는 8번입니다.

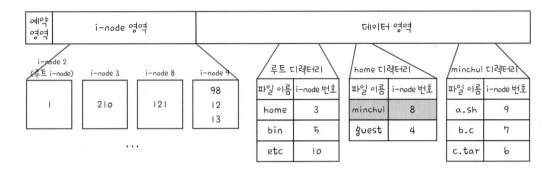

**05** 8번 i-node에 접근하여 minchul 디렉터리의 위치를 파악합니다. minchul 디렉터리는 121번 블록에 있습니다.

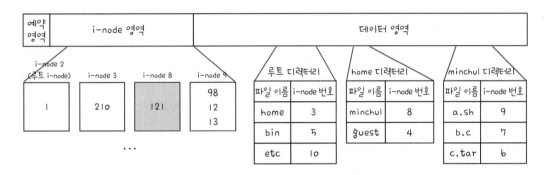

**06** 121번 블록을 읽으면 minchul 디렉터리의 내용을 알 수 있습니다. 파일 a.sh의 i-node 번호는 9번입니다.

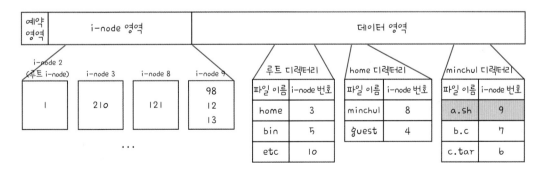

**07** 9번 i-node에 접근하여 파일 a.sh의 위치를 파악합니다 a.sh 파일은 98번, 12번, 13번 블록에 있습니다.

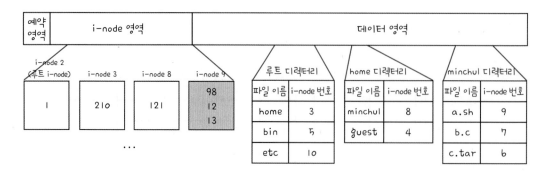

따라서 파일 시스템은 /home/minchul/a.sh를 읽기 위해 98번, 12번, 13번 블록에 접근하면 됩니다.

이로써 파일 시스템의 이론적인 내용과 더불어 실제 파일 시스템 모습까지 살펴보았습니다. 파일 시스템을 아우르는 개념은 방대합니다. 파일 시스템만을 다루는 전공서도 많습니다. 그래서 이 책에서는 분량상 세상에 존재하는 다양한 파일 시스템 모두를 다루지는 않았고, 대표적인 파일 시스템 몇 개만을 다루었습니다. 이외에도 여러분이 알면 좋은 흥미로운 파일 시스템이 많습니다. 대표적으로 윈도우 운영체제에서 사용되는 **NT 파일 시스템**(**NTFS**), 리눅스 운영체제에서 사용되는 **ext 파일 시스템** 등이 있습니다. 지금까지 설명한 개념들을 제대로 이해했다면 이러한 파일 시스템을 이해하는 데에 큰 무리는 없을 것입니다. 이 책에서 설명한 파일 시스템 이외에 다른 파일 시스템에 대해서도 심화 학습하고 싶은 독자들은 아래 링크의 file_system 항목을 참고하기 바랍니다.

URL https://github.com/kangtegong/self-learning-cs

## 좀 더 알아보기 — 저널링 파일 시스템

컴퓨터를 이용해 작업을 하던 도중 갑자기 전원이 나가거나 치명적인 오류로 인해 컴퓨터가 강제로 종료되어 버린 상황을 생각해 봅시다. 파일 시스템을 변경하는 도중에 이러한 상황(**시스템 크래시**)이 발생하면 파일 시스템이 훼손될 수 있습니다.

저널링 파일 시스템이 있기 전에는 이런 상황이 발생하면 부팅 직후 파일 시스템을 검사하고 복구하는 프로그램을 실행시켰습니다. 유닉스나 리눅스의 fsck나 윈도우의 scandisk가 이러한 프로그램에 속합니다. 다만 이러한 프로그램들은 파일 시스템 내의 모든 블록에 대해 파일 시스템을 검사하기 때문에 시간이 매우 오래 걸린다는 문제가 있었습니다. 대용량 컴퓨터의 경우 몇 시간이 걸리기도 했지요.

그래서 등장한 것이 저널링 기법을 이용하는 **저널링 파일 시스템**입니다. **저널링**journaling **기법**이란 작업 로그를 통해 시스템 크래시가 발생했을 때 빠르게 복구하기 위한 방법입니다. 저널링 기법을 사용하는 파일 시스템에서 파일 시스템을 변경하는 작업은 다음과 같은 순서로 수행됩니다.

❶ 작업 직전 파티션의 로그 영역에 수행하는 작업(변경 사항)에 대한 로그를 남긴다.

❷ 로그를 남긴 후 작업을 수행한다.

❸ 작업이 끝났다면 로그를 삭제한다.

| 예약 영역 | 로그 영역 | i-node 영역 | 데이터 영역 |
|---|---|---|---|

이 경우 만약 작업을 하던 도중 시스템 크래시가 발생하여 다시 부팅을 해야 한다면 파일 시스템 전체를 검사할 필요 없이 로그 영역에 남긴 로그만 검사해도 됩니다. 즉, 저널링 파일 시스템은 시스템 크래시가 발생한 직후에 로그 영역을 읽어 크래시가 발생한 당시 어떤 작업을 실행 중이었는지 알아낸 다음 해당 작업을 완료합니다.

마이크로소프트의 NT 파일 시스템, 리눅스의 ext3, ext4 파일 시스템을 포함하여 현대 대부분의 파일 시스템은 이러한 저널링 기능을 지원합니다.

유닉스, 리눅스 등의 운영체제에서 '저장 장치를 마운트한다'라는 표현을 자주 사용합니다. 이는 한 저장 장치의 파일 시스템에서 다른 저장 장치의 파일 시스템에 접근할 수 있도록 파일 시스템을 편입시키는 작업을 의미합니다. 이는 말보다는 예시로 이해하는 것이 좋습니다. 예를 들어 다음과 같은 디렉터리 구조를 가진 컴퓨터가 있다고 가정해 보겠습니다.

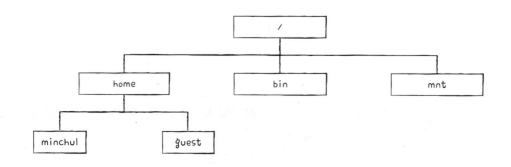

그리고 다음과 같은 디렉터리 구조를 가진 USB 메모리가 있다고 가정해 보죠.

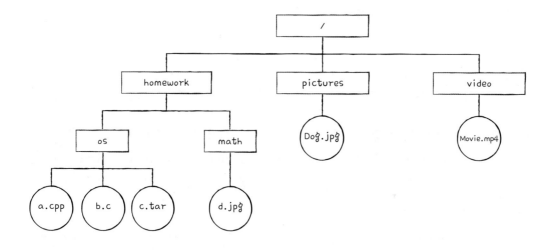

USB 메모리의 파일 시스템을 컴퓨터의 /mnt 경로에 마운트하면 /mnt 경로에 USB 메모리의 파일 시스템이 다음 그림과 같이 연결됩니다. 즉, /mnt 경로를 통해 USB 메모리에 접근할 수 있습니다. /mnt/homework/os/a.cpp 경로를 통해 a.cpp 파일에 접근할 수 있고, /mnt/pictures/Dog.jpg 경로를 통해 Dog.jpg 파일에 접근할 수 있지요.

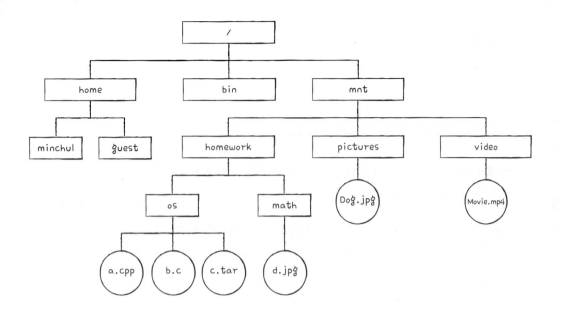

유닉스, 리눅스와 같은 운영체제에서 다양한 저장 장치를 컴퓨터에 연결할 때 mount 명령어로 빈번하게 마운트합니다.

## ▶ 7가지 키워드로 정리하는 핵심 포인트

- **파티셔닝**은 하드 디스크나 SSD처럼 용량이 큰 저장 장치를 하나 이상의 논리적인 여러 단위로 구획하는 작업을 의미합니다.

- **포매팅**이란 파일 시스템을 설정하여 어떤 방식으로 파일을 저장하고 관리할 것인지를 결정하고, 새로운 데이터를 쓸 수 있게 하는 작업을 의미합니다.

- **연속 할당**은 보조기억장치 내 연속적인 블록에 파일을 할당하는 방식입니다.

- **연결 할당**은 각 블록 일부에 다음 블록의 주소를 저장하여 블록들을 연결 리스트 형태로 관리하는 방식입니다.

- **색인 할당**은 파일의 모든 블록 주소를 색인 블록에 모아 관리하는 방식입니다.

- **FAT 파일 시스템**은 FAT를 이용하는 연결 할당 기반의 파일 시스템입니다.

- **유닉스 파일 시스템**은 i-node를 이용하는 색인 할당 기반의 파일 시스템입니다.

## ▶ 확인 문제

**1.** 파일 할당 방법에 대한 설명으로 옳지 않은 것을 고르세요

① 연속 할당은 외부 단편화가 발생할 수 있습니다.
② 연결 할당은 파일에 보조기억장치 내에 파일을 연속적인 블록으로 할당하는 방식입니다.
③ 색인 할당은 파일의 모든 블록 주소를 색인 블록에 모아 관리하는 방식입니다.
④ 파일 시스템은 블록 단위로 파일을 읽고 씁니다.

**2.** FAT 파일 시스템에 대한 설명으로 옳지 않은 것을 고르세요.

① 연결 할당 기반 파일 시스템입니다.

② FAT(파일 할당 테이블)를 사용하는 파일 시스템입니다.

③ 파일의 속성은 디렉터리 엔트리에 명시됩니다.

④ 블록마다 다음 블록의 주소를 저장합니다.

**3** 유닉스 파일 시스템에 대한 설명으로 옳지 않은 것을 고르세요.

① 연속 할당 기반 파일 시스템입니다.

② i-node는 파일의 데이터 블록 주소를 저장합니다.

③ 파일의 크기가 크면 i-node는 단일 간접 블록, 이중 간접 블록, 삼중 간접 블록을 가리킵니다.

④ 파일의 속성은 i-node에 명시됩니다.

**4** 파티셔닝과 포매팅에 대한 설명으로 옳지 않은 것을 고르세요.

① 파티셔닝과 포매팅 작업을 거치지 않고도 파일 시스템을 이용할 수 있습니다.

② 파티셔닝은 보조기억장치에 논리적인 영역을 구획하는 작업을 의미합니다.

③ 포매팅 작업을 거치면 파일 시스템이 결정됩니다.

④ 파티션마다 각기 다른 파일 시스템을 이용할 수 있습니다.

hint 1. 보조기억장치 내에 파일을 연속적인 블록으로 할당하는 방식은 연결 할당입니다.

2. FAT 파일 시스템은 다음 블록 주소를 FAT에 명시합니다.

3. 유닉스 파일 시스템은 색인 할당 기반의 파일 시스템입니다.

여기까지 모두 학습하신 여러분께 우선 감사와 축하의 말씀을 전합니다. 운영체제를 더 알고 싶은 독자를 위한 심화 학습 수단 두 가지를 소개하고 마치겠습니다.

개인적인 생각이지만, 운영체제는 분명 재미있고 즐거운 분야이지만 동시에 파면 팔수록 방대하고 난해한 분야이기도 합니다. 세상에는 많은 운영체제가 있고, 그 많은 운영체제 중 하나를 제대로 아는 것도 벅찰 정도이지요. 시중에 있는 모든 운영체제를 한 번에 통달하기란 불가능에 가깝습니다. 그렇기 때문에 필자는 여러분들께 한 운영체제, 그중에서 리눅스(Linux) 운영체제의 자세한 동작을 분석해 보길 권합니다. 리눅스를 추천하는 이유는 간단합니다. 리눅스는 그를 구성하는 모든 소스 코드가 공개되어 있는 오픈 소스 소프트웨어이고, 수많은 운영체제들이 리눅스를 기반으로 만들어졌기 때문입니다. 그래서 많은 개발자들이 리눅스를 사용하는 것이지요.

리눅스의 공식 페이지인 https://kernel.org에 접속해 보면 리눅스 커널을 구성하는 소스 코드뿐만 아니라 관련된 자세한 문서도 볼 수 있습니다. 이곳에서 프로세스 관리, 메모리 관리 등이 리눅스에서 실제로 어떻게 구현되는지 확인해 보시기 바랍니다. 이 책을 통해 배운 내용을 복습할 수 있을 뿐만 아니라 리눅스만의 독특한 작동 방식도 확인할 수 있을 것입니다. 아직 프로그래밍 언어에 익숙하지 않아 리눅스 커널의 소스 코드를 분석하는 것이 어렵다면 단순히 리눅스를 가상 머신 등에 설치하여 사용해 보는 것도 좋습니다. 이것이 필자가 제안하는 첫 번째 심화 학습 방법입니다.

두 번째는 이 책을 통해 배운 내용을 프로그래밍 언어로 학습해 보는 것입니다. C/C++, Python, Java 등의 프로그래밍 언어를 통해 프로세스/스레드도 생성해 보고, 간단히 메모리도 다루어 보고, 파일 시스템과 상호작용도 해 보길 권합니다. 개발자로서의 역량을 한층 더 올리는 계기를 제공할 것입니다.

## 01-1 컴퓨터 구조를 알아야 하는 이유

**1.** ②

컴퓨터 구조를 이해하는 것은 프로그램을 빠르게 구현하는 것과는 큰 관련이 없습니다.

**2.** 미지의 대상, 분석의 대상

컴퓨터 구조를 이해하면 컴퓨터를 미지의 대상에서 분석의 대상으로 인식하게 됩니다.

## 01-2 컴퓨터 구조의 큰 그림

**1.** 데이터, 명령어

프로그램을 이루는 정보에는 데이터와 명령어가 있습니다.

**2.** ③

CPU는 프로그램 속 명령어를 해석하고 실행하는 장치입니다.

**3.** 메모리

프로그램이 수행되려면 반드시 메모리에 저장되어 있어야 합니다.

**4.** ① 보조기억장치 •　　　　　　　　• ㉠ 실행되는 프로그램 저장

　　② 메모리 •　　　　　　　　• ㉡ 보관할 프로그램 저장

메모리는 실행되는 프로그램을 저장하는 용도로, 보조기억장치는 전원이 꺼져도 저장한 내용을 기억하기에 보관할 프로그램을 저장하는 용도로 사용됩니다.

**5.** ①

## 02-1 0과 1로 숫자를 표현하는 방법

**1.** 2

1GB는 1000MB이므로, 2000MB는 2GB와 같습니다.

**2.** ④

1byte는 1024bit가 아니라 8bit와 같습니다.

**3.** $0011_{(2)}$

2의 보수는 모든 0과 1을 뒤집고, 여기에 1을 더함으로써 얻을 수 있습니다.

$1101_{(2)}$의 모든 0과 1을 뒤집으면 $0010_{(2)}$, 여기에 1을 더하면 $0011_{(2)}$이므로 $1101_{(2)}$의 2의 보수는 $0011_{(2)}$입니다.

**4.** $11011010_{(2)}$

십육진수를 이진수로 변환할 때 십육진수 한 글자를 네 개의 이진수로 간주하면 간편합니다.

십육진수 D를 이진수로 표현하면 $1101_{(2)}$, 십육진수 A를 이진수로 표현하면 $1010_{(2)}$이므로, 십육진수 0xDA를 이진수로 표현하면 이를 이어 붙인 $11011010_{(2)}$이 됩니다.

**5.** ①

이진수를 많이 사용하는 이유 중 하나는 십육진수 간의 변환이 쉽기 때문입니다.

## 02-2 0과 1로 문자를 표현하는 방법

**1.** hongong

아스키 코드 표에 따르면 h는 103, o는 111, n은 110, g는 103으로 인코딩됩니다.

**2.** ②

EUC-KR은 완성형 인코딩입니다.

**3.** 1110 1100 1001 0101 1000 1000 1110 1011 1000 0101 1001 $0101_{(2)}$

'안'과 '녕'은 각각 3바이트로 인코딩됩니다. '안'에 부여된 값 1100 0101 0100 $1000_{(2)}$을 UTF-8 3바이트 인코딩 형식에 넣으면 1110 1100 1001 0101 1000 $1000_{(2)}$, '녕'에 부여된 값 1011 0001 0101 $0101_{(2)}$을 UTF-8 형식에 넣으면 1110 1011 1000 0101 1001 $0101_{(2)}$입니다.

따라서 이를 이어 붙인 값이 '안녕'을 UTF-8로 인코딩한 값입니다.

## 03-1 소스 코드와 명령어

**1.** ③, ④

기계어와 어셈블리어는 고급 언어가 아닌 저급 언어입니다.

**2.** ②

인터프리터 언어는 한 줄 한 줄 저급 언어로 해석하며 실행해야 하기 때문에 일반적으로 컴파일 언어보다 느립니다.

## 03-2 명령어의 구조

**1.** ②

연산 코드 필드에는 명령어가 수행할 내용이 담깁니다. 오퍼랜드 필드에는 메모리의 주소가 담깁니다.

**2.** ① 6, ② 200

메모리 6번지 속 200이라는 값을 CPU로 가지고 옵니다.

레지스터 간접 주소 지정 방식은 연산 코드에 사용될 데이터를 메모리에 저장하고, 그 주소(유효 주소)를 저장한 레지스터를 명령어 오퍼랜드 필드에 명시하는 방법입니다. 즉, R1이라는 레지스터에 담긴 메모리 주소를 확인하면 연산 코드에 사용될 데이터를 얻을 수 있습니다.

R1 레지스터에 담긴 주소는 6번지로, 200을 저장하고 있습니다. 따라서 위 명령어를 레지스터 간접 주소 지정 방식으로 실행하면 메모리 6번지의 200이라는 값이 CPU로 읽어 들여집니다.

## 04-1 ALU와 제어장치

**1.** −3

부호 플래그가 음수입니다. 이 말은 곧 계산 결과가 음수임을 나타냅니다. 계산 결괏값, 즉 $101_{(2)}$은 $011_{(2)}$에 2의 보수를 취하여 음수로 표현한 값이고, $011_{(2)}$은 십진수 3이므로 계산 결과를 십진수로 표현하면 −3이 됩니다.

**2.** ④

CPU 내에서 연산을 담당하는 부품은 ALU입니다.

**3.** ① 플래그 레지스터, ② 명령어 레지스터, ③ 제어 버스

제어장치는 플래그 레지스터로부터 플래그 값을 받아들이고, 명령어 레지스터로부터 현재 해석할 명령어를 받아들입니다. 그리고 제어 버스를 통해 제어 신호를 내보냅니다.

**4.** ④

CPU의 구성 요소에는 크게 레지스터, ALU, 제어장치가 있습니다. 하드 디스크는 CPU의 구성 요소가 아닙니다.

## 04-2 레지스터

**1.** 2100번지

프로그램 카운터는 다음으로 실행할 명령어의 주소를 저장합니다.

**2.** ① 플래그 레지스터, ② 프로그램 카운터, ③ 범용 레지스터, ④ 명령어 레지스터

**3.** 6번지

스택 포인터는 스택에 남아 있는 최상단의 데이터 주소를 저장합니다. 그림 속 스택에서 데이터를 두 번 빼내면 6번지에 저장된 3밖에 남지 않습니다. 따라서 스택 포인터는 6번지를 저장합니다.

**4.** ④

레지스터는 CPU 내에 있는 작은 임시 저장 장치입니다.

## 04-3 명령어 사이클과 인터럽트

**1.** ④

인터럽트는 프로그램의 순차적인 실행을 끊습니다.

**2.** ③

인터럽트 비트로 모든 인터럽트를 막을 수 있는 것은 아닙니다. 막을 수 없는 인터럽트를 NMI라고 합니다.

**3.** 인터럽트 서비스 루틴

CPU는 인터럽트를 처리하기 위해 인터럽트 서비스 루틴을 실행합니다. 하던 작업을 잠시 백업하고 인터럽트 서비스 루틴을 실행한 뒤 다시 실행을 재개합니다.

**4.** ②

메모리에 있는 명령어를 CPU로 가져오는 단계를 인출 사이클(fetch cycle)이라고 합니다.

**5.** ③

하드웨어 인터럽트가 발생하면 CPU는 수행하던 작업을 잠시 백업한 뒤 인터럽트 서비스 루틴을 실행합니다. 인터럽트 서비스 루틴의 실행이 끝나면 백업해 둔 작업을 복구하여 다시 수행을 재개합니다.

## 05-1 빠른 CPU를 위한 설계 기법

**1.** ③

클럭 속도를 지나치게 높이면 발열 문제가 발생합니다.

**2.** ④

멀티스레드 프로세서는 하나의 코어로도 여러 개의 하드웨어 스레드를 처리할 수 있습니다.

**3.** ① 하드웨어, ② 소프트웨어

스레드에는 하드웨어적 스레드와 소프트웨어적 스레드가 있습니다.

**4.** 코어

코어는 CPU 내에서 명령어를 처리하는 부품이고, CPU는 이 코어를 여러 개 가질 수 있습니다. 이와 같은 CPU를 멀티코어 CPU라고 부릅니다.

## 05-2 명령어 병렬 처리 기법

**1.** ②

슈퍼스칼라는 여러 개의 명령어 파이프라인을 이용하는 기법입니다.

**2.** ① 비순차적 명령어 처리, ② 슈퍼스칼라

비순차적 명령어 처리 기법은 순서를 바꾸어 명령어를 실행하는 기법이고, 슈퍼스칼라 기법은 여러 개의 파이프라인을 이용하여 명령어를 동시에 처리하는 기법입니다.

## 05-3 CISC와 RISC

**1.** ④

CISC는 다양한 명령어 주소 지정 방식을 지원합니다.

**2.** ①

RISC는 CISC보다 많은 명령어로 프로그램을 실행합니다.

## 06-1 RAM의 특징과 종류

**1.** ③

메모리로 사용되는 저장 장치는 SRAM이 아니라 DRAM입니다. SRAM은 일반적으로 '대용량으로 만들어질 필요는 없지만 속도가 빨라야 하는 저장 장치', 가령 캐시 메모리에서 사용됩니다.

**2.** ① DDR SDRAM, ② SRAM, ③ DRAM, ④ SDRAM

대역폭을 두 배 넓힌 SDRAM은 DDR SDRAM입니다. 그리고 시간이 지나도 저장된 데이터가 사라지지 않는 RAM은 SRAM, 데이터의 소멸을 막기 위해 일정 주기로 데이터를 재활성화해야 하는 RAM은 DRAM, 클럭과 동기화된 DRAM은 SDRAM입니다.

**3.** ① SRAM, ② DRAM, ③ DRAM, ④ SRAM

SRAM은 주로 캐시 메모리로 활용되고 집적도가 DRAM에 비해 낮습니다. DRAM은 주로 주기억장치로 활용되며, 대용량화하기 유리합니다.

**4.** ① 2, ② 2

DDR3 SDRAM은 DDR2 SDRAM에 비해 대역폭이 두 배 넓은 RAM이고, DDR2 SDRAM은 DDR SDRAM에 비해 대역폭이 두 배 넓은 RAM입니다.

## 06-2 메모리의 주소 공간

**1.** ③

프로그램이 실행될 때마다 다른 주소에 적재될 수 있습니다. 매 실행마다 동일한 주소에 적재되는 것은 아닙니다.

**2.** ③

실행 중인 프로그램 각각에 부여된 0번지부터 시작되는 주소는 물리 주소가 아닌 논리 주소입니다.

**3.** ①

MMU는 논리 주소를 물리 주소로 변환해 주는 장치입니다.

**4.** ① 한계 레지스터, ② 베이스 레지스터

한계 레지스터는 명령어가 다른 프로그램 범위를 침범하는지 검사합니다. 베이스 레지스터는 논리 주소와 더해져 물리 주소로 변환되는 데에 사용됩니다.

## 06-3 캐시 메모리

**1.** ① 레지스터, ② 캐시 메모리, ③ 메모리, ④ 보조저장장치

본문의 그림을 참고해 보세요.

**2.** ④

캐시 히트율이 높으면 캐시 메모리의 활용도가 높아 성능이 좋아집니다.

## 07-1 다양한 보조기억장치

**1.** ① 플래터, ② 스핀들, ③ 헤드

하드 디스크에서 데이터가 저장되는 요소는 플래터입니다. 그리고 그 플래터는 스핀들이 돌리고, 이를 읽고 쓰는 구성 요소는 헤드입니다.

**2.** ②

TLC 타입은 MLC 타입보다 읽고 쓰는 속도가 느립니다.

## 07-2 RAID의 정의와 종류

**1.** ②

보조기억장치에는 수명이 있습니다.

**2.** ③

RAID 0은 데이터를 단순히 병렬적으로 스트라이핑하여 분산 저장하는 방식입니다.

**3.** RAID 6

본문의 그림을 참고해 보세요.

## 08-1 장치 컨트롤러와 장치 드라이버

**1.** ①, ③

장치 컨트롤러를 사용하는 첫 번째 이유는 입출력장치 종류가 많아 규격화가 어렵기 때문이고, 두 번째 이유는 입출력장치는 일반적으로 CPU, 메모리보다 속도가 느리기 때문입니다.

**2.** ②

전원이 꺼져도 대용량의 데이터를 저장하는 것과 장치 컨트롤러는 관계가 없습니다.

**3.** ① 장치 컨트롤러 , ② 프로그램

장치 드라이버는 장치 컨트롤러가 컴퓨터 내부와 정보를 주고받을 수 있도록 하는 프로그램입니다.

**4.** ②

컴퓨터가 장치 드라이버를 인식하고 실행할 수 있다면 해당 입출력장치의 사용이 가능합니다.

## 08-2 다양한 입출력 방법

**1.** ②

고립형 입출력은 입출력장치를 위한 주소 공간을 별도의 공간으로 간주하기 때문에 메모리의 주소 공간이 축소되지 않습니다.

**2.** A, B

인터럽트 A의 인터럽트 서비스 루틴을 실행하던 도중 우선순위가 더 높은 인터럽트 B가 발생했을 때 CPU는 인터럽트 A의 인터럽트 서비스 루틴을 잠시 멈추고, 인터럽트 B의 인터럽트 서비스 루틴을 실행합니다.

**3.** ③

DMA 컨트롤러는 CPU를 거치지 않고 메모리와 입출력장치 간의 데이터를 주고 받습니다.

**4.** 메모리 맵 입출력

메모리 맵 입출력은 메모리에 접근하기 위한 주소 공간과 입출력장치에 접근하기 위한 주소 공간을 하나의 주소 공간으로 간주하는 입출력 방식입니다.

**5.** 고립형 입출력

고립형 입출력은 메모리에 접근하기 위한 주소 공간과 입출력 장치에 접근하기 위한 주소 공간을 별도의 주소 공간으로 분리하는 입출력 방식입니다.

## 09-1 운영체제를 알아야 하는 이유

**1.** 자원

운영체제는 실행할 프로그램에게 자원을 할당하고, 프로그램이 올바르게 실행되도록 돕는 프로그램입니다.

**2.** ②

운영체제는 커널 영역에 적재됩니다.

## 09-2 운영체제의 큰 그림

**1.** 커널

커널은 운영체제의 핵심 기능을 담당하는 부분을 의미합니다.

**2.** ④

시스템 호출은 일종의 인터럽트입니다.

**3.** ③

사용자 인터페이스 제공은 운영체제의 핵심 서비스라 보기 어렵습니다.

## 10-1 프로세스 개요

**1.** ④

사용자와 상호작용하지 않는 프로세스도 있습니다.

**2.** ①

문맥 교환이 지나치게 빠르게 반복되면 문맥 교환에 드는 오버헤드로 인해 좋지 않습니다.

## 10-2 프로세스 상태와 계층 구조

**1.** ① 생성, ② 준비, ③ 실행, ④ 종료, ⑤ 대기

본문의 그림을 참고해 보세요.

**2.** ① 로그인 프로세스, ② Vim 프로세스, ③ bash 프로세스

bash는 로그인 프로세스의 자식 프로세스이고, Vim은 bash 프로세스의 자식 프로세스입니다.

**3.** ①

fork 시스템 호출과 폴더 생성은 관련이 없습니다.

**4.** ④

준비 상태는 CPU를 할당받기를 기다리고 있는 상태입니다.

## 10-3 스레드

**1.** ②

프로세스 내의 스레드들은 각기 다른 코드/데이터/힙 영역을 가지고 있지 않습니다.

**2.** 공유하지 않지만, 공유합니다

프로세스끼리는 기본적으로 자원을 공유하지 않지만, 프로세스 내의 스레드끼리는 같은 프로세스 내의 자원을 공유합니다.

## 11-1 CPU 스케줄링 개요

**1.** ④

선점형 스케줄링은 프로세스가 이용 중인 자원을 빼앗을 수 있는 스케줄링 방식입니다.

**2.** ① 준비 큐, ② 대기 큐

본문의 그림을 참고해 보세요.

**3.** ②

선점형 스케줄링은 문맥 교환 과정의 오버헤드가 비선점형 스케줄링에 비해 더 큽니다.

## 11-2 CPU 스케줄링 알고리즘

**1.** ③

선입 선처리 스케줄링 알고리즘은 준비 큐에 삽입된 순서대로 CPU를 할당합니다.

**2.** ① 기아 현상, ② 에이징 기법

우선순위가 낮아 실행이 계속 연기되는 문제를 기아 현상이라고 하며, 이를 예방하기 위한 기법이 에이징 기법입니다.

### 12-1 동기화란

**1.** ① 실행 순서 제어, ② 상호 배제

프로세스를 올바른 순서대로 실행하는 동기화를 실행 순서 제어를 위한 동기화라고 하며, 동시에 접근해서는 안 되는 자원에 하나의 프로세스만 접근하게 하는 동기화를 상호배제를 위한 동기화라고 합니다.

**2.** ①

임계 구역을 여러 개의 프로세스가 동시에 실행하면 레이스 컨디션이 발생합니다.

### 12-2 동기화 기법

**1.** ④

반드시 바쁜 대기를 할 필요는 없고, 대기 상태로 접어들게 할 수도 있습니다.

**2.** 스레드 B

스레드 B가 조건 변수 y에 대해 대기 상태(wait)에 있으므로 y.signal을 호출하면 스레드 B가 실행됩니다.

**3.** 상호 배제, 실행 순서 제어

세마포를 이용하면 동시에 실행되는 프로세스 혹은 스레드 간에 상호 배제를 위한 동기화와 실행 순서 제어를 위한 동기화를 할 수 있습니다.

### 13-1 교착 상태란

**1.** ④

식사하는 철학자 문제에서 모든 철학자가 동시에 식사를 하려고 하면 교착 상태가 발생합니다.

**2.** 상호 배제, 점유와 대기, 비선점, 원형 대기

교착 상태가 발생할 네 가지 조건은 상호 배제, 점유와 대기, 비선점, 원형 대기입니다.

**3.** ②

자원 할당 그래프가 원의 형태를 띄고 있기 때문입니다.

## 13-2 교착 상태 해결 방법

**1.** ②

교착 상태가 발생해도 이를 회복할 수 있습니다.

**2.** 5개

P2에 자원 두 개를 할당하면 남은 자원은 3-2=1개가 되며, P2가 실행을 성공적으로 종료하여 자원을 반납하면 1+4=5개가 됩니다.

**3.** ②

타조 알고리즘은 교착 상태가 발생해도 이를 무시하는 방법입니다.

**4.** ④

원형으로 대기하면 교착 상태가 발생할 수 있습니다.

## 14-1 연속 메모리 할당

**1.** ① 최초 적합, ② 최악 적합, ③ 최적 적합

최초 적합은 최초로 발견한 적재 가능한 빈 공간에 프로세스를 배치하는 방식, 최악 적합은 프로세스가 적재될 수 있는 가장 큰 공간에 프로세스를 배치하는 방식, 최적 적합은 프로세스가 적재될 수 있는 가장 작은 공간에 프로세스를 배치하는 방식입니다.

**2.** ④

외부 단편화가 발생한 공간에는 프로세스를 배치할 수 없습니다.

**3.** ④

메모리 스와핑은 메모리에서 사용되지 않는 일부 프로세스를 보조기억장치로 내보내고 실행할 프로세스를 메모리에 적재하는 방식입니다.

**4.** ①

연속 메모리 할당은 외부 단편화를 야기합니다.

## 14-2 페이징을 통한 가상 메모리 관리

**1.** ④

TLB 히트의 경우 메모리 접근을 한 번으로 줄일 수 있습니다.

**2.** ③

2번 페이지의 유효 비트가 1이므로 해당 페이지는 현재 메모리에 적재되어 있습니다.

**3.** ②

페이지 테이블은 페이징 기법을 사용하는 컴퓨터에서 사용합니다.

**4.** ①

TLB는 페이지 테이블의 캐시 메모리입니다.


## 14-3 페이지 교체와 프레임 할당

**1.** 3회

본문의 그림을 확인해 보세요.

**2.** ④

페이지 폴트율 기반 프레임 할당은 페이지 폴트율의 상한선보다 적게 프레임을 할당하는 방식입니다.


## 15-1 파일과 디렉터리

**1.** ④

확장자는 파일의 유형을 파악하기 위한 정보입니다.

**2.** ① minchul/c.tar, ② /home/minchul/c.tar

절대 경로는 루트 디렉터리부터 시작하는 경로이고, 상대 경로는 현재 디렉터리부터 시작하는 경로입니다.

**3.** ①

디렉터리도 파일과 동일하게 보조기억장치에 저장되어 있습니다.

## 15-2 파일 시스템

**1.** ②

보조기억장치 내에 파일을 연속적인 블록으로 할당하는 방식은 연결 할당입니다.

**2.** ④

FAT 파일 시스템은 다음 블록 주소를 FAT에 명시합니다.

**3.** ①

유닉스 파일 시스템은 색인 할당 기반의 파일 시스템입니다.

**4.** ①

파티셔닝과 포매팅 작업을 거쳐야 파일 시스템을 이용할 수 있습니다.

**ㄱ ~ ㄴ**

가변 길이 명령어  170

가비지 컬렉션  218

가상 머신  278

가상 메모리  402

간접 사이클  128

간접 주소 지정 방식  098

경로  444

계층적 페이징  419

고급 언어  079

고립형 입출력  243

고정 길이 명령어  173

고정 헤드 디스크  213

공간 지역성  204

공유 자원  345

교착 상태  368

구조적 위험  160

균등 할당  433

그래픽 유저 인터페이스  269

기가바이트  056

기계어  079

내부 단편화  407

논리 주소  187

논리 프로세서  152

**ㄷ ~ ㄹ**

다단계 큐 스케줄링  333

다단계 페이지 테이블  419

다단계 피드백 큐 스케줄링  334

다이  217

다중 헤드 디스크  213

단일 간접 블록  468

단일 헤드 디스크  213

대기 상태  297

대기 큐  321

대역폭  183

더블 워드  056

더티 비트  415

데몬  286

데이터  037

데이터 버스  048

데이터 영역  292

데이터 위험  159

동기 인터럽트  129

동기화  341

동적 할당 영역  293

디렉터리  443

디버깅  139

디스크 암  210

라운드 로빈 스케줄링  330

레이스 컨디션  346

레지스터  041

레지스터 간접 주소 지정 방식  099

레지스터 주소 지정 방식  098

루트 디렉터리  444

링킹  088

**ㅁ ~ ㅂ**

마더보드  047

마운트  476

멀티스레드  309

멀티스레드 프로세서  149

멀티코어 프로세서  147

멀티프로그래밍의 정도  432

멀티프로세스  309

메가바이트  056

메모리  038

메모리 관리 장치  189

메모리 누수  293

메모리 맵 입출력  242

메모리 버퍼 레지스터  114

메모리 주소 레지스터  114

메인보드  047

명령어  037

명령어 레지스터  109, 113

명령어 병렬 처리 기법  156

명령어 사이클  127

명령어 집합  167

명령어 집합 구조  167

명령어 파이프라이닝  158

명령어 포인터  113

모니터  358

목적 코드  084

문맥  290

문맥 교환  291

문자 디코딩  067

문자 인코딩  067

문자 집합   067

물리 주소   187

뮤텍스 락   351

미러링   224

바쁜 대기   353

바이트   056

백그라운드 프로세스   286

버스   047

버퍼링   234

범용 레지스터   118

베이스 레지스터 주소 지정 방식   122

변위   410

변위 주소 지정 방식   120

보조기억장치   038

보호 비트   413

부모 프로세스   298

분기 예측   160

분리형 캐시   200

불안전 상태   380

블록   210, 217, 456

비동기 인터럽트   130

비례 할당   433

비선점형 스케줄링   324

비순차적 명령어 처리   161

비트   055

비휘발성 저장 장치   179

ㅅ ~ ㅇ

사용자 모드   272

사용자 영역   261

사용자 인터페이스   269

산술논리연산장치   041

삼중 간접 블록   470

상대 경로   445

상대 주소 지정 방식   121

상호 배제   342

색인 블록   460

색인 할당   460

생산자와 소비자 문제   344

생성 상태   297

서비스   286

선입 선처리 스케줄링   329

선점형 스케줄링   324

세마포   353

섹터   210

셀   214

소프트웨어 인터럽트   139, 273

속성   441

수정 비트   415

순수 요구 페이징   425

슈퍼스칼라   160

스레드   148, 306

스와핑   391

스왑 아웃   391

스왑 영역   391

스왑 인   391

스케줄링 큐   320

스택   100

스택 영역   120, 294

스택 주소 지정 방식   119

스택 포인터   118, 119

스트라이핑   222

스핀들   209

시간 지역성   203

시스템 버스   047

시스템 자원   261

시스템 호출   273

식사하는 철학자 문제   367

실린더   210

실행 사이클   127

실행 상태   297

십육진법   060

십진법   057

십진수   057

쓰기 시 복사   310, 417

아스키   068

아스키 코드   069

안전 상태   380

압축   399

어셈블리어   080

에이징   332

연결 할당   458

연산자   091

연산 코드   091

연산 코드 필드   091

연속 메모리 할당   390

연속 할당   457

예외 **129**

오버클럭킹 **146**

오버플로우 **106**

오퍼랜드 **091**

오퍼랜드 필드 **091**

완성형 인코딩 **070**

외부 단편화 **395**

요구 페이징 **425**

우선순위 **319**

우선순위 스케줄링 **332**

운영체제 **261**

워드 **056**

유니코드 **072**

유닉스 파일 시스템 **467**

유효 비트 **412**

유효 주소 **096**

응용 프로그램 **262**

이동 헤드 디스크 **213**

이중 간접 블록 **469**

이중 모드 **272**

이진법 **057**

이진수 **057**

인출 사이클 **127**

인터럽트 **129**

인터럽트 기반 입출력 **245**

인터럽트 벡터 **134**

인터럽트 서비스 루틴 **133**

인터럽트 요청 신호 **132**

인터럽트 플래그 **133**

인터럽트 핸들러 **133**

인터프리터 **084**

인터프리터 언어 **084**

임계 구역 **346**

임의 접근 **459**

입출력 버스 **253**

입출력장치 **038**

입출력 집중 프로세스 **317**

입출력 채널 **254**

**ㅈ ~ ㅊ**

자식 프로세스 **298**

자원 위험 **160**

자원 할당 그래프 **369**

작업 집합 모델 **434**

장치 드라이버 **236**

장치 컨트롤러 **234**

저급 언어 **079**

저널링 파일 시스템 **475**

저장 장치 계층 구조 **197**

전송률 **233**

전송 시간 **212**

전역 변수 **293**

절대 경로 **444**

정적 할당 영역 **293**

제어 버스 **048**

제어 신호 **042**

제어 위험 **159**

제어장치 **041**

조건 변수 **359**

조합형 인코딩 **070**

종료 상태 **297**

주기억장치 **038**

주변장치 **046**

주소 **040**

주소 버스 **048**

주소 지정 방식 **097**

주소 필드 **092**

준비 상태 **297**

준비 큐 **321**

중단 **139**

중앙처리장치 **038**

즉시 주소 지정 방식 **097**

직접 블록 **468**

직접 주소 지정 방식 **097**

참조 비트 **414**

참조 지역성의 원리 **202**

최단 작업 우선 스케줄링 **330**

최소 잔여 시간 우선 스케줄링 **331**

최악 적합 **395**

최적 적합 **394**

최적 페이지 교체 알고리즘 **429**

최초 적합 **393**

**ㅋ ~ ㅌ**

캐시 메모리 **198**

캐시 미스 **202**

캐시 적중률 **202**

캐시 히트 **201**

커널 모드 273
커널 영역 261
커맨드 라인 인터페이스 269
컴파일 084
컴파일러 084
컴파일 언어 084
코드 영역 292
코어 147
큐 100
클럭 108
클럭 속도 145
킬로바이트 056
타임 슬라이스 330
타조 알고리즘 385
탐색 시간 211
테라바이트 056
텍스트 영역 292
트랙 210
트랩 139

**ㅍ ~ ㅎ**

파이프라인 위험 158
파일 441
파일 시스템 277, 455
파일 할당 테이블 462
파티셔닝 453
파티션 453
패리티 비트 225
페이지 217

페이지 교체 425
페이지 교체 알고리즘 425
페이지 번호 410
페이지 아웃 404
페이지 인 404
페이지 참조열 426
페이지 테이블 405
페이지 테이블 베이스 레지스터 407
페이지 테이블 엔트리 412
페이지 폴트 413
페이지 폴트 빈도 434
페이징 403
포그라운드 프로세스 285
포매팅 454
폴링 245
폴트 138
풀 워드 056
프레임 403
프레임 할당 425
프로그래머블 인터럽트 컨트롤러 247
프로그램 입출력 241
프로그램 카운터 113
프로세스 275, 284
프로세스 제어 블록 287
프로세스 ID 288
플래그 059, 106
플래그 레지스터 106, 118
플래시 메모리 214
플래터 209
플레인 217

피연산자 091
하드 디스크 209
하드웨어 인터럽트 131
하이퍼스레딩 149
하프 워드 056
한계 레지스터 191
헤드 210
헤르츠 145
호위 효과 329
확장 아스키 069
확장자 442
회전 지연 212
휘발성 저장 장치 179
힙 영역 293

**A~B**

abort 139
absolute path 444
address 040
address bus 048
addressing mode 097
aging 332
ALU 041
American Standard Code for
        Information Interchange 068
application software 262
Arithmetic Logic Unit 041
ASCII 068
assembly language 080

asynchronous interrupts **130**

attribute **441**

background process **286**

base–register addressing
     mode **122**

best fit **394**

binary **057**

bit **055**

block **210, 217, 456**

blocked **297**

branch prediction **160**

buffering **234**

bus **047**

busy wait **353**

byte **056**

**C~D**

cache hit **201**

cache hit ratio **202**

cache memory **198**

cache miss **202**

cell **214**

Central Processing Unit **038**

character decoding **067**

character encoding **067**

character set **067**

child process **298**

CISC **170**

CLI **269**

clock **108**

Code Page 949 **071**

code segment **292**

Command Line Interface **269**

compaction **399**

compile **084**

compiler **084**

condition variable **359**

context **290**

context switching **291**

contiguous allocation **457**

control bus **048**

control hazard **159**

control signal **042**

Control Unit **041**

convoy effect **329**

copy on write **310, 417**

core **147**

CP949 **071**

CPU **038**

CPU 스케줄링 **316**

CPU 집중 프로세스 **317**

CPU bound process **317**

CPU scheduling **316**

critical section **346**

CU **041**

cylinder **210**

daemon **286**

data **037**

data bus **048**

data hazard **159**

data rate **183**

data segment **292**

DDR SDRAM **183**

deadlock **368**

debugging **139**

decimal **057**

degree of multiprogramming **432**

demand paging **425**

device controller **234**

device driver **236**

die **217**

dining philosophers problem **367**

direct addressing mode **097**

direct block **468**

Direct Memory Access **249**

directory **443**

dirty bit **415**

disk arm **210**

displacement addressing
     mode **120**

DMA **249**

Double Data Rate SDRAM **183**

double indirect block **469**

double word **056**

DRAM **181**

dual mode **272**

**E~F**

effective address   096

equal allocation   433

EUC-KR   070

exception   129

exec   301

execution cycle   127

Extended ASCII   069

extension   442

external fragmentation   395

FAT   462

FAT 파일 시스템   463

fault   138

fetch cycle   127

FIFO   100

FIFO 페이지 교체 알고리즘   426

file   441

File Allocation Table   462

file system   277

first fit   393

First In First Out   100

First-In First-Out Page
      Replacement Algorithm   426

fixed-head disk   213

flag   059, 106

flag register   118

flash memory   214

foreground process   285

fork   301

formatting   454

frame   403

full word   056

**G~H**

garbage collection   218

GB   056

general purpose register   118

gigabyte   056

global variable   293

Graphical User Interface   269

GUI   269

half word   056

Hard Disk Drive   209

HDD   209

head   210

heap segment   293

hexadecimal   060

hierarchical paging   419

high-level programming
      language   079

hyper-threading   149

**I~K**

ILP   156

immediate addressing mode   097

index block   460

indexed allocation   460

index-node   467

indirect addressing mode   098

indirect cycle   128

i-node   467

input/output bus   253

Input/Output Channel   254

input/output(I/O) device   038

instruction   037

instruction cycle   127

Instruction-Level Parallelism   156

instruction pipelining   158

Instruction Pointer   113

Instruction Register   113

instruction set   167

Instruction Set Architecture   167

internal fragmentation   407

interpreter   084

interrupt   129

Interrupt-Driven I/O   245

interrupt flag   133

interrupt handler   133

Interrupt Service Routine   133

interrupt vector   134

I/O bound process   317

IP   113

IR   113

ISA   167

isolated I/O   243

ISR   133

kB   056

kernel mode   273

kernel space   261

kilobyte   056


**L~N**

L1 캐시   199

L2 캐시   199

L3 캐시   199

Last In First Out   100

Least Recently Used Page

   Replacement Algorithm   430

level 1 cache   199

level 2 cache   199

level 3 cache   199

LIFO   100

limit register   191

linked allocation   458

linking   088

load-store 구조   173

locality of reference   202

logical address   187

logical processor   152

low-level programming

   language   079

LRU   430

LRU 페이지 교체 알고리즘   430

machine code   079

main board   047

main memory   038

MAR   114

MB   056

MBR   114

megabyte   056

Memory Address Register   114

Memory Buffer Register   114

memory hierarchy   197

memory leak   293

Memory Management Unit   189

memory-mapped I/O   242

mirroring   224

MLC   214

MMU   189

modified bit   415

monitor   358

mother board   047

movable-head disk   213

multilevel feedback queue

   scheduling   334

multilevel page table   419

multilevel queue scheduling   333

multiple-head disk   213

Multiple Level Cell   214

multiprocess   309

multithread   149, 309

Mutex lock   351

mutual exclusion   342

MUTual EXclusion lock   351

new   297

NMI   247

Non-Maskable Interrupt   247

non-preemptive scheduling   324

non-volatile memory   179


**O~P**

object code   084

offset   410

OoOE   161

operand   091

operating system   261

operation code   091

optimal page replacement

   algorithm   429

ostrich algorithm   385

Out-of-order execution   161

overclocking   146

overflow   106

page   217

page fault   413

Page-Fault Frequency   434

page in   404

page number   410

page out   404

page reference string   426

page table   405

Page Table Base Register   407

Page Table Entry   412

paging   403

parent process   298

parity bit   225

partition  453

partitioning  453

path  444

PC  113

PCB  287

peripheral device  046

PFF  434

physical address  187

PIC  247

PID  288

pipeline hazard  158

plane  217

platter  209

polling  245

POP  100

preemptive scheduling  324

principle of locality  202

priority  319

priority scheduling  332

process  275, 284

Process Control Block  287

Process ID  288

Program Counter  113

Programmable Interrupt
     Controller  247

programmed I/O  241

proportional allocation  433

protection bit  413

PTBR  407

PTE  412

pure demand paging  425

PUSH  100

**Q~R**

queue  100

race condition  346

RAID  221

RAID 0  222

RAID 1  224

RAID 4  225

RAID 5  226

RAID 6  227

random access  459

ready  297

ready queue  321

Redundant Array of Independent
     Disks  221

reference bit  414

register  041

register addressing mode  098

register indirect addressing
     mode  099

relative addressing mode  121

relative path  445

resource-allocation graph  369

resource hazard  160

Revolution Per Minute  209

RISC  172

root directory  444

rotational latency  212

RPM  209

running  297

**S~T**

safe state  380

scheduling queue  320

SDRAM  182

SDR SDRAM  183

secondary storage  038

second chance page replacement
     algorithm  428

sector  210

seek time  211

semaphore  353

service  286

shared resource  345

Single Data Rate SDRAM  183

single-head disk  213

single indirect block  468

Single Level Cell  214

SLC  214

software interrupt  139

spatial locality  204

spindle  209

split cache  200

SRAM  182

stack  100

stack pointer  118

stack segment  294

striping  222

structural hazard  160

superscalar  160

swap-in  391

swap-out  391

swapping  391

swap space  391

Synchronous Dynamic RAM  182

synchronous interrupts  129

system bus  047

system call  273

TB  056

temporal locality  203

terabyte  056

terminated  297

text segment  292

thread  148, 306

TLB  409

TLB 미스  409

TLB 히트  409

TLB hit  409

TLB miss  409

TLC  214

track  210

transfer rate  233

transfer time  212

Translation Lookaside Buffer  409

trap  139

triple indirect block  470

Triple-Level Cell  214

two's complement  058


**U~W**

UI  269

unicode  072

unsafe state  380

User Interface  269

user mode  272

user space  261

UTF-8  073

valid bit  412

virtual machine  278

virtual memory  402

volatile memory  179

waiting queue  321

working set model  434

worst fit  395


**숫자**

2의 보수  058

2차 기회 페이지 교체 알고리즘  428

# 혼공
# 용어 노트

**혼자 공부하는 컴퓨터 구조 + 운영체제**

**H3 한빛미디어**
Hanbit Media, Inc.

# 혼자 공부하며 함께 만드는

## 혼공 용어 노트

# 목차 가나다순

| | |
|---|---|
| 경로 path | 24 |
| 고급 언어 high-level programming language | 08 |
| 고립형 입출력 isolated I/O | 16 |
| 공유 자원 shared resource | 20 |
| 교착 상태 deadlock | 21 |
| 교착 상태 검출 후 회복 deadlock detection & recovery | 21 |
| 교착 상태 예방 deadlock prevention | 21 |
| 교착 상태 회피 deadlock avoidance | 21 |
| 논리 주소 logical address | 13 |
| 대기 큐 waiting queue | 19 |
| 데이터 data | 06 |
| 데이터 접근 시간 data access time | 15 |
| 동기화 synchronization | 20 |
| 디렉터리 directory | 24 |
| 레지스터 register | 09 |
| 멀티스레드 multithread | 19 |
| 멀티스레드 프로세서 multithread processor | 11 |
| 멀티프로세스 multi-process | 19 |
| 메모리 관리 장치 MMU; Memory Management Unit | 13 |
| 메모리 맵 입출력 memory-mapped I/O | 16 |
| 메인보드 main board | 07 |
| 명령어 instruction | 06 |
| 명령어 사이클 instruction cycle | 10 |
| 명령어 집합 구조 ISA; Instruction Set Architecture | 12 |
| 명령어 파이프라이닝 instruction pipelining | 11 |
| 모니터 monitor | 20 |
| 문맥 교환 context switching | 18 |
| 문자 집합 character set | 07 |
| 물리 주소 physical address | 13 |
| 뮤텍스 락 mutex lock | 20 |
| 변위 주소 지정 방식 displacement addressing mode | 10 |
| 변환 색인 버퍼 TLB; Translation Lookaside Buffer | 23 |

| | |
|---|---|
| 보조기억장치 secondary storage | 06 |
| 부모 프로세스 parent process | 18 |
| 비순차적 명령어 처리 기법 | |
| OoOE; Out-of-order execution | 11 |
| 비트 bit | 07 |
| 비휘발성 저장장치 non-volatile memory | 12 |
| 산술연산장치 ALU; Arithmetic Logic Unit | 09 |
| 색인 할당 indexed allocation | 24 |
| 선점형 스케줄링 preemptive scheduling | 19 |
| 세마포 semaphore | 20 |
| 섹터 sector | 14 |
| 슈퍼스칼라 superscalar | 11 |
| 스래싱 thrashing | 23 |
| 스레드 thread | 11 |
| 스와핑 swapping | 21 |
| 스택 주소 지정 방식 stack addressing mode | 10 |
| 시스템 버스 system bus | 07 |
| 시스템 호출 system call | 17 |
| 실린더 cylinder | 14 |
| 십육진법 hexadecimal | 07 |
| 연결 할당 linked allocation | 24 |
| 연속 할당 contiguous allocation | 24 |
| 예외 exception | 10 |
| 외부 단편화 external fragmentation | 22 |
| 요구 페이징 demand paging | 23 |
| 우선순위 priority | 19 |
| 운영체제 operating system | 17 |
| 유닉스 파일 시스템 UNIX file system | 24 |
| 이중 모드 dual mode | 17 |
| 이진법 binary | 07 |
| 인터럽트 interrupt | 10 |
| 인터럽트 기반 입출력 interrupt-driven I/O | 16 |

| | | |
|---|---|---|
| 인터프리터 언어 interpreter language | 08 | |
| 임계 구역 critical section | 20 | |
| 입출력 버스 input/output bus | 16 | |
| 입출력장치 I/O(input/output) device | 06 | |
| 장치 드라이버 device driver | 15 | |
| 장치 컨트롤러 device controller | 15 | |
| 저장 장치 계층 구조 memory hierarchy | 13 | |
| 제어장치 Control Unit | 09 | |
| 주기억장치 main memory | 06 | |
| 주소 지정 방식 addressing mode | 09 | |
| 준비 큐 ready queue | 19 | |
| 중앙처리장치 CPU; Central Processing Unit | 06 | |
| 참조 지역성의 원리 locality of reference | 14 | |
| 최악 적합 worst fit | 22 | |
| 최적 적합 best fit | 22 | |
| 최초 적합 first fit | 22 | |
| 캐시 메모리 cache memory | 14 | |
| 커널 kernel | 17 | |
| 컴파일 언어 compile language | 08 | |
| 코어 core | 11 | |
| 클럭 속도 clock speed | 11 | |
| 트랙 track | 14 | |
| 파일 file | 23 | |
| 파일 속성 file attribute | 24 | |
| 파티셔닝 partitioning | 24 | |
| 페이지 교체 알고리즘 page replacement algorithm | 23 | |
| 페이지 테이블 page table | 22 | |
| 페이지 테이블 베이스 레지스터 | | |
| PTBR; Page Table Base Register | 22 | |
| 페이지 폴트 page fault | 23 | |
| 페이징 paging | 22 | |
| 포매팅 formatting | 24 | |

| | |
|---|---|
| 프레임 할당 frame allocation | 23 |
| 프로그램 입출력 programmed I/O | 16 |
| 프로세스 process | 17 |
| 프로세스 상태 process state | 18 |
| 프로세스 제어 블록 PCB; Process Control Block | 18 |
| 플래터 platter | 14 |
| 하드웨어 인터럽트 hardware interrupt | 10 |
| 한계 레지스터 limit register | 13 |
| 휘발성 저장장치 volatile memory | 12 |

# 목차 ABC순

addressing mode 주소 지정 방식 09

ALU; Arithmetic Logic Unit 산술연산장치 09

best fit 최적 적합 22

binary 이진법 07

bit 비트 07

cache memory 캐시 메모리 14

character set 문자 집합 07

CISC; Complex Instruction Set Computer 12

clock speed 클럭 속도 11

compile language 컴파일 언어 08

context switching 문맥 교환 18

contiguous allocation 연속 할당 24

Control Unit 제어장치 09

core 코어 11

CPU scheduling CPU 스케줄링 19

CPU scheduling algorithm CPU 스케줄링 알고리즘 19

CPU; Central Processing Unit 중앙처리장치 06

critical section 임계 구역 20

cylinder 실린더 14

data 데이터 06

data access time 데이터 접근 시간 15

DDR SDRAM; Double Data Rate SDRAM 13

deadlock 교착 상태 21

deadlock avoidance 교착 상태 회피 21

deadlock detection & recovery

교착 상태 검출 후 회복 21

deadlock prevention 교착 상태 예방 21

demand paging 요구 페이징 23

device controller 장치 컨트롤러 15

device driver 장치 드라이버 15

Direct Memory Access I/O DMA 입출력 16

directory 디렉터리 24

displacement addressing mode

변위 주소 지정 방식 10

DRAM; Dynamic Random Access Memory 12

dual mode 이중 모드 17

exception 예외 10

exec system call exec 시스템 호출 18

external fragmentation 외부 단편화 22

FAT file system FAT 파일 시스템 24

file 파일 23

file attribute 파일 속성 24

first fit 최초 적합 22

fork system call fork 시스템 호출 18

formatting 포매팅 24

frame allocation 프레임 할당 23

hardware interrupt 하드웨어 인터럽트 10

hexadecimal 십육진법 07

high-level programming language 고급 언어 08

I/O(input/output) device 입출력장치 06

indexed allocation 색인 할당 24

input/output bus 입출력 버스 16

instruction 명령어 06

instruction cycle 명령어 사이클 10

instruction pipelining 명령어 파이프라이닝 11

interpreter language 인터프리터 언어 08

interrupt 인터럽트 10

interrupt-driven I/O 인터럽트 기반 입출력 16

ISA; Instruction Set Architecture

명령어 집합 구조 12

isolated I/O 고립형 입출력 16

kernel 커널 17

limit register 한계 레지스터    13

linked allocation 연결 할당    24

locality of reference 참조 지역성의 원리    14

logical address 논리 주소    13

main board 메인보드    07

main memory 주기억장치    06

memory-mapped I/O 메모리 맵 입출력    16

memory hierarchy 저장 장치 계층 구조    13

MMU; Memory Management Unit

      메모리 관리 장치    13

monitor 모니터    20

multi-process 멀티프로세스    19

multithread 멀티스레드    19

multithread processor 멀티스레드 프로세서    11

mutex lock 뮤텍스 락    20

non-volatile memory 비휘발성 저장장치    12

OoOE; Out-of-order execution

      비순차적 명령어 처리 기법    11

operating system 운영체제    17

page fault 페이지 폴트    23

page replacement algorithm 페이지 교체 알고리즘    23

page table 페이지 테이블    22

paging 페이징    22

parent process 부모 프로세스    18

partitioning 파티셔닝    24

path 경로    24

PCB; Process Control Block 프로세스 제어 블록    18

physical address 물리 주소    13

platter 플래터    14

preemptive scheduling 선점형 스케줄링    19

priority 우선순위    19

process 프로세스    17

process state 프로세스 상태    18

programmed I/O 프로그램 입출력    16

PTBR; Page Table Base Register

      페이지 테이블 베이스 레지스터    22

RAID; Redundant Array of Independent Disks 15

ready queue 준비 큐    19

register 레지스터    09

RISC; Reduced Instruction Set Computer    12

SDRAM; Synchronous DRAM    13

secondary storage 보조기억장치    06

sector 섹터    14

semaphore 세마포    20

shared resource 공유 자원    20

SLC; Single Level Cell    15

SRAM; Static Random Access Memory    12

stack addressing mode 스택 주소 지정 방식    10

superscalar 슈퍼스칼라    11

swapping 스와핑    21

synchronization 동기화    20

system bus 시스템 버스    07

system call 시스템 호출    17

thrashing 스래싱    23

thread 스레드    11

TLB; Translation Lookaside Buffer

      변환 색인 버퍼    23

track 트랙    14

UNIX file system 유닉스 파일 시스템    24

volatile memory 휘발성 저장장치    12

waiting queue 대기 큐    19

worst fit 최악 적합    22

# 01장 ✅ 컴퓨터 구조 시작하기

☐ **데이터**　　　**data**　　　　　　　　　　　　　　　　　　　　　[01장 37쪽]

　　　　　　　컴퓨터와 주고받는 숫자, 문자, 이미지, 동영상과 같은 정보나 컴퓨터에 저장된 정보

☐ **명령어**　　　**instruction**　　　　　　　　　　　　　　　　　　　[01장 37쪽]

　　　　　　　데이터를 움직이고 컴퓨터를 실질적으로 동작시키는 정보

☐ **주기억장치**　　**main memory** 참고 용어 메모리　　　　　　　　　[01장 40쪽]

　　　　　　　실행되는 프로그램의 명령어와 데이터를 저장하는 부품

　　　　　　　크게 RAM(Random Access Memory)과 ROM(Read Only Memory) 두 가

　　　　　　　지가 있으며, 메모리라는 용어는 보통 RAM을 지칭

☐ **중앙처리장치**　　**CPU; Central Processing Unit**　　　　　　　　[01장 41쪽]

　　　　　　　메모리에 저장된 명령어를 읽어 들이고, 읽어 들인 명령어를 해석하고, 실행하는

　　　　　　　부품

　　　　　　　CPU 내부 구성 요소 중 가장 중요한 세 가지

　　　　　　　　　　　　　　　　　　→ 산술연산장치, 레지스터, 제어장치

☐ **보조기억장치**　　**secondary storage**　　　　　　　　　　　　　[01장 45쪽]

　　　　　　　전원이 꺼져도 저장된 내용을 기억할 수 있는 장치

　　　　　　　하드 디스크 드라이브, SSD, USB 메모리, DVD, CD-ROM 등

☐ **입출력장치**　　**I/O(input/output) device**　　　　　　　　　　　[01장 46쪽]

　　　　　　　컴퓨터 외부에 연결되어 컴퓨터 내부와 정보를 교환할 수 있는 장치

　　　　　　　마이크, 스피커, 프린터, 마우스, 키보드 등

| □ 메인보드 | main board | [01장 47쪽] |

여러 컴퓨터 부품을 부착할 수 있는 부품

마더보드(mother board)라고도 부름

| □ 시스템 버스 | system bus | [01장 47쪽] |

컴퓨터 네 가지 핵심 부품(CPU, 메모리, 보조기억장치, 입출력장치)을 연결하는 가장 주요한 버스

→ 주소 버스, 데이터 버스, 제어 버스

# 02장 ✅ 데이터

*CPU가 한 번에 처리할 수 있는 데이터 크기. CPU가 처리할 수 있는 비트 수에 따라 1워드 크기는 달라질 수 있음*

| □ 비트 | bit  참고 용어  워드(word) | [02장 55쪽] |

0과 1을 나타내는 가장 작은 정보 단위. 여덟 개의 비트를 묶어 바이트라고 함

*1바이트(1byte) = 8비트(8bit)*
*1킬로바이트(1kB) = 1,000바이트(1,000byte)*
*1메가바이트(1MB) = 1,000킬로바이트(1,000kB)*
*1기가바이트(1GB) = 1,000메가바이트(1,000MB)*
*1테라바이트(1TB) = 1,000기가바이트(1,000GB)*

| □ 이진법 | binary  참고 용어  이진수 | [02장 57쪽] |

1을 넘어가는 시점에 자리 올림하여 0과 1만으로 모든 숫자를 표현하는 방법

*이진수. 십진수 8을 이진수로 표현하면 1000('일영영영'으로 읽습니다)*

| □ 십육진법 | hexadecimal | [02장 60쪽] |

15를 넘어가는 시점에 자리 올림하여 수를 표현하는 방법

십육진법 체계에서는 10, 11, 12, 13, 14, 15를 A, B, C, D, E, F로 표기

| □ 문자 집합 | character set | [02장 67쪽] |

컴퓨터가 인식하고 표현할 수 있는 문자들의 모음

- 문자 인코딩: 문자 집합에 속한 문자를 컴퓨터가 이해할 수 있는 0과 1로 변환하는 것

- 문자 디코딩: 인코딩의 반대. 0과 1로 이루어진 문자 코드를 사람이 이해할 수 있는 문자로 변환하는 것

# 03장 ✅ 명령어

## □ 고급 언어

C, C++, Java, Python 등

**high-level programming language**  [03장 79쪽]

프로그램을 만들 때 컴퓨터가 이해하는 언어가 아닌 사람이 이해하고 작성하기 쉽게 만들어진 언어 ↔ 저급 언어(low-level programming language)

기계어, 어셈블리어

## □ 컴파일 언어

**compile language**  [03장 84쪽]

컴파일러에 의해 소스 코드 전체가 저급 언어로 변환되어 실행되는 고급 언어

## □ 인터프리터 언어

**interpreter language**  [03장 84쪽]

인터프리터에 의해 소스 코드를 한 줄씩 저급 언어로 변환하여 실행하는 고급 언어

**그것이 알고싶다** **컴파일러 vs 인터프리터**

| 인터프리터 | 컴파일러 |
|---|---|
| 컴퓨터와 대화하듯 한 줄씩 실행 | 소스 코드 전체를 저급 언어로 변환하여 실행 |
| N번째 줄에 문법 오류가 있어도 N−1번째까지는 올바르게 수행 | 코드 내에 오류가 하나라도 있으면 컴파일이 불가능 |
| 대표 언어 Python | 대표 언어 C |

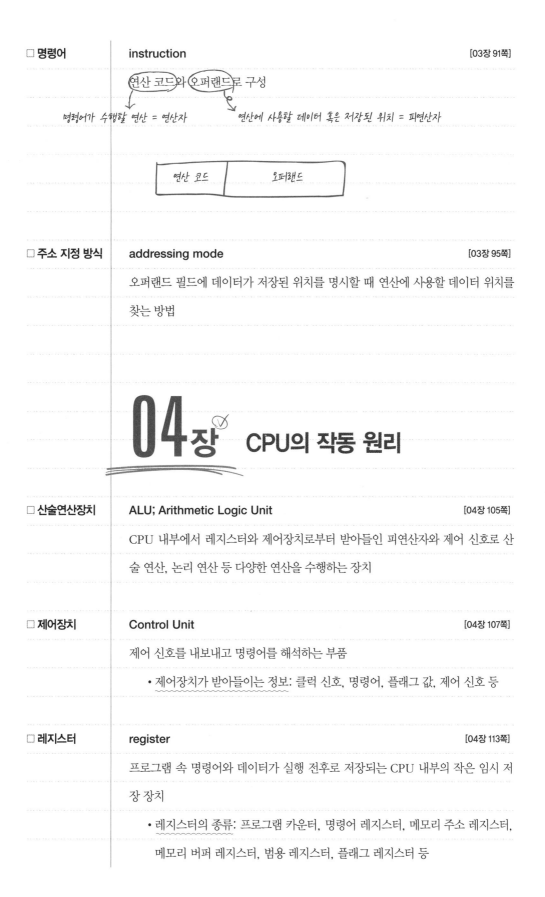

□ 명령어     instruction                                                    [03장 91쪽]

연산 코드와 오퍼랜드로 구성

명령어가 수행할 연산 = 연산자            연산에 사용할 데이터 혹은 저장된 위치 = 피연산자

| 연산 코드 | 오퍼랜드 |
|---|---|

□ 주소 지정 방식     addressing mode                                         [03장 95쪽]

오퍼랜드 필드에 데이터가 저장된 위치를 명시할 때 연산에 사용할 데이터 위치를 찾는 방법

# 04장 ✓ CPU의 작동 원리

□ 산술연산장치     ALU; Arithmetic Logic Unit                               [04장 105쪽]

CPU 내부에서 레지스터와 제어장치로부터 받아들인 피연산자와 제어 신호로 산술 연산, 논리 연산 등 다양한 연산을 수행하는 장치

□ 제어장치     Control Unit                                              [04장 107쪽]

제어 신호를 내보내고 명령어를 해석하는 부품

- 제어장치가 받아들이는 정보: 클럭 신호, 명령어, 플래그 값, 제어 신호 등

□ 레지스터     register                                                     [04장 113쪽]

프로그램 속 명령어와 데이터가 실행 전후로 저장되는 CPU 내부의 작은 임시 저장 장치

- 레지스터의 종류: 프로그램 카운터, 명령어 레지스터, 메모리 주소 레지스터, 메모리 버퍼 레지스터, 범용 레지스터, 플래그 레지스터 등

□ 스택 주소
　지정 방식
stack addressing mode　　　　　　　　　　[04장 118쪽]

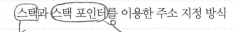

스택과 스택 포인터를 이용한 주소 지정 방식

한쪽 끝이 막혀 있는 통과 같은 저장 공간으로 나
중에 저장한 데이터를 가장 먼저 빼내는 데이터
관리 방식(후입선출, LIFO; Last In First Out)

→ 스택에 마지막으로 저장한 값의 위치를 저장하는 레지스터

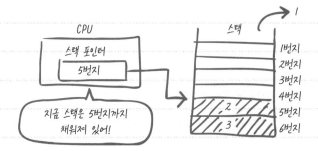

지금 스택은 5번지까지
채워져 있어!

CPU
스택 포인터
5번지

스택
1번지
2번지
3번지
4번지
.2. 5번지
.3. 6번지

□ 변위 주소
　지정 방식
displacement addressing mode　　　　　　[04장 120쪽]

오퍼랜드 필드의 값과 특정 레지스터 값을 더해 유효 주소를 얻어내는 방식

□ 명령어 사이클
instruction cycle　　　　　　　　　　　　[04장 127쪽]

하나의 명령어가 처리되는 주기

인출, 실행, 간접, 인터럽트 사이클로 구성

□ 인터럽트
interrupt　　　　　　　　　　　　　　　　[04장 129쪽]

CPU의 정상적인 작업을 방해하는 신호

　• 동기 인터럽트 = 예외, 비동기 인터럽트 = 하드웨어 인터럽트

□ 하드웨어
　인터럽트
hardware interrupt　　　　　　　　　　　[04장 131쪽]

입출력장치에 의해 발생하는 인터럽트

세탁기 완료 알림, 전자레인지 조리 완료 알림과 같이 알림 역할을 하는 인터럽트

□ 예외
exception　　　　　　　　　　　　　　　　[04장 138쪽]

CPU가 명령어들을 수행하다가 프로그래밍 오류와 같은 예상치 못한 상황에 마주

쳤을 때 발생하는 인터럽트 → 폴트, 트랩, 중단, 소프트웨어 인터럽트

# 05장 CPU 성능 향상 기법

**□ 클럭 속도**　　clock speed　참고용어 클럭　　　　　　　　　　[05장 145쪽]

1초에 클럭이 몇 번 반복되는지를 나타내는 단위. 헤르츠(Hz)로 측정

클럭 속도가 높은 CPU가 일반적으로 빠르게 동작

*컴퓨터의 모든 부품을 일사불란하게*
*움직일 수 있게 하는 시간 단위*

---

**□ 코어**　　　　core　　　　　　　　　　　　　　　　　　　　[05장 147쪽]

CPU 내에서 명령어를 실행하는 부품 → 멀티코어 프로세서란 여러 개의 코어를

포함하고 있는 CPU

---

**□ 스레드**　　　thread　　　　　　　　　　　　　　　　　　　[05장 148쪽]

실행 흐름의 단위로, 하드웨어적 스레드와 소프트웨어적 스레드가 있다.

---

**□ 멀티스레드**　multithread processor　　　　　　　　　　　　[05장 149쪽]
**프로세서**

멀티스레드 CPU라고도 하며, 하나의 코어로 여러 명령어를 동시에 처리하는

CPU

---

**□ 명령어**　　　instruction pipelining　　　　　　　　　　　　[05장 158쪽]
**파이프라이닝**

동시에 여러 개의 명령어를 겹쳐 실행하는 기법

---

**□ 슈퍼스칼라**　superscalar　　　　　　　　　　　　　　　　　[05장 160쪽]

여러 개의 명령어 파이프라인을 두는 기법

---

**□ 비순차적**　　OoOE; Out-of-order execution　　　　　　　　　[05장 161쪽]
**명령어**
**처리 기법**　　파이프라인의 중단을 방지하기 위해 명령어를 순차적으로 처리하지 않는 기법

☐ 명령어
   집합 구조
**ISA; Instruction Set Architecture** [05장 167쪽]

CPU의 언어이자 하드웨어가 소프트웨어를 어떻게 이해할지에 대한 약속


☐ CISC
**Complex Instruction Set Computer** [5장 170쪽]

CISC는 복잡하고 다양한 수의 (가변 길이) 명령어 집합을 활용

↘ 파이프라이닝에 불리


☐ RISC
**Reduced Instruction Set Computer** [5장 172쪽]

RISC는 단순하고 적은 수의 (고정 길이) 명령어 집합을 활용

↘ 파이프라이닝에 유리

# 06장 ✓ 메모리와 캐시 메모리

☐ 휘발성
   저장장치
**volatile memory** [6장 179쪽]

전원을 끄면 저장된 내용이 사라지는 저장 장치


☐ 비휘발성
   저장장치
**non-volatile memory** [6장 179쪽]

전원이 꺼져도 저장된 내용이 유지되는 저장 장치


☐ DRAM
**Dynamic Random Access Memory** [6장 181쪽]

시간이 지나면 저장된 데이터가 점차 사라지는 RAM

↘ 주기억장치로 사용


☐ SRAM
**Static Random Access Memory** [6장 182쪽]

시간이 지나도 저장된 데이터가 사라지지 않는 RAM

↘ 캐시 메모리로 사용

| □ SDRAM | Synchronous DRAM | [6장 182쪽] |
|---|---|---|

클럭과 동기화된 DRAM

| □ DDR SDRAM | Double Data Rate SDRAM | [6장 183쪽] |
|---|---|---|

(SDR SDRAM)에 비해 대역폭이 두 배 넓은 SDRAM

↳ *한 클럭에 한 번 데이터를 주고받는 RAM*

| □ 물리 주소 | physical address | [6장 187쪽] |
|---|---|---|

메모리 하드웨어상의 주소

| □ 논리 주소 | logical address | [6장 187쪽] |
|---|---|---|

CPU와 실행 중인 프로그램이 사용하는 주소

| □ 메모리 관리 장치 | MMU; Memory Management Unit | [6장 189쪽] |
|---|---|---|

논리 주소를 물리 주소로 변환하는 장치

| □ 한계 레지스터 | limit register | [6장 191쪽] |
|---|---|---|

실행 중인 프로그램의 논리 주소의 최대 크기를 저장

↳ *for. 메모리 보호*

| □ 저장 장치 계층 구조 | memory hierarchy | [6장 197쪽] |
|---|---|---|

각기 다른 용량과 성능의 저장 장치들을 계층화하여 표현한 구조

레지스터
L1 캐시
L2 캐시
L3 캐시
메모리(주기억장치)
보조기억장치

캐시 메모리

빠름 작음 비쌈
↑ ↑ ↑
속도 용량 가격
↓ ↓ ↓
느림 큼 저렴

☐ **캐시 메모리**　　**cache memory**　참고 용어　캐시 적중률　　　　　　　　　[6장 198쪽]

CPU의 연산 속도와 메모리 접근 속도의 차이를 줄이기 위한 저장 장치

☐ **참조 지역성의**　　**locality of reference**　　　　　　　　　　　　　　　　[6장 202쪽]
　　**원리**

CPU가 메모리에 접근할 때의 주된 경향을 바탕으로 만들어진 원리

- CPU가 최근에 접근했던 메모리 공간에 다시 접근하려는 경향

- CPU가 접근한 메모리 공간 근처를 접근하려는 경향

# 07장 ✅ 보조기억장치

☐ **플래터**　　**platter**　　　　　　　　　　　　　　　　　　　　　　[7장 209쪽]

하드 디스크에서 데이터가 저장되는 원판

☐ **트랙**　　**track**　　　　　　　　　　　　　　　　　　　　　　　[7장 210쪽]

플래터를 여러 동심원으로 나누었을 때 그중 하나의 원

☐ **섹터**　　**sector**　　　　　　　　　　　　　　　　　　　　　　　[7장 210쪽]

트랙을 여러 조각으로 나눈 한 조각. 하드 디스크의 가장 작은 전송 단위

☐ **실린더**　　**cylinder**　　　　　　　　　　　　　　　　　　　　　　[7장 210쪽]

여러 겹의 플래터상에서 같은 트랙이 위치한 곳을 모아 연결

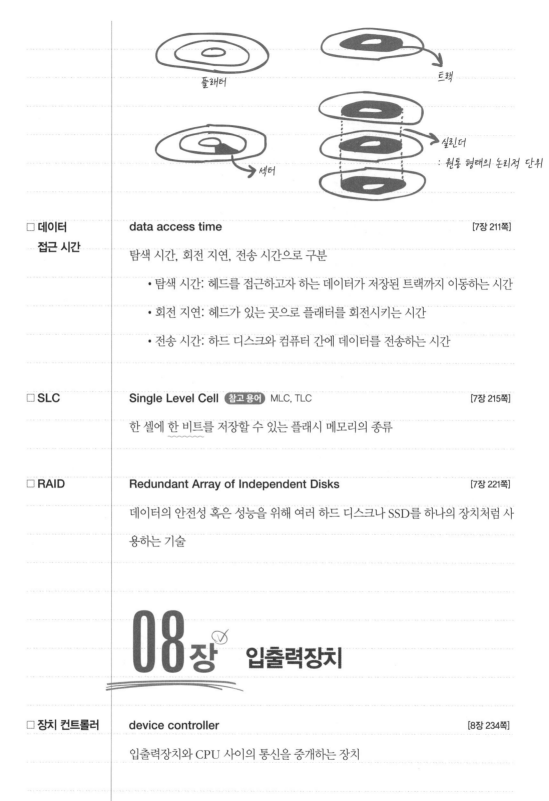

| | | |
|---|---|---|
| □ 데이터<br>  접근 시간 | **data access time** | [7장 211쪽] |

탐색 시간, 회전 지연, 전송 시간으로 구분

- 탐색 시간: 헤드를 접근하고자 하는 데이터가 저장된 트랙까지 이동하는 시간

- 회전 지연: 헤드가 있는 곳으로 플래터를 회전시키는 시간

- 전송 시간: 하드 디스크와 컴퓨터 간에 데이터를 전송하는 시간

| | | |
|---|---|---|
| □ SLC | **Single Level Cell** 참고 용어 MLC, TLC | [7장 215쪽] |

한 셀에 한 비트를 저장할 수 있는 플래시 메모리의 종류

| | | |
|---|---|---|
| □ RAID | **Redundant Array of Independent Disks** | [7장 221쪽] |

데이터의 안전성 혹은 성능을 위해 여러 하드 디스크나 SSD를 하나의 장치처럼 사

용하는 기술

# 08장 ✓ 입출력장치

| | | |
|---|---|---|
| □ 장치 컨트롤러 | **device controller** | [8장 234쪽] |

입출력장치와 CPU 사이의 통신을 중개하는 장치

| | | |
|---|---|---|
| □ 장치 드라이버 | **device driver** | [8장 236쪽] |

장치 컨트롤러가 컴퓨터 내부와 정보를 주고받을 수 있게 하는 프로그램

| □ 프로그램 | programmed I/O | [8장 241쪽] |
| 입출력 | 프로그램 속 명령어로 입출력 작업을 하는 방식 | |

| □ 메모리 맵 | memory-mapped I/O | [8장 242쪽] |
| 입출력 | 메모리에 접근하기 위한 주소 공간과 입출력장치에 접근하기 위한 주소 공간을 | |
| | 하나의 주소 공간으로 간주하는 입출력 방식 | |

| □ 고립형 입출력 | isolated I/O | [8장 243쪽] |
| | 메모리에 접근하기 위한 주소 공간과 입출력장치에 접근하기 위한 주소 공간을 | |
| | 별도의 주소 공간으로 분리하는 입출력 방식 | |

주소 공간

메모리를 위한
주소 공간

입출력장치를 위한
주소 공간

메모리 맵 입출력

VS

주소 공간

메모리를 위한
주소 공간

입출력장치를 위한
주소 공간

고립형 입출력

| □ 인터럽트 기반 | Interrupt-Driven I/O | [8장 245쪽] |
| 입출력 | 인터럽트로써 입출력을 수행하는 방법 | |

| □ DMA 입출력 | Direct Memory Access I/O | [8장 249쪽] |
| | CPU를 거치지 않고 메모리와 입출력장치 간에 데이터를 주고받는 입출력 방법 | |

| □ 입출력 버스 | input/output bus | [8장 252쪽] |
| | 입출력장치와 컴퓨터 내부를 연결 짓는 통로 | |
| | 입출력 작업의 시스템 버스 사용 횟수를 줄인다. | |

# 09장 운영체제 시작하기

☐ **운영체제**  **operating system**  [9장 261쪽]

실행할 프로그램에 필요한 자원을 할당하고, 프로그램이 올바르게 실행되도록 돕는 특별한 프로그램

☐ **커널**  **kernel**  [9장 269쪽]

운영체제의 핵심 기능을 담당하는 영역

☐ **이중 모드**  **dual mode**  [9장 272쪽]

CPU가 명령어를 실행하는 모드를 커널 모드와 사용자 모드로 구분하는 방식

- 사용자 모드: 운영체제 서비스를 제공받을 수 없는 실행 모드
- 커널 모드: 운영체제 서비스를 제공받을 수 있는 실행 모드

☐ **시스템 호출**  **system call**  [9장 273쪽]

운영체제의 서비스를 제공받기 위해 커널 모드로 전환하기 위한 요청

# 10장 프로세스와 스레드

☐ **프로세스**  **process**  [10장 284쪽]

실행 중인 프로그램

| □ 프로세스 | PCB; Process Control Block | [10장 287쪽] |
| 제어 블록 | | |

운영체제가 여러 프로세스를 관리하기 위한 자료 구조

프로세스 ID(PID), 사용한 레지스터 값, 프로세스 상태, CPU 스케줄링 정보, 메모리 정보 등을 포함

*하나의 프로세스 수행을*
*→재개하기 위해 기억해야 할 정보*

| □ 문맥 교환 | context switching  참고 용어  문맥 | [10장 290쪽] |

프로세스 간에 실행을 전환하는 것

| □ 프로세스 상태 | process state | [10장 297쪽] |

대표적으로 생성, 준비, 실행, 대기, 종료 상태가 있다.

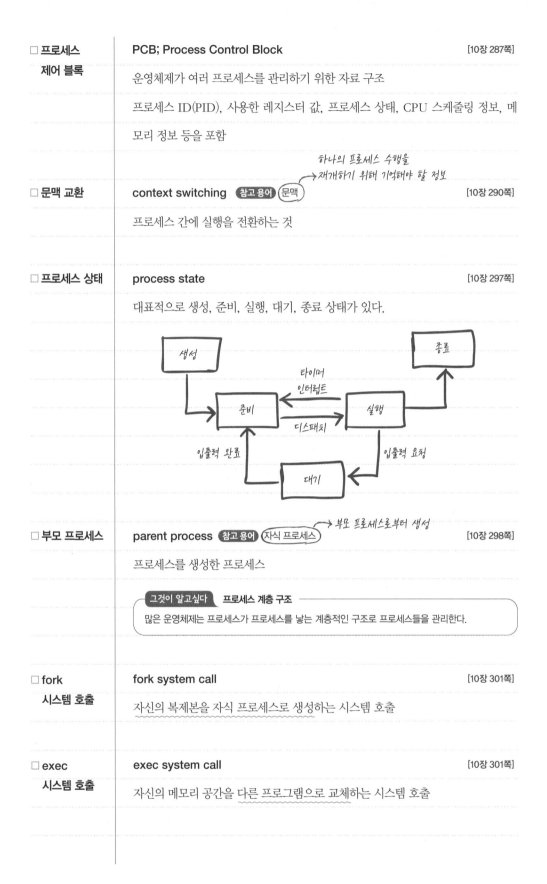

| □ 부모 프로세스 | parent process  참고 용어  자식 프로세스  *→부모 프로세스로부터 생성* | [10장 298쪽] |

프로세스를 생성한 프로세스

> **그것이 알고싶다  프로세스 계층 구조**
> 많은 운영체제는 프로세스가 프로세스를 낳는 계층적인 구조로 프로세스들을 관리한다.

| □ fork | fork system call | [10장 301쪽] |
| 시스템 호출 | | |

자신의 복제본을 자식 프로세스로 생성하는 시스템 호출

| □ exec | exec system call | [10장 301쪽] |
| 시스템 호출 | | |

자신의 메모리 공간을 다른 프로그램으로 교체하는 시스템 호출

| □ 멀티프로세스 | multi-process → *기본적으로 자원 공유하지 않음* | [10장 309쪽] |

여러 (프로세스)를 동시에 실행하는 것

| □ 멀티스레드 | multithread | [10장 309쪽] |

여러 (스레드)로 프로세스를 동시에 실행하는 것
→ *기본적으로 자원 공유함*

# 11장 ✓ CPU 스케줄링

| □ CPU 스케줄링 | CPU scheduling | [11장 316쪽] |

공정하고 합리적으로 CPU 자원을 배분하는 방법

| □ 우선순위 | priority | [11장 317쪽] |

CPU를 할당받을 수 있는 우선순위

운영체제는 프로세스별로 부여된 우선순위를 보고 CPU 스케줄링을 수행

| □ 준비 큐 | ready queue | [11장 321쪽] |

CPU 할당을 기다리는 프로세스들을 위한 큐

| □ 대기 큐 | waiting queue | [11장 321쪽] |

입출력장치를 기다리는 프로세스들을 위한 큐

*빼앗을 수 (없는)*

| □ 선점형 스케줄링 | preemptive scheduling ↔ 비선점형 스케줄링 | [11장 324쪽] |

프로세스가 이용 중인 자원을 빼앗을 수 (있는) 스케줄링 방식

| □ CPU 스케줄링 알고리즘 | CPU scheduling algorithm | [11장 328쪽] |

선입 선처리, 최단 작업 우선, 라운드 로빈, 최소 잔여 시간 우선, 우선순위, 다단
계 큐, 다단계 피드백 큐 스케줄링 알고리즘 등

# 12장 프로세스 동기화

## 동기화

**synchronization** [12장 341쪽]

프로세스들 사이의 수행 시기를 맞추는 것 *상호 배제를 위한 동기화*

특정 자원에 접근할 때 하나의 프로세스만 접근하게 하거나 프로세스를 올바른 순

서대로 실행하게 하는 것 *실행 순서 제어를 위한 동기화*

## 공유 자원

**shared resource** [12장 345쪽]

여러 프로세스가 공동으로 사용하는 자원

전역 변수가 될 수도, 파일이 될 수도, 입출력장치, 보조기억장치가 될 수도 있다.

## 임계 구역

**critical section** [12장 346쪽]

공유 자원에 접근하는 코드 중 동시에 실행하면 문제가 발생하는 코드 영역

*레이스 컨디션*

## 뮤텍스 락

**mutex lock** [12장 351쪽]

임계 구역을 잠금으로써 프로세스 간의 상호 배제를 이루는 동기화 도구

## 세마포

**semaphore** [12장 353쪽]

공유 자원이 여러 개 있는 임계 구역 문제도 해결할 수 있는 동기화 도구

## 모니터

**monitor** [12장 358쪽]

세마포에 비해 사용자가 사용하기 편리한 동기화 도구로 조건 변수를 사용

# 13장 교착 상태

□ 교착 상태      **deadlock**      [13장 366쪽]

일어나지 않을 사건을 기다리며 무한히 대기하는 현상

↘ *자원 할당 그래프를 이용해 교착 상태를 표현*

□ 교착 상태 예방      **deadlock prevention**      [13장 377쪽]

교착 상태의 발생 조건 중 하나를 충족하지 못하게 하는 방법

↘ *상호 배제, 점유와 대기, 비선점, 원형 대기*

□ 교착 상태 회피      **deadlock avoidance**      [13장 380쪽]

안전 상태를 유지할 수 있는 경우에만 자원을 할당하는 방법

□ 교착 상태      **deadlock detection & recovery**      [13장 384쪽]
    검출 후 회복

교착 상태 발생 여부를 주기적으로 검사하고, 발생 시 그때그때 회복하는 방식

*선점을 통한 회복과 프로세스 강제 종료를 통한 회복이 있다*

# 14장 가상 메모리

□ 스와핑      **swapping**      [14장 391쪽]

메모리에서 사용되지 않는 일부 프로세스를 보조기억장치로 내보내고(스왑 아웃)

실행할 프로세스를 메모리로 들여보내는(스왑 인) 메모리 관리 기법

□ 최초 적합      **first fit**      [14장 393쪽]

최초로 발견한 적재 가능한 빈 공간에 프로세스를 배치하는 방식

| □ 최적 적합 | best fit | [14장 394쪽] |
|---|---|---|

프로세스가 적재될 수 있는 가장 작은 공간에 프로세스를 배치하는 방식

| □ 최악 적합 | worst fit | [14장 395쪽] |
|---|---|---|

프로세스가 적재될 수 있는 가장 큰 공간에 프로세스를 배치하는 방식

| □ 외부 단편화 | external fragmentation | [14장 397쪽] |
|---|---|---|

프로세스를 할당하기 어려울 만큼 작은 메모리 공간으로 인해 메모리가 낭비되는 현상

| □ 페이징 | paging | [14장 403쪽] |
|---|---|---|

물리 주소 공간을 프레임 단위로 자르고 프로세스의 논리 주소 공간을 페이지 단위로 자른 뒤 각 페이지를 프레임에 할당하는 가상 메모리 관리 기법

| □ 페이지 테이블 | page table | [14장 405쪽] |
|---|---|---|

페이지 번호와 프레임 번호뿐만 아니라 유효 비트, 보호 비트, 접근 비트, 수정 비트 등이 있다.

| □ 페이지 테이블 베이스 레지스터 | PTBR; Page Table Base Register | [14장 407쪽] |
|---|---|---|

각 프로세스의 페이지 테이블이 적재된 주소를 가리킨다.

| □ 변환 색인 버퍼 | TLB; Translation Lookaside Buffer | [14장 409쪽] |
|---|---|---|

페이지 테이블의 캐시 메모리 역할을 수행(페이지 테이블의 일부를 저장)

| | | |
|---|---|---|
| ☐ 페이지 폴트 | **page fault** | [14장 413쪽] |

메모리에 적재되지 않은 페이지를 참조할 경우 발생하는 인터럽트

↳ *TLB에 원하는 페이지가 있으면 TLB 히트, 없으면 TLB 미스*

| | | |
|---|---|---|
| ☐ 요구 페이징 | **demand paging** | [14장 425쪽] |

페이지가 필요할 때에만 메모리에 적재하는 기법

↳ *유효 비트가 0인 페이지*

| | | |
|---|---|---|
| ☐ 페이지 교체<br>알고리즘 | **page replacement algorithm** | [14장 426쪽] |

사용되지 않은 페이지를 보조기억장치로 내보내고 적재될 페이지를 메모리에 적재

하는 알고리즘 → FIFO, 최적, LRU 페이지 교체 알고리즘 등

| | | |
|---|---|---|
| ☐ 스래싱 | **thrashing** | [14장 431쪽] |

지나치게 빈번한 페이지 교체로 인해 CPU 이용률이 낮아지는 문제

*균등 할당, 비례 할당, 작업 집합 모델 기반 프레임 할당,*
*페이지 폴트율 기반 프레임 할당 등*

| | | |
|---|---|---|
| ☐ 프레임 할당 | **frame allocation** | [14장 433쪽] |

프로세스에게 적절한 프레임을 배분하는 (방법)

# 15장 ✅ 파일 시스템

| | | |
|---|---|---|
| ☐ 파일 | **file** | [15장 441쪽] |

의미 있고 관련 있는 정보를 모은 논리적인 단위

| | | |
|---|---|---|
| ☐ 파일 속성 | **file attribute** | [15장 442쪽] |

파일과 관련된 다양한 부가 정보

↳ *파일의 유형, 크기, 생성 날짜, 마지막 접근/수정 날짜 등*

| | | |
|---|---|---|
| ☐ 디렉터리 | **directory** | [15장 443쪽] |

파일 또는 디렉터리들을 한데 묶어 관리할 수 있다.

| | | |
|---|---|---|
| ☐ 경로 | **path** | 루트 디렉터리부터 시작하는 경로     [15장 444쪽] |
| | 디렉터리를 이용해 파일의 위치를 특정 짓는 정보. 크게 절대 경로와 상대 경로가 있다. | |
| | | 상대 경로는 현재 디렉터리부터 시작하는 경로입니다. |
| ☐ 파티셔닝 | **partitioning** | [15장 453쪽] |
| | 하드 디스크나 SSD처럼 용량이 큰 저장 장치를 하나 이상의 논리적인 여러 단위로 구획하는 작업 | |
| | | 파티션(partition) |
| ☐ 포매팅 | **formatting** | [15장 454쪽] |
| | 파일 시스템을 결정하는 작업 | |
| ☐ 연속 할당 | **contiguous allocation** | 외부 단편화 야기     [15장 457쪽] |
| | 파일을 보조기억장치에 연속적인 블록으로 할당하는 방식 | |
| ☐ 연결 할당 | **linked allocation** | [15장 458쪽] |
| | 각 블록 일부에 다음 블록의 주소를 저장하여 블록들을 연결 리스트로 관리 | |
| ☐ 색인 할당 | **indexed allocation** | [15장 460쪽] |
| | 파일의 모든 블록 주소를 색인 블록에 모아 관리하는 방식 | |
| ☐ FAT 파일 시스템 | **FAT file system** | [15장 463쪽] |
| | FAT를 이용하는 연결 할당 기반의 파일 시스템 | |
| ☐ 유닉스 파일 시스템 | **UNIX file system** | [15장 467쪽] |
| | i-node를 이용하는 색인 할당 기반의 파일 시스템 | |

## 혼자
## 공부하는
## 사람들을 위한
## 용어 노트

| | |
|---|---|
| | |
| | |
| | |
| | |
| | |
| | |
| | |
| | |
| | |
| | |